21世纪心理科学新探索出版工程

主编 林崇德

社会心理学
前沿进展

俞国良 著

浙江教育出版社·杭州

图书在版编目（CIP）数据

社会心理学前沿进展 / 俞国良著. -- 杭州 ：浙江教育出版社，2025. 1. -- ISBN 978-7-5722-9353-5

Ⅰ. C912.6

中国国家版本馆 CIP 数据核字第 2024US9084 号

21世纪心理科学新探索出版工程
社会心理学前沿进展
SHEHUI XINLIXUE QIANYAN JINZHAN

俞国良　著

出 品 人：周　俊	统筹策划：江　雷
责任编辑：王晨儿　姜天悦	责任校对：陈阿倩
美术编辑：韩　波	责任印务：陆　江
营销编辑：陆音亭	装帧设计：融象工作室 _ 顾页

出版发行：浙江教育出版社（杭州市环城北路 177 号）
图文制作：杭州林智广告有限公司
印刷装订：杭州捷派印务有限公司

开　　本	710 mm×1000 mm　1/16	印　张	27
插　　页	4	字　数	529 000
版　　次	2025 年 1 月第 1 版	印　次	2025 年 1 月第 1 次印刷
标准书号	ISBN 978-7-5722-9353-5	定　价	99.00 元

如发现印装质量问题，影响阅读，请与我社市场营销部联系调换。联系电话：0571-88909719

总　序

心理学是人类广泛涉猎且不可避免的科学主题。现代心理学作为一门独立学科诞生于1879年，尽管其历史不长，但孕育于西方哲学中的心理学思想和中华传统文化蕴含着的心理学思想却有着悠久的过去。作为横跨自然科学和社会科学的边缘学科，心理学是一门用严格的科学方法对人的心理现象以及人与社会、自然关系中的心理活动进行研究的重要科学。自心理学科诞生以来，已有多位科学家因其卓越的心理学研究工作而荣获诺贝尔奖。国际心理科学联合会的调查结果表明，心理学的发展水平反映了一个国家经济、文明发达的程度。可以说，两千多年的思想积淀和一百多年的历史发展，铸就了心理学今天的发展速度、发展方向和发展规模。

我国心理学的发展起步较晚，北京大学是中国最早传播心理学的学府之一，蔡元培校长曾在德国师从"心理学之父"威廉·冯特修习心理学，为把科学心理学引入中国作出了重要贡献。心理学研究一方面丰富了人类对自身心理现象本质规律的认识，另一方面也极大地促进了人类的文明进步。目前，心理学在我国已广泛应用于心理健康、教育实践、体育运动、人员选拔、技术培训、人力资源管理、组织文化建设、广告与营销、产品设计和司法工作，乃至大数据、模式识别、人工智能、虚拟现实和航空航天等诸多领域，在政治、哲学、经济、法律、管理、金融、文学、历史、教育、新闻、医疗、工业和军事等方面发挥了独特的贡献。

乘着世纪交替的东风，20世纪末浙江教育出版社与中国台湾东华书局联合出版了张春兴先生主编的"世纪心理学丛书"。该丛书的作者是来自海峡两岸的29位久负盛名的心理学家，他们共撰写了22部涉及现代心理学各分支学科的著作。这些专著并不仅仅是纯粹的学理探讨，而是达到了理论、方法、实践三者有机统一的创新境地：不仅在内容的广度、深度、新度上超过当时已出版的心理学同分支学科著作，而且学理和实用兼顾；不仅在取材上注重权威性和适切性，而且在撰写体例上符合心理学国际通用规范。多年来，这套丛书为中国心理学的教学与科研提供了不可多得的高水平与高质量的学术资源，对心理学研究的中国化与现代化作出了不可磨灭的贡献，对海峡两岸心理学家的交流与沟通起到了里程碑式的"桥梁"作用。

弹指一挥间，跨入新世纪的今天，浙江教育出版社秉承出版优秀心理学著作的传统，在"世纪心理学丛书"的基础上，诚意邀请我主编"21世纪心理科学新探索出版工程"。原因有四：其一，无论是国外还是国内，心理科学在近年来取得了令人瞩目的新成就，呈现了关键性的新趋势，应该深入地梳理、探究心理学的新进展；其二，我曾有幸成为"世纪心理学丛书"的作者之一，便于承前启后，有着继承性和连贯性；其三，我在浙江出生，乡情难忘，愈久愈醇，且浙江教育出版社与东华书局合作出版"世纪心理学丛书"也由我搭桥促成，深受浙江教育出版社的信任和厚爱；其四，我的好人缘，能联络、团结国内心理学界的中青年翘楚、名家，与我共同实现浙江教育出版社的宏愿。因此，我于2021年8月给20多位声名在外的中青年心理学家打了电话，简要阐述了此事并发出诚挚邀请。出乎意料，他们欣然应允，先后积极与浙江教育出版社签订了出版协议。我作为一个从事教学与科研60多年的老心理学工作者，对此深感欣慰和感激。

新世纪心理学新气象、新成果、新方法迭现，这是心理科学新探索的基础。

一是呈现出多元化、跨文化和包容性。以"问题"为导向的研究模式，有力地促进了多学科的交叉融合，并逐渐向更广泛的人群和学科领域开放；特别是随着心理学的分支学科剧增，它不再是高高在上的"象牙塔"，而是更好地诠释文化对人类心理和行为的影响，同时映衬出中华优秀传统文化不朽魅力的"母学科"。

二是新科技有力推动了心理学方法与技术的新进展。眼动追踪技术揭示了个体的视觉认知加工过程；脑电图、事件相关电位、脑磁图、多导生理仪成为记录电生理信号的有效技术；磁共振是目前在心理学中应用越来越多的科技手段；功能性近红外光谱成像为脑功能研究提供了一种安全有效的成像方式；利用虚拟现实技术或混合现实技术的设备，模拟各种现实情境，可以更好地研究人类心理和行为。

三是认知神经科学的兴起。这是近年来因心理学与脑科学结合而出现的一个新的交叉学科，是与心理学相关的最具影响力的学科之一，它有助于更深刻地揭示各种心理现象及其病理现象。目前，国内有两千多位心理学工作者参与董奇教授的"脑智发育项目"，这就是一个最好的佐证。

四是在传统的学习理论、学习方法、学习过程和学习策略的基础上，明确学习是大脑活动的结果。深度、有效的学习需要遵循大脑的规律，对人类大脑智能的"硬件"和文化知识积累的"软件"有了越来越深入的认识，这为学校教育提供了前所未有的启示。

五是在心理学界，关于心理健康的含义、测量指标和测量工具，人们从认识各异到逐步取得共识。长期以来，病理学与缺陷观占据心理学的主要地位，对人类积极特征的研究受到忽视。随着积极心理学的兴起，世界卫生组织明确提出心理健康是一种幸福状态，使人们能够应对生活压力，发挥自身能力，好好学习和工作，并为社会作出贡献。

六是中国的人口优势在大数据和人工智能的心理学服务平台建设中发挥了重要作用，有效提升了平台功能的丰富性和服务的智能化水平。毫无疑问，大数据技术创新是一种思维过程，它可为平台提供海量的数据资源。通过人工智能技术，对这些数据进行整合和分析，可形成更全面、更系统的心理学知识库，为心理学研究提供丰富的资源。这是心理学研究的"中国智慧"，也是心理学应用的"中国力量""中国方案"。

需要指出的是，不同于"世纪心理学丛书"以心理学分支学科来分类，每个学科对应一部著作，"21世纪心理科学新探索出版工程"按照当前心理科学的发展态势，重点突出三点：一是国际上最新课题或项目的研究成果；二是该学科领域中关键的研究方法；三是中国的原创研究。"21世纪心理科学新探索出版工程"将"创新"作为第一原则：不仅体现创新的特征——需求是创新的动机，每部著作都以社会需求作为出发点；而且体现信息是创新的源泉，首批出版的6部著作所引用的新世纪文献超过了三分之一；更体现创新是思维过程，每位作者都阐述了新思路、新观点。简而言之，我们关注的是创新成果，每部著作都要经得起社会和历史的评价。当然，创新具有个体差异，每部著作都各具特色，见书如见人。

毫无疑问，"21世纪心理科学新探索出版工程"的每一位作者，都基于新时代、新背景、新形势、新目标、新任务，将自己的研究成果集腋成这项有意义的新探索，"把论文写在中国大地上"，初步建构了符合国情、具有中国特色的心理学自主知识体系，向国际学术界发出了中国心理学者的声音。

值此"21世纪心理科学新探索出版工程"首批作品问世之际，请允许我向全体作者、浙江教育出版社的领导和每位责任编辑，以及对丛书直接或间接提供帮助的研究人员、学生，敬表谢意！这套丛书在创作、编辑、印制过程中尽管力求完美，但出版后疏漏缺失之处恐难以避免，恳请广大学者和读者不吝指教，以匡正之。

林崇德 谨识

2024年10月于北京师范大学

自 序

"社会心理学一只脚站在实验科学的基础上,另一只脚则处于社会变革的波涛之中",著名社会心理学家墨菲如是说。作为一门实验科学,社会心理学主要脱胎于心理学,是科学心理学的一个重要分支学科。众所周知,心理学横跨自然科学和社会科学,至今已有多位科学家因为杰出的心理学研究工作荣膺诺贝尔奖。其中,认知心理学和社会心理学是心理学所有分支学科中的两个"重镇",分别侧重研究人的"自然性"和"社会性"。

就人的"社会性"而言,社会心理学主要研究社会心理现象,其研究对象包括人与人相互作用的过程,即自我过程、人际过程和群体过程中产生的社会心理与社会行为,特别是人际交往过程中的心理学问题。它是一种生活中的心理学,一种对于社会现实的心理学理解与研究,一种在社会文化背景下展开的心理学阐释与干预研究,因此,它与社会发展和人类福祉的关系十分密切。

然而,社会心理学的发展并不是一帆风顺的,曾一度陷入文化危机。后来，随着社会认知的发展，社会心理学重新获得生机，其研究成果主要集中在个体的社会心理与行为、人际相互作用、个体与群体以及群际互动等方面。除自我、群体过程、人际关系、社会认知、刻板印象、偏见、态度、社会情绪等传统研究课题外，从社会认知尤其是内隐社会认知的视角研究的知觉、归因、态度、自尊、决策甚至文化认知等课题，已成为社会心理学的研究热点；污名、恐惧、幸福感、心理健康和社会认知的脑神经机制等研究，更是近年出现的新的热点。此外，本土化和跨文化比较也一直是社会心理学自文化危机发生以来至关重要的研究问题。

西方社会心理学建立在西方文化背景中科学文化、实证主义精神的基础上，不可能放之四海而皆准。因此，研究者一直注重社会心理学的本土化研究。我国的研究正是在国际社会心理学发展的大趋势、大背景下，基于中国社会历史和文化渊源，致力于发展适合中国人自己的社会心理学理论和实验范式。研究者主要关注自我概念的特征与结构，情绪调节的文化与神经基础，权力认知对谈判和腐败的影响，心理健康问题对社会的影响，自我价值定向理论与价值观，社会认知与社会表征研究，人际互动与组织行为研究，不确定条件下的决策和集群行为，等等。这里有两大发展态势值得关注：一是认知心理学对其影响的不断提高，二是人们对其应用的兴趣日益浓厚。

唯其如此，社会心理学作为一门独立的新兴边缘学科，在政治、经济、社会、军事、法律、传媒、教育、文化、医疗和环境等领域的作用日益凸显，已成为推动社会进步与经济发展的间接生产力。尤其在认识、解释、预测和应对诸如社会稳定、金融危机、种族冲突、局部战争、群体事件、地区贫困、违法犯罪等一系列问题时，具有重要而独特的贡献。目前，社会心理学的发展势头迅猛，表现出异乎寻常的繁荣景象和极其旺盛的生命活力。为全面了解近年来社会心理学的学科发展、研究领域和某些专题研究的进展，奠定后继研究和应用服务的基础，承担一个心理学工作者应尽的义务，我开始了本书的写作。这是一份殷殷的责任，更是一个痴痴的梦想！

20世纪80年代从事心理学科研与教学工作以来，我一直对社会心理学情有独钟。于是，在翻译威廉·麦独孤《社会心理学导论》（浙江教育出版社，1997年；2000年台湾昭明出版社出版了繁体字版）的基础上，我出版了《社会性发展心理学》（安徽教育出版社，2004年；2013年修订为《社会性发展》，由中国人民大学出版社出版）和《社会心理学》（北京师范大学出版社，2006年）。2008年，我又应邀主编了《社会心理学经典导读》（2016年第3版）。此后，我一直希望能有机会把国内外社会心理学在学科建设、研究内容和研究方法等方面的进展介绍给大家。2010年，《社会心理学前沿》（2016年第3版）终于由北京师范大学出版社出版。上述五部拙著，可以说是我对社会心理学昨天、今天和明天的一个"交代"。

当然，我更希望自己能有机会结合现实生活中的社会心理问题，进行"有的放矢"的研究，为人民谋福祉，为政府决策提供咨询和服务，使社会心理学能真正走出学院的"书斋"，融入鲜活的现实生活中。于是，在调查研究基础上，我又出版了《社会转型：社会心理学的立场》（中国社会科学出版社，2016年；2021年修订为《社会心理学的时代实践》，由商务印书馆出版）。其实在8年前，我已下决心就此搁笔，全身心投入心理健康教育研究即"心育研究书系"（拟16卷，现已出版10卷）的著述。可是，计划总是赶不上变化，我攻读博士学位期间的导师林崇德教授的一个电话改变了我的计划，于是就有了这部拙作。

关于社会心理学的研究探索与进展，国内已出版过不少同类书籍，但这些书籍大多把论述的对象局限在社会心理学研究对象和理论知识方面，或是翻译和介绍，或是对社会心理学某一专题的阐述，内容以西方社会心理学为主，缺乏对学科发展研究角度的整体把握。鉴于此，拙作按照社会心理学学科发展的内在逻辑，贯彻"宏观—中观—微观"的编撰思路，首先破题于社会心理学的特征与发展路径、社会心理学与社会认知神经科学（第1—2章）；接着根据社会心理学的学科内容，阐述了自我、态度、社会认知、人际关系、亲密关系、群体心理、攻击行为和亲社会行为的研究探索和发展趋势（第3—10章）；最后，从笔者熟悉的社会心理学具体研究领域或专题研究入手，论述了共情、污名、幸福感、心理痛苦、社会比较、自我意识情绪、自动情绪调节的研究探索和发展趋势（第11—17章）。这样的内容安排，有利于读者对社会心理学研究有总体的把握，也有利于读者更好地把握某一研究领域或感兴趣的特殊论题。

实事求是地说，要很好地把握一门学科的研究领域或新进展，并非易事，需要不断接受新思想，增加新知识，理解新成果，阅读新论著，问学新朋友。其中，我的及门弟子特别是王浩博士协助我做了一些文献资料梳理工作，功不可没；恩师林崇德教授亲自指点；浙江教育出版社的周俊社长和江雷老师更是亲力亲为、鼎力相助。在此，谨表诚挚的感谢！

最后，衷心希望拙作能起到抛砖引玉、筑巢引凤的作用，祝愿社会心理学界的新秀和翘楚能站在国内外社会心理学的前沿领域，了解社会心理学的最新进展，把更好、更新、更强的社会心理学精神食粮奉献给莘莘学子。希望我国社会心理学工作者能始终走在该领域的前沿，站在新时代新起点，既脚踏实地，又眼观四方，着力建设具有中国特色、符合中国国情的本土化社会心理学学科。真正使社会心理学一只脚稳步踏在科学实证的基础上，另一只脚坚实踩在中国社会转型的变革现实中，为中华民族的伟大复兴、中国社会的发展与进步做出社会心理学工作者应有的贡献。

俞国良
2024 年 3 月 11 日于北京西海探微斋

目录

第1章 社会心理学的特征与发展路径 _ 001
　1.1　美国和中国社会心理学的学科地位比较 _ 002
　1.2　北美、欧洲和亚洲社会心理学的特征比较 _ 005
　1.3　不同华人地区（群体）的社会心理学研究路径比较 _ 009
　1.4　社会心理学与社会学的分离及其前因后果 _ 012
　1.5　社会心理学与"社会创造"的社会心理学方法论 _ 014
　1.6　小结与展望 _ 016

第2章 社会心理学与社会认知神经科学 _ 020
　2.1　社会认知神经科学的历史与发展轨迹 _ 022
　2.2　社会认知神经科学对社会心理学的贡献 _ 025
　2.3　社会认知神经科学的问题、特点与发展态势 _ 037
　2.4　小结与展望 _ 042

第3章 自我研究的研究热点和发展趋势 _ 044
　3.1　自我研究的发展历史 _ 044
　3.2　自我研究的对象和内容以及再认识 _ 047
　3.3　自我研究领域关注的研究热点问题 _ 052
　3.4　自我研究的发展特点与发展趋势 _ 063
　3.5　小结与展望 _ 065

第4章 态度研究的研究热点和发展趋势 _ 068
　4.1　态度研究的历史回顾 _ 068
　4.2　态度形成与改变研究领域关注的主要问题 _ 071
　4.3　态度研究的发展特点与发展趋势 _ 088
　4.4　小结与展望 _ 090

第 5 章　社会认知的研究热点和发展趋势 _ 092
　　5.1　社会认知研究的历史回顾 _ 092
　　5.2　社会认知领域研究关注的主要问题 _ 095
　　5.3　社会认知中的刻板印象与社会现实 _ 103
　　5.4　社会认知研究的发展趋势 _ 110
　　5.5　小结与展望 _ 114

第 6 章　人际关系的研究热点和发展趋势 _ 116
　　6.1　人际关系研究的发展历史 _ 116
　　6.2　人际关系领域关注的研究热点 _ 120
　　6.3　人际关系研究的发展特点与发展趋势 _ 138
　　6.4　小结与展望 _ 142

第 7 章　亲密关系的研究热点和发展趋势 _ 143
　　7.1　亲密关系研究的发展历史 _ 143
　　7.2　亲密关系研究关注的热点 _ 145
　　7.3　亲密关系研究的发展特点与发展趋势 _ 165
　　7.4　小结与展望 _ 167

第 8 章　群体心理的研究热点和发展趋势 _ 168
　　8.1　群体心理研究的发展历史 _ 168
　　8.2　群体心理研究的对象和内容 _ 171
　　8.3　群体心理研究关注的研究热点 _ 174
　　8.4　群体心理研究的发展特点与发展趋势 _ 191
　　8.5　小结与展望 _ 195

第 9 章　攻击性研究的研究热点和发展趋势 _ 197
　　9.1　攻击性研究的发展历史 _ 197
　　9.2　攻击性领域关注的研究热点 _ 200
　　9.3　攻击性领域的干预研究与发展趋势 _ 211
　　9.4　小结与展望 _ 212

第 10 章　亲社会行为的研究热点和发展趋势 _ 214

10.1　亲社会行为研究的历史回顾 _ 214
10.2　亲社会行为研究关注的研究热点 _ 219
10.3　亲社会行为研究的发展趋势 _ 227
10.4　小结与展望 _ 231

第 11 章　共情研究进展 _ 233

11.1　共情的概念 _ 233
11.2　共情的相关理论及模型评述 _ 236
11.3　共情的动态模型 _ 241
11.4　共情与其他变量的关系 _ 244
11.5　小结与展望 _ 248

第 12 章　污名研究进展 _ 250

12.1　污名的概念 _ 250
12.2　污名的心理效应 _ 252
12.3　污名的相关研究 _ 256
12.4　小结与展望 _ 262

第 13 章　幸福感研究进展 _ 265

13.1　幸福感的测量方法 _ 265
13.2　幸福感的影响因素 _ 267
13.3　幸福感研究的价值 _ 274
13.4　小结与展望 _ 274

第 14 章　心理痛苦研究进展 _ 277

14.1　心理痛苦的概念 _ 277
14.2　心理痛苦的测量方法 _ 279
14.3　心理痛苦的研究焦点 _ 281
14.4　小结与展望 _ 285

第15章　社会比较研究进展 _ 288

- 15.1　对比效应和同化效应 _ 288
- 15.2　社会比较的调节变量 _ 290
- 15.3　社会比较的整合视角 _ 294
- 15.4　社交媒体中的社会比较 _ 295
- 15.5　大鱼小池塘效应 _ 296
- 15.6　小结与展望 _ 297

第16章　自我意识情绪研究进展 _ 299

- 16.1　自我意识情绪的特征 _ 299
- 16.2　自我意识情绪的道德属性 _ 302
- 16.3　自我意识情绪的道德功能 _ 305
- 16.4　小结与展望 _ 307

第17章　自动情绪调节研究进展 _ 309

- 17.1　自动情绪调节的概念 _ 310
- 17.2　自动情绪调节的作用及其理论模型 _ 311
- 17.3　自动情绪调节的神经科学证据 _ 315
- 17.4　社会文化对自动情绪调节的影响 _ 317
- 17.5　小结与展望 _ 318

参考文献 _ 320

第1章
社会心理学的特征与发展路径

近年在社会心理学的发展趋势中，除了社会认知神经科学的崛起，还出现了对社会心理学发展影响较大的三次革命：一是"神经革命"，即神经生理的观点渗透到各种社会心理和行为的解释中（俞国良，刘聪慧，2009）；二是"应用革命"，大量受过心理学训练的研究人员进入商学院、经济学院和管理学院，将心理学科应用于不同领域；三是"文化革命"，研究者越来越认同人的大多数心理与行为都受到文化的塑造这个观点（Lehman et al., 2004）。表面上看，"神经革命"和"应用革命"均有可能抢占传统社会心理学的风头。它们一方面使社会心理学向认知神经科学和经济管理学科两个终端发展，进而削弱对社会心理学本身独特的研究主题和研究视角的探研；另一方面，由于在研究上靠近这两个终端，短期更利于学者学术生涯的发展，从而使社会心理学者向两个终端分化，造成典型的"社会"心理学研究阵营的空缺。有趣的是，这两个趋势并没有削弱美国社会心理学在心理学中的重要地位，却实实在在地使中国社会心理学在心理学中逐渐被"边缘化"。然而，在"文化革命"过程中，亚洲社会心理学以本土及文化心理学为特色，向以个体心理学为特色的北美社会心理学和以群体心理学为特色的欧洲社会心理学发起了挑战，并有突围的趋势。这为中国社会心理学的发展提供了历史性的机遇，我们要想摆脱边缘化的处境，获得更好的发展，应依托亚洲本土及文化心理学发展的大方向，在追踪国际最新研究的基础上，将跨文化心理学、本土心理学和新文化心理学融合到中国社会转型的实践之中。

1.1 美国和中国社会心理学的学科地位比较

2009 年,美国《普通心理学评论》(Review of General Psychology)发表了一项颇为引人注目的研究,该研究对 1970—2009 年近 40 年间美国心理学会(American Psychological Association,APA)17 个心理学分支学科的顶尖学术期刊的关系结构进行了分析。结果发现,社会心理学的顶尖期刊《人格与社会心理学杂志》(Journal of Personality and Social Psychology)不仅引用了很多其他期刊的文章,而且是该领域中被引率最高的期刊。进一步分析发现,社会心理学正成为心理学这棵日益繁茂的知识大树的树干,它一方面吸收基础学科的研究成果,另一方面将本学科的研究成果输出给应用学科(Yang & Chiu, 2009)。由此可见,美国社会心理学不仅没有被边缘化,而且还在心理学学科体系中处于核心地位。

此外,中国科学院心理研究所张侃(2002)还曾对《美国新闻与世界报道》(U.S. News & World Report)发布的 2000 年美国排名前五的心理学机构研究人员的组成与专业分布进行分析,发现社会心理学、人格心理学、认知心理学、发展心理学是这些机构均会设置的最主要的专业和研究领域。2014 年 4 月,我们也对 2013 年美国排名前十的心理学机构的专业设置和人员配置进行了分析。与 2000 年相比,除了行为神经科学成为新设置的专业,其他的专业设置在结构上没有大的变化。其中,社会与人格心理学专业的人员占心理学专业总人数的比例,有 5 家超过了 25%,甚至有 2 家超过了 30%,即斯坦福大学心理学系(31.3%)和明尼苏达大学双城分校心理学系(39.5%)(见表 1.1)。这从另一个侧面说明了社会心理学在美国心理学学科体系中的重要地位。

表1.1 2013年美国排名前十的心理学机构社会与人格心理学专业人数分析

机构(缩写)排名	社会与人格心理学专业人数及其占比	心理学专业总人数(人)
1.Stanford	10(31.3%)	32
2.Berkeley(UCB)	10(24.4%)	41
2.UCLA	14(18.9%)	74

续表

机构（缩写）排名	社会与人格心理学专业人数及其占比	心理学专业总人数（人）
4.Harvard	6（24.0%）	25
4.UMich	14（25.5%）	55
4.Yale	7（26.9%）	26
7.Princeton	9（29.0%）	31
7.UIUC	12（18.5%）	65
9.UMN	17（39.5%）	43
9.UWisc	8（25.0%）	32
社会与人格心理学专业人数平均百分比：26.3%		

注：1.表中心理学机构的中文全称依次为：斯坦福大学心理学系、加州大学伯克利分校心理学系、加州大学洛杉矶分校心理学系、哈佛大学心理学系、密歇根大学安娜堡分校心理学系、耶鲁大学心理学系、普林斯顿大学心理学系、伊利诺伊大学厄巴纳-香槟分校心理学系、明尼苏达大学双城分校心理学系、威斯康星大学麦迪逊分校心理学系。2.表中排名2、4、7、9序号相同，指的是同一序号的心理学机构排名相同。3.统计数字来自对上述机构网站的分析，不含退休人员，心理学专业总人数去除了不同专业交叉的重复计数。4. UIUC的社会与人格心理学专业人数为social-personality方向（8人）与industrial-organizational方向（4人）人数之和。5. UMN的社会与人格心理学专业人数为social psychology（9人）与personality，individual difference & behavior genetics（8人）人数之和，而personality，individual difference & behavior genetics方向的人数又去除了与social psychology方向交叉重复的2人，与biological psychopathology，cognitive and brain sciences，quantitative/psychometric methods方向交叉重复的7人。6. MIT设有brain and cognitive sciences研究机构，与UMN和UWisc并列第9名，但没有社会心理学专业，因此未进行分析。

然而，我国的社会心理学专业却面临着被边缘化的危险。首先，社会心理学教研人员在高校教研人员中的占比较其他心理学分支明显偏低。2014年4月，我们对国内心理学教研机构的人员配置进行了分析。由于我国高校心理学专业通常按照基础心理学、应用心理学、发展与教育心理学三种专业设置，大部分机构没有像美国大学那样公布细分的专业人员设置。因此，本书仅选取与美国心理学机构相对有可比性的几家进行比较，分别是北京大学心理学系、北京师范大学心理学院和中国科学院心理研究所（见表1.2）。

表1.2 我国代表性心理学机构社会与人格心理学专业人数分析

机构名称	社会与人格心理学专业人数及其占比	心理学专业总人数（人）
北京大学心理学系	5（12.5%）	40
北京师范大学心理学院	6（12.8%）	47
中国科学院心理研究所	27（19.7%）	137
社会与人格心理学专业人数平均百分比：17.0%		

北京大学心理学系是我国改革开放以来最早恢复运行的心理学系之一，但该系现在的教研人员在社会心理学方面的配置较其他分支明显薄弱，甚至缺失。目前，该系共有4个教研室：认知神经科学教研室有22人，工业与经济心理学教研室有8人，临床心理学教研室有6人，发展与教育心理学教研室有4人（不含与认知神经科学教研室交叉重复的2人）。固然，工业与经济心理学、临床心理学可以看作社会心理学的应用学科，但社会心理学（包括人格心理）教研室本身的缺失仍然发人深思。所有教研室中共5人以社会与人格心理学（包括社会认知神经科学）为主要研究方向，人数占比只有12.5%。

2012年，北京师范大学心理学系在教育部一级学科评估中获得第一，该系设有脑与认知科学研究院和心理学院两个心理学教研机构。在心理学院，人格与社会心理学教研室有教师6人，占总人数47人的12.8%。中国科学院心理研究所则是国内心理学研究人员最多的机构，人数达到137人（该网页数据于2014年4月更新）。按照其科研部门来看，社会与工程心理学研究室下属的社会与人研究方向有研究人员24人，其中至少有5人不是社会心理学领域的，因此社会心理学研究人员占比只有15.7%（该网页数据于2010年9月更新）。按照研究队伍来看，学术带头人中社会与人格心理学领域的团队人数（16人）加上社会心理行为调查中心的人数（11人），共有27人（该网页数据没有注明更新日期）。但即使以这样宽泛的概念计算，社会心理学研究人员占比也没有超过20%（19.7%）。

其次，我国社会心理学方面的研究成果在心理学成果中的占比也很低。在2014—2015年CSSCI收录的7本心理学期刊中，除了《发展与教育心理学》和《中国临床心理学杂志》属于专门领域的期刊外，其他都是综合性期刊，并没有社会心理学领域的专门期刊。作为中国心理学的综合性权威期刊，《心理学报》发表的社会心理学论文占比也很少。2011年，我们对2003—2010年该刊发表的948篇学术论文（不含通讯稿）进行统计，发现"管理及社会心理学"分类中的论文共143篇，占比15.1%。根据论文题目进行分析，除去明显的管理（含消费和广告）心理的论文（例如，题目中含有领导、组织、员工、广告、消费等词语），再加上其他领域分类中的相关论文，社会与人格心理学论文共有56篇，占比仅为5.9%。2014年，我们进一步分析了《心理学报》最近3年发表的论文，2011—2013年社会心理学论文数量占比分别为10.3%、11.5%和15.4%，占比虽然呈增长趋势，但仍然不高。此外，虽然中国社会心理学会属于一个独立的一级学会，但该学会的会刊《社会心理研究》不但不是CSSCI来源期刊，而且至今仍是内部刊物，这些情况无不表明社会心理学在中国心理学界处于边缘地位。

上述三家心理学机构的人员配置以及心理学期刊所发表社会心理学论文的情况表现出的特点是，认知神经科学研究人员占比较高，其研究成果占比也较高，在某种程度上反映了心理学"神经革命"的趋势。越来越多具有心理学背景的研究人员离开心理学系到商学院就职（例如，中国科学院心理研究所取消了工业与经济心理学研究室），以及《心理学报》发表的管理心理学论文远多于社会心理学论文的现状，则与心理学"应用革命"的趋势相呼应。然而，"神经革命"与"应用革命"发展的同时，美国的社会心理学研究仍然在心理学中占据重要的地位，而我国的社会心理学研究却受到了影响。因此，我国社会心理学在心理学中被"边缘化"的情况，是与当前国际心理学学科的发展趋势相悖的。要想解决这一问题，需要把握心理学发展的第三个趋势——"文化革命"。

1.2 北美、欧洲和亚洲社会心理学的特征比较

与"神经革命"和"应用革命"削弱了中国社会心理学学科的地位相比，

"文化革命"对中国社会心理学研究具有潜在的推动作用。以本土及文化心理学为主要特征的亚洲社会心理学研究在心理学的"文化革命"中居于重要地位，中国社会心理学的发展理应依托于亚洲社会心理学。正如前文所提到的，从世界范围看，社会心理学的发展呈现出"北美长期占主导、欧洲后来融入、亚洲正在突围"的模式。进入20世纪90年代后，随着心理学"文化革命"的兴起，以亚洲为主要载体的文化视角矫正了西方个人主义心理学的知识偏差，并且发展了社会与文化变迁的心理学，代表了社会心理学新的发展方向（见表1.3）。需要指出的是，这里的亚洲社会心理学不仅包含亚洲社会心理学者的研究，还包括活跃在西方社会心理学界的亚裔社会心理学者的研究（Chiu & Hong, 2006）。

表1.3　北美、欧洲和亚洲社会心理学特征比较

	北美社会心理学	欧洲社会心理学	亚洲社会心理学
特征	个体心理学	群体心理学	本土及文化心理学
主题	社会影响 社会态度 社会知觉与自我知觉	群际关系 群体过程	文化差异 社会与文化变迁
元理论视角	个体主义	社会认同	关系主义

顾名思义，社会心理学的重点在于"社会"二字，一个完整的社会心理学不应只由个体心理的知识所建构。因此，研究群体心理自然是社会心理学研究的基本任务。然而，什么是群体心理？如何处理个体与群体的关系？这两个问题，自社会心理学诞生之日起，就成为其最基本的理论问题。对两个问题的不同回答，构成了北美、欧洲和亚洲社会心理学研究的三种不同特征。

以奥尔波特（Allport）为代表的北美社会心理学家认为，个体是唯一的心理实体，群体中不存在个体成员所不具有的东西，因而群体心理现象完全可以通过个体心理来解释。虽然以勒温（Lewin）为代表的来自欧洲的社会心理学家采用互动主义的观点看待个体与群体的关系，并推动群体动力学研究成为20世纪四五十年代北美社会心理学的研究热点，但北美社会心理学始终

将"群体中的个体"作为研究的焦点,认为个体受他人和群体的影响(例如从众与服从)代表了个体的不理智。即使对于宏观的社会现象,它也仍然采取个体主义的解释。例如,它以个体层次的人格特质(权威主义人格)解释种族灭绝现象。与此同时,北美心理学采取的元理论视角也是个体主义,即认为个体是独特的、是自己心理与行为的动力中心,与他人和社会是独立的关系。因此,个体如何受到现实的、想象的和隐含的他人的影响(社会影响),个体对他人和社会事物的看法、观点和信念(社会态度),个体对他人和自我的知觉和认知(社会知觉与自我知觉),构成了北美社会心理学持续关注的三个最基本的研究主题(Ross et al., 2010)。

在很大程度上,北美社会心理学在20世纪六七十年代的危机可以归因于其还原主义的理论化过程,即用个体心理解释群体和社会现象。当时,来自欧洲的社会心理学对此进行了有力和完整的批判,尤以泰弗尔(Tajfel)领导创建的社会认同理论最有影响力。社会认同理论抨击北美社会心理学纯粹从个体性出发解释国家冲突、种族灭绝等现象的做法,在重视社会历史因素的基础上,对北美的实验方法进行了修正。它主张社会是由社会范畴组成的,个体的自我认同根本上是其所属的社会范畴和其所具有的群体成员资格决定的(Hogg & Abrams, 1988)。因此,群体现象虽然可以通过个体心理来认识,但个体心理的属性本质上不是个体的,而是群体和社会的。群体心理的实质在于个体通过与其他群体成员共享有关群体的知识而"在心理上形成群体"。群体心理研究的重点不再是群体中的个体,而是个体中的群体。社会认同理论最初关注群际关系的研究,后来扩展到社会影响、群体凝聚力、群体极化、群体中的领导、集群行为等群体过程的各个领域。可见,社会认同不仅本身是一种理论,而且它对个体与群体关系所持有的基本观点,塑造了整个欧洲社会心理学的特征,乃至后来作为一个元理论视角影响北美社会心理学(Abrams & Hogg, 2004)。在2001年出版的《欧洲社会心理学手册》(4卷本)中,《群体过程》和《群际关系》各占1卷,与《个体内过程》和《人际过程》篇幅相当,这也从另一个侧面说明了欧洲社会心理学的群体心理学特征。

从本土心理学的视角看，北美社会心理学就是北美的本土心理学，只是由于它的主导地位显著，不像其他非北美地区的社会心理学那样，在本土化过程中出现了反抗和批判主流社会心理学的情形（因为它自己就是主流）。如前所述，欧洲社会心理学流派的形成正是这种反抗和批判北美社会心理学的本土化运动的成果。类似地，亚洲社会心理学以本土及文化心理学为特征，在某种程度上也是在反抗和批判北美社会心理学的基础上发展起来的。不过，由于亚洲社会与西方社会存在着明显的文化差异，亚洲社会心理学流派最早是作为以西方心理学家为主导的跨文化研究比较对象进入国际视野的。在20世纪八九十年代，跨文化心理学逐步建立了跨文化比较的基本理论框架，以"个人主义—集体主义"和"独立我—依赖我"的应用最为广泛。一般认为：西方人是个人主义的，具有"独立我"的自我概念；东方人（亚洲人）是集体主义的，具有"依赖我"的自我概念。

多年来，亚洲社会心理学在该框架的基础上，以三种方式不断拓展和丰富人类社会心理学的知识：（1）通过跨文化研究的方式阐述东西方社会心理的文化差异，其中尼斯比特（Nisbett）（2003）对以中国和日本学生为代表的文化与认知方面的研究最有影响；（2）考察多元文化背景下的文化适应，其中赵志裕（Chiu）和康萤仪（Hong）（2006）对双文化人的文化启动研究及文化社会建构理论最有影响；（3）探索传统文化（以儒家伦理为主）在现代化过程中的变迁及其对现代人生活适应的影响，并发展和建构包含理论和方法在内的本土心理学知识体系，其中杨国枢领导的中国台湾本土心理学研究最有影响（杨国枢 等，2005）。梁觉（Leung）（2007）对《亚洲社会心理学杂志》1998—2002年（创刊前4年）发表的文章引用率进行了分析，发现被国际学界引用最多的11篇文章主要集中在以"个人主义—集体主义"为框架的跨文化研究和本土心理学研究两个方面。总之，不管是跨文化研究还是本土心理学研究，亚洲社会心理学研究所采取的元理论视角均可以用"关系主义"来概括（Ho，1998）。关系主义既不是个人主义，也不是集体主义，而是将"个人与他人的关系"作为社会生活的核心关注点。

1.3 不同华人地区（群体）的社会心理学研究路径比较

中国社会心理学要想获得更好的发展，一个较可行的办法是，依托于以本土及文化心理学为特色的亚洲社会心理学研究正在国际突围的形势。但是，如何发展中国社会心理学的本土及文化心理学呢？我们不能照搬北美和欧洲社会心理学的发展模式，也没有现成的系统化的亚洲社会心理学发展模式可以照搬，因为在亚洲不同地区的社会心理学仍然存在差异，甚至在华人地区的社会心理学也存在几种不同的研究路径。只有了解清楚这些研究路径的差异，才能更好地寻找适合中国社会心理学发展的道路。

在康萤仪等人（2010）看来，"Chinese Psychology"既可译为"中国心理学"，也可译为"华人心理学"，甚至她还建议用更广泛的"华人心理学"作为中文对等词。她借用杜维明（Tu）（1991）的"文化中国"（Cultural China）概念，认为华人心理学不仅包含中国内地（大陆）、中国香港、中国澳门和中国台湾的心理学研究，也包含新加坡等其他华人地区的心理学研究，还包含西方华裔心理学家的心理学研究，以及其他非华人心理学家所做的有关华人、华人社会和华人文化的心理学研究。华人社会心理学也是如此，下面对中国内地（大陆）社会心理学、中国香港社会心理学、中国台湾社会心理学和国际华人社会心理学的研究路径进行比较（见表1.4）。其中，国际华人社会心理学包含中国以外的国际华人学者和非华人学者所做的华人心理学的研究。

表1.4 不同华人地区（群体）社会心理学研究路径比较

	中国内地（大陆）社会心理学	中国香港社会心理学	中国台湾社会心理学	国际华人社会心理学
研究视角	西方视角和本土视角	跨文化视角	本土视角	新文化视角
研究主题	西式研究，社会转型	价值观—信念—人格	传统文化及其变迁	文化与认知，文化启动

实际上，中国香港社会心理学、中国台湾社会心理学和国际华人社会心理学的研究路径均已被包括在亚洲社会心理学研究路径之中，它们组成的集合基本代表了亚洲社会心理学的细致全貌（日本、韩国、菲律宾等国家的社

会心理学研究与它们中的一个或几个具有类似之处）。具体而言，中国香港社会心理学更偏重经典的跨文化视角，以建立融合华人本土特征的跨文化普遍性心理框架为目标，例如社会通则研究（Leung & Bond, 2004）和人格结构研究（Cheung, 1996）。中国台湾社会心理学以本土视角为主，关注传统文化及其变迁，这一点从《本土心理学》期刊历年发表的论文可以看出，也可以从以中国台湾学者的工作为主体而编纂的《华人本土心理学》（两卷本）看出。国际华人社会心理学以跨文化心理学的当代实验视角（这里称为新文化视角）为主，以纪丽君（Ji）等人（2000）的文化与认知研究、康萤仪和赵志裕（2006）的双文化启动研究为典型代表。对华人心理学研究工作的综合性梳理则以在香港工作生活的加拿大人彭迈克（Bond）（1996）主编的《牛津版华人心理学手册》为代表。下面重点分析中国内地（大陆）社会心理学与以上三种社会心理学研究路径的不同之处。

如前所述，中国内地（大陆）社会心理学研究起步较晚，又受到近年心理学"神经革命"和"应用革命"的影响，在心理学界处于边缘化的地位。然而，更让人忧虑的是，中国社会心理学不仅在心理学界中被"边缘化"，还在中国社会结构空前转型的社会实践中"失语"。诚然，就中国社会心理学会以及中国心理学会社会心理学专业委员会近年召开学术会议时的参会盛况，以及市面上著译的社会心理学教材的丰富性而言，中国社会心理学研究呈现一派"繁荣"景象（乐国安，2004）。但是，我国目前的大多数社会心理学研究要么过于追求实验方法的科学性，在研究主题和理论上追随西方学者走国际化道路，从而失去了与中国实际的关联性；要么一头扎进社会现象和社会实践中，不是停留在对现象的分析上，就是做一系列应景的对策性和应用性经验分析。甚至还有一部分学者纠缠在理论与应用研究的无畏争论之中，错误地认为理论就是不做实验和实证研究，应用就是知识的套用或者是不需要理论指导的现象描述和田野调查，最后做出的研究既没有理论意义也没有应用价值。这恐怕就是北京大学方文所谓中国社会心理学"泡沫繁荣"的主要原因所在（方文，2001）。

进入21世纪之后，随着中国内地（大陆）心理学的迅速发展，一方面，社会心理学研究的规范化和国际化程度不断提升，追随国外的西方视角和西式研究也进一步发展,逐渐有青年学者在北美顶尖社会心理学期刊发表文章（Zhou et al., 2012）。但是,这种西式研究的国际化视角,不同于中国香港社会心理学的跨文化视角,也不同于国际华人社会心理学的新文化视角,所做的研究是一种不考虑文化背景和文化差异的典型北美社会心理学研究。而中国香港社会心理学和国际华人社会心理学的研究均融入了文化背景和文化差异。另一方面,中国大陆社会心理学除了国际化视角,自始至终还存有本土化的声音,本土视角一直是其主要研究视角之一（黄希庭,2004；林崇德,俞国良,1996）。尤其是20世纪八九十年代受港台地区"本土"心理学的影响,中国内地（大陆）社会心理学界曾经对本土化展开了热烈的讨论,也培养了一批社会心理学人才（王兵,2010）。但中国大陆社会心理学的本土化具有不同于中国台湾社会心理学的独特特点,它起步较晚,没有足够的时间（或发展历史）去经历像中国台湾那样清晰的对西方心理学的"移植—反思—抛弃"的发展过程。因此,在西方社会心理学发展日新月异（如"神经革命"）的环境下,我们很难也没有必要暂时抛开西方社会心理学而一心研究自己的社会心理学。相反,我们要借亚洲社会心理学向主流社会心理学突围的机会,用西方社会心理学的最新方法（包括国际华人社会心理学的研究路径）研究本土及文化心理学,努力在研究的开始就与国际对话（朱滢,2007）。

　　实际上,本土及文化心理学的实质是结合当地的社会/历史/文化背景开展社会心理学研究。不同华人地区（群体）的社会/历史/文化背景的不同,造成了其研究路径的不同。具体而言,高度国际化和长期多元化的原生华人社会背景,决定了中国香港社会心理学以融合华人文化特色的跨文化研究为主导；传统文化的延续和经济社会发展的现代化并存,塑造了中国台湾社会心理学重视传统文化及其变迁的本土心理学主导格局；从"集体主义文化"社会移民到"个人主义文化"社会的跨文化适应,成就了国际华人社会心理学的新文化心理学这一全球社会心理学发展的新方向。因此,方文（2008）在梳理欧洲社会心理学发展繁荣历史的基础上,提出中国大陆社会心理学应该以中国宏大的社会转型研究,尤其是以社会分层和阶级群体研究所兴起的群体资格研究为基础,重点考察社会转型背景下中国人的群体分类及其解构、建构和认同等过程对心理的形塑和影响,这也被称为转型心理学。我们认同这种强调社会转型过程中对社会心理现象进行研究的社会心理学，但它需要结合跨文化视角、本土视角和新文化视角的本土及文化心理学研究路径，才能做出既属于自己的又能走向世界的独特贡献。在这方面，香港大学杨中芳（2010）所带领的包括海峡两岸社会心理学研究者的中庸心理学研究团队做出了有益的尝试。如此，华人社会心理学研究群体将有可能作为一个整体迈向世界社会心理学研究的前沿。

1.4 社会心理学与社会学的分离及其前因后果

人们普遍认为，社会心理学就是对社会情境中个体的感情、思想和行为进行的科学研究。然而，有研究者认为，在过去的半个世纪中，社会心理学和社会学的联系越来越弱，在主流的社会心理学中越来越少地看到社会学的观点（Oishi et al., 2009）。

社会学的视角可以分为宏观社会学视角和微观社会学视角。前者关注大型组织机构和社会结构以及它们怎样影响个体和群体，后者关注小群体以及个体的心理力量与社会互动的关系。社会学的社会心理学与心理学的社会心理学存在很多不同。第一，从分析水平的角度看，心理学的社会心理学关注个体或个体直接社会环境中的变量，而宏观社会学关注来自大群体互动的宏观因素，微观社会学关注个体和与个体直接产生关系的社会环境变量。第二，从基本假设看，心理学的社会心理学研究以自然科学为基础，社会学从来没有在认识论上将自己定位为自然科学或是人文科学。第三，从研究方法看，自然科学框架下的心理学主要运用实验法，而实验法要求高度精准的控制，这导致了不易操纵的变量被边缘化；社会学更少进行实验，更多依赖调查。第四，从研究领域看，社会学则关注广泛的生活领域，而社会心理学家对这些领域关注很少。

在20世纪早期，社会学和社会心理学是没有得到区分的。许多被看作心理学奠基人的学者既论述个体也论述社会，如冯特、麦独孤、弗洛伊德。然而，到20世纪下半叶，心理学家停止了对两者的讨论，心理学和社会学分离。

在 20 世纪初，心理学的社会心理学和社会学的社会心理学就像是一对孪生兄弟，他们诞生于同一年。社会学家罗斯（Ross）以从上而下的方式建立社会心理学，关注模仿和感染的人际和集体过程；心理学家麦独孤以自下而上的方式建立社会心理学，关注人的本能与社会化过程。尽管两者关注的重点不同，但两者的边界并不明显，都认为社会心理学的最终目标是创造文明社会。然而，麦独孤并没有对美国社会心理学家产生持续的影响。他的思想根本无法与客观主义、经验主义和行为主义相提并论。另外，他的思想也和美国的主流文化相对立。

20 世纪 20 年代，使社会学和心理学分离的力量开始出现。奥尔波特认为：“没有一种群体心理学在本质上不是个体心理学。" 1935 年出版的《社会心理学手册》也提出，要通过与研究物理世界或非人类动物相同的范式来研究社会。在两次世界大战期间，应用视角和实证视角的研究是共存的。尽管心理学的社会心理学开始形成独立于社会学的主张，但两个领域仍然是紧密联系的，心理学的社会心理学研究者经常在社会学期刊上发表论文。第二次世界大战使社会学家和社会心理学家在关于军队和文明行为的跨学科项目中联合在一起。但是，这些项目存在的时间都很短，在二战后的一段时间里，两个学科越来越分离。

两者分离的一个重要原因是受到学科构架——心理学系的影响。许多跨学科项目在二战后停止，主要是由于社会学家和心理学家的文化差异无法消除，而且机构的力量也在驱使它们相分离。这些跨学科的项目无法承受来自学术市场的压力，并且出版业对专业性的要求越来越高。跨学科研究的失败，使得美国的社会心理学整体上更加认同心理学。另外，社会心理学在心理学系中的边缘地位也是其拥抱主流心理学价值观的原因。在二战后，社会心理学家在心理学同仁中并没有很高的地位。高地位属于那些行为与认知实验心理学家，而社会心理学家要想成为"真正的科学家"还有很长的路要走。

研究者认为，要重建社会心理学与社会学之间的桥梁。接纳社会事实的可能性并采用"社会学想象"能够丰富已建立的研究领域，恢复关于群体和社会规范研究的价值，开创社会心理学新的研究领域。社会学的社会心理学和心理学的社会心理学相互认可将有助于社会心理学的良性发展。

1.5 社会心理学与"社会创造"的社会心理学方法论

真实的世界是运动的、千变万化的,虽然运动是有规律的,但绝不是简单的重复。因此,有研究者认为,虽然存在着独立于时间和文化的稳定模式,例如认知过程、情绪情感过程、人格特征等,但社会心理学也应在关注这些稳定模式的基础上,加大对于变化和更多可能性的关注,这样才能更好发挥社会心理学服务社会的作用。换言之,社会心理学不应仅仅关注社会心理"是什么",也要关注社会心理"可能是什么"以及"会变成什么"。但不可否认的是,当前社会心理学的研究方法更适合于一个静态的世界,针对真实社会中的某一截面来开展研究,所得出的研究结果往往只适用于特殊的情境。再进一步思考,尽管通过这一系列"静态"的研究,我们能够得到关于社会心理的众多知识,但并没有考虑人类的目的与意志怎样引领人类生活。

基于此,有研究者提出,社会心理学既是世界创造的社会心理学,也是为了社会创造的社会心理学(Power et al., 2023)。人类并不仅仅嵌入在过去,在心理层面也嵌入在潜在的未来中。这一拓展使我们脱离了传统的"历史—社会文化"范式,并使我们得以从两个方面构建作为世界创造的社会心理学的概念。一方面,研究者阐明了社会心理学可以怎样将人作为世界创造者来进行研究。另一方面,研究者也阐明了社会心理学家怎样对世界创造做出贡献。所谓"世界创造",指人类在个体和集体水平上能够贡献于社会、社会关系和认知的创造。因此,除了世界创造的社会心理学研究之外,还应有社会心理学在世界创造中作用的研究。社会心理学关于人们作为世界创造者的理论、伦理与方法,不仅描述着世界,还能贡献于社会的转变。

为了更好地理解"为了社会创造"的社会心理学,首先要从社会心理学当前面临的两大危机开始。早在20世纪70年代,社会心理学就爆发了严重危机,即社会心理学与真实生活缺乏关联,结论无法推广到实验室之外。随着社会心理学的持续发展,社会心理学当前又面临两大危机。第一个危机是社会心理学研究的可重复性危机,即在专业心理学杂志上发表的实证研究中,只有三分之一能够被重复。为了应对这一危机,社会心理学开始改进范式,通过预先登记假设、进行更为严格的实验设计、优化取样过程、使用更为先进的统计方法、公开数据等方式，力图提升社会心理学研究的可重复性。但需要看到的是，在更为严苛的研究方法和统计方法背后，研究者仍然忽视动态过程，并且将心理过程与所处的历史背景相分离，进而形成了过于狭隘的社会心理学研究范式。这不仅影响了研究的效度，还削弱了社会心理学研究与社会现实的联系。

社会心理学当前面对的第二个危机是"WEIRD"（怪异的），分别为西方的（western）、受教育的（educated）、工业化的（industrial）、富有的（rich）、民主的（democratic）首字母，即当前社会心理学的结论往往是以上述词语所描述的群体为研究对象得出的。因此，关于人类认知、情绪情感和行为的众多"普适"的理论，可能只是反映了非典型的心理功能。但问题在于，这种通过非典型的样本获得的社会心理学知识，会直接或间接地成为人类理解和建构世界的重要部分，这就导致了"坏"的社会创造。与"好"的社会创造相比，"坏"的社会创造是一个系统性扭曲的过程。不够准确的研究结果影响了人们对社会现象、经济决策和政治、教育、法律政策的日常理解——这是不能促进公正的世界创造的。

因此，研究者认为，要使研究能更多地关注对于未来的想象和推动人类前进，应进行范式的转变，而这种范式的转变，要求社会心理学的研究者重新考虑社会心理学的本体论、认识论、方法论和伦理假设。具体而言，从本体论上看，世界是变化的；从认识论上看，社会心理学家并不是独立于世界的观察者，而是身处世界当中、使用干预与想象来理解世界的参与者；从方法论上来看，社会心理学需要方法的多样性来应对动态变化的社会现象；从伦理假设上来看，研究者有责任思考人们或者社会心理学家怎样进行世界创造。

研究者将社会心理学定义为为了世界构建而努力的学科，而实现范式的转变首先应该讨论的是本体论前提。这一本体论重新定向的催化剂源自当代社会心理学的两个危机，即可重复性危机和WEIRD问题。这两个危机产生的原因在于，将静态而非过程性的本体论作为基础。此外，这两个危机也源于出版压力、接触被试、不充分的取样和统计过程等。研究者认为应该使用过程性、对话式的本体论来重新设想社会心理学。研究者认为，社会的世界所包含的过程和现象会随着时间的推移出现和发展。这一观点与社会心理学普遍认可的、占支配地位的本体论相反。主流的本体论倾向于将社会的世界看作静态的。于是，社会心理学家普遍认为实验法可以捕获人类生活的所有重要和可概括的方面。但实际情况并非如此，所谓的"社会"意味着过程、关系和交换作用等，并不能够被主流的本体论所完全覆盖。

研究者认为，应看到社会心理知识在未来世界创造中的作用。从传统的视角看，理论的提出源于特定的观察。社会心理学通过整合统计结果、观察可重复的测量，形成用于预测未来的普遍性理论——这种普遍性的理论被看作是超越时间的。而未来取向的社会心理学认为，理论的概括是把部分知道的过去运用于大部分未知的未来。未来并不是对过去的重复，但过去是对未来的唯一指引，所以未来取向的认识论接纳面对未来时的知识局限性。

1.6 小结与展望

不管是在心理学学术阵营中被"边缘化"，还是在社会实践中"失语"，中国社会心理学（不包括我国港台地区的社会心理学）除了受限于国际化与本土化的困局，还纠结于重理论还是重应用的研究策略选择。毫无疑问，随着全球化的加快和社会心理学学科的快速发展，中国社会心理学者面临着尽快以西方学界认可的方式在国际平台发表论文的压力，即学者和学术发展要求国际化；但是社会心理学的学科性质又决定了其受到社会、历史、文化背景的影响，即要求本土化。尽管两者并不矛盾，但短期之内，仍然造成了一种两难困局。通过上述比较视野中对社会心理学发展路径的分析，我们认为中国社会心理学研究应该抓住亚洲社会心理学正在向欧美社会心理学突围的机会，在学习和运用国际最新的研究视角和研究方法的基础上，以中国社会转型为背景，融合跨文化心理学、本土心理学和新文化心理学等研究视角，努力发展本土及文化心理学。

对此，我们对中国社会心理学的发展提出五条具体建议：

第一，以本土化推动国际化。21世纪的今天，本土化与国际化齐头并进是时代赋予中国社会心理学者的使命。我们不能像本土化运动产生之前那样盲目地追随西方的研究，因为历史已经证明那是错误的做法；我们也不能像本土化运动之初那样，暂时抛开西方的研究而只专注于自己的问题，因为深度的全球化没有留给我们闭门探索的时间和空间，不吸收和融合西方的视角会让我们丧失对话的权利。正确的做法是，在国际化的同时进行本土化。国际化（虚心学习西方）是本土化的前提，本土化是真正国际化（以自己的方式为全球社会心理学做贡献）的保证，要以本土化带动国际化。因此，解决本土化与国际化的困局，不是二选一，也不是排一个优先顺序，而是直面挑战，两者结合。

第二，面向中国的社会现实进行研究，融理论与应用于一体。面向社会现实进行研究就是要解决中国的问题，这正是前述本土化的实际内容。在研究中国社会现实的过程中，要站在社会和文化变迁的视角上，注意现实问题发生的传统与现代相冲突的背景和含义。例如，杨宜音（2008）指出，研究群己关系的社会心理机制是我国社会心理学的核心课题。她认为，与西方文化下群己关系以"分类"为主不同，中国传统文化背景下的群己关系以"关系"为主。随着中国社会的变迁，中国人对于"我们"的概念很可能形成于传统的"关系化"和现代的"类别化"相互交织的过程。不难发现，群己关系一方面涉及诸如群体事件、民族矛盾、社会阶层冲突等各种现实社会问题，具有重要的应用价值；另一方面也联系着"个人与群体的关系"这一北美社会心理学和欧洲社会心理学发生分歧的关键点，具有重要的理论意义。此外，还要考虑到中国社会正处于快速的现代化转型过程中。有研究者指出，现代性的晚近演进势态已严重地侵蚀人类的生存基础，给本体性安全、信任机制和自我认同都带来了前所未有的困扰。自我认同面临的两难困境包括统整性对碎片性、无力感对占有性、权威性对不确定性、经验的个人化对商品化等方面（沈杰，2023）。因此，深耕于中国的社会现实问题，是解决"重理论还是重应用"这一问题的良好途径。

第三，立足跨文化比较，着力建构核心理论。核心理论的建构对于欧洲社会心理学的成功功不可没。同样，中国社会心理学的发展在关注社会现实的基础上，也要着意建构自己的核心理论。这里的核心理论是指超越于个别研究的有普遍意义的理论。在跨文化比较的基础上，对全球性问题提出具有中国特色的独特思想和视角，是中国社会心理学建构核心理论的英明之选。这也是前述亚洲社会心理学以本土及文化心理研究向主流突围的有效途径。例如，国际华人社会心理学的新文化心理学研究，以及中国香港社会心理学的跨文化心理学研究，都是在跨文化比较的基础上，寻找华人心理与西方人心理的共性和差异，并将具有华人特色的心理维度发展成具有文化普适性的内容，最终与西方社会心理学的发现一起，整合成一种更全面的对人类某方面心理进行解释的理论。可见，立足跨文化比较建构理论，是以本土化推动国际化的一种具体表现，也可能是对中国现实社会问题进行深耕的最终成果。例如，对推动欧洲社会心理学发展起核心作用的社会认同理论，由于具有普遍的方法论意义，如今已发展成能够启发和引导一系列新理论的元理论（Abrams & Hogg, 2004）。遗憾的是，这种具有普遍意义的核心理论，尤其是元理论，在我国目前还很少。

第四，重视学科建设，建立学术共同体。从组织形式来看，中国社会心理学会和中国心理学会社会心理学专业委员会正是担此责任的主体，应该在教材建设、学科建设和学位点建设等方面充分发挥作用。这是解决中国社会心理学"边缘化"问题的组织和体制保障。首先，在教材建设方面，要在体现西方社会心理学的最新进展的同时，着力激发中国学生利用这些最新方法研究中国社会问题的兴趣。因此，在介绍西方社会心理学的成果时，应把重点放在其研究方法上，放在其研究如何反映社会文化背景上，放在揭示其研究视角和结论所具有的文化偏差上。其次，在学科建设和学位点建设方面，应该给予社会心理学一个独立的二级学科的位置，并设置独立的硕士和博士学位点。同时，要为定期的社会心理学学术交流和培训体系建立提供机会，为创立有影响的、专门的社会心理学学术期刊提供支持。如此，才能逐渐形成有规模、有影响力的中国社会心理学学术共同体，并不断为新时代中国社会心理学培养出大批人才。

第五，加强平等式甚至主导式的国际合作。长期以来，中国学者主要是以国际知名学者主持的跨文化研究项目合作者的身份出现在国际社会心理学的舞台上。现在，我们已经远远不能满足于此，而是对加强平等式甚或主导式的国际合作有着更加强烈的诉求。为了实现这一目标，首先，我们要在合作中对研究问题有更多的实质性贡献，而不仅是搜集本土资料；其次，我们要在问题提出之前，建立平等式的合作关系，然后共同优化待研究问题；更进一步，我们要拿出自己已有的研究成果或率先提出的研究问题，通过国际平台寻求扩展和合作，在合作中增强对研究的主导性。除了研究问题本身的合作，我们还要加强在学术期刊和学术组织上的合作，推动学术成果和学术人才的国际化。所有这些合作的切入点和重点，在于以本土及文化心理学为突破口，跟亚洲和全球华人社会心理学家合作，这样既有利于中国社会心理学的本土化，又有利于其国际化。

一言以蔽之，要想化解中国社会心理学的双重困局，就必须在跨文化比较的基础上，立足中国社会现实，建立健全中国社会心理学核心理论体系，加强学科建设及国际合作，以本土化推进国际化，最终实现中国社会心理学的长足发展。让我们一起期待中国社会心理学更好、更快地发展，期待中国社会心理学早日融入国际社会心理学的大舞台。

第 2 章
社会心理学与社会认知神经科学

社会认知神经科学（social cognitive neuroscience, SCN）孕育于社会心理学之中，是一门蓬勃发展且很有前途的交叉学科，它不仅传承了社会科学（社会学、经济学、政治学和社会心理学等）的理论和观点，特别是传承了社会心理学的研究范式，还成功地借鉴了认知神经科学的研究方法与技术，包括功能性磁共振成像（functional magnetic resonance imaging, fMRI）技术、正电子发射断层成像（positron emission tomography, PET）技术、经颅磁刺激（transcranial magnetic stimulation, TMS）技术、事件相关电位（event-related potential, ERP）技术、单细胞记录（single cell recording, SCR）技术等，为社会心理学带来了新的活力。

奥克斯纳（Ochsner）和莱伯曼（Lieberman）在 2001 年首次提出了"社会认知神经科学"的概念。他们认为，社会认知神经科学通过"三个层次"（社会层次、认知层次、神经层次）的分析来理解社会心理现象。其中，社会层次主要关注影响行为的动机和社会因素，认知层次主要考察产生社会心理现象的信息加工机制，神经层次主要关注实现、控制认知层次加工的脑机制（Ochsner & Lieberman, 2001）。尽管"三个层次"研究的出发点和关心的问题有所不同，但有许多概念在三个领域中是共通的，如图式、选择性注意、抑制、内隐和外显加工等。因此，社会心理学家能够利用认知神经科学家的数据考证对立的理论假设，尤其是那些不能用行为数据直接考察的假设。同时，认知神经科学家在研究社会心理现象的时候，也可以借助社会心理学家的理论知识，了解并确定个体如何知觉他人和自己的影响因素。只有这样，才能真实地揭示社会心理现象的本质。为了更为清晰地呈现认知神经科学的研究内容，奥克斯纳和莱伯曼（2001）还在科夫尔（Kosslyn）和凯尼格（Koenig）（1992）的理论基础上进行了扩充，增加了个人与社会背景的内容，强调了社会、文化和动机行为等的重要性，提出了社会认知神经科学的三棱图（见图2.1）。从图中我们可以看到，社会认知神经科学在社会心理学的基础上增加了神经机制的内容，强调脑机制在社会心理与行为中的重要性。显然，把认知神经科学放到社会心理背景下来研究，极大地丰富了研究视野。这是社会认知神经科学对社会心理学的"反哺"作用。

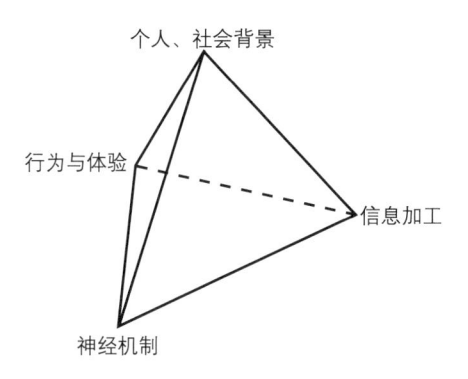

图2.1 社会认知神经科学三棱图

从概念上讲，社会认知神经科学经常会和相邻的学科混淆起来，如社会神经科学（social neuroscience, SN）、情感神经科学（affective neuroscience, AN）、认知神经科学（cognitive neuroscience, CN）等。尽管这些名称比较类似，甚至有部分研究者认为它们可以相互替换使用，但大多数研究者仍然坚持它们之间虽然存在重叠，但也无法完全相互替代。具体而言，认知神经科学主要关注皮层、亚皮层水平的活动方式，社会神经科学研究的范围更为广泛，它经常把社会变量与心理物理学变量、内分泌变量、免疫学变量等联系起来，分析的范围从皮层水平扩展到神经递质水平；动物研究有时也包含在这一研究领域中。情感神经科学则经常被动物研究者和临床研究者提及，他们往往专注于研究基本情感或情感障碍的脑机制。社会认知神经科学尽管也研究情感，但是研究的范围更为宽泛，不仅包括基本的情感，还包括高级的情感过程，例如内疚、羞愧、嫉妒、自豪等自我意识情感。

2.1 社会认知神经科学的历史与发展轨迹

社会认知神经科学的历史正如艾宾浩斯（Ebbinghaus）对心理学历史的评价："有着一个长期的过去，但却只有一个短暂的历史。"社会认知神经科学的发展大致可以分为三个阶段。第一个阶段是 20 世纪 80 年代之前的萌芽阶段，第二个阶段是 20 世纪 80 年代到 90 年代末的酝酿阶段，第三个阶段是 21 世纪初至今的快速成长阶段。

尽管社会心理学与认知神经科学的研究取向存在差别，但两个研究领域在很久以前就开始交叉了。1848 年，菲尼斯·盖奇（Phineas Gage）在修铁路时出现了意外，损伤了眶额皮层（orbitofrontal cortex, OFC）区域，同时引起了情绪性、社会性功能受损。之后盖奇像完全变了一个人，不能遵守社会规则，后被解雇，又与妻子离婚；与此同时，他的运动技能和认知功能却保持正常。盖奇事件引起了研究者极大的兴趣。研究者研究发现了许多和社会性、情绪性信息加工有关的脑区，这些脑区的受损会影响个体的情绪性、社会性功能：如顶叶受损的替身综合征病人会感觉他人在控制自己的身体活动；枕颞区域受损的面孔失认症病人不能识别面孔，却可以识别其他的客体。但是，对人类的社会脑、情绪脑的系统研究在 20 世纪 80 年代以后才开始。主要有以下两个原因：首先，在 20 世纪前半个世纪，行为主义学派统治了心理学的主要研究领域；20 世纪 60 年代末，认知心理学思潮的影响也几乎席卷了心理学的每一个研究方向。这两大学派主要研究人类行为和认知过程的普遍规律，几乎把人类的情绪性和社会性行为排除在外。因此在相当长的一段时间内，对于社会脑和情绪脑的系统研究止步不前。另一个重要的原因是，当时仍然缺乏一种能够直接测量个体情绪和社会心理现象内部机制的有效工具。虽然动物研究者可以通过刺激或损伤动物脑系统来研究心理过程的脑机制，但是，人类的研究很难做到这一点，大多只能对自然损伤（例如脑出血、脑肿瘤等）的患者进行研究，在研究方法层面具有很大的局限性。

20 世纪 80 年代后，测量自主神经系统的相关仪器被研发出来，具有将社会行为的心理机制和生理机制结合在一起的功能。卡乔波（Cacioppo）（1994）曾使用"社会神经科学"（social neuroscience）一词说明社会因素对神经系统的影响。当时，他主要考察了社会因素对外周神经系统和其他身体系统的影响，其中对动物和健康方面的研究居多。然而，这种测量不能直接探测心理过程的脑机制，而且被测量者本身对任务的反应不是很敏感；测量结果与自我报告、行为反应的相关度也较低，因此这种测量只适合研究特定类型的情绪，对信息加工机制研究的贡献非常有限（Wright & Kirby, 2003）。但是，这些工作依然为研究社会心理现象的生理基础提供了丰富的信息和研究方法的启迪。20世纪90年代后，陆续有研究者关注社会心理现象的脑机制，如达马西奥（Damasio）等人对腹内侧前额叶皮层（ventromedial prefrontal cortex, vmPFC）的社会情绪功能的探讨、弗里思（Frith）等人对心理理论神经机制的开创性工作，以及卡乔波等人对态度进行的ERP研究等。不过，即便如此，社会认知神经科学仍处在探索、发展的阶段，没有形成一个成熟的研究范式。

　　社会认知神经科学的飞速发展是脑成像技术问世之后出现的（Lieberman, 2007; Ochsner & Lieberman, 2001），特别是PET和fMRI技术出现之后。这种技术使研究者可以考察正常被试在任务状态下大脑皮层结构或皮层下结构的活动模式。基于此类技术，社会心理学家和认知神经科学家开始了更紧密的合作。2001年，第一次正式的社会认知神经科学国际会议在美国加州大学洛杉矶分校召开。参加会议的人员不仅包括社会心理学家和认知神经科学家，还包括社会学家、人类学家、政治学家和经济学家等。会议的主题囊括了刻板印象、自我控制、情绪、社会关系、心理理论等诸多内容。这次会议被《牛津心理学词典》（*Oxford Dictionary of Psychology*）视为是社会认知神经科学的起点。此后，大量和社会认知神经科学相关的研究论文与学术会议相继涌现。首先，从2002年起，几乎每年都有杂志发行社会认知神经科学特刊，如《生物精神病学》（*Biological Psychiatry*）、《人格与社会心理学杂志》、《认知科学趋势》（*Trends in Cognitive Science*）等。其次，泰勒弗朗西斯出版集团和牛津大学出版社在2006年分别创办了《社会神经科学》（*Social Neuroscience*）和《社会认知和情感神经科学》（*Social Cognitive and*

Affective Neuroscience）杂志，专门发表社会认知、社会情绪方面的论文。另外，世界各国的知名大学和研究机构纷纷建立自己的社会认知神经科学实验室，社会认知神经科学的课程也如雨后春笋般出现在各大院校和研究机构。我们在网上搜索"Social Cognitive Neuroscience"，2001年只能获得53条记录，2006年突破了2万条，2008年有近3万条，2009年达到5万多条。我们在PubMed数据库和ScienceDirect数据库中搜索关键词"Social Cognitive Neuroscience"，清晰地看到社会认知神经科学论文发表数量的增长趋势（见图2.2和图2.3）。

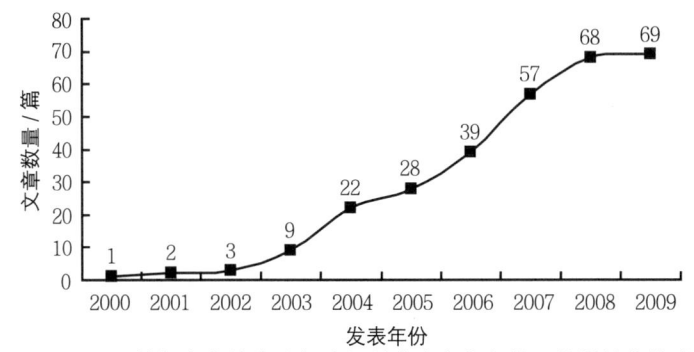

图2.2 PubMed数据库中社会认知神经科学论文发表数量的增长曲线（累计）

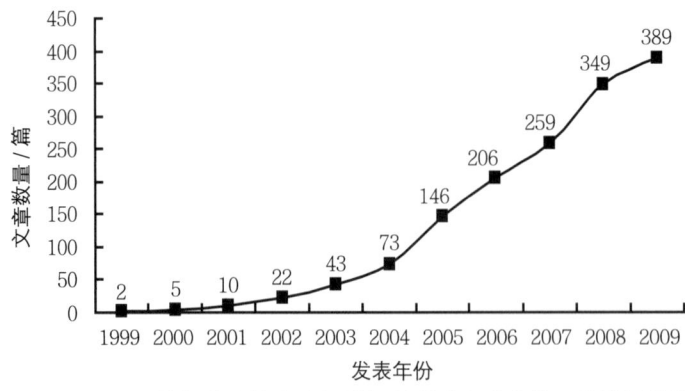

图2.3 ScienceDirect数据库中社会认知神经科学论文发表数量的增长曲线（累计）

目前，社会认知神经科学的研究主题非常宽泛，几乎涵盖了社会心理学研究的各个方面，包括态度、偏见、归因、共情、心理理论、社会排斥、人际吸引、自我意识、自我认知、自我知识、认知失调、安慰剂效应、道德推理、社会决策等。总体而言，社会认知神经科学对社会心理学的影响主要体现在两个方面：一个是对研究方法的影响。应用脑科学的研究考察社会心理过程的脑机制，不仅包括脑定位方面的研究，还包括脑神经网络方面的研究。另一个是对理论研究的影响。社会认知神经科学不仅能够为社会心理理论提供脑成像数据的支持，还可以对社会心理学的理论进行修正或提出挑战，甚至还可能提出全新的理论模型。

2.2 社会认知神经科学对社会心理学的贡献

本节从"文化反哺"的角度，根据社会心理学学科的体系和研究内容，从他人、自我、自我和他人的相互作用三个方面，具体阐述社会认知神经科学对社会心理学的贡献。

（一）他人的研究

严格意义上，社会认知主要包括对他人的理解。理解他人又包括两个方面：一是对他人面孔、身体及其运动等外部信息的知觉；二是对他人内部意图、情感的理解和体验。在这一研究领域，社会认知神经科学对社会心理学的贡献不仅包括社会性信息加工的脑定位研究、神经网络的相关探索，还包括对传统社会心理学理论的验证和充实。

1.知觉他人的外部信息

在人际互动中，有效地知觉带有社会意义的非言语线索是较为关键的过程。这些非言语线索包括面孔信息、语调信息、气味信息、肢体信息等，因此，由非言语线索引发的知觉过程也包含了对面孔信息（如面部表情、眼睛的注视方向等）的知觉、对他人身体各部分和对身体运动的知觉等。其中，对面孔信息的知觉最为重要，社会认知神经科学领域的这方面研究也出现最早、数量最多。一般而言，识别熟悉的面孔是一个非常基本的、快速自动的加工过程，传统的社会心理学家很少去考虑这个过程是如何完成的，他们更关心后面的加工阶段，如态度判断和印象形成等。但是，社会认知神经科学家认为，有必要澄清加工社会性信息的内部过程，以及对应的脑机制。他们研究较多的一个问题是,对社会性信息(如面孔)的加工是否由大脑某个特定的区域负责,例如梭状回面孔区域(fusiform face area, FFA)。对面孔失认症病人和正常人的脑成像研究都发现,面孔知觉依赖于这一区域(Haxby et al., 2000)。但是,也有研究者提出了不同的解释,如高蒂尔(Gauthier)等人(1999)提出"专家系统说"。他们认为FFA不是对面孔反应的特异性脑区,之所以出现对面孔的较强反应,是因为人们是识别面孔的专家。他们发现,FFA尽管对面孔的反应最强,但在知觉汽车和鸟时也会被显著激活。FFA在信息加工中的功能到底是什么?是只负责面孔信息的加工,还是在其他非面孔信息加工中也承担重要角色?这些问题需要进一步研究。除了面孔方面的研究之外,很多研究还开始关注身体知觉、生物体运动知觉的脑机制。研究者发现了类似面孔知觉特异性的脑区,例如,枕叶皮层(occipital cortex)中的梭状回躯体区域(extrastriate body area, EBA)对身体信息的反应最强(Downing et al., 2001),颞上沟(superior temporal sulcus, STS)后部对生物体运动信息的反应最大(Saygin, 2007)。

此外,个体在真实的人际交往中还会识别一些包含情绪色彩的他人外部信息,例如带有表情的面孔。个体加工面孔中的情绪性信息与加工面孔本身有所不同,面孔中的情绪信息会激活情绪神经网络,包括杏仁核、前脑岛(anterior insula, AI)和基底神经节等,它们分别在加工恐惧、厌恶和生气的面部表情时被激活(Adolphs et al., 2005)。以杏仁核为例,随着研究的深入,大多数研究者发现杏仁核的激活不受注意的影响,即不管恐惧刺激是否受到了注意,都会激活杏仁核(Vuilleumier et al., 2001);但是,在注意资源耗尽的情况下,恐惧面孔不会显著地激活杏仁核(Anderson et al., 2003)。另一个主要发现是,杏仁核不仅对恐惧情绪有反应,对其他类型的情绪信息也有反应。还有研究者发现,动态的情绪表情比静态的情绪表情更能激活杏仁核,同时恐惧和生气表情的混合也能够诱发更强的杏仁核激活(Adams et al., 2003)。这些研究结果可能从某种程度上说明,杏仁核的激活水平和情绪性刺激诱发程度存在密切的关系。如今,对面部表情的研究已有很多,但仍然集中在对消极情绪的研究上,对积极情绪和高级情绪(例如羞愧、自豪等)识别的关注较少。但在现实社会生活中,积极情绪和高级情绪的应用更为普遍。因此我们期望，未来有关社会认知神经科学的研究更多地探讨识别积极情绪与高级情绪的脑机制问题。

到目前为止，社会认知神经科学对社会心理学中理解他人研究领域的贡献，多来源于脑功能定位方面的研究。尽管有些研究者开始关注脑区之间的相互关系，如杏仁核和FFA之间的神经联结，但深入且有说服力的研究结果还不多，对负责社会信息加工的神经网络模型的建构也处在探索阶段。这些仍需后续研究者加以探寻、补充、完善。

2. 理解他人的内部意图

诚如前述，人们可以直接知觉他人的外部信息，却无法直接窥探他人的内部意图。如何通过外显行为分析他人的内部心理过程，如何在环境中对事件进行反应等，体现的便是归因过程。在归因这一传统的社会心理学领域，社会认知神经科学不仅为心理理论提供了脑成像数据的支持，还从社会认知神经科学的角度，提出了镜像神经元理论和共享表征说。

不可否认的是，人们不能直接知觉他人的内部状态，但可以根据非言语线索来推测他人的心理状态。这个过程的内部机制就是心理理论研究的内容。心理理论的概念是从发展心理学中借鉴过来的，主要指了解自己和他人的心理状态（如信念、动机、情绪和意图等），并以此对他人行为进行预测和归因的理论（Frith, C. D. & Frith, U., 1999）。对自闭症患者和正常人的研究都发现，背内侧前额叶皮层（dorsomedial prefrontal cortex, dmPFC）、STS后部和颞极（temporal pole）是心理理论任务的激活脑区。dmPFC的激活主要和"心理"任务有关，STS后部对生物体的运动比较敏感，而颞极对人际交往中熟悉特征的加工有关（Frith, U. & Frith, C. D., 2003）。莱伯曼在总结了45项"心理理论"方面的研究之后发现，有三个脑区在一半以上的研究中出现了激活；其中，dmPFC几乎在所有的心理理论任务中都出现了激活。因此他们认为，dmPFC在心理理论任务中可能起着至关重要的作用，而其他两个脑区的活动则是材料或者任务特异性造成的。但是，这个结论在dmPFC损伤的病人个体中没有得到验证（Bird et al., 2004）。到目前为止，对dmPFC功能的探索还没有得到比较一致的研究结论。

同时，对镜像神经元的研究也为理解他人的意图提供了神经生物学方面的理论支持。佩利格里诺（di Pellegrino）等人（1992）发现，在灵长类动物中存在一类神经元，当它们亲自完成目的指向任务和看到实验者完成同样的任务时，这类神经元会被激活。关于这类神经元的研究表明，个体亲自完成或看到别人完成相同的目的指向任务会激活相同的运动表征。之后，在人类身上也发现了和灵长类动物类似的激活区域，这些区域主要集中在外侧前额叶皮层（lateral prefrontal cortex, LPFC）和外侧顶叶皮层（lateral parietal cortex, LPC）附近。脑成像研究者普遍认为，镜像神经元是理解他人的行为、意图和经历的基础，这种机制可能也是人类模仿学习的基础。

除了心理理论和镜像神经元外，德赛迪（Decety）和萨默维尔（Sommerville）（2003）在总结发展心理学、社会心理学和认知神经科学的研究成果基础上，提出"共享表征说"来解释归因现象，即自我和他人共享同一个表征网络。自我的形成不可能完全独立于他人的反馈和评价，个体通过和他人的交流内化了他人对自己的观点，同时也通过自我监控、自我反思和自我调节来调整自我认知。但是，共享并不等于自我和他人的表征完全相同，而是二者之间存在重叠。就脑定位而言，右顶下皮层（right inferior parietal cortex, RIPC）和前额叶皮层在区分自我和他人表征过程中发挥重要作用。"共享表征说"可以用来解释自我和他人对行为知觉和执行的相似性，这是理解他人信息的基础。

3.体验他人的内部情感

人们在体验他人的内部情感时需要共情，即个体对他人情绪状态的理解及对其行为的预测。共情要求个体能够意识到自己的情绪性反应是对他人经历的具体化模拟，不能将其和自己的经历相混淆。在这一研究领域，社会认知神经科学对社会心理学的主要贡献体现在共情的脑区定位研究和对共情影响因素的研究上。

共情在个体和整个人类的发展过程中具有重要作用。作为人类高级情绪的一种，它在道德发展、利他行为的研究中是一个关键变量，因而很快成为社会认知神经科学领域的重要研究对象。但是，对共情内涵的探讨一直没有得到一个普遍认可的结果，辛格（Singer）等人（2006）认为，共情的必要元素包含三种：（1）产生共情的人处于一种和他人情绪共享的状态；（2）这种情绪状态是通过观察或者模仿他人的情绪而产生的；(3)产生共情的人能意识到情绪产生的原因在于他人而非自身。与辛格类似，拉姆（Lamm）等人（2007）也认为共情包括三个成分：(1)对他人的情绪反应，包含对他人情绪状态的共享；(2)认知能力，站在他人角度看问题；(3)监测机制，追踪所经历情绪的根源（自我或他人）。虽然有关共情的内涵还未达成共识，但两者都强调了共情不仅包含情绪的成分，还包含认知、调节的成分。

　　社会认知神经科学家对共情的研究一开始主要集中在对负性情绪的研究上。结果发现，和共情有关的关键脑区集中在AI和背侧前扣带回（dorsal anterior cingulate cortex, dACC）附近，这两个区域在个体闻到令人厌恶的气味时会被激活，在看到他人闻到相同气味时这些区域同样会被激活（Wicker et al., 2003）。与此类似，被试自己疼痛和看到他人疼痛时也会激活AI和dACC，更为重要的是，这些区域的反应强度和被试自我报告的共情程度呈正相关（Singer et al., 2004）。

　　随着研究的深入，研究者除了对共情本质进行研究之外，还考察了影响共情的一些关键因素。例如，个体的共情反应会受到性别、个体与靶子人（共情的对象）的关系等因素的影响（Singer et al., 2006）。被试如果对靶子人持消极态度，则对靶子人的共情程度会降低，左右脑岛的激活程度也会降低；但是，降低的程度会受到被试性别的影响，和女性相比，男性被试降低的程度更大。另外，男性被试对靶子人持有消极态度时，看到靶子人疼痛会引起伏隔核激活的增强，伏隔核的激活程度和被试的复仇愿望成正比，即个体在看到自己憎恨的对象受到疼痛刺激时，有时会产生与报复有关的情绪。高桥（Takahashi）等人（2009）研究发现，当个体看到他人成功的时候，有时会产生嫉妒的情绪，激活与疼痛有关的神经回路；而个体在看到他人不幸经历的时候，有时会产生幸灾乐祸的情绪，激活与奖励有关的神经回路。

　　尽管社会认知神经科学在共情方面已取得了一些研究成果，但还有很多问题有待进一步研究。例如，脑成像研究中很难确定被试回想的是自己的疼痛经历还是真正的共情经历，即看到他人疼痛时自己感受到的痛苦是自我的还是共情的痛苦。此外，共情的发展模式、共情是如何被习得的、共情如何受文化影响等问题也有待进一步研究。这表明，社会认知神经科学与社会心理学之间是相互影响、相互促进的。

（二）自我的研究

在现实社会中，个体除了理解他人外，还经常把注意的对象指向自己。自我具有和他人不同的独特思想和情感，社会认知神经科学家期望通过脑科学的研究手段揭示理解自我的神经基础。在这个研究领域中，社会认知神经科学对社会心理学的主要贡献，体现在关于自我的脑功能定位和自我的神经网络等方面的研究中。

1. 自我识别

大多数婴儿9个月的时候能够识别出镜子中的母亲，在两岁左右能够识别镜子中的自己。这类研究大多通过镜像自我识别测验进行（Gallop, 1970），即在被试熟睡之后，用墨水在被试额头染色，当被试醒来之后将其放到镜子前面，如果被试去触摸自己带颜色的额头，则表示他通过了测验。这说明其自我识别已然成熟，能够区分主体和客体。

很多研究都发现，在各种与自我相关的任务中（如识别自己的照片、提取自传体记忆等），大脑都出现了右半球优势效应，大脑的右半球可能在自我识别中起着更为重要的作用，尤其是右外侧前额叶皮层和右外侧顶叶皮层（Platek et al., 2006）。自我识别除了对视觉面孔的识别外，同时还包括对自己身体或身体运动的识别。脑成像研究表明，双外侧顶叶皮层，特别是右侧区域参与了检测视觉反馈和本体反馈是否匹配的任务，当两者出现不匹配时，LPC的激活更强（Shimada et al., 2005）。另外，"灵魂出窍"的体验也和LPC的激活有关（Blanke et al., 2002）。这些研究结果一致表明，前额叶皮层和顶叶皮层与自我识别有关，但都集中在右外侧。由此可以推论，个体自我识别除受到环境、社会文化因素影响外，还具有特殊的神经生理学基础。

2. 自我意识

尽管动物也可能对自己的经历进行反思，但是，人类对自我经历的反思和表征体现了人类的特殊性。这是人类思维的"花朵"。对当前情形的反思，能够使个体在将来遇到类似的状况时进行更为有效的判断和预测。就脑定位而言，对自我经历的反思通常会激活内侧前额叶皮层（medial prefrontal cortex, mPFC），它是前额叶的一部分，人类的这一部位比其他灵长类动物的同一区域要大很多。研究发现，mPFC和vmPFC的损伤会导致更少的自我意识情绪，同时当被试进行自我反思的任务时，mPFC和内侧顶叶皮层（medial parietal cortex）会被激活（Beer et al., 2003; Johnson et al., 2005）。以上研究表明，前额叶皮层和顶叶皮层是自我意识的关键脑区，但都集中在内侧。

如今，自我概念吸引了研究者的关注，许多研究者开展了关于自我参照效应的研究。研究者考察了被试在判断特质词汇、句子是否可用于描述自己时大脑的激活情况。这些研究中通常还会包含一个控制任务，例如判断特质词汇是否表达了自己某个好朋友的特征、偶然相识的某个人的特征、某个公众人物的特征，或者判断这个特质是否受人欢迎等。研究发现，不管应用哪种控制条件，自我参照任务诱发mPFC的激活更强；甚至在其他类型的自我参照判断任务中，这个区域也会出现激活，例如估计自己的情绪状态、能力等（Johnson et al., 2002）。不过，尽管对自我概念反思方面的研究都比较一致地发现了mPFC的激活，但很少有研究考察mPFC激活的影响因素。有研究者考察了文化影响自我概念的内部脑机制，而且发现了有趣且有价值的成果。例如，我国学者研究发现中国人和西方人的自我参照效应不同，中国人的母亲参照和自我参照无论在记忆成绩上，还是在自我觉知的程度上都非常类似；他们还发现自我参照和母亲参照都激活了mPFC，两者对这个区域的刺激没有出现差异。这和西方研究者的结果不同，表明母亲可能是中国人自我概念的一个组成部分（Zhu et al., 2007）。这无疑为建立我国本土化的社会心理学理论体系积累了有价值的研究资料。

和自我意识有关的另一重要研究领域是自我意识情绪研究。自我意识情绪是一种对自我逐渐产生认识，并通过自我反思而产生的情绪，包括内疚、羞愧、自豪、尴尬等。申（Shin）等人（2000）首次运用神经科学的技术对自我意识情绪进行了考察，他们通过让被试回忆内疚的情绪体验，以及阅读与自己相关的情绪经历，使用PET研究了内疚发生时的脑部神经的变化。他们发现，相对于中性条件，内疚情绪状态下边缘系统前部脑血流活动会增加。此外，高桥等人（2004）还利用fMRI技术比较了内疚和尴尬的区别，结果发现，内疚和尴尬情绪都激活了mPFC、STS和视觉皮层；与内疚相比，尴尬在右颞、双侧海马以及视皮层的激活程度更高。2007年，高桥等人又利用fMRI技术研究了积极自我意识情绪。在他们的研究中，自豪激活了右侧STS后端、左侧颞极。从上述研究中，我们发现大多数研究者都停留在对自我意识情绪的脑定位研究上，很少有研究者从脑神经网络的角度考察自我意识情绪的产生和运作机制。另外，对影响自我意识情绪的关键因素的考察也非常匮乏。未来仍需相关社会认知神经研究者对其进行更加深入的研究。

3. 自我调节

自我调节在社会认知科学领域中占据了重要的地位，尽管不同形式的自我调节的神经机制基本类似，都会激活前额叶皮层、扣带回和杏仁核，但在概念和内涵上，自我调节还是具有不同的类型的。例如，目的性自我调节和自动化自我调节。

在社会认知神经科学研究领域，关于目的性自我调节的早期研究主要集中在额叶执行控制功能上，这些功能包括抑制、计划、解决问题等。许多脑成像研究考察被试在抑制优势反应或冲动时，都发现dACC和LPFC两个脑区出现了明显的激活。dACC的激活主要是监测当前目的和优势反应之间的冲突，而LPFC则负责保持工作记忆中的当前目标，完成自上而下的控制性加工（Botvinick et al., 2004; MacDonald et al., 2000）。除了抑制以外，重新评估也是情绪性自我控制的重要策略，它包括对消极情绪事件的重新评价，以便于对事件产生新的理解，让它变得不是那么令人厌恶。重新评估普遍会激活LPFC和腹外侧前额叶皮层（ventrolateral prefrontal cortex, VLPFC）两个区域，对这些刺激的重新评价都会降低杏仁核的激活（Kalisch et al., 2005）。另外，目的性自我调节还包括压抑、脱离、自我干扰等多种策略，这些策略主要集中在负性情绪的调节上。德尔加多（Delgado）等人（2008）研究了重新评估策略在积极情绪中的调节机制，结果发现，重评过程中左腹外侧前额叶皮层和背外侧前额叶皮层（dorsalateral prefrontal cortex, DLPFC）的激活程度提高，腹侧纹状体激活程度降低。这些结果表明，不论积极情绪还是负性情绪，目的性自我调节与前额叶皮层、扣带回的激活程度呈正相关，和杏仁核、腹侧纹状体的激活程度呈负相关。自我调节的神经网络（前额叶皮层）和情绪网络（杏仁核）之间是相互抑制的关系。

自动化自我调节是个体在没有明确目的的情况下对自我进行的调节和控制。研究表明，仅通过情绪性标签来标示情绪性的视觉图片就能导致杏仁核的激活减弱、VLPFC 激活增强，并且前额叶皮层和杏仁核的激活程度出现了负相关（Lieberman, 2007）。这个激活模式说明确实存在一种自动化的自我调节，而且和目的性自我调节激活的神经网络相类似。另外，还有一种自动化自我调节，即以期待为基础的安慰剂效应。关于这种效应的研究主要集中在疼痛刺激方面，它是指被试对治疗或药品的有效性深信不疑，从而减少或减轻症状。安慰剂条件下会激活右腹外侧前额叶皮层和喙侧前扣带回（rostral anterior cingulate cortex, rACC），更为有趣的是，这两个区域的激活和吗啡止痛诱发的神经网络相重叠（Petrovic et al., 2002）。

总体而言，目的性自我调节和自动化自我调节的脑机制有些类似，如都激活了右腹外侧前额叶皮层。但是两者之间的脑机制仍存在不同之处，在左腹外侧前额叶皮层、前辅助运动区、dmPFC，目的性自我调节比自动化自我调节激活的频率更高；而在 rACC 区域，自动化自我调节比目的性自我调节激活的频率更高（Lieberman & Eisenberger, 2009）。

（三）自我与他人交互作用的研究

人们在社会生活中的大部分时间都处于和他人的交互作用过程中。这些交互作用能够帮助众多个体形成一个和谐的社会，每个个体可以通过不断地调整自己来认识和适应他人及社会的行为标准和规则。这部分主要讨论自我与他人交互作用过程中产生的态度、社会排斥、社会决策和亲密关系。在这些研究领域中，社会认知神经科学不仅为双重态度模型提供了脑成像证据，还提出了自己全新的理论观点："社会排斥引起的社会疼痛可能是生理疼痛进化而来的。"另外，社会认知神经科学对社会决策的研究，也加深了人们对竞争与合作、公平与信任的理解。

1. 态度与态度改变

20 世纪 80 年代，受认知心理学领域中内隐记忆和外显记忆研究的影响，威尔森（Wilson）等人（2000）提出了双重态度模型。该模型认为，态度可以分为内隐态度系统和外显态度系统，内隐态度系统是一个快速、无意识、跨情境的，而外显态度系统是慢速、有意识的，受当时情境和目的的影响。对外显态度的研究发现，当被试对某个概念、著名人物、几何图形表达自己的态度时会激活内外侧额、顶神经网络，如mPFC、内侧顶叶皮层、VLPFC和LPC等区域（Cunningham et al., 2003）。积极和消极的态度分别与左外侧和右外侧前额叶皮层关系密切，态度的强度与杏仁核的活动有关（Cunningham et al., 2004）。这些研究结果说明，外显态度可能是一个比较复杂的过程，不仅包括指向自我的意识过程，通常会激活内侧额、顶神经网络；同时还包括指向外部某个对象的意识过程，通常会激活外侧额、顶神经网络。

社会认知神经科学领域中内隐态度的相关研究则主要集中在刻板印象方面，这是社会心理学的传统研究领域。研究者发现，内隐态度和杏仁核的激活有关。哈特（Hart）等人（2000）首次应用fMRI技术考察了被试对同种族面孔和异种族面孔的反应机制，发现杏仁核只对同种族面孔的反应存在习惯化，从而开启了应用fMRI研究刻板印象的先河；之后，菲尔普斯（Phelps）等人（2000）发现，杏仁核可能是内隐态度相关联的关键脑区，而且内隐刻板印象和外显态度之间出现了分离。该实验通过内隐联想测验（implicit association test, IAT）获得了内隐种族态度的分数，发现高加索裔美国人的杏仁核对非洲裔美国人的反应强度与他们的内隐种族态度呈正相关，但是和外显态度相关不显著；同时，当靶子人的面孔是非洲裔美国人时，杏仁核在阈下呈现比阈上呈现的激活程度更强。随着研究的深入，研究者还发现内隐态度受文化背景的影响，如非洲裔美国人被试的杏仁核对本族人面孔比对高加索裔美国人面孔的反应更强，这和以前的研究结论比较一致，即非洲裔美国人对本族人具有消极的内隐态度和积极的外显态度。这一结果的出现可能是由非洲裔美国人受美国文化影响所导致的（Cunningham et al., 2004）。除了杏仁核，vmPFC也和内隐态度有关，如vmPFC的激活和政治态度的自动化加工有关，这一区域受损的病人没有内隐性别偏差（Knutson et al., 2006）。同时，当被试没有意识到所喝的饮料是百事可乐还是可口可乐时，vmPFC的激活和他们的偏好行为有关；可是当被试知道他们所饮用的饮料牌子时，行为偏好和控制性加工的区域有关，如DLPFC和内侧颞叶（medial temporal lobe, MTL）（McClure et al., 2004）。所有这些结果都表明，和外显态度不同，内隐态度的神经网络包含杏仁核和vmPFC两个区域。这为威尔森等人的双重态度模型提供了有力的实验证据。

为了更细致地揭示人类控制偏见反应的内部机制,许多脑成像研究者把目的性自我调节和种族态度结合到一起。他们发现,当个体的负性态度占优势,而且将要被揭示出来时,dACC会出现激活;而LPFC主要参与执行控制加工,减少杏仁核的激活。研究结果表明,当人们调节自己的态度表达时,右外侧前额叶皮层激活增强,而且右外侧前额叶皮层的激活和杏仁核的激活是相互抑制的(Richeson et al., 2003)。同时,应用fMRI技术考察态度的自动化自我调节,即没有明确地告诉被试要改变态度时,仅根据非洲裔美国人的饮食偏好(不考虑他们的种族身份)对他们进行分类,就足以导致杏仁核激活强度降低,这一研究结果表明,被试当前的任务会影响杏仁核的激活(Wheeler & Fiske, 2005)。此外,莱伯曼等人完成的一项研究还发现,当被试对靶子刺激进行言语性加工而不是知觉性加工时,会降低杏仁核对种族偏见的敏感性,增强右腹外侧前额叶皮层的激活(Lieberman, 2007)。由此人们推测,右外侧前额叶皮层激活的增强和杏仁核激活的减弱可能体现了态度改变的脑机制。

2.社会排斥与社会决策

人们在社会生活中拥有多种多样的社会联结,这对其生活、生存和发展有着重要意义。因此,个体对任何会威胁到社会联结的信息都十分敏感。而当社会联结遭受到破坏时,个体就会感受到社会排斥,从而出现社会疼痛。近来,由社会排斥引发的社会疼痛及其脑机制已经成为社会认知神经学家关注的重要议题。例如,研究者发现,婴幼儿的哭声能够诱发其父母dACC的激活;同样地,失去亲人的个体看到亲人的照片时,这一区域的激活程度也比控制组更强;更重要的是,由社会排斥导致的痛苦程度和这一区域的激活程度呈线性正相关,而右腹外侧前额叶皮层的激活则会减弱dACC的激活,从而降低自我报告的痛苦程度(Eisenberger et al., 2006; Gündel et al., 2003)。所有这些研究表明,dACC和被试的社会性痛苦有关。更为有趣的是,研究者发现这一区域除了在社会疼痛中出现激活,在生理疼痛中也是一个关键脑区,而且有研究者发现两类疼痛之间可能存在相互作用,如社会支持会降低对生理疼痛的敏感性，感受到的社会排斥会提高对生理疼痛的敏感性。这些结果都表明，生理疼痛和社会疼痛可能由相同的神经结构负责。因此，有研究者认为，社会疼痛可能是由生理疼痛进化而来的，即婴幼儿在照顾者离开时所觉察到的痛苦和生理疼痛类似，这一机制有利于物种的繁衍（Eisenberger et al., 2006）。

竞争与合作、公平与信任是神经经济学的主要研究内容，同时也是研究社会决策的主要手段。神经经济学是一个新的研究领域，它把行为经济学和认知神经科学联系起来。研究范式主要包括：最后通牒博弈、囚徒困境博弈、信任博弈等，这也是社会心理学的传统研究领域。例如，有研究者应用最后通牒博弈的研究范式考察了不公平、不信任情况下个体的脑激活情况，发现不公平的分配结果会激活与认知控制和目标维持相关的DLPFC、与情绪相关的AI，以及负责冲突解决的前扣带回。据此，研究者认为AI和DLPFC激活的相对强度，能够预测被试是否会拒绝不公平的分配方案（Sanfey et al., 2003）。该研究表明，不公平分配引发了追求利益与不愉快情绪之间的冲突，即不公平分配在某些被试中引起强烈的不愉快情绪，因而遭到这些被试的拒绝。而合作、信任、公平会激活杏仁核、腹侧纹状体和vmPFC等与奖励相关的脑区。此外，合作行为的另一种表现形式是惩罚那些不合作的人，人们会对那些背叛自己的人进行惩罚，这种惩罚也会激活与奖励相关的脑区（纹状体等）（Singer et al., 2006）。可见，从社会认知神经科学的角度对社会排斥和社会决策进行研究，不仅能够验证不同心理现象（如社会疼痛和生理疼痛）是否具有共同的内部脑机制，同时还可以考察人际互动的内部生理机制。

3. 亲密关系与依恋关系

在现实社会中，亲人、朋友和爱人间的依恋关系、亲密关系是沟通和交流的基础。社会认知神经科学家对亲密关系（如恋人、知己、父子、母子等）的脑机制进行了研究，结果发现边缘系统（如杏仁核、脑岛、纹状体和前扣带回等）可能是亲密关系的神经基础。例如，当被试听到儿童的哭声时会激活dACC（Seifritz et al., 2003），看到自己孩子的图片时会激活杏仁核、dACC、AI和LPFC等区域（Leibenluft et al., 2004; Minagawa-Kawai et al., 2009）。此外，最近的一项研究还发现，母亲观看自己孩子的图片时腹侧纹状体会被激活（Strathearn et al., 2008）。同时，以婴儿为研究对象，皆川猿时（Minagawa-Kawai）等人（2009）发现，当婴儿看到母亲的笑脸时腹侧前额叶皮层的激活会出现增强。

除了研究母婴之间的关系，也有研究者开始关注成人间的依恋关系。例如，观察恋人间亲密关系的图片会激活背侧纹状体（Aron et al., 2005），甚至阈下呈现爱人的名字也会激活腹侧纹状体（Ortigue et al., 2007）。还有研究者发现，不同依恋类型（例如安全型、回避型和焦虑型）的个体会调节大脑对社会性信息的加工。例如，阿堆塔尔亚（Vrtička）等人（2008）设计了一种任务：在一个游戏背景中通过面部表情来对被试在任务中的表现给予反馈。他们发现笑脸的正反馈会增强纹状体的激活，但是，这种反馈在回避型依恋关系的个体中增强效应最小；而生气面孔的负反馈会诱发左侧杏仁核的激活，而且它的激活强度与焦虑型依恋呈正相关。可见，杏仁核和纹状体可能是依恋关系中关键的脑结构。不过，亲密关系有时会由于某些客观的原因而中止（如亲人的去世、朋友或者恋人关系的结束等），从而导致个体出现悲伤的情绪反应，这类情绪通常会激活dACC和AI（O'Connor et al., 2008），同时他们还发现，其腹侧纹状体的活动水平也会降低。

总体而言，腹侧纹状体的活动模式和脑岛、扣带回和杏仁核等区域的活动似乎是相反的，他们之间的协调活动可能是亲密关系的形成、发展和中止的内部机制。但是，关于亲密关系的脑神经网络活动模式的研究成果还不是很多，对这一领域的进一步研究，可以为我们理解亲密关系提供更多的实验数据支持。

2.3 社会认知神经科学的问题、特点与发展态势

很显然，社会认知神经科学作为一门发展中的交叉学科，可视为社会心理学与认知神经科学结合的产物。近年来，相关的研究报告和研究者的数量急剧增加，而且，在某些方面已经取得了突破性进展。其中，有些研究提供了新的发现，有些研究产生了原创性的思想，有些研究对社会科学的传统概念和理论提出了挑战。但是，研究中的大多数问题仍然围绕社会心理学的传

统领域展开,其研究方法主要借鉴脑成像的研究技术,并在认知、神经和社会三个层面对社会心理现象展开整合性研究。在一定程度上可以说,社会认知神经科学是对社会心理学研究的补充和证实,它孕育于社会心理学的母腹,成长于社会心理学的怀抱,将其作为社会心理学的分支学科是合乎情理的。为了更好地展望未来社会认知神经科学的发展,以下就其存在的问题、发展特点及发展趋势进行总结。

(一)存在的问题

社会认知神经科学在形成与发展的过程中,出现了一系列难以克服的问题,不仅包括研究方法方面的问题,还包括其发展过程中本身存在的一些缺陷。首先,脑成像技术尤其是fMRI技术,很难应用到面对面的人际交互作用过程中。当被试的大脑被扫描的时候,被试需要躺在一张很窄的床上,这张床还要被推进一个长而狭窄的通道中,同时这个狭窄的通道还不允许同时扫描多个被试的大脑,这就使得研究结果的普适性和可推广性大受限制,严重影响研究结果的信度和效度。当然,可能在将来会出现能同时扫描多人大脑的fMRI仪器。不过就目前而言,脑成像的普遍推广仍受其技术问题的制约。其次,被试头部活动会严重破坏fMRI的成像质量。脑成像技术因为其成像程序的某些特点,需要被试在扫描过程中头部保持静止,但让被试保持头部完全静止几乎是不可能的。因此,当对被试进行成像时,被试的身体动作、言语活动都会受到控制,这对社会心理现象的研究来说是一个很大的挑战。最后,fMRI技术获得的数据信噪比比较低。为了得到稳定、清晰的数据,就必须获得多张图像,同时对图像进行平均、叠加来增大信噪比。这就意味着被试必须重复多次完成同一类型的任务。但是,在大多数的社会心理学研究中,通常一个任务被试只能完成一次。如果被试重复完成一类任务,大多数任务会失去它们的心理学意义。由于存在这些研究方法、技术手段方面的问题,相当一部分的社会心理学问题仍难以应用脑成像技术进行研究,例如人际互动方面的课题。

另外,社会认知神经科学在发展过程中也存在一些问题。虽然其研究领域非常广泛,但是各个部分不够系统,还处于一个向平面扩展的阶段。尽管有些研究已经开始向纵深发展，但是，目前未达到完全成熟的阶段，还有很大的空间有待丰富。

（二）发展特点及发展趋势

社会认知神经科学虽然是孕育中的交叉学科，但它不是社会心理学、认知心理学、认知神经科学等学科的简单相加，也不仅仅是应用认知神经科学的研究手段去研究传统的社会心理现象；而是通过跨学科的整合，在更高的层次上构建社会心理学理论，分析社会心理现象，从而实现社会心理学与社会认知神经科学的整合与统一。基于这个目标，同时结合以往的研究成果，从社会认知神经科学角度对社会心理现象的研究未来可能会有以下五种思路。

第一，分离性研究的思路。有时，两个心理过程会非常类似，从而产生相似的行为结果；但是，事实上它们却依赖于不同的内部神经机制。例如，个体记忆的效果会受记忆目的的影响。研究者发现，如果记忆目的是对材料中的靶子形成印象，相比于记忆目的是提升后期测验成绩，记忆效果会更好。当时，比较流行的观点是"形成印象"的社会性编码对材料的加工程度更深，因而记忆效果更好。但是，这是否意味着信息的社会性、非社会性编码、提取都应用了相同的机制？对此，尽管目前没有一致的结论，但是最近的fMRI研究发现参与社会性编码和非社会性编码的脑机制是分离的，非社会性编码和左腹外侧前额叶皮层、MTL的激活有关；而社会性编码和dmPFC的活动有关（Mitchell et al., 2005）。这一结果说明，尽管这两类加工表面看起来比较类似，并且很难通过行为研究的方法加以区分，但是通过运用fMRI技术，可以清晰地呈现出两种加工之间的差别。

第二，整合性研究的思路。有时，两个心理过程或经历表面看起来差异很大，研究者通常会认为它们可能依赖于不同的神经机制，但是事实上它们依赖于同一个加工机制。例如，由社会排斥导致的社会疼痛（例如，"他伤害了我的感情""她让我的心都碎了"）和生理疼痛（例如，"我的腿受伤了""他折断了我的胳膊"）就被证实激活了类似的脑神经网络。两者之间看似有较大差异，比如生理疼痛是真正的疼痛，因为个体受到了物理上的伤害；而社会疼痛似乎是一种想象中的疼痛，只发生在人们的大脑内部。但实际上，它们两者似乎依赖于相似的脑机制。据此，研究者认为，这种脑区的重叠可能是因为婴儿时期需要保持与照顾者之间的联系。一旦婴儿与照顾者失去联系，就会产生类似于生理疼痛的社会疼痛，从而促使婴儿哭闹以求重获联系，即针对社会性排斥的"疼痛"反应是保持这种联系的情绪性机制（Eisenberger et al., 2006）。另外，相似地，个体A在看到个体B经历生理疼痛时，经常会说："我能感觉到你的痛苦。"这一现象尤其体现在A和B有亲密关系（亲人、恋人等）的时候。但是个体A是否真的在经历和个体B类似的痛苦呢？辛格等人（2004）研究发现，个体A感受到的不仅是一个抽象的概念，而且确实会感受到与个体B类似的痛苦，因为他们发现个体A生理疼痛和看到个体B生理疼痛所激活的脑区非常类似。这一结果为共情的研究提供了新的思路。在此类研究的基础上，莱伯曼和艾森贝格尔（Eisenberger）（2009）总结以往的研究成果，发现人类大脑中可能存在疼痛和奖赏两个神经网络，生理疼痛、社会排斥、痛失亲人、不公正的对待和负性的社会比较都会激活疼痛神经网络（dACC、脑岛、躯体感觉皮层、丘脑和导水管周围灰质），而生理奖赏、好名誉、公平的对待、良好合作、捐赠和幸灾乐祸都会激活奖赏神经网络（腹侧背盖区、腹侧纹状体、vmPFC和杏仁核）。然而，尽管目前大多数研究结果都发现生理疼痛与心理疼痛、生理奖励与心理奖励分别激活类似的脑神经网络，但是我们不能排除另一种可能："生理疼痛和心理疼痛脑区确实存在差异，只是目前脑成像技术的空间分辨率还不能检测到这种差异。"可见，考察不同社会心理现象共同的脑机制，也是当前社会认知神经科学一个重要的研究思路。

第三，自动化加工和控制性加工的研究思路。自从格林沃尔德（Greenwald）等人在1998年提出IAT，并把它应用到内隐态度的研究中之后，IAT成为社会认知领域不可或缺的研究工具。随着内隐、外显态度研究的深入，在社会心理学领域中的双加工模型几乎渗透到了社会心理学的每一个研究领域（归因、自我和共情等），尤其是在社会认知研究领域。控制性加工是一种有意识、有目的的慢速加工过程，而自动化加工则是一种无意识、不受目的影响的快速加工过程。控制性加工主要激活大脑的背侧区域，如LPFC、LPC、 mPFC、内侧顶叶皮层和MTL等；而自动化加工主要激活大脑的腹侧区域，如杏仁核、vmPFC、外侧颞叶皮层等。此外，dACC可能是自动化加工与控制性加工的交汇地，是调节两个系统的中介。研究者发现，dACC带回在冲突发生时会出现激活，之后它会触发其他的控制性加工，从而解决冲突（Botvinick et al., 2004; MacDonald et al., 2000）。然而，自动化加工和控制性加工虽然在脑机制上存在分离，但是，社会性信息的两种加工模式之间的区别是同一个加工过程的两种极端（熟练、非熟练）情况还是两个完全不同的加工过程，还没有定论。这仍旧需要未来研究资料的进一步积累。不过，尽管这方面的研究结果还不够细致，但是，自动化加工和控制性加工的分离，已经成为社会认知研究过程中的主要研究范式，这种分离也可以作为社会认知神经科学和社会心理学整合的一个主要研究思路。

第四，内部指向加工和外部指向加工的研究思路。在社会心理学领域，有些研究任务要求被试把注意指向自己或他人的内部心理世界，例如共情、自我反思等；而有些研究任务要求被试把注意力集中到外部社会世界，如视觉自我识别任务、归因等。外部指向的加工和外侧额—颞—顶叶神经网络有关，而内部指向的加工和内侧额—顶叶神经网络有关。举例来说，自我识别就是外部指向的加工，而自我意识是一种内部指向的加工（Johnson et al., 2005; Platek et al., 2006）。在自我研究过程中，自我识别主要激活外侧额—顶叶神经网络，而自我意识则主要激活内侧额—顶叶神经网络。因而有研究者认为，内部指向和外部指向的加工分离也是社会认知神经科学研究的新思路（Lieberman, 2007）。

第五，脑功能定位和脑神经网络的研究思路。到目前为止，诚如前述，社会认知神经科学虽然形成了独特的研究方法和研究方向，但还是孕育中的一个新兴学科，大多数初期的研究成果主要集中在社会心理现象的脑功能定位方面，如对面孔、表情的研究。随着研究的深入，研究者达成了共识，即仅仅通过研究简单的脑功能定位问题，很难解释复杂的社会心理现象，必须考察各功能区域之间的功能连接和整合问题。我们可以通过心理生理交互作用（psycho-physiological interaction, PPI）、结构方程模型（structural equation model, SEM）、动态因果模型（dynamic causal model, DCM）、弥散张量成像

（diffusion tensor imaging, DTI）等方法，深入考察脑功能活动的整体、全面的动态信息。例如，有研究者通过功能连接的方法发现，虽然自我疼痛和看到他人疼痛激活的脑区比较类似，但是脑区之间的功能连接却存在差异。具体而言，脑岛与中脑、导水管周围灰质之间的连接强度，在自我疼痛时大于看到他人疼痛时；而 AI 与前扣带回到 dmPFC 的连接强度，在看到他人疼痛时比自己疼痛时更强。这一结果表明，自己疼痛和看到他人疼痛的脑机制在网络水平存在差异（Zaki et al., 2007）。因此，脑神经网络方面的研究可能是今后社会认知神经科学和社会心理学整合研究的一个重要发展方向。

2.4　小结与展望

前面我们从社会认知神经科学对社会心理学的贡献和挑战的角度出发，从历史发展、研究内容、发展特点与发展趋势等方面对社会认知神经科学进行了阐述。正如 20 世纪 70 年代，社会心理学在认知心理学的影响下产生了新的研究领域——社会认知一样，21 世纪初，社会心理学在认知神经科学的影响下，也产生了一个全新的交叉领域——社会认知神经科学。社会认知神经科学是否会像社会认知的发展一样，席卷整个社会心理学领域，我们还不能过早下结论。其中的原因很大程度上在于通过对社会心理学和社会认知神经科学的分析和比较，我们发现到目前为止，社会认知神经科学的研究内容仍然主要集中在社会心理学的传统、经典问题方面，还没有一个属于自己的独特研究领域。

社会认知神经科学是否能够回答社会心理学中的所有问题？答案是否定的。社会心理学中的很多问题都难以得到透彻的解答；即便是目前很多已经被社会认知神经科学家广泛研究的课题，也没有得到圆满的答案。那么，我们是否应该放弃脑成像的研究，回到自我报告研究和行为反应研究中去呢？答案也是否定的。我们认为，应该理性地、科学地对待新出现的脑成像技术，脑成像的研究方法虽然受到很多限制，但是这种方法无疑给社会心理学家研究社会心理现象提供了全新的思路和工具。合理地应用脑成像的方法，不仅能够很好地弥补行为实验和自我报告的缺陷，同时还能印证行为数据。社会认知神经科学正处在起步阶段，大多数研究属于神经机制定位方面的研究，主要探索各种社会心理现象的对应脑机制，这似乎没有为社会心理学理论的发展提供更多的动力。但是，随着研究的深入，以及脑定位研究资料的积累，这种方法的优势会越来越明显，例如，对传统理论的验证就是一个非常重要的部分，同时这也将为社会心理学理论的构建提供一个全新的思路——梳理社会心理现象的脑模型。

第3章
自我研究的研究热点和发展趋势

"认识你自己"是希腊德尔斐神庙上的一句铭文,这句经典名言告诉我们,认识自我很重要,但也很困难。在现实生活中,"我是谁?""我是一个什么样的人?""我的生命价值是什么?"等问题困扰着一代又一代哲学家和心理学家。因此,自我不仅是社会心理学中的一个古老课题,也是其他很多学科研究的重要主题。近年来,随着社会认知神经科学的发展,社会心理学领域对自我的研究又重新焕发出迷人的光彩。

3.1 自我研究的发展历史

从历史的视角来审视自我研究的进展,有利于我们深入理解自我的概念,也有利于我们更好地梳理社会心理学领域现有关于自我的研究。

在1600多年前,一位深思而博学的古罗马哲人奥古斯丁发现了自我的存在,并将自我视为一个"不解之谜"。后来的研究者似乎认同了这一观点。其实,无论是东方还是西方,古代先哲们早就开始关注自我问题了。公元前古希腊哲学家苏格拉底和柏拉图分别对关于自我的问题进行了探索。在中国古代,思想家没有直接讨论"自我是什么"这样的问题,而是更强调天人合一的无我境界(朱滢,2007)。那么,在现代科学心理学研究中,自我是什么?自我研究的发展历史又给我们带来了什么启示呢?

1879年冯特建立了世界上第一个心理学实验室,心理学作为一个独立学科得以诞生，但是在科学心理学诞生之初，自我在心理学研究中并未受到重视。虽然威廉·詹姆斯（William James）在他的著作中对自我进行了详细的阐述，但这并未改变自我在心理学研究中发展缓慢的历史状况。詹姆斯1890年出版的《心理学原理》（The Principles of Psychology），不仅被视为心理学的经典著作，而且被公认为是美国机能主义心理学派兴起的里程碑。其中，关于自我的讨论奠定了现代心理学中自我研究的基础。在书中，他将自我区分为作为经验的客体我和作为环境中主动行动者的主体我（James, 1890）。客体我是指具有特定身体、情感、智力等特征的被认识的客体，也称经验我，是经验与意识的主体，是自我知识的总和。他认为客体我由三部分组成：（1）物质的自我，源于对躯体的觉知，包括个人的身体、衣物、房屋、家庭、财产等；（2）社会的自我，反映个体对两方面的看法，一是被个体重视的其他人是如何看待自己的，二是社会的规范和价值观；（3）精神的自我，指知觉到自己的存在和弱点，包括个人的意识状态、特质、态度、气质等。主体我是行为的发生者，通过知觉、思考、记忆等成为认识的主体（Hamachek, 2000）。主体我的核心是主观性，包括对生活事件的主观能动性的觉知，对个人生活经验的独特性的觉知，对个人连续性的觉知以及对自我意识的觉知。主体我的功能是以主观的方式去进行觉知和解释经验，通过能动性、独特性和连续性觉察到自我。能动性是指自我的自主性，人能积极地构建和加工个人的经验，独特性指有别于他人的特性，连续性指自我的稳定性（李晓东，1998）。詹姆斯认为，出于实证研究的目的，心理学家应该研究客体我，这激发了后来众多心理学研究者对客体自我的研究热情。但是这种情况并没有持续很久，由于自我的主观性，研究者对它的批评日益增多，自我研究随之没落。特别是行为主义盛行之后，自我几乎被全面否定，人们对行为和操作功能的重视超过了对其他一些心理现象的关注。行为主义者相信，人们对于自己的思考和感觉太过主观且并不重要，因而没有研究的必要。但在这个时期，一些学派持有与行为主义对自我的认识不同的观点，如个人建构主义、存在主义和人本主义传统以及新精神分析学派。早期的精神分析学派主要是从驱力理论出发来认识自我的。这期间，霍妮（Horney）的自我理论对后来的自我研究产生了一定影响，她将自我分成了理想自我、实际自我、真实自我和被轻视的真实自我四个部分。到了 20 世纪末，精神分析学派对自我的理解与一个世纪前相比，有了很大的提升。现在该学派除了从驱力理论来理解自我之外，还从自我心理学、客体关系心理学和自体心理学视角来认识自我（Brinich & Shelley, 2008）。在行为主义之后，20 世纪 60 年代，"第三势力"（即人本主义和存在主义）心理学开始兴起，行为主义和实验心理学对自我的态度遇到了新的挑战。第三势力认为，从现象学来看，自我是存在的，对客观行为的过分强调否定了这一点，否定了人的主观性（Brinich & Shelley, 2008）。因此，在"第三势力"心理学中，自我得到了一定程度的重视。与此同时，认知革命开始出现。伴随着社会心理学的普及，自我研究重新被学院派心理学接受。特别是到 20 世纪 70 年代后期，专门论述自我的文章开始出现。兴起的认知心理学，对自我研究做了一些创新性的理论工作。在认知心理学的框架下，研究者对詹姆斯提出的客体自我展开了大量研究。然而，在 20 世纪 80 年代之前，心理学界对自我的研究并没有涉及主体我（庞爱莲，2003）。达蒙（Damon）和哈特（1982）注意到这一研究偏向，尝试同时研究主体我和客体我，提出了"自我理解"这一概念。"自我理解"是指有关自己的思想和态度的概念系统，是对行为、感觉、思想等相关信念、态度有一定的意识或知识，包括对客体我和主体我两方面的知识。自我理解不仅反映了一定水平的自我知识，还反映了将这种知识转变为有意义的顿悟的能力（Hamachek, 2000）。自我理解理论的出现，推动研究者对主体我有了一定程度的关注。

随着认知神经科学研究的出现，脑成像技术的成熟进一步促进了对自我的研究。神经心理学和脑成像研究的主要贡献是：它们认为自我是由一些既相互独立又相互联系的子成分、过程和结构组成的一个复杂系统，通过研究自我不同子成分的神经基础可以促进人们对自我本质的理解（Decety & Sommerville, 2003）。目前，对自我的研究通常在社会认知神经科学或社会脑科学的框架内进行。在这一框架下，研究者对自我的研究取得了重大进展。

从心理学的发展历程来看，除了行为主义将自我彻底排斥在外，其他学派对自我研究还是持接纳态度的。对自我的研究也开始逐渐受到重视。伴随着技术和方法的革新，对自我的研究将会更加精细化和科学化，人类的"自我之谜"终将被揭开。

3.2 自我研究的对象和内容以及再认识

自我是人格的核心，人的心理活动是由自我构建的，自我以对自身及自身有关事件的解释构建起自己的心理世界（李晓文，2001）。对自我的研究涉及范围之广、数量之多可能是心理学其他领域所未及的。但是自我到底是什么？在社会心理学领域中自我研究涉及哪些内容？我们应怎样来看待自我这一研究课题呢？

（一）自我研究的对象和内容
1. 心理学中的自我

自我是一个非常复杂的概念，从詹姆斯开始，心理学家对自我就有很多论述。但是，自我到底是什么，目前还没有统一的定义。目前有关自我的大部分研究都是根据詹姆斯的自我理论框架展开的，关于詹姆斯的观点前面已有论述，这里不再赘述。此外，其他学者也提出了对自我研究的认识。

格林沃尔德和普拉卡尼斯（Pratkanis）（1984）通过对自我卷入和自我觉知概念的统合，进行了自我任务分析，并在此基础上，提出从自我的动机层面将自我区分为公共自我、私人自我和群体自我。1989年，特里安迪斯（Triandis）进一步总结出自我的三成分模型。他认为自我由三个成分组成，即私人自我（对个人的特质、状态或行为的认识）、公共自我（对普通他人对待自我的观点的认识）、集体自我（对一些团体对待自我的看法的认识）。每个人的自我都有这三个成分。自我又是由社会建构的，不同的社会文化塑造了不同的自我。因此，马库斯（Markus）和北山（Kitayama）（1991）研究了自我概念中的文化差异，提出了独立型自我和互依型自我。他们认为东方亚洲文化强调的是互依型自我，即以自己和他人的关系来定义自我，处于该文化环境中的个体的行为经常会受别人想法、感受及行动的左右。在这种文化中，独特性不被认同，而相互依存性会受到赞扬。当以"我是……"为开头进行造句时，来自亚洲的被试者比来自欧美的被试者更有可能提及社会团体，如家庭等。欧美文化强调的是独立型自我。这是一种以自己的内在想法、感受和行动来定义自我的方式，欧美人更重视独立性和独特性。当然，在同一种文化下，自我概念的差异也是存在的（Aronson et al., 2007）。社会认知神经科学的发展极大促进了对自我的研究，2002年克莱因（Klein）等人以神经心理学的资料为根据，提出了统一的自我包括六个功能不同的成分：（1）自己生活的情境记忆，如"1995年我在纽约上大学"；（2）自己人格特征的表征，如"我是和善的"；（3）自己生活中的事实知识，如"我住在华盛顿特区"；（4）时间连续性的体验：现在的"我"和过去的"我"是相联系的；（5）个人主体感和自主权：拥有这样的信念或经验——我是我自己思想和行动的原因；（6）自我反思的能力，即形成元表征，如"我想我是怕狗的"。通过综述前人研究，克莱因等人认为，各种脑损伤病人可能缺乏上述六个成分中的一个或两个。朱滢（2007）认为，克莱因的观点为理解自我提供了一条有效的策略：以神经科学的资料为根据具体分析自我的各个成分，然后逐步把它们整合起来，形成对自我的完整看法。在此基础上，朱滢认为自我可以从三个方面进行研究：作为知觉的自我（主要涉及自我面孔识别方面的研究）、作为记忆的自我（主要涉及自传体记忆方面的研究）、作为思考的自我（主要涉及自我参照效应方面的研究）。遵循社会认知神经科学的研究思路，他们主要从社会层面、认知层面和脑神经层面对上述有关自我的问题进行了研究。

2. 自我研究的主要内容

在自我研究中，自我有时是自变量，有时是因变量，有时又是一个调节变量。从比较宏观的角度来看，在心理学领域中，自我研究主要涉及以下三个层面。

第一个层面是自我描述层面的研究，主要以自我概念和自我图式方面的研究为代表。自我概念是个体对作为一个整体的自我意识和体验相对稳定的观念系统，它具有复杂的心理结构，是一个多维度、多层次的心理系统，也可成为自我知觉或自我印象（俞国良，2006）。心理学家伯恩斯（Burns）（1982）在《自我概念发展与教育》（*Self-Concept Development and Education*）一书中，系统论述了自我概念的心理作用，提出自我概念具有三种功能：（1）保持自我的内在一致性，即个体按照保持自我看法一致性的方式行动；（2）经验解释系统的作用,即决定个体如何解释经验对个体具有的意义;(3)自我期望作用,即决定人们自己的期望水平。新近研究发现,自我概念对个体的学业状况、主观幸福感等都有预测作用。

自我图式研究也是自我描述层面研究的代表。基于信息加工的观点,1977年,著名心理学家马库斯提出了自我图式理论。自我图式是对自我的认知概括,它来源于过去的经验,能够组织和引导个体社会经验中与自我有关信息的加工过程。自我图式一般指的是自我的过去和当前方面,是随着自我不断发展而产生的,文化、环境、家庭教育等都会影响自我图式的形成。然而,也有关于将来的自我图式,这是指人们能够想象到的自我,即可能自我(Larsen & Buss, 2002)。可能自我描述了人们可能成为什么样的人、希望成为什么样的人以及他们害怕自己成为什么样的人等多种想法。虽然可能自我并不完全是建立在过去经验之上的,但它是自我概念的一部分,因此在一定程度上,它也会影响到个体的行为。心理学家希金斯(Higgins)(1999)又将可能自我分为理想自我和应该自我。他认为理想自我建立在个人欲望和目标的基础之上,是人们想要成为的自我;应该自我建立在人们应该对他人负有什么样的责任和承诺、人们应该做什么的基础之上,是人们对他人希望自己成为一个什么样的人的理解。当理想自我与现实自我之间存在一定差距时,人们会感到难过、抑郁和失望;当应该自我与现实自我存在一定差距时,人们会感到愧疚、窘迫和焦虑。理想自我与应该自我也被希金斯称为自我引导,它们会影响到人们的动机。理想自我引导我们将注意力集中在成就和目标实现上,应该自我引导人们将注意力集中在避免伤害和寻求安全上,因此,实现目标会给前者带来愉悦感,而给后者带来放松感。

自我研究的第二个层面是评价层面,主要是以自尊研究为代表。自尊是指个体对自我概念所有方面的积极和消极反应,主要体现在人们对自我多方面的评价上。研究者有时会关注特定领域的自尊,比如对自己智力的评价、对身体的评价等,但大多数研究者认为,研究一个人对整体自我概念的评价也非常有用。自尊与人们对自己的评价有关,因此,很多研究者关注了自尊与消极反馈之间的关系。研究者发现,高自尊者与低自尊者对批评或失败的反馈有不同反应。高自尊者面对消极反馈会继续努力,以期下次能够取得好的成绩；低自尊者则会放弃努力，认为自己下次同样不会取得好成绩。自尊会影响人们对消极反馈的反应，成功或失败也会影响人们的自尊水平。研究发现，实现了与自我相关的目标会提升人们的自尊，而失败则会降低人们的自尊（Bongers et al., 2009）。此外，这一领域的研究还关注了自尊与攻击性、自尊与应对方式的关系等方面内容。

　　自我研究关注的第三个层面是自我的社会层面，以对社会认同的研究为代表。社会认同是展示给他人的自我，是自己留给别人的印象。这种印象包括我是谁、别人可以对我们有何种期待等。社会认同包括对性别、种族、身高、体重、社会经济地位、身份、名誉等方面的认同。社会认同有持久性和比较性两个基本性质。前者指别人会认为今天的你和明天的你是同一个人；后者主要指通过比较，我们会发现每一个人都与他人不同，是独一无二的个体（Larsen & Buss, 2002）。埃里克森（Erikson）（1968）认为认同的获得主要有两种方式：首先，可以从自己多种经历中选择一种最合适的内容进行认同；其次，可以采取一种现已存在的社会角色进行认同——通常这种既定角色是由父母或者其他重要的人通过实践提供的。人们在青春期后期、青年前期和中年期容易产生认同危机。认同危机主要表现在认同缺失和认同冲突两个方面。如果存在认同缺失，个体就不能形成单一的认同，他就会在做主要决定时产生困扰；而当个体同时具有多种不相容的身份时，就会产生认同冲突。社会认同有不同的理论取向，这些理论有不同的重点，但都认可社会行为不能单从个人心理素质来解释，要想全面理解社会行为，必须研究如何建构自己和他人的身份。这一领域的大量研究报告关注了社会认同对认知、情感和行为的巨大影响。大多关于社会认同的研究都基于泰弗尔提出的社会认同理论，该理论认为，社会认同由三个基本历程组成：类化、认同和比较。类化指人们将自己编入某一社群，认同是认为自己拥有该社群成员的普遍特征，比较是评价自己认同的社群相对于其他社群的优劣、地位和声誉（赵志裕 等，2005）。在该理论框架下，研究者集中探讨了个体归属于群体，群体凝聚为群体，个体与群体、群体与群体之间相互关系的社会心理机制，有力解释了各种群体现象（王沛，刘峰，2007）。

（二）对自我研究的再认识

自我研究是一个充满魅力而又极具挑战性的领域。首先，关于自我的研究数量几乎是其他心理学领域所未能及的。我们仅在ScienceDirect数据库中，以"self"（自我）为题目或关键词进行查询（限定为心理学科），从1999年至2009年6月就搜索到58500余篇文献。从国内研究来看，在中国知网（CNKI）上以"自我"为题目或关键词进行检索（限定为心理学科），这10年间关于自我的文献多达8523篇。可见，自我是众多学者关注的热点问题。其次，关于自我的研究内容异常丰富。对自我的研究具体包括自我与意识和潜意识的研究（如关于自我的反省意识、自我意识情绪的研究等）、自我与其他心理过程关系的探讨（包括自我与情绪、自我与记忆和判断、自我与人际过程等）、自我与动机和目标的研究、自我的认知神经科学研究、自我的跨文化研究和自我本身的研究（自我认同、自我肯定、自我控制、自我效能、自我提升、自我监控、自尊、自我价值感、自我暴露、自我概念等）等。最后，自我研究是一个多领域的交叉课题。人格心理学、社会心理学、发展心理学、教育心理学、临床心理学以及跨文化心理学等都关注自我研究。目前，这些学科更注重对自我的交叉研究，比如，在临床心理学中就涉及对注意缺陷多动障碍（attention deficit and hyperative disorder, ADHD）、儿童自尊的研究，社会认知、情绪和自我对社会互动的影响更是受到了社会心理学、人格心理学、跨文化心理学等领域学者的广泛关注。最后，自我是文化的产物，自我研究必然要根植于一定的社会文化之中。无论是从自我的跨文化研究来看，还是从自我的本土化研究来看，自我研究只有立足于一定的文化背景下，得出的结论才能够更好地解释和预测人们的心理和行为。

综上所述，由于自我研究具有上述特点，要在这众多的研究中找到一个新的突破口，找到一个重要的、新的研究方向就会相对困难一些。但是，自我研究十分重要，在社会心理学框架下，自我研究者应重点关注人们如何在他人和环境的影响下感知和思考自己，以及人们对自己的认识将怎样在社会互动中发挥作用。

3.3 自我研究领域关注的研究热点问题

近年来，对自我的研究关注热点较多。基于国内有关自我研究的现状，本节从内隐自我的研究、自我的跨文化研究、自我的神经机制研究、自我概念的表征和自尊的发展等五个角度，介绍自我领域的主要研究课题。

（一）内隐自我的研究

通过文献检索，我们发现，以前大多数关于自我的研究都是对外显自我的研究，对内隐自我研究很少，近二十多年对内隐自我的研究数量则呈现逐渐上升的趋势。社会心理学对内隐自我的研究，首先源于对内隐自我理论的研究。内隐自我理论是人们对自己的基本特性（如智力、品德和人格特征等）持有的基本认知图式或朴素理论。研究表明，个体对自己人格特点延展性的认识对其行为塑造有重要影响。例如，个体对自己智力延展性的认识会影响到其学业情况。按照德威克（Dweck）等人（1995）的研究，内隐自我理论被分为实体论和渐变论两类。实体论者认为自我的特性是固定不变的；渐变论者认为自我的特性是可变的，具有一定的延展性。由于内隐自我理论具有领域特异性，有关学者又将内隐自我理论的研究触角深入到更细微的层面。例如，比尔（Beer）（2002）开展了对羞愧内隐自我理论的研究。这项研究发现，羞愧内隐自我理论对于理解羞愧个体在社交情境中的个体差异具有重要作用。他们如果对自己的羞愧特质持有实体论，就更会在社交情境中采取回避的策略。可见，人们持有的内隐自我理论会影响个体学业、社交等多方面的目标设定及相应的行为反应。后来，关于内隐自我的研究更多集中在内隐自尊和内隐自我概念上。内隐自尊是人们在对与自我相关或自我分离的客体进行评价时的一种态度表现，而这种态度是无法通过内省的方式被意识到的（张镇，2003）。它通常是经过长期的经验积累而产生的自动化的、无意识的整体性自我评价。内隐自尊的测量一般采用字母命名任务（name-letter test, NLT）或自尊的IAT（Krizan & Suls, 2009）。相关研究重点考察了早期经验以及父母的教养方式对儿童内隐自尊的影响（杨福义，梁宁建，2008）；内隐自尊和人格特质之间的关系（Grumm & von Collani, 2007），内隐和外显自尊与各种身心失调问题（躯体变形障碍、神经性贪食、抑郁、自恋等）的关系等（De Raedt et al., 2008）。这些研究大多发现，内隐和外显自尊对被试的认知和行为影响不同，人们的很多行为能够被内隐自尊预测，但是不能够被外显自尊预测。例如，躯体变形障碍患者的内隐自尊明显要低于控制组，无论是内隐的吸引力观念还是内隐自尊都能够预测躯体变形障碍的症状（Buhlmann et al., 2009）。

目前内隐自我研究关注的另外一个热点问题是内隐自我概念。内隐自我概念是内隐社会认知的一种主要形式，有国外学者采用现实自我—理想自我的框架，用IAT对内隐自我概念进行研究，结果发现在内隐水平上现实自我和理想自我是相分离的。我国学者采用IAT，也在不同群体中发现了自我概念的这种双重结构（郑信军，2007）。此外，性别自我概念的内隐和外显结构也得到多项研究的证实（Greenwald & Farnham, 2000）。内隐自我概念的研究现在主要集中在两个方面：一是对内隐自我概念与人格结构关系的探讨，特别是与大五人格结构的关系，研究者从不同的角度展开了相应的研究（Schmukle et al., 2008）；二是内隐和外显自我概念对心理行为问题的预测是否具有同等作用，如有学者探讨了内隐自我概念对道德行为的预测作用（Perugini & Leone, 2009），结果发现，采用IAT得到的道德自我概念成绩能够预测被试实际的道德行为，而自我评价的外显人格测量能够预测被试在假设的道德情境中的反应。也有学者考察了内隐自我概念与成人依恋的关系（Dewitte et al., 2008）。他们在诱发困境的情境下，采用IAT考察了自尊的相关特性。结果发现，内隐自尊和自我概念都与个体在依恋类型上的差异有关，且两者能够预测被试在与依恋相关的困境中的认知和行为反应。由此可见，内隐自我概念与外显自我概念对行为具有不同的预测作用。此外，目前有关自我图式的研究也更加注重从内隐和外显两个角度考察对自我有关信息的加工过程。研究表明，内隐和外显自我图式是相关的，但确实是不同的结构。通过多层线性回归，班廷（Banting）等人（2009）发现，锻炼者的高水平内隐和外显自我图式能够提高锻炼行为的实际水平。

（二）自我的跨文化研究

文化与自我的研究是文化心理学研究中的核心课题，也是自我研究领域中的热点和前沿问题。早期关于自我的跨文化研究多采用问卷调查法，解释不同文化背景下个体的自我结构有何不同。正如马库斯和北山所指出的，东方人通常具有互依型自我，其自我概念中包括父母、好友等十分亲近的人；而西方人通常具有独立型自我，其自我概念更具焦于个体自身。互依型自我本质上强调人与社会环境、人与人之间的依赖关系，是一种与他人相联系的自我，自家人是自我的一部分，自我与非自我的界限就是自家人与外人的区分界线。独立型自我本质上强调自我只体现和完成在个体身上，与社会、自然是分离的，自我与非自我的界限就是个人与他人（任何他人）的区分界线（朱滢，2007）。我国学者朱滢与其团队从行为层面、认知层面和认知神经科学层面分别证明了东西方文化对自我结构的影响。例如，他们开展的自我面孔识别（作为知觉的自我）、自传体记忆（作为记忆的自我）、自我参照效应（作为思考的自我）等方面的研究为自我与文化的关系提供了强有力的证据，特别是朱滢课题组首次为文化影响东西方个体的自我结构提供了神经科学的证据。首先在自我面孔识别研究中，他们通过扩展基南（Keenan）等人的研究，发现了文化对自我概念的影响，即好朋友是东方人互依型自我的一部分，而好朋友并不属于西方人独立型自我的一部分（朱滢 等，2004）。其次，在有关自我记忆效应的研究中，他们采用了再认测验的R/K判断范式。在这个范式中，被试在测验阶段被要求指出哪些单字是学过的，哪些单字是未学过的。当被试指出某单字刚才学过时，还要进一步判断，他（她）是记住该单字的（Remember, R），即能有意识地回想起刚才学习该单字时的一些情境、细节，还是仅简单地知道（Knowing, K）刚才学习过该单字，即感到"面熟"。研究者发现，中国被试自我组与母亲组在再认率和R/K判断上均不存在显著差异，这与对英国人、美国人的研究结果显著不同。这进一步说明了文化对自我结构的影响，即文化塑造了母亲在中国人自我中的地位（朱滢，2007）。最后，在自我参照效应的研究范式下，他们发现美国（对比中国）文化启动会影响中国大学生的自我结构和记忆策略。在美国文化启动下，被试使用了更多的独立型自我描述和更少的互依型自我描述。如果要求被试对与母亲有关的实验材料（在该实验中为人格形容词）进行编码，他们在延迟再认测验上会获得更差的成绩。这一结果说明，美国文化启动的实验性激活能唤起相应的自我结构以及编码和记忆策略（Jie et al., 2007）。在文化对自我神经机制的影响上，他们采用fMRI技术发现，对于中国被试，自我的表征以及母亲的表征都表现在mPFC的激活，而对于西方被试，这一区域仅由自我判断激活。这一结果说明，不同类型的自我结构是由其独特神经机制调控的。他们的研究证明，文化影响着自我表征的脑功能组织（Zhu et al., 2007）。也有研究从其他角度考察了文化对自我结构的影响。例如，有学者考察了自我结构的性别差异是否会受到文化的影响。克罗斯（Cross）和马德森（Madson）（1997）提出，在自我概念方面最基本的性别差异就是女性比男性更可能发展互依型或关系型自我，而男性更可能发展独立型自我。吉蒙德（Guimond）等人（2007）考察了来自法国、比利时、荷兰、美国和马来西亚5个国家的950名被试，检验了自我结构的性别差异是否受文化背景的影响。研究发现，自我结构的性别差异是在两性进行社会比较时自我刻板印象的产物，这些社会比较在西方国家中会有更大的影响。

进行自我研究的学者除了从自我结构的角度探讨文化对自我的影响之外，还关注文化对自我动机的影响。例如，相当多的文献都探讨过自我提升动机的问题。实际上，大部分西方研究者假设自我提升动机是普遍存在的，然而，其他文化环境中的大量研究发现，支持这种动机普遍存在的证据很少。例如，以墨西哥美国人、智利人、斐济人等为被试的研究发现，他们在自我提升动机上的得分比西方人要低。实际上，在一些文化情境下，大部分东方人的自我服务偏差是相当弱的。这方面的跨文化研究主要集中在对美国人和日本人的比较上，但是这些研究并没有取得一致的看法。有研究表明，美国的人文环境相对来说有助于自我提升，美国人更喜欢沉浸于自我提升中；日本的人文环境相对来说有助于自我批评，日本人更喜欢沉浸在自我批评中。但也有研究表明，日本人也有自我提升动机。有研究者在跨文化研究中发现，美国人对积极与消极的典型和非典型生活事件普遍持有乐观的态度，日本人对消极的典型和非典型生活事件普遍持有悲观的态度。日本人虽然没有对积极事件持有悲观的态度，但是也没有发现他们对积极事件持有乐观的态度。这些结果为自我提升和自我批评存在文化差异提供了证据，即自我提升动机在西方人中是十分普遍的。此外，这些研究还证明了东西方文化中都存在自我提升动机，但是两种文化下的自我提升动机的表现是不一样的。在西方文化中，人们会认为自己比别人有更多的个人主义的行为和特质；在东方文化中，人们则认为自己更具集体主义的行为和特质。此外，以新加坡人和以色列人为被试的研究发现，在集体主义和个人主义文化下，都存在自我提升动机。在两种文化下，自我提升动机均与幸福感和自尊显著相关（董妍，俞国良，2005）。这些不一致的研究结果难免使我们产生这样的疑问：东方人真的存在自我提升动机吗？有学者采用元分析的方法，考察了西方人和东方人的自我提升动机是否有显著差异的问题。研究发现，自我提升动机的文化差异很大，东方人的自我提升动机确实很小（Heine & Hamamura, 2007）。自我批评动机是否有文化差异呢？有学者给出了肯定答案，日本人和亚裔加拿大人比欧裔加拿大人有更强的自我批判动机（Falk et al., 2009）。

（三）自我的神经机制研究

尽管对自我的认知神经科学研究还处于起步阶段，但是通过现有研究，我们可以发现开展进一步研究的途径。首先，社会心理学家克莱因等人对神经心理学病人的研究为理解自我做出了独特的贡献。克莱因主张自我知识是一个复杂的系统，它至少由两种可分离的子系统组成：情景记忆和语义记忆。该观点从遗忘症患者、阿尔茨海默病患者的相关实验中获得了确凿论据（Klein et al., 2002）。现有认知神经科学的研究也发现语义记忆（自我表征的基础）和情景记忆（自传体记忆的基础）有不同的神经基础，语义回忆激活左额叶，而情景回忆激活右中颞叶（包括海马）。其次，最新研究初步证实了自我信息加工的大脑定位。例如，有学者采用元分析的方法，考察了加工自我相关的信息与加工无自我相关信息时的神经影像学研究成果。所有的研究均表明，在加工自我相关信息时大脑皮层的中间区域是被激活的。被激活的这些区域涉及所有的功能领域（如言语、空间、情绪和面孔等）所在的皮层中线结构（cortical midline structures, CMS）。聚类分析和因素分析表明，CMS

的腹、背和后侧在功能上分别负责不同的领域。这些研究表明，自我相关信息的加工是受CMS结构调节的，CMS对自我相关信息的加工是自我知识的核心，是我们精细化自我经验和整合不同自我概念的关键区域。除了CMS这一区域之外，也有研究者采用fMRI技术发现，在对情境记忆进行提取时大脑皮层左腹外侧前额叶皮层是对自我相关语义精加工的关键区域。这个研究结论能够进一步鼓舞研究者去验证VLPFC活动是否可以预测个体在情境记忆方面的差异（Raposo et al., 2009）。除了对语义记忆和情境记忆方面的研究，有关自我神经机制的热点研究还涉及自我面孔识别的脑机制研究。自我面孔识别标志着个人的身份会影响到一个人的自我概念。与他人面孔识别相比较，自我面孔识别在行为反应、种系发生、个体发展以及神经机制等方面都表现出了它的独特性。早期基南等人（2001）结合对患者的研究，发现自我面孔再认的神经基础在大脑右半球。但是特克（Turk）等人（2002）对割裂脑患者的研究却发现，自我面孔再认主要与左半球有关，而他人面孔再认与右半球有关。乌丁（Uddin）等人（2005）则认为左脑和右脑都具有自我面孔识别的能力，而且右脑具有识别熟悉他人的能力。研究者采用脑成像技术发现，面孔识别主要是右脑的功能。但是，普拉捷克（Platek）等人（2006）经过实验研究，提出自我面孔加工功能是由一个同时涉及左、右大脑部分结构的网络所负责的，不能简单强调由哪一侧大脑主导。

由于存在研究方法等方面的问题，心理学者一直对如何考察自我及其相关信息的神经机制感到困惑。随着神经科学技术的发展，认知神经科学领域的研究者使用fMRI、ERP、EEG等技术和方法开展了对自我的脑机制研究，使人们对自我的神经机制的认识逐渐清晰起来。目前有关自我神经机制的研究已经取得初步成果，但是自我神经科学研究的最终目标是理解大脑如何产生自我觉察和自我表征。这个过程是复杂的，像其他高级心理机能那样，自我过程产生于不同脑区的复杂的相互作用（Pervin & John, 2003）。研究自我的神经机制，不仅是心理学的一项任务，还能对身心是否一体这一哲学问题做出回答。很明显，目前我们对自我的神经机制的理解还不是很充分，对于单个细胞神经元的活动，以及分子化学层面的自我神经机制的研究还需进一步深入。

（四）自我概念的表征

人类怎样进行自我反思并维持自我的一致感，这是从早期的哲学到现代的心理学和神经科学都要面对的一个重要问题。笛卡尔（Descartes）认为，自我是一个单一的、不可分割的实体，人类可以通过反省清晰且自由地接近自我。早期的自我理论多数与笛卡尔的观点相一致。后来的神经科学对自我参照过程所涉及的大脑区域进行了描述，但并没有考虑自我概念的结构及相互关系。埃尔德（Elder）等人（2020）认为，尽管很多社会心理学理论认为自我概念是一个复杂关联的多层面的结构，但并没有一个规范的、经过验证的模型来阐明关于自我的信念是如何关联的，以及怎样影响自我评价和自我概念的一致性。为此，研究者提出了特质依赖网络模型，以解释服务于自我参照过程的特质知识的结构和复杂性。

自我概念通常被看成一个整合与自我相关的知识与经验，并通过内部过程引导个体的结构。通过整合自我的多个方面以及调整关于自我经验的观念，人们能够维持积极的、良好的自我观念并形成一致且稳定的自我概念。自我概念中的表征信息包括独特的个人记忆、区别于他人关于自我的信念，以及描述特质是怎样相互关联的语义信息。

在特质依赖网络模型中，特质与其他特质在有方向的网络中相互关联，这些关联描述了各特质之间的依赖关系。这些关联的构建源于独立个体的评价，因此，可以反映人们对于特质依赖关系的普遍信念。例如，人们可能认为"风趣的"特质依赖于"有趣的"特质，如果足够多的人同意这种依赖关系，网络中就建立起了两者的依赖关系。同样，"有趣的"特质可能被认为依赖于"好交际的"特质，而"好交际的"特质又依赖于"外向的"特质。通过在一个有方向的链条中将这些特质相联系，这一模型能够帮助人们了解常见的特质间的依赖关系。例如，如果一个人描述自己是"外向的"，那么他就会描述自己是"好交际的""有趣的"或是"风趣的"，这是由于人们通常认为后面的这几个特质依赖于"外向的"特质。如果一个人描述自己是"风趣的"，这个人应该至少部分符合"有趣的""好交际的""外向的"等被"风趣的"所依赖的特质，否则，自我概念结构的一致性就会受到威胁。需要指出的是，这是一个关于人们对特质依赖关系的认识的模型，而不是这些特质在真实世界中相互关系的反映。也就是说，这一模型认为，人们通过避免关于特质的自我信念的矛盾，来实现自我概念的一致性。

特质依赖网络的理念来源于概念表征研究领域中的结构依赖网络。在这一依赖网络模型中，很多特质依赖于中心特质，而较少的特质依赖于次要的特质。中心特质是保持网络稳定的关键，通常是不易改变的；一旦发生改变，则会对整个网络的稳定性和一致性产生巨大影响。例如，对于"知更鸟"概念而言，"翅膀"就是中心特质，"飞行"和"筑巢"的特质依赖于"翅膀"，而"红色的胸脯"就是边缘的特质，因为没有其他的特质会依赖于胸脯的颜色。

对于"中心"，不同的人有不同的认识。这一模型主要关注"引出中心"。如果很多其他特质要依赖于这一特质，那这个特质就是中心特质。在自我评价领域，高引出特质对于个体保持自我概念的一致性更为重要，在自我评价的过程中，依赖其他特质的特质要与被依赖的特质保持一致。如果接受一个依赖的特质，而不接受一个被依赖的特质，就会导致一致性的损害。重要的是，"引出中心"体现出这些特质在整体一致性中的重要作用，但并不能够认为"引出中心"就是一致性本身。

在研究中，被试需要回答每一个词语是否依赖于其他词语，研究者通过收集被试对于一系列特质描述词之间依赖关系的评定，构建了特质依赖网络，这一网络是人们关于特质依赖关系认知的规范性模型。研究结果还表明，个体更倾向于用积极词语来描述自己，更少用消极词语来描述自己。当词语反映积极特质时，特质的引出中心水平对自我评价有显著的正向预测作用；当词语反映消极特质时，特质的引出中心水平对自我评价有显著的负向预测作用。这表明个体在进行自我评价时，更倾向于使用高引出水平的特质词语，这是因为这些特质能够决定其他特质，对自我概念的积极性和一致性产生更大影响。

（五）自尊的发展

人们经常感知到自尊的变化，包括短暂的自我价值感的变化和长期的自尊水平的改变。在过去一段时间，研究者通常认为自尊并不会随着年龄增长发生系统性变化。然而，这一观点现在受到了挑战。例如，有纵向研究表明，自尊水平在青少年至成年中期上升，在 50 岁至 60 岁时达到顶峰，之后开始下降（Orth & Robins, 2014）。但是，关于自尊发展模式是怎样的这一问题仍未得到回答，原因在于不同研究证据有时呈现出不一致的情况，关于自尊发展的一些问题也很难通过单个研究得到完美的答案（Orth et al., 2018）。

从理论上看，有研究关注了儿童期与青少年期个体自尊的发展。哈特（Harter）（2012）认为，从儿童早期到儿童中期（大约 4 岁至 8 岁），个体的发展过程可能会引起自尊水平的下降。在这一时期，儿童在社会认知方面会有所发展，但这些发展却不利于儿童自尊的发展。首先，对于 4 岁的儿童来说，他还不能区分自己实际的能力和理想的能力，所以，当这一年龄段的儿童形成自我概念时，他们对自己的描述可能只是理想的自我，而并不是真实的自我。随着儿童认知能力的发展，他们开始能够区分什么是真实的自己、什么是理想的自己，这就导致了自我描述中积极成分的减少，进而导致自尊水平的降低。其次，年龄较小的儿童尚不能运用社会比较信息来进行自我评价，而随着年龄的增加，他们就会通过社会比较来进行自我评价，这就可能导致儿童的自尊水平因社会比较而降低。最后，观点采择能力的发展也会对儿童的自尊产生影响。在儿童年龄较小时，观点采择的发展水平还较低，他们不能推论出包括父母在内的重要他人是怎样评价自己的。随着年龄的增长，到了 8 岁左右，儿童的观念采择能力增强，自我评价就会受到他人的影响。并不是周围的所有人都能够对个体进行积极的评价，而观点采择能力的发展使儿童开始能够了解他人的观点，因此，很多儿童的自尊水平就会降低。

研究者还认为，在儿童向青少年转变的阶段，个体的自尊水平会进一步降低，这是由于随着个体自我意识的快速发展，个体更加看重社会比较。另外，相比于小学生，教师给予中学生的关注也会有所减少。青春期发生的生理、心理变化也会对自尊的发展产生影响。到了青少年中期，个体的自尊水平开始恢复，这是由于个体的自主性和控制力等得到了提升，能够自主选择和自己个性相符的朋友，选择加入自己喜欢的同伴团体，参加自己喜欢的活动等。

而对于成年期的个体来说，可以从个性发展的角度来理解自尊的发展。研究者认为，对于成人而言，他们是能够发展出更为成熟的个性特征的，尤其是在成年早期这一阶段（Roberts & Wood, 2006）。在成年期，个体会承担很多社会角色，这些角色包含着相应的角色期待，要求个体表现出与角色相符的行为。例如，对于大多数社会角色而言，这些期待包括尽责性、宜人性、情绪稳定性等。由于大部分人都会努力去满足这些期待，使自己的行为与角色的要求、他人的期待相一致，因此，很多人在这些方面的自尊水平会得到提高。尤其是在成年早期阶段，个体面临着很多生活的转变，例如参加工作、进入稳定的亲密关系及生育等，这些社会角色的出现要求个体去满足由角色所带来的社会期待，从而发展出更为成熟的个性特征。而成熟的个性特征是与高自尊水平紧密相关的，自尊本身也是一个有助于提高社会角色功能的特征。因此，从理论上看，在成年早期，个体的自尊水平会有相对较大的提升。而到了成年中期，尽管个体在社会角色中会有更多、更进一步的投入，例如，在工作中承担管理角色、维持亲密关系、养育孩子等，但由于成年中期个体成熟发展的速度会减缓，在这一阶段自尊水平提升的幅度也较小。

到了老年阶段，由于退休、配偶去世或者子女离开家庭等原因，老年人会失去更多的社会角色，因而自尊水平就不会再提高，而是会下降。除了社会角色的因素外，由于年龄逐渐增加，老年人的人际关系受到影响，社会经济地位有所下降，认知能力也会降低，健康状况难以维持，这些都是导致老年人自尊水平降低的重要因素。

主观幸福感与自尊存在着密切的关联，因而对其开展研究能够为理解自尊的全程发展提供相关依据。例如，在成年的早期和中期，生活满意度是稳定且有提升倾向的，到了老年则呈下降趋势。情感方面，积极情感在成年期呈上升或稳定趋势，消极情感在成年期的大部分时间呈下降趋势并在老年期保持较低水平。抑郁情绪自成年早期到中期呈下降趋势，但在老年期呈上升趋势。然而，需要指出的是，关于人生不同时期幸福感的变化规律的研究结果并不总是一致的。

有横断研究对自尊的年龄差异进行考察（Robins et al., 2002），结果表明，从童年到青春期阶段，自尊水平是下降的；在成年早期和中期，自尊水平是提升的，直到65岁达到顶峰；在老年期，自尊水平呈下降趋势。但由于研究采用的是横断数据，研究结果并没有真正考虑到发展的影响和群体之间的差异。因此，从横断研究中得出的自尊发展趋势可能并不能反映真实的发展情况。例如，研究中的老年人可能由于受到年轻时社会环境的影响，人生全程都是低自尊的。研究发现，自尊差异可能并不源于个体发展，而由不同年龄群体的差异造成。

为了获得对自尊发展的全面理解，研究者综合现有的关于自尊水平发展变化的纵向数据，分析了从童年到老年的自尊发展轨迹。在元分析中，研究者整合了关于自尊平均水平变化的纵向研究数据。元分析基于331项独立样本，包含了164868名被试，平均年龄从4岁至94岁。研究结果表明，个体的自尊水平在生命全程会有系统的变化。具体而言，自尊的平均水平从4岁至11岁呈上升趋势，自11岁至15岁保持稳定，此后至30岁快速增长，至60岁持续增长，在60岁时到达顶峰并在70岁前保持稳定，在90岁前轻微下降，90岁至94岁快速下降（Orth et al., 2018）。

元分析的结果表明，儿童期个体自尊的发展趋势与综述的理论推测相违背，在童年早期向童年中期转变的过程中，自尊水平呈正向发展的轨迹。研究者认为这可能是由于在这一阶段，儿童的自主性及掌控感都会有所提升。另外，研究者也指出，在以往关于这一年龄段的研究中，通常并不是对整体自尊进行测量，而是测量特定领域的自我评价，例如学业能力、同伴关系等。因此，这一年龄段的整体自尊的发展变化趋势仍需要得到更多实证研究的支持。

关于青少年期的元分析的结果同样与理论综述存在差异。元分析的结果表明，从11岁至15岁，个体的自尊水平是保持稳定的；从15岁起，自尊水平开始急剧上升。也就是说，11岁至15岁这个阶段打断了从童年起的自尊上升趋势。但整体上看，尽管这一阶段自尊并没有呈现上升的发展趋势，但仍维持在稳定水平，这并没有支持青少年阶段的自我概念存在"疾风怒涛"期这一观点。但研究者也指出，元分析的结果只是描述了一般趋势，并不能用整体的数据来否定个体的差异。在青春期，一些个体可能会由于青春期带来的变化、与父母的冲突、情绪困扰等体验到自尊水平的降低。

　　元分析所发现的成年期的自尊发展趋势与以往研究结论相一致，即从青少年期或成年早期开始，个体生命全程的自尊发展呈倒"U"形。这与以往关于老年期个体自尊下降的程度以及自尊开始下降的年龄的研究结果不同。以往研究认为，自65岁开始，老年期的自尊水平呈下降趋势。而元分析结果表明，自尊水平确实在老年期开始下降，但90岁前，下降的速度都比较慢；到了90岁后，自尊水平开始较为急速地下降。

　　除了整体自尊的发展趋势外，也有研究者关注了特定领域自我评价的发展轨迹。奥思（Orth）等人（2021）认为，尽管很多研究对特定领域自我评价的发展轨迹进行了检验，但并没有形成一致的结论。而了解特定领域自我评价的发展规律同样是非常重要的，这是因为自我评价能够对很多生活领域的结果产生影响，如教育、工作、健康等。通过元分析，研究者探讨了特定领域自我评价的一般发展规律。研究者选定了学习能力、运动能力、外貌、道德、浪漫关系、社会认可、数学能力、语言能力8个特定领域。元分析包含103篇文章中的143个独立样本，包含被试112204名。研究结果表明，从童年早期至成年早期，个体在很多领域的自我评价会发生系统性的变化：在学业能力、社会认可、浪漫关系领域，个体自我评价的发展趋势是积极或相对积极的；在道德、数学、语言能力领域，个体自我评价的发展趋势是消极或相对消极的；在外貌和运动能力领域，个体自我评价是保持稳定的。

3.4　自我研究的发展特点与发展趋势

　　自我研究历史久远，但自我真正被广大心理学研究者所接受和认可却是最近几十年的事情。总的说来，自我研究呈现以下趋势：一是自我研究已经从人格和社会心理学领域渗透到心理学各分支领域，二是文化与自我的研究受到越来越多研究者的关注，三是自我研究日益成为社会认知神经科学领域中的重要课题。这种研究发展趋势，使得自我研究的方法越来越丰富，除传统问卷调查法之外，实验法的运用，特别是认知神经科学技术（EEG、ERP、fMRI等）的使用，使得自我研究更加科学化。自我这一古老的课题正在不断彰显它的魅力。

（一）各领域自我研究日益丰富

早期心理学中关于自我的研究大多集中于社会心理学、人格心理学、临床心理学这三个分支体系中。目前，心理学各个领域的研究者对自我问题都有所涉猎。在教育心理学领域中，自我设限、学业自我概念等对学业的影响研究日趋成熟；在发展心理学领域中，有关儿童自我意识发展的内容受到研究者的普遍关注；在跨文化心理学领域中，自我与文化相关内容已然成为热点问题……在社会、人格和临床这些传统领域中，也出现了很多新的研究热点。比如，社会心理学领域中的自我暴露，人格心理学领域中自我与大五人格的关系，临床心理学领域中青少年饮食问题与身体意象的关系等都是近年来研究者较为关注的问题。自我研究内容的丰富性不仅反映了研究自身的价值，更体现了自我研究对于解释人类行为的重要性。

（二）交叉领域的自我研究日益增多

由于自我成为众多领域共同关注的热点，因此，交叉领域的自我研究日趋增多。比如，有学者考察了自我与情绪的关系（自我意识情绪）、自传体记忆、自我与人际关系、自我与文化、自我与决策等。这些交叉领域的自我研究加深了研究者对自我本质的理解，同时也对人类行为的解释和预测起到了独特的作用。在这种趋势之下，自我研究必将像一棵根深叶茂的大树一样茁壮成长。

（三）自然主义观下的自我研究成为重点

自然主义观点认为，对自我的研究可以采用任何一种研究自然现象的方式。早期有关自我的实证研究多采用问卷法、访谈法等，但是一些人格与社会心理学研究之外的学者对此并不满意。他们对理解大脑（特别是自我）如何运作同样感兴趣。例如，加扎尼加（Gazzaniga）、克里克（Crick）和其他神经学家研究了意识和主观经验的神经基础，并推测自我的感觉来自大脑的活动；情绪研究者勒杜（LeDoux）和戴维森（Davidson）试图寻找情感体验的神经基础，并发现了大脑如何联结的基本事实，这对于自我研究意义重大；著名记忆研究者塔尔文（Tulving）较早讨论了不同记忆（情景和语义记忆）如何与自我的意识经验相联结（Pervin & John, 2003）。因此，在这些传统自我研究者之外的学者的推动下，结合最近神经科学领域新技术的发展，自我在社会认知神经科学领域成为研究的热点。

（四）自我的有关理论过于薄弱

由于自我研究逐渐精细化，人们对自我的认识越来越全面，但目前除了著名的自我图式理论、自我决定理论之外，其他有说服力和一定延展性的自我理论相对缺乏。在社会心理学领域中，人们更多地关注对各种自我现象的解释。比如，自我差异理论认为，当人们认为真实自我与理想自我有差距时，会经历痛苦；自我肯定理论认为，为消除某个会造成认知失调的威胁对自我概念所带来的冲击，人们会将注意力放在一个与该威胁不相干的领域上，并予以肯定。可见，这些理论都只能部分解释人们在社会生活中的表现，而未能发展为一个整合性的自我理论。理论的薄弱使得自我研究很难深入到机制层面，不利于自我研究的长期发展。因此，如何建构更强健的理论是自我研究者需要重视的问题。

3.5 小结与展望

随着研究方法的发展和变化，研究者对自我的认识越来越深刻。但是，自我这一领域还有一些未被关注的重要问题，也有一些亟待加强的方面。

（一）各领域自我研究的学者应进一步加强合作

正如上文所提及的，自我研究现在已不仅仅是社会心理学所关注的热点问题，也为不同领域学者所关注。特别是在社会认知神经科学这一交叉学科兴起之后，在社会认知神经科学框架下，从事基础心理学研究的学者与社会和人格心理学研究的学者应进行更广泛的合作。目前来看，在社会认知神经科学框架下进行自我研究的学者多是从事神经科学或者基础心理学研究的学者，如克里克和塔尔文等人。而早期从社会心理学和人格心理学角度对自我进行研究的学者，很少有人愿意转向社会认知神经科学框架下的研究。但是，这些学者往往对很多人文学科中有关自我的研究比较了解，尤其是良好的哲学基础使他们能够从一个更高的、更宏观的维度上理解自我。因此，对于自我研究来说，不同领域学者的合作将会进一步夯实这一领域的研究基础。

（二）针对主体我的研究亟待增多

按照詹姆斯的理论，自我分为主体我和客体我。在他确定自我这一结构后，大部分学者都是针对客体我展开研究的，对主体我的关注较少。主体我是自我中积极地知觉、思考的部分，是对我们正在思考或正在知觉的意识，而不是身体或心理过程。早期只有达蒙和哈特等人从自我理解的角度对主体我展开了研究。后来有关自我理解的研究是采用哈特等人的传统方法——访谈法进行的（Malti, 2006）。可见，有关主体我的研究没有取得太多实质性的突破。因此，有学者提出，应该整合现象学的方法，研究作为主体我的意识（前反思意识），特别是进行有关这方面的实验研究以及认知神经科学方面的研究（Legrand, 2007）。

（三）应将自我研究根植于社会生活中

对自我的关注始于哲学的思考，对自我的心理学研究源于对心理过程的解析。实际上，人们对自我的认识（客体我），或者人们的自我意识（主体我）的形成都离不开现实生活。将自我研究根植于社会生活中，有三层含义。第一，文化会影响一个人如何构建自我世界，自我研究必然要考虑文化因素。第二，人们对自我的认识会影响到人们的社会生活，正如很多研究已经证实的，无论是自我提升还是自我批评，都会影响到一个人的社会行为。这些影响可能表现在诸如决策、记忆、人际交往过程等方面。第三，自我的形成有赖于社会生活经验。不同的生活阅历会使人们形成不同的自我概念，产生不同的自我认识。因此，从上述三个方面看，自我研究只有根植社会生活中，才能生根发芽，也才能对人类行为真正起到描述、解释和预测的作用。

（四）应重视自我的作用机制研究

自我研究现在已经深入到了认知神经科学层面，也已经初步探索了产生自我的脑区。但是，这些研究结论其实也还是间接的推论，我们还远没有真正理解主观经验和自我表征不同形式的神经联系。自我是不是进化的产物，也是摆在自我研究者面前的又一重大课题。目前，从进化的视角看，有四种可能的观点（Pervin & John, 2003）。第一，自我可能是"遗传物"。这种特质既不利于也无损于有机体的健康，但会传给下一代。第二，自我是适应的非机能性的副产品，虽不解决任何适应性问题，但具有机能性的一些特征。例如，自我被描述为与大脑有关的复杂感觉加工过程的一种偶然的副产品。第三，自我是一种前适应——"一种特征，虽然现在对有机体有用，但它并不是为适应目前角色而出现的，而是逐步添上目前的机能的"。第四，自我可能是充分发展的适应。对于这四种观点，哪一种更科学、更合理，还有待于进一步的实证研究来检验。

综上所述，自我是目前社会心理学中的热点和重点问题，借鉴科学的方法，从事自我研究的学者必将大有可为。

第4章
态度研究的研究热点和发展趋势

态度研究贯穿整个社会心理学的发展历史,并且始终是社会心理学家讨论的核心主题。社会心理学顶级期刊《人格与社会心理学杂志》分为三个部分,其中第一部分就是态度与社会认知,可见态度研究的重要性。从社会心理学诞生开始,在态度研究领域就有丰富的理论积累和实验研究。态度研究的新探索不断取得引人注目的成就,它们不仅验证了早期的理论成果,也在新领域有了创造性的发现。例如,有关内隐态度的研究,补充了单纯探求外显态度所表现出的不足,为偏见的测量提供了新的技术手段;在群体态度方面,刻板印象内容模型(stereotype content model, SCM)(Fiske et al., 2002)和偏差地图(BIAS map)(Cuddy et al., 2007)的提出,为社会心理学者的群际关系研究提供了新的理论模型。对态度研究的新进展进行总结梳理,对把握本领域甚至整个社会心理学的研究方向具有重要的意义。

4.1 态度研究的历史回顾

众所周知,态度是一种心理趋向,它通过对特定实体(即态度对象)有利或不利的评价表现出来。态度对象可以是某个具体的事物或是抽象物(如性取向),可以是没有生命的事物,也可以是人或群体。因为对象的不同,一些态度被赋予了特定的称谓(Eagly & Chaiken, 1998):指向社会群体(尤其是那些污名群体)的态度被称为"偏见",指向自身的态度被称为"自尊",

指向抽象实体（如自由）的态度被称为"价值观"，对政府政策的态度被称为"政治态度"，等等。态度在内容上包含三种成分：认知、情感和行为，它们都渗透着态度所传递的评价性信息。研究者认为，认知成分中的信念/看法是态度的基础，因为态度反映的是人们如何看待态度对象。而人们持有的有关社会群体的信念被称为"刻板印象"。社会心理学家将刻板印象（认知）看作偏见（态度）的决定因素。

态度的三种成分——认知、情感和行为——并不都以相同的方式对待态度目标，三者之间可能存在着冲突（Maio & Haddock, 2007）。例如，你认为某部电影是无聊的（情感成分），对孩子来说过于暴力、没有任何创新之处（认知成分），但是你可能还会从头至尾将它看完（行为），这种情况被称为"成分间矛盾"。通常也存在"成分内矛盾"，即一个人对同一个态度对象同时拥有积极和消极的感受、认知或者行为。积极观念和消极观念在针对同一对象的态度中并存的状况被称为态度矛盾性。总体态度的矛盾程度会因态度对象、态度持有者和情境的不同而不同。此前有关态度的研究认为，在获得认知一致性的动机驱动下，人们总是力图避免矛盾态度的存在，或者在它们存在的时候以某种方式将其消除。但后来的研究表明，矛盾性是一种稳定的态度状态（Fiske et al., 2002; Glick & Fiske, 2001）。人们对很多态度对象同时有积极和消极两种评价，在那些与健康有关的行为上，这种矛盾态度尤其明显（例如，对待饮酒、吸烟等）。

态度内在结构与态度之间的结构是形成态度的两种不同方式。态度的三种成分之间的关系反映的是态度的内部结构；针对不同对象的态度之间也存在着某种关联，它们被称为态度之间的结构。

态度研究中的一个重要问题是，积极评价和消极评价如何在成分之间和成分内部组织起来。这一问题的答案曾经一度由单维度观点占据主导（Maio, 2007）。该观点认为，积极感受、信念和行为的存在会抑制消极感受、信念和行为的发生。换言之，积极元素与消极元素在记忆中被存储在一个维度的两端，人们只能体验到维度的这一端或者是那一端。双维度观点反对这种单维度视角。双维度观点认为，积极元素与消极元素存储在两个分离的维度上。人们的态度可能是积极性和消极性的某种组合，即针对同一对象同时拥有积极和消极两种态度。双维度视角发现了态度矛盾性存在的可能性。

针对不同对象的态度怎样在人们的观念中组织起来？对于这一问题，有两条分析路径。一条路径强调态度结构的层级特点。依据这一观点，针对某一新的社会和政治问题的态度由个体在这一领域更核心和更一般的价值取向决定。另一条路径是海德（Heider）的平衡理论。

人们为什么要持有态度？这涉及态度的功能。态度具有如下一些已经取得研究者广泛认同的功能：对象评价功能、功利主义功能、价值表达功能、社会调整功能和自我防御功能。这里，我们将目光集中于自我防御功能的新扩展上。

在20世纪50年代，社会心理学受到心理分析理论的影响，强调态度的自我防御功能。也就是说，人们通过对那些可能带来侵害和威胁的人/事物持有消极态度而使自身远离他们/它们，从而保护自我免受潜在威胁的伤害；同时态度也让人们倾向于与那些积极的、能够提升自尊的人/事物在一起。总之，态度的防御功能有助于保护人们的自我概念和自尊。实际上，自我防御功能讨论的是对自我利益的保护与维持，这里的自我利益有狭义和广义之分。上文描述的是对狭义的自我利益的防御，而广义的自我利益涉及"扩展的自我"，它包括个体所信奉的文化世界观、个体所认同和归属的群体，以及人们生存于其中的社会系统。因此，在对态度功能的讨论中，研究者的视角已经从"对自我的防御"推广到"对扩展自我的防御"。

我们先来看态度在文化世界观方面的防御功能，这一点在恐惧管理理论（Greenberg et al., 1997; Solomon et al., 1991）中有细致的论述。该理论认为，态度通过保护自身所信奉的文化世界观来减轻个体由于未来自身毁灭所产生的焦虑感。人们所信奉的文化世界观是一种扩展的自我。个体生命的意义是由文化世界观赋予的，对于那些恪守文化标准的人，文化世界观为其提供价值感———一种超越个体生命的象征性存在：虽然无法回避死亡，但生命的价值与意义并存。因此，文化世界观的功能是减轻存在主义焦虑（即因意识到死亡的必然性而感受到恐惧）。赋予个体以价值和意义的世界观本质上是一种文化建构物，承认现实替代感知的有效性将会瓦解人们对自身信奉的文化价值所保有的信心，这种承认会让个体处于死亡的恐惧之下，让个体感到生命的意义无处确立。唯其如此，当个体对自身的死亡意识被启动，人们在态度上会更加贬低那些异己的外群体，而对于那些支持他们信念的个体持有更加积极的态度，这与个体自我维持的动机相关。

扩展自我还包括个人所属的社会群体（即内群体），因此，自我防御在这里体现为对内群体的防御。社会认同论认为，基于对群体的归属与认同，人们具有相应的群体资格。群体资格被看作个体自我的一部分，是对自我的延伸与扩展（方文，2008）。因此，当对内外群体进行比较时，人们在态度上总是试图提升内群体地位，即将更多的积极特质赋予内群体（因而也就赋予了自身），同时贬低外群体，这样才能彰显出内群体（进而自我）的优越。依据这一立场，对于某一社会群体的负面态度（即偏见）保护的是基于群体的自我或集体自我，而不是个体自我。

综上所述，态度的内容、结构和功能一直是态度研究的重要主题。但是，随着态度研究的发展，其关注的重点也在发生转变。例如，态度的矛盾性、结构的不一致等都是态度研究近年来的重点。简要回顾态度研究的历史，大致有两大阶段。第一阶段，在社会认知兴起以前，态度研究和群体动力过程两大主题交替发展并在社会心理学发展中具有支配地位。对于态度研究，以耶鲁大学的霍夫兰（Hovland）为代表的沟通和劝说研究、以阿希（Ashy）为代表的社会影响研究，以及费斯廷格（Festinger）的认知失调研究奠定了态度研究的主题。第二阶段，20世纪80年代后，社会认知（尤其是内隐社会认知）与以社会认同理论为核心的群际关系研究，以及两者的融合塑造了社会心理学的主要研究内容和特征。然而，社会心理学的这一发展既离不开态度研究的贡献，又反过来影响了态度研究的面貌。下文将对在这一背景下，态度研究近年来关注的一些主要问题进行总结，以期起到启发和借鉴作用。

4.2 态度形成与改变研究领域关注的主要问题

（一）探索态度改变的新模型

前面有关态度内容、态度功能的章节构成了我们现在讨论态度改变的基础。到目前为止，有关态度改变的研究成果可以总结为七个模型（Maio &

Haddock, 2007）：劝说的耶鲁模型（the Yale model of persuasion）、信息加工模型（information processing model）、社会判断模型（social judgment model）、精细可能性模型（elaboration likelihood model）、启发式加工—系统式加工模型（heuristic systematic model）、单模型（the unimodel）、联想—命题评价模型（the associative propositional evaluation model）。这里我们仅讨论后面四种后期发展起来的劝说模型。

1. 精细可能性模型

精细可能性模型区分了中心路线和边缘路线（Petty & Cacioppo, 1986）。中心路线指信息的改变是通过详细的认知加工而产生的，包括审查信息论据和其他相关线索。而在其他时候，信息的改变是通过便捷、快速的路径发生的，这被称为"边缘路线"。例如，人们接受对方的观点，只是因为乍看起来对方是可以信任的。也就是说，在依靠边缘路线的情况下，人们往往受信息中那些简单的情绪性线索的影响。所有这些边缘过程的共同特征表明，人们有时不必对信息进行细致的加工，而是应用一些投入较少努力的加工机制，如条件作用（包括经典条件作用和操作条件作用）、社会认同和启发式等。

在大部分检测精细可能性模型的实验中，信息源和背景变量通常被看作边缘线索（如信息发出者的专业性程度、发出信息人的数量），而信息内容被看作中心路线的关注对象。但事实并非这么简单。精细可能性模型的一个特征是，它主张一个既定变量能够在不同的精细可能性水平下（高精细可能性—低精细可能性）通过不同的过程影响态度。也就是说，一个变量在精细可能性低的时候可能作为边缘线索，而在精细可能性高的时候可能成为论据。

信息的论证质量是需要考虑的重要因素。如果促使态度改变的信息论据丰富、论证有力，则中心路线加工（即对论据进行仔细审慎的考量）会促进有利的认知反应，带来积极的态度；相反，如果论据薄弱、论证无力，则中心路线的加工将会产生不利的认知反应，带来负面的态度。在有关"分心"（注意力分散）的研究中，人们发现了类似的情况。许多研究认为，分心会降低态度改变的程度。但是，在一些实验中，发现了相反的结果——如果人们在接收一则促使态度改变的信息时分心，相对于那些没有分心的被试，他们态度的改变更多。从精细可能性模型的视角来看，分心降低了信息接收者进行中心路线加工的能力，减弱了占主导地位的认知反应。对于那些论据薄弱的信息，主导的认知反应是反击和驳斥，但因为分心打断了主导的认知反应，因此对信息的抵御力降低，态度改变的可能性增加。

影响精细可能性的因素除了"分心"以外，还有其他一些变量，如动机、责任、情绪和认知需求等。

2. 启发式加工—系统式加工模型

启发式加工—系统式加工模型与精细可能性模型的相似之处在于，两者都将对信息的加工看作一个续谱，加工的努力程度由动机与认知能力决定（Chen & Chaiken, 1999）。启发式加工—系统式加工模型包含劝说的启发式和系统式。

启发式加工的定义要比精细可能性模型中边缘路线加工的定义更窄，也更具体。启发式加工虽然被认为是不需要付诸努力的信息加工模式，但是，它发挥作用也需要启发式线索的出现，这使存在于接收者记忆中的启发式原则有可以应用的前提。人们在应用启发式加工进行态度判断时，通常并没有意识到他们在这么做。这就是启发式加工的"最小认知努力原则"。

系统式加工指对信息进行细致地加工处理（例如，关注促使态度改变的信息中所包含的论据，并对其进行细致分析），这种加工模式需要信息接收者有足够的动机与能力。系统式加工类似于中心路线加工，是一种全面的分析模式，个体对所有潜在相关的信息都进行审慎处理，将全部有用的信息整合起来，形成态度判断。

当人们进行信息加工的动机和能力水平较低时，通常启发式加工在发挥作用；当动机和能力水平较高时，需要更多努力的系统式加工发挥作用，但这时启发式加工仍旧存在。因而，两种加工模式以累加或互动的方式共同影响态度改变。

3. 单模型

单模型认为，随着做出正确判断的动机和能力的提升，人们对信息的审查也会更加审慎和仔细（Maio & Haddock, 2007）。该模型的独特之处在于它对常人认识论的应用，并对信息加工过程提出了三个重要的约束条件。

第一，与促使态度改变的信息所指向的结论有关的信息都被看作有说服力的证据。在这里"相关证据"不再局限于信息的内容，而是包括与信息源和背景有关的其他线索。无论是精细可能性模型还是启发式加工—系统式加工模型，都将信息源和背景方面的信息限制在低层次的边缘加工路线上。单模型认为，如果允许对这些额外的信息线索进行复杂的加工（例如，在信息之后以简历的形式展示信息人的专业性），那么，它与信息中的论据同样有说服力。

在什么情况下，信息接收者会将这些额外信息看作相关的？考虑这样一个例子：在一个洗发水广告中，模特头发的吸引力与她要传递的信息内容同样重要，而不应该被看作边缘线索，此时头发与广告要达到的目的相关。信息是否具有相关性是主观判断的结果，这是单模型提出的第二个重要约束条件。当加工信息的动机和能力处于较高水平时，任何接收者主观认为有关的信息都会被深入细致地思考。

第三个约束条件是：对相关信息的深入思考取决于信息的组织。根据这一观点，先出现的信息会影响对后续信息的加工。

4. 联想—命题评价模型

联想—命题评价模型是研究者提出的考察态度改变的新路径（Gawronski & Bodenhausen, 2006; 叶娜, 佐斌, 2007）。该模型的贡献在于，它从内隐和外显态度的潜在心理过程入手，整合了以往的研究结果，对内隐和外显态度的形成和改变提出了不同解释。

这一模型认为，内隐态度改变的潜在心理过程是联想过程，外显态度改变的潜在心理过程是命题过程。对于内隐和外显态度改变的认识，应该建立在这两种不同的心理过程之上。

联想过程是评价倾向的第一来源，它是人们对客体产生自动化情感反应的基础。在这个模型看来，人们对态度对象产生积极还是消极的情感反应，取决于被刺激激活的特殊联想的情况。联想过程具有三个明显的特征（杨丽娴, 张锦坤, 2008; Gawronski & Bodenhausen, 2006）。一是情感反应的自动化，这种反应源自个体碰到相关刺激时被自动激活的特殊联想，这种激活过程不需要额外的认知能力或主观意图参与。二是联想评价独立于事实效价的分配，即不管个体是否考虑到联想所隐含的评价正确与否，联想都可能被激活。例如，虽然个体认为对老年人的消极联想是不恰当的或错误的，但产生这种联想的概率仍可能很高。三是联想评价是非个体性的，因为它们不一定通过个体认可产生。

命题过程是外显态度的潜在心理机制，它是基于演绎推理的评价判断，并以对真值的确认为特征。评价判断发生在高于联想记忆的"思考系统"中。联想记忆中的自动情感反应可以进入思考系统，并产生相应的命题（例如把一种消极的情感反应转换为命题"我不喜欢……"），人们通常会基于这一命题来做出态度评价。但是，自动情感反应产生的命题对评价的效用受它与其他相关命题（例如，一般非评价性的社会性命题、对其他态度对象的评价性命题等）一致性的影响。个体将自动情感反应产生的命题与其他相关命题相比较，如果自动情感反应产生的命题与相关命题是一致的，则其会成为评价判断的有效依据；但是当自动情感反应产生的命题与其他相关命题不一致时，则其不会成为评价判断的有效依据，此时命题评价判断独立于自动情感反应。因此，该模型认为，区别命题加工和联想加工的最重要的标准是它们对真值是否依赖。不管个体认为联想是对还是错，联想的激活都可能出现，而命题推理的过程往往与价值和信念的确认有关。

该模型将内隐和外显态度归结于联想评价和命题推理两种潜在的心理机制，内隐和外显态度的形成和改变均基于这两种不同的心理过程。因此，不同的外在因素通过不同的心理过程产生影响，对内隐和外显态度的改变所起的作用也有所不同。同时，该模型认为，这两种心理过程存在相互作用。一个外在因素不论是导致内隐态度的改变，还是导致外显态度的改变，都取决于两个方面：一是联想或命题加工中的哪一过程首先受到直接的影响；二是其中一种过程的改变对另一种过程的改变是否有中介作用。

（二）劝说的影响因素研究

基于态度形成和改变的相关研究与实验发现，马约（Maio）和哈多克（Haddock）（2007）总结出劝说的四个原则。

1. 无关信息能够影响劝说

那些被认为逻辑上无关的（或无直接联系的）因素会影响劝说过程。首先是情绪。当一个人心情好时，他/她更有可能受到劝说的影响。当然，情绪的影响也可能是反过来的。但不管怎样，情绪会影响可劝说性，人们对信息的判断会受到他们当下情绪的影响。同时，我们应看到，情绪只是影响劝说的诸多无关（或无直接联系）的因素之一，另一个重要因素是个人先前对相关态度或行为的承诺。人们通常对他们最初的态度情有独钟——即使这个态度是在拥有不正确信息的情况下形成的。

情绪和先前的承诺都是与信息接收者有关的因素，其他因素涉及信息源或信息本身。例如，如果信息是来自可爱的人、有吸引力的人、著名的人或内群体成员，人们会更容易被劝说和影响。此外，无关信息还包括语速、是否幽默、论据的数量、是否与共识一致等。

2. 形成正确态度的动机与能力会提升相关信息的影响力

抵制无关信息影响的一种方式是提升人们对劝说性信息进行深入思考的动机和能力。对信息的深入思考会使相关信息的影响超过无关信息的影响，使无关信息变得无效。

几乎所有研究都确认了动机与能力的潜在影响。人们加工某信息的动机与该信息和个人的相关性有关，也与个人是否对信息接收承担责任密不可分。能力变量的指标一般包括：人们在接收信息时是否分心以及人们的知识水平。

3. 信息内容与信息接收者的知识和目标之间的相合性使劝说成为可能

一般来说，如果某种劝说性主张的内容与接收者态度的内容与功能相匹配，那么这种劝说更容易成功。

依据态度的多成分模型，建立在情感信息上的态度与建立在认知信息上的态度，对于诉诸情感的劝说主张与诉诸认知的劝说主张有不同的敏感性：基于情感的主张在改变基于情感的态度时有更好的效果，而基于认知的态度更有可能因为那些建立在认知基础上的主张而改变。这被称为结构匹配。在态度结构上的个体差异也会影响上述的匹配效应。态度由情感信息主导还是由认知信息主导是存在个体差异的。一些个体主要是依据情感信息形成态度，而另一些个体则主要基于认知信息。诉诸情感的劝说性主张在改变前者的态度时效果更显著，而基于认知的主张更适合用来劝说后者。此外，劝说性信息的内容要与信息接收者的目标匹配，这与特定态度在接收者那里所发挥的功能有关。高自我监控者对于关注社会环境的劝说性主张更加敏感，易受到这类信息的影响；低自我监控者（更关注内心体验，态度于他们来说主要提供的是价值表达功能）更容易受到以价值表达为目标的主张的影响。

额（Ng）等人（2023）认为，在劝说过程中，说服者通常将迎合作为提升信息效果的重要途径。为被劝说者量身定制的信息确实比非定制的信息更能产生良好的效果，从而推动态度与行为倾向的改变。当面对与原有态度不同的信息时，人们出于对信息的抵抗会保持态度不变，但会降低对原有态度的确定性。也就是说，尽管一些信息在改变态度本身方面可能是无效的，但仍然会对态度确定性等其他方面产生影响。

态度确定性是研究的另一个重要关注点，是衡量抵抗劝说有效性的重要指标，也是体现态度强度的重要方面。更确定的态度对行为的影响无疑更大，若表现出更高水平的态度—行为一致性，则会随着时间的推移保持稳定，而且能更好地抵御后续的劝说。由于态度确定性会产生很多影响，因而许多研究也对态度确定性的前因进行了探讨。最近，此类研究受到元认知的启发，将态度确定性视为反映初级认知的次级评估结果的元认知标签。重要的是，在接收到说服信息以后，个体会对其态度背后的信息形成评价，更积极的评价会使个体对自己的态度有更多确定性，而更消极的评价则会导致个体对自己的态度有更少的确定性。例如，在抵抗劝说的过程中，如果个体认为他们的态度是基于不完整的信息而产生的，那么他们的态度确定性就会降低。

额等人（2023）提出，个体的防御自信水平越低，不匹配的劝说越会破坏其态度确定性，这是因为低防御自信个体比高防御自信个体更难以抵抗不匹配劝说。为了验证这一观点，在以下4项研究中，被试分别阅读了匹配的或不匹配的信息。

在研究1中，被试阅读了批评大学生在线学习管理系统的文章，先前的研究发现，这是同一人群中主要的认知主题。也就是说，与情绪相比，观念能够更好预测态度变化。因而可以认为，认知启发是匹配的劝说，而情感启发是不匹配的劝说。与研究1相反，在研究2中，被试阅读了关于学费上涨的文章，之前的研究发现，这是同一人群中主要的情感主题。也就是说，与观念相比，情感更能预测态度的变化。因而情感启发是匹配的劝说，而认知启发是不匹配的劝说。与研究1和研究2根据主题确定情感或认知取向不同，研究3对态度取向进行了操控，研究4对态度取向的个体差异进行了测量。

研究结果发现，在4项研究中，在劝说与信息接收者的态度取向不匹配的情况下，低防御自信个体比高防御自信个体的态度确定性更低；在匹配劝说的情形下，低防御自信个体与高防御自信个体的态度确定性水平相似。此外，研究还表明，对态度确定性的影响差异并不是由低防御自信个体和高防御自信个体在实际反驳劝说能力上的差异造成的；不匹配的劝说更容易导致低防御自信个体的态度确定性降低，是因为低防御自信个体具备的较少知识发挥了中介作用。

4. 劝说可以在接收者没有意识到的情况下发生

态度可以在人们没有意识到的情况下形成和改变。态度既可以由对信息的外显加工而产生，也可以基于对信息的内隐加工而形成。在特定情况下，阈下启动能够提升后续的劝说性信息的影响力。另外，有些态度建立在掌握大量知识的前提下，甚少受到反思的干扰，这种态度对行为的预测力更强，并且不会轻易改变。

从态度强度的视角来看，抵抗劝说可以从以下几个方面来理解（Petty et al., 2004）。第一，当一个人试图去反驳一则信息时，有时他能抵挡这则信息并且态度不发生变化，但另一些时候，尽管他在尝试反驳，但态度已经向他人劝说的方向发生变化。第二，尽管个体在反驳的过程中态度没有发生变化，但有时他对原有态度的自信水平上升了，有时对原有态度的自信水平下降了。第三，尽管个体仍然试图反驳，但态度可能已经发生了变化，这种情况与没有进行反驳的情况相比，对于新态度的自信的提升程度有时增加，有时减少。了解尝试反驳对态度自信水平的影响是非常重要的，因为当一个人对于自己的态度越自信，态度就会越强硬。研究者早已证实，态度的效价并不是影响劝说效果的唯一因素，同样的效价在强度上也存在差异。态度强度概念的提出，表明同等效价的态度可能会产生不同的结果。总体上看，态度越强，越能够抵抗后续的劝说，持续的时间越长，并对认知与行为产生更大的影响。态度强度受到很多因素的影响，例如态度的可得性、前期思考程度、对态度的自信程度等。

研究者提出了尝试抵抗模型。在这一模型中，当个体尝试去反驳某条信息时，他可能在实际上进行反驳，也可能没有实际开展，之后个体可能会对是否开展了反驳形成深刻印象或没有形成印象。根据这一模型，当人们抵抗住劝说后，其对态度的自信程度会上升——但这只发生在人们相信他们抵抗信息的行为是合乎逻辑的时候。当个体抵抗看起来很弱的信息时，并不能够增强个体的态度自信。这一模型认为，当感到反驳有效的时候，个体尝试通过反驳来抵抗他人的劝说能够提升对原有态度的自信。这种提升不仅有助于提高接受者在未来抵御劝说的能力，也能推动态度向行为的转化。这个过程对于那些已经有了相应的效价但还没有足够态度自信的人是非常重要的。然而，这对于那些认为一次失败的劝说至少不会起到负作用的劝说者来说是一个不好的消息。另外，当劝说的强度过大时，信息接收者可能会认为反驳更具挑战性，而不去思考信息本身。

（三）内隐态度的相关研究

当人们说他们喜欢或不喜欢某事/人时，他们表达的是一种外显态度，即他们能够意识到的、可控制的态度。如果一个人意识到自己是因为喜欢某个人而投了他的票，那么，这种投票行为就是一种外显态度的体现。但有时，投票人没有意识到自己投票时的态度，此时的投票行为反映的是一种自我偏好的内隐态度。

格林沃尔德和巴纳吉（Banaji）（1995）认为，内隐态度是"个体无法内隐识别或无法精确识别过去经验的痕迹，这种痕迹调节着个体对社会对象喜欢或不喜欢的感受、思考和行为"。两位学者在探讨态度的内隐性时强调，在内隐态度中，人们对态度的起源缺少觉知，例如，不能识别出个体的积极态度源于态度对象的积极呈现。虽然大多数研究者都承认内隐态度的存在，并将其视为一种自动化的反应，但对于什么是"内隐"存在着争论。一些研究者认为，不能从内隐态度的技术层面推定内隐态度具有完全的意识不可接近性、个体的无意图性、不可控性和个体意志无须努力性。评价启动研究中，个体所表现出的对态度对象的评价启动效应，并不意味着个体没有意识到自身的态度（吴明证，2004）。法齐翁（Fazion）和奥尔森（Olson）（2003）强调，所谓"内隐"指的是测量的内隐，即个体没有意识到他们的态度在被测量，没有意识到态度被测量并不等于没有意识到他们持有这种态度。没有证据表明，在间接测量中个体对所测量的态度本身是无意识的，间接与直接测量态度之间的低相关不能证明人们缺乏对间接测量态度本身的觉察。已有的研究表明，间接测量与直接测量的态度之间具有一定相关性，并且两者的相关性程度会受到动机、自我报告时思考的程度、所测量概念的相通性及测量误差等因素的影响（佐斌 等，2009）。

巴奇（Bargh）（1994）曾提出，态度的自动化过程在意识可接近性、意图性、可控性和努力需求等维度上存在差异。正因为如此，可以这样认为：在实践层面，内隐态度指的是采用内隐（间接）测量技术所探测到的个体态度（态度对象、评级之间的联结）；在理论层面，态度的表达在可接近性、意图性、可控性和努力需求等维度上存在差异，对其中任意三个维度的组合的研究都可视为内隐态度研究领域的一个分支。

（四）态度的具身性及其加工

自20世纪50年代认知革命以来，认知研究从以计算隐喻和功能主义为特征的第一代认知科学转向基于具身认知的第二代认知科学。第二代认知科学强调认知与身体经验的关系，倡导认知的具身性，反对离身心智。研究者认为，人的心智来源于温热的肉身，而非冰冷的机器，因此，理解心智必须重回人的身体（大脑）（李其维，2008）。

研究者区分了"在线具身"和"离线具身"的情形。在线具身发生在真实刺激在场的情境下，而离线具身发生在真实刺激并不在场、使用代表真实刺激的象征符号的情况下（Niedenthal et al., 2005）。例如，模仿另一个人愉快时的面部表情是在线具身的例子，通过一个形态特异的系统或实验设计去理解

"愉快"这个单词或者回忆一次愉快的经历是离线具身的例子。

1. 在线具身与态度的获得和加工

与新态度对象互动过程中的身体反应会影响后来的态度和表达，韦尔斯（Wells）和佩蒂（Petty）（1980）较早提出了这一效应的存在。在他们的研究中，研究者要求一部分被试竖着点头，而要求另一部分被试横着摆手。在点头或摆手之后，被试会听到一段与学校相关的信息。然后，被试要给出他们对所听到的信息的同意程度。韦尔斯和佩蒂发现，前期的肢体动作会影响后来被试的判断。具体地说，那些在听信息时点头的被试对他们所听到的信息表达了更积极的态度，那些摆手的被试相对于前者表达了更消极的态度。与之类似，卡乔波等人（1993）探究了"承载态度信息的身体运动行为"和"针对一个全新的刺激发展出的态度"之间的关系。在他们的研究中，呈现给被试（西方人）的全新刺激是象形文字。当面对实验刺激时，一些被试从桌子下面向上拉桌子（这是一个和趋近有关的行为），另一些被试从桌子上面向下推桌子（这是一个和回避有关的行为）。与具身假设一致，那些在看象形字时做趋近动作的被试，相对于那些做回避动作的被试，表达出更积极的态度。

这些研究表明，"身体姿态和运动行为"与"积极/消极的倾向和行为趋向"相关，而这种倾向和趋向会影响对对象的态度。

2. 离线具身与态度加工

人们所做的概念加工利用的是早期在线的情况下（即态度对象在场的情况下）建立起来的形态特异的态度模式。这种具身视角认为，当相关的概念信息与当下的具身一致时，概念加工的效率最高。

这一假设得到了陈（Chen）和巴奇（1999）的研究的支持。在他们的研究中，研究者呈现给被试有积极或消极意义的单词（例如，爱与恨），并且被试要报告这些单词的负载（即某词汇是积极词汇还是消极词汇），报告的方式是将一根直杆拉向他们自身或推出去。与具身的观点一致，被试在面对积极词汇时拉近的速度更快，在面对消极词汇时推出的速度更快。这说明，如果单词的负载（积极或消极）与作为对该单词回应的行为相一致（即看到积极单词做出拉近行为，看到消极单词做出推出行为），人们对单词的加工更快，反之更慢。福斯特（Förster）和施特拉克（Strack）（1998）指出，当人们在长期记忆中提取信息时，存在同样的效应。在研究中，被试要列出一些著名人物的名字，然后将这些人按照喜欢、不喜欢、无所谓来分类。被试在列出人物名字的同时，要以桌子为参照物做趋近或回避的动作。研究发现，那些在列举名字的同时做趋近动作的被试列出了更多他们喜欢的人物，那些做回避动作的被试列出了更多他们不喜欢的人物。因此可以说，运动行为会影响态度对象从记忆中的提取。

这些研究表明存在两种具身效应。首先，在态度对象在场的情况下，与积极态度相关的运动行为（如点头、趋近、拉近）会使人们表达出对态度对象的积极态度，与消极态度相关的运动行为（如摆手、回避、推出）会使人们表达出对态度对象的消极态度。其次，在离线认知的过程中（即态度对象不真实存在的情况下），当人们对代表态度对象的符号进行加工时，如果同时表现出与符号信息相一致的行为，则此时的加工最有效，这意味着，对概念知识的表征包含相应的运动行为。

（五）针对群体的社会态度的研究

1.刻板印象内容模型

在费斯克（Fiske）等人（2002）提出SCM以后，作为合作者之一的卡迪（Cuddy）在2004年的一篇跨文化研究中，将SCM总结为四个假设（Cuddy & Fiske, 2009; 佐斌 等, 2006)：（1）双维度假设。可以通过才能、热情两个维度来确定各类群体在社会中的位置。（2）混合刻板印象假设。大部分社会群体在上述两个维度上的得分都是一高一低的，那些能力强的群体，通常在才能维度上得分较高而在热情维度上得分较低，或者相反。只有少数群体在两个维度上都有较高或较低的分数。（3）社会结构相关假设。社会结构变量可以预测才能和热情。具体地说，社会地位与能力呈正相关，人们倾向于认为社会地位高的人，能力也更强；竞争性与热情呈负相关，与本群体有竞争关系的群体通常会被认为缺乏热情，或者说，在热情维度上会被给予较低的评价。（4）内群体偏好和榜样群体偏好假设。人们在评价自身所属群体（即内群体）时，通常在两个维度上都给予较高的分数，这被称为纯粹刻板印象或非矛盾的刻板印象。除内群体外，对社会榜样群体（或称社会原型群体）的评价也属于这种"双高"类型。

该模型被提出后，许多研究者都通过自己的研究检验了这个模型。针对亚裔美国人的SCM研究表明，亚裔在美国社会被认为是"模范少数族裔"，他们在能力上的表现得到了主流群体的承认，但在热情维度上的得分却较低，他们往往被认为社会交往能力不强、不够热情友善、封闭、过于关注自我发展。因此，他们虽然在能力上受到尊敬，却不被喜欢（Lin et al., 2005）。对亚裔美国人社会性维度的贬抑，为拒斥和攻击他们提供了借口，这将会导致一种嫉妒型偏见，与针对黑人群体的蔑视型偏见形成对比。

上述研究是静态地评价群体，而针对职业女性的SCM研究是在动态变化的过程中的（Cuddy et al., 2004）。该研究表明，职业女性在生育孩子之后，在热情维度的得分会显著提升，但是相应地，能力维度的得分会降低。热情维度上得分的提升并没有给她们带来更好的工作前景。男性在成为父亲之后则不会经历这种评价上的变化，他们在热情维度得分提升的同时，人们对其才能的评分并没有下降。可见，在平衡事业和家庭这一问题上存在针对性别的双重标准。

尽管SCM的有效性已被诸多研究证实，但其不足之处也被研究者指出。利奇（Leach）等人（2007）认为，SCM聚焦于能力（如才智、技能等）和社会性（如热情、友好等）两方面，忽略了评价个人和群体的另一重要标准：道德。在对群体的评价中，我们不能忽略道德的重要性。利奇等人通过"内群体评价"检测了道德、才能、社会性这三个维度，结果发现，三者具有相同的统计显著性。不仅如此，探索性因素分析的结果显示，道德维度的值变化最大，是能力的两倍，是社会性的四倍多。而且，内群体无论在才能维度上处于何种位置（即是否成功），在道德维度上的评价都是最重要的。

2. 偏差地图

偏差地图探求的是刻板印象、偏见、行为之间的关系。它由对群体之间结构关系的评价而产生（例如，外群体的目标是有害还是有益于本群体，他们是否有能力实现他们的目标等）。刻板印象、偏见和歧视之间存在系统的、功能性的协调关系，使得歧视行为具有可预测性，即通过了解人们对某一群体所持有的刻板印象和偏见，可以预知人们对该群体可能会做出的行为。相对于刻板印象来说，偏见对行为的预测能力更强。也就是说，知道人们对某一群体的偏见，比知道人们对他们的刻板印象，能够更有效地预测人们将会采取的行动（Cuddy et al., 2007, 2008）。

偏差地图的独特贡献在于，它将刻板印象、偏见、歧视系统地联结起来。之前研究讨论的焦点不是从刻板印象到偏见，就是从偏见到歧视行为，而偏差地图在一个统一的框架中讨论三者的联结，使人们对群际关系有了更全面的认识。

既然刻板印象和偏见是基于群体而非个体的，那么，寄希望于通过促进个体层面的接触来改善群际关系，可能不会达到预期效果。因为即使来自不同群体的个体之间建立起了友谊，这种积极的体验并不一定会推广到外群体其他成员或整个外群体。个体很可能将与其有良好互动的外群体成员视为外群体的一个特例，而他们对整个群体的看法并未发生改变。因此，降低偏见的措施应该作用在群体层面而非个体或人际层面。我们应该做的是，改变对外群体与内群体两者关系的评价，不再将外群体看作潜在的竞争者或威胁者，而是强调双方的互益与共生，或者是在更大的框架内将彼此看作同一范畴或群体的成员。

（六）内隐态度的测量

由于内隐态度不能通过问卷或定性访谈直接测量，所以心理学家发展出一系列间接测量的技术，其中应用最广泛的两种测量手段是启动与潜伏期方法（Quillian, 2006）。

启动是一种在实验室中应用的技术。在完成正式任务前，以极快的速度呈现给被试一个单词或一幅图像（如黑人的面部图像或白人的面部图像），这种呈现就构成启动。通常实验组的被试以与种族相关的单词或图像启动，而控制组被试则以中性材料启动或者不启动。启动是阈下的，即用以启动的单词或图像被呈现的速度非常之快，所以它们不会被被试意识到。然后要求被试以最快的速度做出某种判断或给出某种观点（例如判断呈现的形容词是褒义词还是贬义词）。启动组的被试会表现出与种族刻板印象一致的判断和行为（以黑人的面部图像启动，被试判断出贬义词的速度更快），这表明内隐刻板印象和偏见在施加影响。

广泛应用的潜伏期方法是IAT。IAT是在电脑上完成的，设置了特定程序的电脑能够记录被试给范畴和图像分类的速度。例如，在格林沃尔德等人（1998）的研究中，被试被要求以手指按左右键的方式给有明显种族特色的名字分类（黑人名字按左侧键，白人名字按右侧键），然后被试以相同的方式给有快乐意义的单词（例如花）和非快乐意义的单词（例如毒药）分类（左侧键代表快乐词汇，右侧键代表非快乐词汇）。之后种族名字与单词交叉呈现，这样左侧键被赋予了双重意义，即黑人名字、快乐词汇，右侧键亦然，即白人名字、非快乐词汇。在下一轮实验中则相反，左侧键同时代表黑人名字、非快乐词汇，右侧键同时代表白人名字、快乐词汇。对比两次被试的反应发现，被试通常在白人名字与快乐词汇以同一个键代表、黑人名字与非快乐词汇也以同一个键代表时反应速度更快。这证明，被试的心中存在着这种无意识的关联，而要将黑人名字与快乐词汇关联在一起、白人名字与非快乐词汇关联在一起，则需要花费被试更多的时间和努力。格林沃尔德等发现，当使用内隐测量时，在那些在外显态度测量中没有显示出种族偏见的被试身上，也会发现这种黑人与负性特征的内隐关联。

内隐态度可以解释一些看似矛盾的研究发现。例如，大规模的问卷调查表明，人们对黑人的偏见已经降低，但事实上黑人仍旧体验到与白人不同的对待。这说明偏见仍然存在，只是改变了形式，由原来赤裸裸的、外显的偏见转变成了内隐的、微妙的偏见。内隐态度的测量为人们提供了一种解释矛盾现象的途径，即人们在意识层面可能确实是非偏见的，但是他们的判断与行为受到潜在的、内隐的种族信念的影响（Pager & Shepherd, 2008）。

（七）社会运动与态度转变

社会群体之间的不平等仍然存在，人们认为显性和隐性的偏见都是造成这一问题的原因。如果想解决这一问题，就需要持久的态度改变，但几乎所有关于内隐态度干预的研究都是短期的，尽管能够产生暂时的效果，但几乎没有证据表明干预措施能引起持续几天以上的变化。这就要求对持久的、大规模的态度转变的可能性进行深入研究。近年来，研究者对社会整体层面的态度及其变化趋势的兴趣大幅提升，并提出了新问题，即显性和隐性的态度如何与社会政治特征相关联，以及态度何时、怎样发生大规模转变。研究者从社会运动理论的视角系统回顾了相关文献，认为社会运动是一种动态的社会力量，具有引发广泛而持久的态度变化的潜力（Sawyer & Gampa, 2023）。

隐性态度测量比显性态度测量更不容易受到社会期望压力的影响。有证据表明，尽管近几十年来显性态度更趋向于平等主义，但美国主流的隐性态度仍然是反黑人、反同性恋、反残疾人和反肥胖的。因而，在社会心理学相关领域，研究者对如何改善这些态度很感兴趣。

以往，心理学通常会忽视社会运动或将社会运动定义为病态。最近，人们对集体行动的关注越来越多，主要表现在鼓励或限制集体行动等方面，但作为社会和心理变化背景的社会运动仍未得到充分研究。

迄今为止，大多数关于内隐态度的研究都采用个体差异的框架，而这正是研究社会态度变化的障碍。该框架认为偏见是一种个人特征，但当前，偏见主要是社会环境特征的观点已经得到支持。例如，群体偏见模型认为，虽然个体层面的偏见是短暂的、不稳定的，但内隐偏见的总体水平往往随着时间的推移而高度一致。由于个体在日常生活中会经历不同的情境，因而内隐态度在个体层面上是转瞬即逝且具有独特性的，但总体上反映了稳定的整体社会环境。将总体水平的偏见看作对结构不平等的反映，比个体差异的方法更能说明社会与心理现象之间的关系。

关于社会运动的跨学科研究为开展态度转变的研究提供了有价值的工具。社会运动可以被看作有争议的集体行动。其争议性在于，它往往表现为由缺乏权力的人对权威提出新的或不被接受的要求，并从根本上挑战他人。不是所有的社会运动都能成功地赢得预期的变革，但那些成功的社会运动通常会造成社会、政治和经济上的混乱，这些混乱足以推动改革的发生。

社会运动理论有四个经验支柱，分别是集体政治挑战、共同目标、社会团结和持续的政治行动。一般来说，一项社会运动的争议性越强，其目标越能凝聚力量，社会团结程度越高，持续时间越长，效果就越好。

社会运动具有推动深远且持久的态度变化的潜力，其中一个关键原因是社会运动能够为改变态度创造多种途径。社会运动可能对态度产生影响的机制包括：重塑社会结构和活动，影响媒体表现，创造良好的群体间联络条件和联系动态，促进共情和换位思考并减少群体间焦虑，促进社会重新分类，促进社会认同和自我效能提升。

第一，社会运动改变显性和隐性态度系统，而对态度产生最持久的影响的方式就是改变支撑这些态度的社会政治结构，包括推动法律和制度变革、改变群体间的物质差异和权力关系、改变广泛的社会规范和活动模式等。彻底的社会结构转型可能促进总体隐性态度的全面变化。

第二，社会运动影响内隐和外显态度的第二个重要途径是大众媒体。媒体经常会放大社会运动的相关信息，增加人们对该社会运动及其目标的关注。相反，媒体也可能会故意忽视社会运动，歪曲相关信息，或者批评社会运动的策略和目标。

第三，包括总体和个人层面的大量关于群体间接触的理论研究，也能够为社会运动影响态度提供依据。群体间接触是减少偏见的一种方式，促进群体间和谐、改善对外群体的内隐和外显态度的五个条件已得到充分验证，分别是：合作，群际互动之中的平等地位，共同目标，官方、法律或习俗的支持，形成群体间友谊的机会。

第四，在抗议、会议和公开的信息中，社会运动经常使边缘化群体的政治和社会观点被更多人了解，这增强了公众对他们所处困境的同情。这是改变态度的另一个潜在机制。移情和换位思考会在强调特定社会群体所面临的歧视和不平等的社会运动中发挥作用。这种机制可能部分通过群体间接触发生，通过减少群体间互动的焦虑、增强同理心和换位思考等情感过程来减少偏见。

第五，许多关于种族主义的研究认为，种族内群体和外群体的社会、政治和心理建构决定了种族主义的存在。尽管如此，人类能够灵活地对内群体进行分类与重新分类的能力是改变内隐和外显态度的有力途径。这并不是说要试图克制群体分类的倾向，而是可以利用内群体成员的积极结果来对抗偏见。通过将以前的外群体成员划到更高层次的类别下，创建一个新的共同的内群体，实现社会身份的重新分类。

第六，自我和认同的概念对于社会运动心理学至关重要。社会运动对参与者产生深刻的心理影响,参与社会运动往往使参与者增进自我认同,促进自我实现。虽然压迫与偏见等社会问题看起来很棘手,但社会运动提高了人们解决这类问题的效能感,促进了行动主义和社会运动的进一步发展,而这可以对态度产生重要影响。

4.3 态度研究的发展特点与发展趋势

近年来,态度研究发展迅速,内容丰富。态度研究一直定义着社会心理学的发展特征,对当前态度研究的发展特点和趋势进行总结分析,有利于在快速涌现的研究成果中把握未来态度及社会心理学研究的方向。态度对社会认知、自我、群际关系和性别差异心理学等领域的影响及其相互融合,构成了当前社会心理学的主要热点内容。下文关于态度研究发展的分析以及本书其他相关章节的论述均可体现这一点。

(一)从外显态度到内隐态度及两者的整合

态度的研究经历了从外显态度到内隐态度再到两者整合的过程,并且这种特点和趋势将继续发展下去。格林沃尔德和巴纳吉(1995)关于态度、自尊和刻板印象的内隐社会认知的论文已经成为当前社会心理学新的经典。态度领域的研究者不仅普遍认可内隐态度的存在,还对内隐态度的特点、形成机制和测量方法进行了深入探讨。与此相联系的,是对外显态度与内隐态度之间区别和联系的探讨。双重态度模型认为,人们对同一态度客体能同时存在两种不同的评价,旧的态度被暂时转化为内隐态度,而新的态度则成为外显态度。该模型催生了将外显态度和内隐态度相整合的研究,联想—命题评价模型即由此入手,通过整合以往的研究结果来解释态度的形成和改变,代表了未来发展的一个方向。

(二)从单一态度向矛盾态度方向拓展

在很长一段时间,态度被认为要么是积极的,要么是消极的,即态度具有单一的一致性。然而,20世纪90年代以来,矛盾态度受到人们的普遍关注，研究者认识到个体对同一客体可能同时存在积极和消极的评价与情感。在理论上，矛盾态度重新定义了态度，指出态度包含两个独立的维度而不是由一维上的两端来体现；在实证研究上，矛盾态度被当作态度强度的一个特征来研究，研究者考察了其对信息加工、态度改变和态度与行为一致性的影响。更重要的是，种族和性别矛盾态度的普遍存在及其与价值观、社会规范的联系，超越了个人因素的限制，对人际交往与群际关系具有重要影响和现实意义。于是，如何减少矛盾态度就成为研究者面临的重要挑战。实际上，矛盾态度很早就被提出，但是近来因受到社会认知尤其是内隐社会认知的影响而被人们重视。目前，矛盾态度的研究与刻板印象、群际关系和性别差异心理紧密联系，共同构成了社会心理学的研究焦点之一。

（三）关注态度结构的复杂性及第三变量对行为预测的影响

态度在社会心理学中居于重要地位，关键在于研究者相信态度对行为具有预测作用。近十余年来，对态度与行为关系的研究逐渐形成两个相对独立的研究视角（周洁 等，2009）：其一是关注态度强度，态度强度包含众多特征，除了矛盾性之外，结构一致性对态度和行为的影响越来越受到研究者的重视，态度的认知、情感及评价之间的各种组成关系也说明态度的形成和改变具有复杂性；其二是关注第三方变量（如主观规范、知觉到的行为控制等）对态度、行为及两者关系的影响，以计划行为理论的相关研究为代表。受社会认同和群际关系研究的影响，重要的参照群体的规范对态度与行为关系的影响逐渐受到研究者关注，并与矛盾态度的研究紧密联系（Smith & Louis, 2009）。

（四）针对不同的态度类型、成分和特征研究劝说效果

就像早期态度研究的兴起离不开美国在第二次世界大战中的宣传需要一样，对态度形成、态度结构、态度改变以及态度与行为关系的研究，归根结底是为了预测行为，采用恰当的劝说使受众产生合适的态度。因此，随着对态度结构、矛盾态度以及态度与行为的复杂关系的认识不断深入，研究者越来越关注针对不同的态度类型、成分和特征研究劝说效果，不再将态度看成

整体稳定的内在特征。例如，基于认知的态度更容易受到认知劝说的影响，基于情感的态度更易在情感信息劝说下发生改变；具有矛盾态度的人很难受到一致性劝说信息的影响。此外，态度研究的深化也为一些经典的劝说效应（如睡眠者效应）提供了新的理论解释，使劝说的研究向细化和纵深发展（张朝洪 等，2004）。我们相信，诸如联想—命题评价模型等态度理论和研究的新进展将推动劝说研究的进一步发展。

（五）与社会认知、自我、群体等其他领域相融合

在某种程度上，态度研究定义了当代社会心理学的特征。我们从态度的精细可能性模型及其后续研究中看到了态度与社会认知的联系，从外显及内隐自尊的研究中看到了态度与自我的联系（DeMarree et al., 2007）。基于群体的刻板印象及对其外显和内隐表征的研究，更是态度、社会认知、自我、社会认同和群体心理在当前社会心理学的多领域、多视角融合的表现。可以说，态度研究已经与社会心理学其他领域的研究紧密相连，并且在其中发挥重要作用。比如，它促进了内隐社会认知测量方法的发展和改进，为社会心理学的理论整合提供了有益尝试，如双过程模型及SCM都是在整个社会心理学领域具有重要意义的整合模型；态度研究对认知、情感和行为的关系本质的关注有利于社会心理学在根本上解答人性问题，从而为社会心理学的持续发展提供长久的研究动力。

4.4 小结与展望

我们对态度的概念、内容、结构和功能进行了回顾，在介绍这些主题时侧重于后来的发展，如态度成分间的矛盾性，态度对扩展自我的防御功能等。虽然我们略去了早期的研究成果，但这些新进展都是建立在已有的理论和实验积淀之上的。同时，我们概述了几种新的劝说模型和研究者总结出的劝说原则，以及行为改变如何导致态度的改变，简要呈现了一些有待将来深入探究的态度主题：内隐态度、态度的具身性和群体态度。这些领

域的研究者已经取得初步的研究成果,但仍需对一些矛盾的地方做出进一步解释。例如,外显态度和内隐态度究竟是同一的还是分离的,个体对内隐态度是否是无意识的,等等。对这些问题的解答需要未来的研究者贡献他们的智识和洞见。

第5章
社会认知的研究热点和发展趋势

社会认知是人们解释、分析和回忆关于自己、他人以及群体社会行为信息的方式（Pennington, 2000）。社会认知以对人类自身和社会关系的认知为研究对象，包括对个人的认知、人与人之间相互关系的认知以及群体内部或群体之间各种关系的认知三个相互联系的层次（郑全全，2009）。

5.1 社会认知研究的历史回顾

社会认知的诞生和发展离不开现代认知心理学的发展和广泛传播。认知心理学以信息加工理论的研究方法，巧妙深入地揭示了人的各种认知心理过程，将心理学的发展推进到前所未有的高峰，成为当代心理学研究的主流。经过40多年的发展，认知心理学在自身迅速发展的同时，其新颖巧妙的研究方法和独树一帜的理论观念也对心理学的其他分支学科产生了深刻的影响，并为许多分支学科的快速发展打下了坚实的基础。社会认知就是认知心理学渗透到社会心理学后形成的一个新的研究取向。纵观社会认知的发展历史，依据不同的研究主题，可以将社会认知从20世纪50年代晚期至今所经历的过程划分为5个阶段。根据对人的社会认知特点的总体看法，学者们将这5个阶段的研究特点概括5个词，分别为：一致寻求者、朴素科学家、认知节省者、受激励的战略家和积极的行为者（Fiske & Taylor, 2007）。

社会认知研究最早可以追溯到20世纪50年代后期，以态度的一致性理论为主要研究课题。这一研究主题是在二战后大量关于态度转变研究的成果基础上出现的。该时期提出的大部分理论都基于相同的基本（或关键）假设，即将人们看成是在存在差异的各种不同认知之间寻求一致的解决方案的"一致寻求者"。基于此，后来的研究者将这些理论统称为一致性理论。费斯廷格的认知失调理论和海德的平衡理论就是这些理论中的典范。一致性理论有两个关键的假设：第一，这些理论依赖于对认知不一致的知觉，这将人们的认知活动放在一个中心位置。主观体验到的不一致性是这些理论关注的核心，客观的不一致性则不重要。第二，一旦知觉到不一致，人们就会感到不适，并努力去减少这些不一致。一致性理论曾经是社会认知领域中最热门的研究话题之一，从20世纪50年代到60年代后期（甚至到70年代早期），在社会心理学的诸多领域占据了主导地位。但是，由于在同一个研究主题中变量的可区分性差，以及很难预测人们将什么知觉成不一致或者知觉到不一致的程度如何等，从20世纪60年代后期开始，研究者逐渐对一致性理论失去了兴趣，该理论也没有了原来的绝对优势。

学者们普遍认为，真正具有现代意义的社会认知研究诞生于20世纪70年代早期。在这一时期，伴随着新理论（主要是指基于信息加工理论的认知心理学理论）的出现和迅速发展，社会认知研究开始进入第二个发展阶段——以人们尝试揭示自己或他人行为的原因为特征，研究者将这一阶段的研究称为对"朴素科学家"的研究。这一阶段的理论将人看成一个"朴素的科学家"，即人们在社会认知的过程中，像科学家一样寻找、确定自己或他人行为产生的原因，以达到预测和控制行为的目的。在此基础上，社会心理学家提出了一些社会认知理论。关注人们怎样解释他们自己和他人行为的归因理论是这一时期社会心理研究最前沿的课题。凯利（Kelly）的归因协变理论和魏纳（Weiner）的成败归因理论是两个非常有影响力的归因理论。与一致性理论相似，不同的归因理论也存在共同的假设。如归因理论都假定人们是理性的，能像科学家一样对各种原因做出区分；如果有充足的时间，人们会收集各种相关数据以获得最合理的结论；等等。然而，由于人类认知系统的容量的局限性（如很难记住太长的卡号、注意的广度有限、不能同时操作多个任务等），人们不可能在社会认知的过程中完全地、精确地运用所获得的信息，这就导致在社会认知、社会推断中出现大量偏差。这从根本上动摇了归因理论的可靠性和合理性。伴随着认知心理学与社会心理学开始实质性的融合，20 世纪 70 年代末到 80 年代早期开始，社会认知研究的重心转向了一个新的领域——启发式及其局限性。

启发式的相关研究将人假定为"认知节省者"。认知节省者相关理论认为，人们的信息加工容量有限，无论何时，一旦有机会，人们就会走捷径来加工社会信息（Kahneman & Tversky, 1982）。比如，人们会采用简化复杂问题的策略。虽然这些策略可能是错误的，并且导致错误的答案，但是人们更关注这些策略所带来的效率。社会认知偏差产生的根源在于，人们倾向于付出最少的努力去提出产生社会判断的加工策略，却没有关注到认知系统中可能存在的不一致信息。认知节省者模型是建立在与计算机类比的基础上的，由于把人当作一个孤立的信息加工机器，忽视了情感、动机和社会背景在认知中的作用，以及不关心人们的外显行为，此类研究在社会认知和社会判断中出现了大量的偏差。因此，单纯的认知节省者视角明显不能满足充分揭示人类社会认知深层规律的需要。

到了 20 世纪 90 年代，研究者在发现认知过程的复杂性后，开始重视动机和情感对认知的影响。基于对有动机的社会认知的强调，研究者尝试在新的视角中研究社会认知的传统问题。关于社会交往的社会认知研究随之成为了研究者关注的一个重点。在这一时期，社会认知的研究模型将人比喻成"受激励的战略家"。这一视角认为，作为具有多种信息加工策略的主体，人们可以依据目标、动机和需要进行有意识或无意识的选择。某些时候，人们会在实用性和精确性方面做出明智的选择；有些时候，人们会在速度和自尊方面做出防御性的选择。因此，当需要时，人们会更多地关注复杂信息，进行系统地加工；当不需要时，人们会更依赖便捷、简单的策略和已有的知识结构。人们可以灵活地调节自己的认知过程、采取实用的加工策略来适应不同情境的需要。

到了 21 世纪，社会认知研究的重点在以往研究成果的基础上又发生了改变。社会认知理论也开始将认知节省的观点与动机、情感联系在一起，甚至对于人们无意识心理过程的理解亦是如此。当前，随着对在极短时间内寻找线索的无意识联结的强调，社会认知的研究理论将人们看成"积极的行为者"。这些模型认为社会情境可以迅速唤起知觉者无意识的社会概念，与之相关的认知、评价、情感、动机和行为等也将不可避免地被激活。研究者认为，通过快速反应观察到的不同概念之间的联结是社会认知心理过程内隐的、自发的指标，也就是目前研究者提到的内隐社会认知。尽管对于内隐现象的解释还存在着一定的争议，但有一点是非常明确的：人们的动机影响了意识反应。通过使用快速、准确的方法呈现意识外的刺激和对知觉开始产生时神经反应的测量，研究者可以迅速知道人们在社会知觉产生的早期到底经历了什么（或者多少）事情。目前，关于内隐社会认知的研究已经涉及态度、自我、刻板印象、归因、印象形成等领域。未来，社会认知的研究更将倾向于把认知、情感和行为作为一个相互依赖的整体。

从对社会认知研究历史的简要回顾中不难发现，社会认知的产生和发展受到了格式塔心理学、认知心理学和认知神经科学等相关理论和学科的影响。认知心理学的研究最早受到了格式塔心理学思想的影响，出现了态度转变研究的一个小高潮；随后，在信息加工的认知心理学影响下，现代意义上的社会认知研究正式出现并迅速发展，在短短20年时间内形成了系统完整的理论体系；20世纪90年代以来，受到内隐认知和认知神经科学的影响，社会认知逐渐摆脱了单纯依赖文化来解释社会心理现象的束缚，开始关注文化之外的人类的心理机制（如生理机制）。这一突破具有重要意义，它不仅为社会认知研究打开了一个新的思路，更为社会认知在传统研究领域的基础上向更宽、更深、更远发展创造了前提条件。

5.2 社会认知领域研究关注的主要问题

归因是指个体根据观察到的自己或者他人的行为，对行为发生内部原因（如个性倾向）或者外部原因（如情境因素）做出推论的过程。在有些情境中，归因是自发的，很少需要思维参与；而在另一些情境中，归因是有意的，需要更多的思维过程和持续的意志努力。

（一）归因理论及归因偏差

目前，研究者对归因的研究主要集中在归因理论和归因偏差两个方面。

现代归因领域的研究起源于几个重要的理论，包括海德的普通心理分析、琼斯（Jones）和戴维斯（Davis）的相应推断论、凯利提出的归因协变理论、贝姆（Bem）的自我知觉理论，以及魏纳的成败归因理论等。在这些研究者中，凯利、魏纳、琼斯和戴维斯做出的贡献最大。

琼斯和戴维斯的相应推断论关注了个体做出个性倾向归因的条件。他们认为，个人的行为不一定与其人格、态度等内在品质相对应。当以下两种条件满足其一时，就可以将一个人的行为产生的原因归于其内在品质：（1）一个人的行为不符合社会期望或不为社会所认同；（2）知道个体的某个行为是自由选择的，而并非受到外在强大压力的影响。凯利的归因协变理论则关注了区别性（或特异性）、一贯性和一致性的信息是怎样应用到内部、外部和情境归因过程中的。他认为，对行为的归因必须经过多次观察，根据多条线索进行归因。对行为产生的原因可以从三个不同的维度进行解释：（1）归因于从事该行为的人；（2）归因于行为者知觉到的对象；（3）归因于行为产生的环境。所以，要找出真正原因，就需要分析三种信息资料：（1）一致性信息资料；（2）一贯性信息资料；（3）区别性（或特异性）信息资料。有了上述三种信息，就可以进行归因判断。魏纳的成败归因理论认为，控制点、稳定性和可控性三个维度决定了人们对失败或成功做出的归因类型。同时，魏纳认为归因对今后工作学习的积极性有重要影响：如把成功归因于内在因素（如努力、能力等）会使人感到满意和自豪，把失败归因于内在因素则会使人内疚和无助，把成功归因于稳定因素（如任务容易、能力强）会提高以后的工作积极性，等等。对归因过程的研究主要关注推断他人行为的心理机制，如当听说或看到他人的行为时，人们常常对其做出内部（性格特征）归因，并且这一过程常常是无意识的、自发的和自动的，除非有非常明显的证据，否则人们很难改变最初对他人做出的内部归因倾向（Todorov & Uleman, 2003, 2004）。

归因研究的另一个重要领域是对人们所表现出的归因偏差的研究。在归因的过程中，人们经常会表现出各种偏差。最基本的归因偏差是人们往往过高地估计个性倾向的重要性而忽视行为发生的情境或外部因素。归因偏差可能源于知觉到的其他行为和自发的、无意的思维过程。

根据归因偏差出现的条件，研究者总结出几种常见的归因偏差，包括：在用情境或外部因素解释自己行为时出现的行为者、观察者差异；当人们过高估计自己的行为、信念或观点的普遍性时出现的错误一致效应；为了提升自尊水平或加强自我保护，对成功做内部归因、对失败做外部归因时经常出现的因动机和认知因素共同作用而导致的自我服务偏差；等等。通过比较集体主义文化和个体主义文化，跨文化心理学的研究表明，基本的归因偏差和自我服务偏差在个体主义文化中更容易发生；在集体主义文化中，个体则更多地表现出自我埋没的偏差（Smith & Bond, 1999）。

尽管社会心理学家在归因理论、归因错误和归因偏差方面倾注了大量的精力和心血，但是得到的研究结果还是远不能用来精确地解释或预测人们的行为。未来的研究可以结合新的研究手段和研究范式，如与脑电技术和内隐认知心理过程等相结合，在生理或无意识的层面解释归因过程和归因偏差的机制。

（二）态度的社会认知研究

态度是社会心理学中最重要的研究领域之一。绝大多数研究者在对人类行为做出解释的时候都把态度放在中心的地位。目前，研究者将态度界定成个体对特定的人、观念或事物稳定的心理倾向，包括认知、情感和行为倾向三个部分。传统心理学的研究主要关注态度的理论结构及其测量方法。20世纪60年代以后，研究者对态度的研究转到了态度改变的相关理论探讨和实践研究上。随着研究的不断深入，态度改变领域涌现出大量有影响力、有价值的理论，包括费斯廷格的认知失调理论、海德的平衡理论、阿施（Asch）的从众理论、纽科姆（Newcomb）的交际行动理论，以及其他有关印象形成、社会偏见和社会吸引等方面的理论。其中，认知失调理论和平衡理论强调不一致的认知导致了不愉快的心理状态，这种心理状态要求获得一致的认知，从而使心理状态转变为愉快的。基于此，这两个理论被统称为一致性理论。平衡理论提出伊始，就受到了研究者的格外关注，并被应用于各种各样的态度研究中。一致性理论也因此得到了极大的拓展和深化。

近年来，研究者将这两个理论应用到社会信息加工心理过程的相关研究中。例如，基于认知失调理论，人们会对与自己的态度和行为一致的信息表现出偏好，因此研究者检验了社会生活中人们对与态度相一致信息的选择性知觉，结果发现人们会花更多时间来考察一致性的信息，主要表现在追求还未呈现的与自己态度相一致的信息和把模糊的信息解释为与自己态度一致信息的倾向。此外，研究者还以认知失调理论为依据，考察了人们对于与态度一致信息和非一致信息的学习效果及其影响因素。其结果表明，人们更倾向于学习与自己态度一致的信息（即选择性学习），同时这种效应出现的条件包括不受外界强化的学习要求和高自尊的个性特征。基于平衡理论，研究者考察了人们对具有平衡关系的社会信息的学习和记忆效果，揭示了具有平衡结构的社会信息更容易被学习和记忆的一般规律。近年来，平衡理论的相关研究在这一规律的基础上，进一步提出了人们把平衡关系作为整体的认知单元存储，把不平衡的关系作为片段存储，进而影响记忆效果的论断。

（三）启发式及其局限的社会认知研究

由于时间的限制、信息的复杂性和数量众多及信息本身的不确定等，人们不可能在特定情境中通过深思熟虑或追根问底的方式做出判断。在大多数情况下，人们会选择使用某些捷径迅速做出判断。特沃斯基（Tversky）和卡尼曼（Kahneman）（2004）使用启发式这一概念来勾画人们用于判断一些不确定事件的过程。他们认为启发式是指为了适应情境的急迫需求，人们将复杂的问题解决简化成相对简单的判断操作。

目前，关于启发式的研究可以归纳为启发式的类型和启发式的局限性两个方面。对于第一个方面的研究，研究者提出了四种启发式类型：依据客体与某范畴基本特征的相似程度来判断客体属于该范畴可能性的代表性启发式，用于估计事件频率和概率的可利用性启发式，通过依据可利用性对假设情境进行构思来决定哪种结果最可能发生的模拟式启发式，以及根据最初确定的参照点，在不确定条件下不断调整判断来估计新情况的锚定和调整启发式。每种启发式都可以在一些情境中帮助人们快速做出判断，同时，在另一些情境中或多或少存在局限。这就涉及对启发式的第二个方面的研究——启发式局限性的研究。研究者提出了许多启发式传统研究的局限性,如使用代表性启发式时可能会忽略结果的先前概率、忽视样本大小和错误预测价值,使用可利用性启发式时可能产生提取偏差、搜索偏差和低估不容易想到的事件出现的频率,等等。卡尼曼等人认为,这些启发式局限的背后存在着一个共同的机制——当面对困难的问题时,人们常常会将其转化成更加简单的问题,并尝试寻找答案。

随着研究的深入,对启发式及其局限性的研究重点转移到了人们使用启发式的条件、启发式可能产生错误的情境及其机制上。对使用启发式情境的研究揭示了人们最有可能使用启发式的几个条件,比如处于良好的情绪状态或愤怒的情绪状态下。在解决不重要的任务或以往多次使用表明某种启发式非常有效的条件下,人们倾向于使用启发式。相反,在不信任所获得的信息、需要对他们的推断负有责任或最近使用某种启发式犯了错误等情况下,人们不会使用启发式(Schul et al., 2004)。启发式局限性机制研究主要考察了信息整合过程中信息选择的倾向,信息抽样的完整性与典型性,极端事件发生概率向其出现的总体概率接近的回归效应,以及不同信息之间的淡化效应等在人们使用启发式而做出错误推断时所起到的作用(Fiske & Taylor, 2007)。

(四)刻板印象的相关研究

根据形式的不同,可以将刻板印象分为伴随着有意识的心理过程、有明显外显表现的公开刻板印象,伴随着无意识的心理过程、不受意识控制的隐秘刻板印象两类。

当前,相当一部分公开刻板印象的研究关注对人们刻板化其他群体或个体原因的探讨。研究者从心理学、社会学、人类学、生物进化等不同的角度提出了大量的理论以解释刻板印象,比如用社会身份理论和自我归类理论来解释人们识别和保护群体内成员的行为,并强调自己所属群体具有的各种优势;依据社会优势理论推断各种社会背景下的个体在所认同的群体等级上存在着差异,知觉到竞争威胁的个体必然会更多地强调自己群体的优越性,同时刻板化其他群体(Amiot & Bourhis, 2005);系统合理化理论则认为,一般体系的不稳定性对人们产生的威胁将会合理化不同群体拥有不同社会地位这一状况，甚至认为自己群体所具有的劣势也是合理的（Ellemers et al., 2002）；等等。除此之外，大量的研究也检验了公开刻板印象所产生的一些效应，如个体在解释模糊信息时的倾向所导致的模糊刻板印象，刻板期待及其相关效应。刻板印象与个体成就水平的关系，以及刻板认同与幸福感水平的关系等方面的研究，也是当前刻板印象研究的热点。

隐秘刻板印象的研究是伴随着社会规范中可接受观念的巨大转变而出现的。相关研究表明，尽管人们对某些群体的观念有了很大改善，但并不意味着刻板印象（或偏见）的消除。随着新研究手段的不断涌现和研究工具的不断更新，研究者已经能够探索自动的、模糊的、伴有复杂情感的（如同时持有积极情感和消极情感）隐秘（或内隐）刻板印象。个体持有的（针对某个群体或个人）内隐刻板印象的特征及其对个体产生的心理行为效应是隐秘刻板印象研究的重点和热点，如使用词汇决策任务和IAT测量对被刻板群体的内隐态度和内隐偏见（Rudman et al., 2001），探讨通过观点采择、内疚感和自我聚焦等动机因素来消除或减弱被刻板群体与消极刻板特征之间内隐联想的有效途径（Quinn & Macrae, 2005; Sinclair et al., 2005），检验压抑刻板印象更容易引起相应刻板印象的可获得性提高的反弹效应（Wegner, 1994），以及探索刻板印象与动机控制之间的关系等（Shelton & Richeson, 2006）。

（五）偏见的相关研究

近年来，关于偏见的研究主要关注情绪偏见及其与认知的相互作用。许多理论描述了人们针对外群体的特定情绪反应。如，预测针对不同地位和存在竞争关系的群体的情绪偏见与刻板印象区别的刻板内容模型，预测对其他群体情绪偏见与对该群体评估的潜在威胁不同的群体间的情绪理论，检验群体形象类型及其相关情绪之间结构关系的形象理论，以及预测不同群体融合所带来的威胁和为了保存群体进化出相应情绪反应的生物文化取向模型等。除了这些有价值的理论外，很多创造性的实证研究也关注了偏见这一主题。

综合近年来的研究成果，不难发现，相关的研究主要集中在以下四种类型的偏见上（Fiske & Taylor, 2007）：

第一，针对黑人的种族偏见。在世界上不同的种族中，针对黑人的偏见得到研究者的格外关注。与性别主义者和年龄主义者相比，对黑人的偏见往往有更多的情绪负担。对于相关的研究机构来说，种族主义比其他类型的偏见更让人头痛。尽管许多证据表明，有些行为是以偏见为基础的，但是人们经常有意识地否认这些偏见的存在。部分研究关注了偏见对黑人的心理效应。结果表明，无论人们是否承认对黑人持有偏见，黑人都更容易被孤立，他们在住房、教育、工作和社会福利等方面获得的机会明显少于其他种族（Major & O'Brien, 2005）。不但如此，由于黑人有更多的可能接触有害的污染物，并且在获得高质量的医疗和营养方面受到限制，黑人的健康也受到一定程度的影响（Harrell, 2000）。

第二，性别偏见。性别偏见及其相关心理效应的研究一直是国外社会心理学的热门话题之一。近年来，国外相关的研究主要集中在不同类型的性别偏见的概念及测量，以及不同类型的性别偏见对婚恋关系、性骚扰、成就动机水平、女性职业选择和发展、女性形象和暴力犯罪等不同领域所产生的影响等问题上。

第三，年龄偏见。年龄偏见是继种族、性别之后的第三大偏见。国内外的研究主要关注就业中的年龄偏见效应，如不同职业存在的外显的和内隐的年龄偏见（张智勇，刘江娜，2006），招聘者的年龄等相关信息对筛选过程中年龄偏见知觉的影响，评价者的年龄对目标求职者年龄偏见水平的影响，被评价者的年龄特征显著性对招聘决策的影响，以及在模拟面试中年龄偏见导致的对不同年龄应聘者的评价等。

第四，性取向偏见。性取向在社会交往中也遭遇到社会公众的偏见。这类偏见也是非常热门的研究主题。例如，告知被试将接触一个同性恋，检验被试在随后交往中的自我报告的态度和非言语行为；考察特定情境中同性恋个体表现自我时所使用的行为策略，不同性别的人对同性恋的态度，以及性取向偏见引起的一些情绪反应（如抑郁、愤怒、焦虑）等（Pachankis & Goldfried, 2006）。

（六）情感与社会认知的关系

情感与社会认知的关系是社会认知研究领域中的一个传统主题。相关研究普遍发现，即使是非常小的情绪变化也能对大量的认知心理过程产生影响。可见，人的情感与社会认知存在着密切的关系。目前，对情感与社会认知关系的研究主要包括以下几个方面：

第一，情感对自我意识的影响。这方面的研究主要关注情绪对自我关注的影响，检验不同情绪状态对个体、对外界强化敏感性的影响，并以此为基础揭示人们做出亲社会行为的一个可能机制。

第二，情感对记忆能力的影响。研究关注情感状态对记忆能力产生影响的效应。一方面，通过比较不同类型情绪信息的记忆效果，以及特定情绪（如抑郁）对某些信息的记忆效果揭示信息类型（是否与情绪一致）对记忆能力的影响。另一方面，通过强调在相同的情绪状态中人们能够很好地回忆、学会或者提取情绪信息的记忆现象，揭示情绪状态依赖于记忆的一面。

第三，情绪对判断决策的影响。此类研究主要考察了情绪对人们决策的影响以及最适合人们做出全面和创造性决策的条件（Forgas，2001）。此外，还有研究关注了不同卷入度情况下，不同情绪状态对劝说效果的影响。

（七）行为和认知

行为和认知的关系是社会心理学家非常熟悉的一个话题。无论从人们为了行动而进行必要思考的角度看，还是从日常的生活交往为认知表征提供了持续的信息来源的角度看，行为和认知都存在着密切的关系。在传统社会心理学的研究中，人们对行为和认知关系的研究主要集中在与认知存在联系的特定行为、认知和行为的测量方式、情境因素对认知和行为一致性的中介影响、自我监控能力、自我意识水平等个体心理的差异上，以及在某些情境中人们用自己的行为来检验关于自我和他人的假设（如自我实现预言）等方面。后来的研究则关注了特定情境的紧急状态下，人们在调节行为和知觉能力的策略上表现出的灵活性，标定行为的方式对态度、行为一致性的影响，以及在态度和行为一致的情境中认知和行为的关系等。另外，随着保守秘密心理效应研究的逐渐深入，人们在保守秘密的社交情境中的行为特征再一次吸引了相关研究者的兴趣（Lane & Wegner, 1995）。研究者除了直接观察人们管理他人（主要指陌生人）对自己形成的印象时使用的行为（如迎合或者赞扬）外，还通过创设或模拟真实的社交情境来考察保守秘密对个体行为的影响，如通过模拟与陌生人的访谈情境，考察在可以隐匿学习不良身份的社交情境中学习不良学生自我监控行为的特点（Zhang et al., 2010）。这方面的研究为探索认知和行为的关系提供了一个新的研究视角和研究范式。

（八）非人化认知

一般认为，当人们不把他人当作完整的人类来看待时，非人化就发生了。最初，关于非人化的研究集中于群际层面，专指发生在重大群际冲突中的极端现象。随着研究的逐渐深入，这一概念逐渐扩展到包含对于细微的人性的否认。这一扩展开启了对人际关系中非人化的研究。在普通的人际关系中，人们可能会被熟人、同事甚至父母、恋人、朋友等非人化。由于非人化的研究起源于群际过程，因此在群际视角下，人性往往被看成一个单维的结构。随着非人化研究的逐渐精细，有研究者提出，非人化可以在两个维度上发生：一个维度是人类独特性，指人类区别于其他动物的特性，如道德、智力、文化等。这个维度的非人化把他人看成是无知的、未开化的或非理性的。另一个维度是人类本性，指人类区别于无生命物体的特性，如拥有情绪、灵活性等。这个维度的非人化把他人看成无情的、冷漠的或僵化的，认为他人只具有工具性价值。非人化的方式非常多样，既可以非常明显，如直截了当地将他人比作动物，也可以非常细微，如将一些非人类的特质归因于他人（Karantzas et al., 2023）。

5.3 社会认知中的刻板印象与社会现实

（一）刻板印象的形成与维持

近年来，越来越多的研究者开始关注刻板印象与社会现实之间的联系。在大众的眼中，刻板印象往往等同于过分简单化的认识，这就低估了刻板印象的普遍性和一致性。关于社会分类的刻板印象涉及性别、种族、年龄等各个方面，而这些刻板印象往往具有一致性。正是由于刻板印象通常是全社会共有的，因而，它对社会生活有着不可估量的影响。例如，消极的刻板印象可能会损害个体的幸福感，或者影响就业机会。即使是积极的刻板印象，也可能导致与刻板印象相一致的行为。正是由于刻板印象可能带来广泛的负面影响，因而心理学家希望能够通过干预改变这些认知。但是，改变刻板印象并不是一个简单的任务，对刻板印象进行成功干预，需要打破刻板印象发生并维持的恶性循环。

研究者认为，刻板印象并不是与生俱来的，而是人们在后天环境中形成的（Eagly & Koenig, 2021）。刻板印象来自观察并通过社会认知的一般过程而定型。刻板印象形成的第一步是分类，即对人们所属群体进行分类，包括性别、种族、年龄等。进行群体分类的目的在于，通过观察到的行为对分类后各群体的心理特质进行推测。社会信息的接收者会自动地推测特质，以便对他们观测到的行为进行解释，但同时忽视了情境的因素。

这种推测通常也发生在社会角色的情境下，并促进了特定类型的行为。例如，母亲的角色要求个体产生照顾的行为，通过这一行为，观察者会推测出如善良或温暖的特质。具有相应社会角色的社会分类成员往往被要求做出特定类型的行为，与这些行为相对应的特质就会被认为是属于这个角色的品质。例如，女性在家庭中承担母亲的角色，在职场中也可能承担着教师或护士的角色，这些角色都需要个体具备关心、照顾他人的社交技能。这种社会分类与特定类型社会角色的结合就导致了刻板印象。如果在社会中，人们对于某个社会分类有着大致相似的观察，这些想法就会成为共有的文化期待。

刻板印象的形成可以是直接的，也可以是间接的。直接的形成方式指通过与分类成员交流获得直接的个人体验，间接的形成方式指通过社会交往。例如，对于性别和年龄的社会分类，每个人都有大量的直接观察，但对于很多其他的社会分类，例如性取向群体、种族等，就是不易看到或可能不完全被观察到的。间接的关于分类成员画像的来源包括传说、小说、歌曲、电影、电视等。来源于直接和间接观察的信息，激发了基于社会分类和社会角色共同激活的联结过程。另外，命题型学习有可能促进刻板印象的形成，例如，一个担心祖父母幸福感较低的人去寻找关于老年心理学的信息，对相关信息的检索可能加深其对老年人幸福较低的刻板印象。不同来源的信息传递了社会共识，提高了个体对于刻板印象的自信水平，这个过程可能是外显的，也可能是内隐的。研究者发现，很多社会分类的刻板印象，能够被典型职业角色的相关属性所预测。例如，关于富人的刻板印象与企业经理、医生、银行家的角色属性相似，富人就被这些职业过度表征了。

刻板印象一旦形成，就能够轻易地维持并得到加强。社会分类的成员被赋予的特质使他们能够适应现有的角色，但也使他们无法胜任与其刻板印象不符的角色。举例来说，在美国人的印象中，亚裔美国人是聪明且善于数学学习的。这些想法可能源于一系列观察，如在科学技术相关的职业角色中，以及在物理、数学、计算机等专业相关的学生角色中，亚裔美国人都有不错的表现。由于人们都观察到类似的现象，这些想法就被随之而来的文化阐述强化了。同时，人们倾向于有选择性地去验证自己的预期，例如寻找与刻板印象相一致的信息。这些对亚裔美国人的刻板印象很可能使得这个社会群体中的个体在需要科学技术和数学能力的角色上享有特权，但也限制了他们在需要其他品质（如领导才能）的角色上的机会，因为后者主要由与自信和竞争力相关的特质来定义。

社会分类与社会角色特定类型形成关联的另外一条途径是，社会角色在一定程度上按照人们的刻板印象来塑造。例如，随着银行分行经理中女性人数的增多，这一社会角色被重新定义为拥有低权威并管理如何进行奖励的社会技能的群体。这个过程维持了对于女性的刻板印象。

（二）刻板印象的改变

心理学研究者尝试通过直接挑战组成特定刻板印象的信念来引发改变。研究者考察了有意识地压抑刻板印象、接受驳斥刻板印象的信息、重复反刻板印象的想法等方式。元分析的结果表明，除了短期的刻板印象减弱外，没有证据表明各种类型的干预是有效且能保持一段时间的。由于一次性的干预与终生的刻板印象学习相比显得微不足道，长期的多重干预是产生持久的变化所必需的。

组织机构中的大多数训练干预，同样在减弱歧视行为上存在不足。这些项目的训练是多样的，都旨在减弱刻板印象、偏见、歧视，并促进形成积极的人际关系。尽管这些训练通常具有小到中等程度的即时性效应，但很难排除情境压力的影响——即组织者更希望看到参训人员产生宽容的反应。在组织机构中，如果将消除刻板印象作为强制性的要求，那么，多样化的训练干预可能会更加无效。

这些干预效果不佳的原因在于，它们只是尝试除掉地面上的杂草（刻板印象），而没有将其连根拔起（形成刻板印象的基础），因而杂草会很快地重新长出来。短期的干预可能很快会产生作用，但对于人们所熟悉的社会角色来说，只要角色不发生变化，干预效果可能会因大量过去的和未来的对于分类成员的观察而快速消失。不可避免地，干预的接收者回到自然环境中后，他们会再次被划分进具有不同社会角色的类别中，这些角色与已有的刻板印象相匹配。因而，刻板印象很快又会重新形成（Eagly & Koenig, 2021）。

（三）星座：了解刻板印象与社会现实关系的切入点

刻板印象指某一社会群体被知觉为这样，而社会现实指出社会群体实际为那样。由于刻板印象和社会现实往往是相互促进的，因而很难确定究竟是刻板印象源自已有的社会现实，还是随着时间的推移，刻板印象塑造了社会现实。为了分析这一问题，研究者在中国找到了一种新型的刻板印象和歧视，即源自西方星座的刻板印象和歧视，并开展了一系列研究（Lu et al., 2020）。该研究已发表在《人格与社会心理学杂志》上，以下为该研究的主要内容。

研究者认为，以往的理论大多认为刻板印象内生性地来源于知觉到的社会现实，在一定程度上基于对群体成员的直接观察和体验而产生，这些观察和体验可能是真实的，也可能是被认知和动机偏差所塑造的。有研究者认为，刻板印象源于对社会事实的准确反映，即认为刻板印象是理性的、有效的、合理的，是对社会现实的真实知觉。例如，关于亚洲人数学好的刻板印象符合实际的统计数据。因此，当个体信息缺失时，基于刻板印象而产生的歧视可能被看作是"理性的"，这就是经济学和社会学中的"统计歧视"的概念。其他一些研究者认为，刻板印象是对社会现实的不准确的反映，这是因为存在认知和动机的偏差：在认知偏差方面，人们可能会将少数群体成员的不熟悉行为定义为属于该少数群体的特质；在动机偏差方面，人们可能存在认为现状公平合法的动机。尽管上述两种观点存在差异，但两者都认同刻板印象的形成是基于对群体间差异的知觉，尽管这种知觉可能并没有反映真实的差异。

然而，还存在另外一种可能，就是刻板印象先于社会现实存在，并进一步成为社会现实。刻板印象认为女性对科学、技术、工程、数学方面的兴趣低于男性，社会现实是女性自我报告对于这些领域的兴趣较低，一方面可能因为刻板印象反映了内生的性别差异，另一方面可能因为刻板印象一开始是不准确的，随着时间的推移，由于性别歧视限制了女性在这些领域的机会而使刻板印象变得准确。在实际生活中，其实很难将刻板印象与社会现实完全分离开，因为刻板印象往往已存在很长一段时间，从而使得刻板印象和社会现实相互促进。

研究者指出，如果想让刻板印象与社会现实分离，就需要考察刻板印象是否能够在没有先前社会现实的情况下形成，并仍然产生歧视，进而推动形成新的社会现实。研究者认为，刻板印象不仅能够内生地源于社会现实，还能外生地强加于社会分类。内生的刻板印象是对社会现实的反映，可能是准确的，也可能是有偏差的，而外显的刻板印象根本没有反映社会现实。

最小群体范式的研究表明，社会分类本身就能够产生内群体偏袒和外群体贬损，但这一范式并不足以理解社会分类后刻板印象是怎样产生的。第一，最小群体范式关注个体对群体内、外成员的偏见，但刻板印象是在社会层面形成的对某一群体的共同看法。第二，最小群体范式没有涉及真实世界中刻板印象形成的过程。第三，最小群体范式没有解释为何对于特定的群体会产生特定的刻板印象。

鉴于此，研究者假设，外生刻板印象由分类线索和文化背景共同决定。第一，无根据的刻板印象的内容取决于特定的分类线索，同样的社会范畴在不同的名称下可能会产生不同的刻板印象。第二，无根据的刻板印象的内容同样取决于特定的文化背景。在中国，对星座的刻板印象体现了任意的社会分类是怎样产生无根据的刻板印象的。例如，"Taurus"（金牛座）在英文中并没有"金"的含义，而因为被翻译成"金牛座"，所以在中国，金牛座的人往往被认为是勤恳、固执的（对应于"牛"），以及爱财的（对应于"金"）。

有研究者认为，当人们得到更多的信息并将刻板印象与社会现实相对比时，不准确的刻板印象就会消失。如果是这样，无根据的刻板印象怎么能够在社会层面持续和扩散呢？研究者假设，社会交往在这一过程中发挥着重要作用。无根据的刻板印象能够承担社会交往的两个功能：社会连通性和信息性。社会连通性指刻板印象的内容与文化背景相一致，信息性指刻板印象的内容新奇有趣。基于以上假设，研究者开展了8项子研究。

在研究1a中，研究者进行了关于星座在中国传播状况的初步调查，研究目标是了解人们对星座的熟悉程度和看法、是否存在不受欢迎的星座、人们是否存在对星座的歧视倾向以及人们了解星座的途径。共508名中国被试有效完成了调查问卷。结果发现，72.6%的被试认为"我对星座熟悉"，64.6%的被试认为"星座能够影响人格"，64.8%的被试认为"知晓一个人的星座有助于了解这个人"。除163名被试表示"不确定"外，剩余345名被试中的44.6%都认为处女座是负面评价最多的星座。46.4%的被试表示可能会在恋爱中回避所选的负面评价星座。在交友和招聘领域，这一比例分别为42.0%和22.6%。了解星座的途径为：社交媒体平台89.6%，和他人的交谈67.1%，个人经验39.2%，观察他人25.0%，其他1.0%。

在研究1b中，研究者考察了中国星座刻板印象的具体内容，被试被要求"选出你最熟悉的三个或以上星座，并描述其人格特征"。研究结果表明，在对熟悉星座的选择中，57.5%的被试选择了处女座，选择另外11个星座的人数比例均少于30%，这表明在中国，人们对于处女座有着突出的刻板印象（苛刻和洁癖）。

在研究2中，研究者考察了外生刻板印象形成过程中文化背景的作用，研究过程与研究1a相同，不同之处在于被试是美国人。结果发现，美国人对于十二星座并没有明显的刻板印象，但相对来说，"巨蟹座"是大家最不喜欢的星座，这可能是因为巨蟹座的英文"Cancer"有癌症的意思。这表明星座的关联词汇和不同翻译，在人们对星座性格的理解及其刻板印象的形成过程中起到决定性作用。

在研究 3 中，研究者考察了外生刻板印象形成过程中分类线索的作用。"Virgo"在星座中被翻译为"处女座"，而在天文领域被翻译成"室女座"，该研究旨在验证"处女座"是否比"室女座"更受欢迎。388 名对星座不熟悉的中国被试参与了研究。被试阅读关于一个"Virgo"个体的描述：28 周岁，中性姓名，大学学历，喜欢摄影、网购、写作。描述不同之处在于将"Virgo"翻译为"处女座"或"室女座"。被试需要对其宜人性进行评价。结果发现，翻译为"处女座"时被试对个体宜人性的评价更低。

在研究 4 中，研究者考察了恋爱中的星座歧视。研究者利用社交软件进行田野实验，在 3 个社交账号上呈现某人同样的信息，唯一的区别在于星座不同，分别为狮子座、处女座和天秤座。结果发现，9 天后，狮子座获得了 41 个"喜欢"，天秤座获得了 46 个"喜欢"，而处女座只获得了 15 个"喜欢"。

在研究 5 中，研究者考察了招聘中的星座歧视。研究者让 823 名中国被试阅读求职者的简历，并回答如果公司某职位空缺，是否愿意招聘此人。简历显示，求职者是一位 23 岁的男性大学毕业生，只是生日一栏存在区别，分别显示为"1995 年 09 月 20 日（处女座）""1995 年 09 月 25 日（天秤座）""1995 年 09 月 20 日"或"1995 年 09 月 25 日"。研究结果发现，被试对"1995 年 09 月 20 日（处女座）"求职者的招聘意愿显著低于其他三组，对其宜人性的评价也显著低于其他三组。

在研究 6 中，研究者以人力资源从业者为研究对象，进一步考察了招聘中的星座歧视。结果发现，人力资源从业者对处女座求职者的招聘意愿和宜人性评价显著低于狮子座求职者。

在研究 7 中，研究者考察了星座是否能够预测人格。研究者对 173709 名中国被试进行问卷调查，结果发现，不同星座的个体在宜人性、尽责性、情绪稳定性、开放性上不存在显著差异；尽管星座对于外倾性的主效应显著，但这一效应实际是由出生季节这一变量引起的，当实验者控制了出生季节这一变量后，星座对外倾性的主效应不显著。

在研究 8 中，研究者考察了星座是否能够预测工作表现。研究者使用中国某企业人力资源信息系统中 32878 名员工的数据，将最后一次考核成绩和近五次平均考核成绩作为工作表现指标。结果表明，星座对工作表现的主效应不显著。

通过一系列的研究，研究者证实了刻板印象形成的外生性过程，并且刻板印象能够通过歧视的作用转化为社会现实。因此，对外国文化元素的同化会影响本土文化系统，并创造新的文化现象。与此同时，该研究还具有较强的现实意义：一方面，使用星座来推测人格特质或做决策是不理性的；另一方面，同化外来文化元素时要慎重。

5.4 社会认知研究的发展趋势

社会认知从20世纪70年代正式诞生至今，已经形成了相对完整和系统的学科体系。近年来，社会认知传统领域与新生学科交叉形成的课题催生了大量新的研究领域，如认知与行为、态度、情感之间的关系，动机与情感对社会信息加工的影响，记忆在个体理解过去和预测未来的心理过程中所扮演的角色，等等。除了这些相对较小的领域外，总体上看，以下几个方面将是未来社会认知研究的热点：

第一，内隐社会认知是当前乃至以后相当长时间内的一个主要研究领域。20世纪90年代中期，格林沃尔德等人发明了测量人们无意识心理过程的IAT技术，促进了内隐社会认知研究的迅速发展。内隐社会认知是指人对各种刺激的无意识的加工过程，借用内隐认知的概念，可以将内隐社会认知界定为在社会认知过程中，虽然行为者不能意识到某种经历或经验，但这一经历或经验可以潜在地对行为者的判断和行为产生影响。目前，内隐社会认知的研究主要包括内隐态度、内隐自尊及内隐刻板印象三方面。

内隐态度是指过去经验和已有态度沉积的无意识痕迹，能够潜在地影响个体对某些人群和事件的情感、认识和行为。近年来，内隐态度的研究主要集中在晕轮效应、个体对特定事物的接触频率与喜爱程度的关系，以及内隐态度和外显态度的关系等方面。

内隐自尊是格林沃尔德等人提出的内隐社会认知概念中的另一个主要内容。它是指对与自我相关或不相关的事物做出评价时，个体更可能对与自我相关的物体做出积极评价的无意识倾向。内隐自尊效应是当前该领域研究的热点。格林沃尔德等人将内隐自尊效应的相关研究归为三类，即实验性的内隐自尊效应（通过实验操控建立起自我和某些事物的联系产生的效应）、自然形成的内隐自尊效应（自然环境中形成的自我和某些事物的联系产生的效应）、次级内隐自尊效应（个体没有明确意识到自己做出的判断有利于维护和促进自尊而产生的效应）。

内隐刻板印象是内隐社会认知研究的第三个主题。大量研究表明，刻板印象中含有无意识的内隐成分，这些成分构成内隐刻板印象。目前，关于内隐刻板印象的研究集中于内隐种族刻板印象、内隐性别刻板印象等方面。

内隐社会认知重新解释和整合了已有的社会认知理论和相关研究成果，代表了当前社会认知研究的主流方向。但是，在某种程度上，内隐社会认知理论还不是一个成熟完善的理论体系，许多研究结论还需进一步验证。因此，随着方法学和研究技术的突破，越来越多的研究者会将目光投向内隐社会认知研究。在今后相当长的一段时间内，内隐社会认知依旧是社会认知乃至社会心理学中的一个研究热点。

第二，随着认知神经科学在社会认知中的不断渗透，社会认知神经科学将成为未来研究的主流。几十年来，脑科学的迅速发展强调了神经系统在人类广泛的心理活动中所起到的关键作用。大量的研究也已表明了心理活动和生理反应之间存在的密切关系。在此基础上，社会神经学的研究也开始关注社会心理过程的生理基础，并且揭示了许多人类认知功能的生理机制，尤其是对与社会认知相关的大脑活动机制的研究更是这一领域中的热点。

研究社会认知心理现象基于人类的社会心理与大脑存在密切联系这一前提。社会心理与大脑的联系主要体现在两个方面：第一，社会信息储存在大脑中，并且社会信息的心理表征与非社会表征有着明显区别，如人们对描述人的词汇进行反应时激活的脑区与对描述物体的词汇进行反应时激活的脑区存在很大的差异；第二，人类大脑生理上的变化依赖于特定的社会经历，例如，马圭尔（Maguire）等人（2000）的研究显示，的士司机开车时间越长，后海马状突起区域（与空间记忆能力相关）就越大，这可能更有助于他们记住每条街道的位置。

一直以来，研究者都使用了多种先进的技术来识别不同心理活动在大脑中激活的区域，揭示心理经验的生理基础。fMRI 是近年来心理学研究中最常见的一种技术。该技术的原理是通过测量大脑中不同区域的血流量情况进而定位脑功能。其依据假设是，神经活动会增加相应区域对氧的需求。基于此，如果 fMRI 显示大脑某个区域的血流量增加，就说明该区域的大脑活动增加。通过这一技术，社会认知相关领域的研究者对以下方面进行了研究：

（1）研究者关注了社会认知心理过程的脑机制。例如，艾森贝格尔等人（2003）使用 fMRI 的研究证明社会思维能够激活特定的神经结构。不光被熟悉的人排斥，甚至被陌生人排斥也能激活大脑皮层的前扣带回皮层，同时，这一激活受到右腹内侧前额叶的抑制。这与生理的疼痛在大脑皮层的激活模式是完全相同的。这一结果表明，社会拒绝（能够产生心理上的"痛"）所引起的神经活动与生理上疼痛的神经机制相联系。另外，艾森贝格尔等人（2006）的另一项研究发现，人们生理疼痛敏感性的基线还可以预测社会疼痛的敏感性，并且社会疼痛能够使人们对生理疼痛变得更加敏感。这两项研究表明，人们的社会性疼痛与生理性疼痛具有相同的生理机制。总之，人类大脑对于社会线索是非常敏感的，越来越多的证据显示，社会认知心理过程与一般心理过程都对应着相应的大脑区域的活动。

（2）比较人们对与人相关特征进行反应和对与非人相关特征进行反应时的脑激活模式，是社会认知神经科学研究的另一个重要领域。通过这类研究，人们可以从众多的神经反应中分离出社会认知心理过程的神经机制。如米切尔（Mitchell）等人（2002）要求被试大学生看一系列由形容词和名词组成的词对，并判断每对词中形容词对于名词来说是否恰当。名词包括人名（如戴维、艾米莉）和物体名称（如裙子、芒果）两类，形容词包括典型的用来描述人的（如自信的、紧张的）和典型的用来描述物体的（如打着补丁的、无线的）两类。结果显示，被试对人名与形容词相联系的词对和物体名称与形容词相联系的词对进行反应时脑激活模式是不同的，当被试对人名、形容词词对进行反应时，大脑的 mPFC、STS 和梭状回等区域都被激活。这些正是大多数研究已证明的在人们进行社会信息加工过程中起重要作用的区域。

除了以上两个重要的领域，社会认知神经研究还关注大脑特定区域（如

mPFC）在心理过程中的独特作用、社会认知心理脑激活的状态依赖性以及社会认知心理过程独特性的生理基础等。综合相关研究不难发现，社会认知神经研究无论是在广度上还是在深度上都得到了较大的发展。

以往研究者往往错误地认为，对于人类心理过程的生理解释和社会文化解释是完全对立的，很难使用生理学的方法来研究社会心理过程。然而，随着社会认知神经科学的产生和迅速发展，越来越多的研究者逐渐认识到，人类社会心理过程的社会文化解释和生理解释关注了心理机制的不同层面，大脑和文化对于相同心理现象的解释并非相互对立的关系。正是这一认识上的突破，研究社会认知心理过程脑机制的社会认知神经科学才得以出现并在很短的时间内发展起来。基于此，由于脑活动在揭示社会认知心理机制上具有独一无二的优势，越来越多的研究者尝试使用传统社会认知研究范式与生理技术（尤其是fMRI）相结合的方法来研究社会认知相关领域。社会认知神经科学在未来几年将是社会心理学的一个热门领域。

第三，不同人群社会认知心理特征的跨文化比较，也将是社会认知研究发展的一个方向。社会认知学在很大程度上关注人们是如何思考的，如人们如何去解释和理解所遇到的事情、人们在做决定和解决问题时采用什么样的推理方式等。

大多数研究者都认为，尽管不同的人对相同的信息会做出不同的判断，但其对信息判断和推理的过程是一样的。也就是说，信息加工的过程对所有人都是通用的。但近期这一观点受到抨击，一些研究者在对人类行为和思维加工方式的研究中发现了文化差异，尤其是在那些将东西方文化进行对比的研究中，发现了人类思维方式和行为模式中普遍存在的差异。比如说，西方人更倾向于展示自我，东方人却很含蓄；西方人善于寻找认知中相悖的事情，东方人却没这个偏好。

那么，这些差异该如何解释呢？原因在于，不同的价值观和传统塑造了不同的行为模式。在西方国家，强调的是个体性，即对个人行为及其原因和结果的了解；而在东方国家，强调个人是集体的一部分，个人的行为主要受群体期望的指引而非个人意愿的推动。因此，相对于西方的个人主义，东方人具有强烈的集体意识。比如说，在美国，儿童可以质疑父母和老师的观点，这种质疑是被支持的；而在日本，这种对于权威人物的公开质疑被认为是不恰当的。在很多类似的例子中，我们可以看到人们行为方式的文化差异。这些不同的行为反映了相同加工过程下不同的价值观。

基于以上价值观的差异，研究者又提出了一种解释：人类信息加工过程的本质也存在着文化差异，即文化在形成信息加工的机制以及处理信息上起着重要作用。实际上，研究者已经发现，这种差异可以归因于人思维过程中"分析"与"综合"的差别。在西方，人的思维是分析式的，根源于对规则等的逻辑推理，而在东方，人的思维方式则是辩证的、综合的。在辩证思维中，意义相反（好或坏）的事物可以同时存在，不需要将其彻底分开。综合的思维方式强调事物之间的联结，任何事物都是整体的一部分。这一观点强调人所生存的整个社会环境以及这种环境对人的心理和行为所产生的作用。

如今，许多研究关注东西方文化差异下的人的社会行为，未来研究的挑战就是去识别和理解这些差异下人的认知加工过程的本质。

5.5 小结与展望

社会认知心理研究是社会心理学研究的重要领域。无论是在发展速度还是在研究水平上，我国的社会认知心理研究与国外尤其是欧美国家还存在着一定的差距，因此，应大力促进我国社会认知心理学研究的发展。

第一，在介绍国外研究成果的时候，要在忠于原意的基础上，尽量使语言通俗易懂。社会认知领域的研究仍然以西方发达国家的成果为主，特别是欧美心理学家提出的观点和探索的内容，有时阐述得非常深奥，既需要研究者具备相当高的英语水平，又需要研究者具备扎实的理论基础和一定的专业背景知识。尤其对于社会认知神经科学的相关理论，研究者更是需要具有多种专业背景知识（如社会学、心理学和生理学等）才能保证对理论主旨的准确把握。由于在研究水平上存在差异，学习和引进国外的先进理论对于国内的社会认知研究是必要的。为了使更多人了解相关的研究，在介绍国外相关理论的时候，要尽量做到深入浅出。

第二，广泛吸收国外社会认知最新的理论和研究成果，在批判学习的基础上提高我们自身的研究水平。社会认知领域的发展非常迅速，从20世纪70年代诞生至今，涌现出大量具有广泛影响力的理论。伴随着新的研究技术和研究手段的出现，社会认知领域的研究更是呈现跨越式发展，如内隐社会认知概念的提出及其相关的研究技术、研究范式的广泛应用，社会认知神经科学的诞生以及传统社会认知课题与当前热点领域相结合的尝试（如认知与态度、行为关系的探讨和各类启发式的研究以及在决策中的应用）等。这些新的研究领域的出现，不但使社会认知突破了依赖社会文化解释社会心理现象的传统思路的束缚，而且对社会认知研究在广度和深度上的发展都有着重要的意义。我国的社会认知研究，虽然在近年来获得了较大的发展，突出表现在国外的热门或主流研究领域也开始在国内发展起来，但就其整体水平而言，与国外还存在着一定的差距。如在社会认知领域中仍然以西方学者的成果为主，绝大多数理论都是由国外学者首先提出并进行研究的，在各类社会认知心理学的著作中，很少能够看到中国学者的名字，等等。这些都表明国内研究还不够出色，难以引起国外学术界的关注。因此，为追赶国际先进研究的脚步，我们仍然要付出持续的努力，在广泛吸收学习国外经典研究的同时，提出并建构自己的理论体系。

第三，要重视社会认知研究成果在我国社会实践中的应用。社会认知所研究的内容大多关于人的内心世界，其目的是揭示人们社会认知心理过程的基本规律。社会认知的研究成果对于恰当地认识自己的内心世界、科学地理解他人、促进人与人之间的理解、处理好各种人际关系，都具有重要的意义。基于此，社会认知的研究结果，对于指导人们的社会生活实践有着重要的应用价值。在国外，尤其是在欧美国家，社会认知的研究成果已经被广泛地应用到市场营销、教育、组织管理、政治、心理健康、司法等诸多领域。例如，在心理健康领域，通过增加个人控制的知觉来消除病人的紧张心理，进一步帮助病人配合医生的治疗。我国社会认知的研究与实践应用之间还存在一定的脱节，因此，在未来研究中，我们应该更加关注社会认知在社会生活实践中的应用研究，使社会心理学能够切实地做到为人们的生活服务。

第6章
人际关系的研究热点和发展趋势

人际关系就是人与人相互作用、相互影响的关系。从社会学范畴来说，人际关系是在社会群体中个体因交往而构成的相互联系的社会关系，这些关系包括经济关系、政治关系、法律关系、角色关系、文化关系、师生关系等。社会学定义的人际关系是广义的人际关系。从社会心理学范畴来说，人际关系是指人与人在相互交往过程中所形成的心理关系（俞国良，2021），社会心理学所研究的是以心理关系为纽带的人际关系，即狭义的人际关系。

6.1 人际关系研究的发展历史

从1908年社会心理学诞生以来，人际关系一直是社会心理学的一个重要研究领域。"人际关系"作为专用名词，在20世纪初由美国人事管理协会最早提出。一百多年来，社会心理学对人际关系的研究经历了三个阶段，每个阶段都有其对应的人性假设。人性假设是人们对人的特点进行的概括和归纳。人性假设具有时代性，不同的时代和不同的文化背景下有不同的人性隐喻。人性假设影响人们对人际关系的理解和管理。

（一）以经济人假设为基础的人际关系理论

20世纪70年代，经济人假设在社会心理学、管理学和经济学领域的使用相当普遍。经济人假设深受近代机械唯物论思想的影响。1957年，麦格雷戈（McGregor）用"经济人假设"来概括泰勒（Taylor, F. W.）、法约尔（Fayol）和韦伯（Weber）等提出的古典管理理论背后的人性假设。经济人假设认为，人是理性的，人的行为目的是获得经济报酬和自我满足，人在本质上是以自我利益为先的。基于经济人假设的人际关系理论普遍认为，人际关系就是双方理性地挖掘和利用自身资源，理性地与对方进行交往的结果，其代表理论包括社会交换理论、符号相互作用论和自我表现理论等。

社会心理学家凯利（1973）认为，人是"朴素的科学家"，人在社会活动过程中像科学家一样，能够找到事物产生的原因，能够识别问题，并采取适当的对策，以达到适应环境的目的。朴素的科学家假设的实质是经济人假设，认为人是追求个人利益的，喜欢从现有环境中寻求奖励和报酬。基于该假设，凯利等人提出了人际关系的社会交换理论，认为报酬和代价交换是人际关系的核心，是人际关系发展的缘由。当两个人处在一段交换关系中时，平等交换是最基本的原则，人们通常喜欢获得"利润"，期望给予对方的"投资"少于从对方获取的"报酬"。凯利和蒂鲍特（Thibaut）（1978）在社会交换理论的基础上提出了人际互倚理论，认为个体之间以公平交换为特征的频繁互动促使个体之间形成相互依赖、相互影响的亲密关系。

符号相互作用论和自我表现理论都暗含经济人假设，认为个体行为是个体接受他人对自己态度的结果，人际关系是双方理性认知和调节的结果。符号相互作用论的基本思想源于米德（Mead）（1934）。该理论认为，人们为了顺利地交往和沟通，必须通过语言、手势、表情等符号系统了解他人对自己的态度，甚至需要扮演想象中的他人角色（即角色采择），在换位思考的基础上想象他人如何感知人际情景，并意识到自己的言语和行动的意义。自我表现理论源于高夫曼（Goffman）（1959）提出的自我表现概念，认为人际交往就是表演的过程，受环境和观众的影响，通过印象管理和印象控制，展示出别人所期望的行为（史清敏，赵海，2002）。自我表现理论的基本思想是个体会对他人和自己进行理性分析，并进行自我监控。在人际交往过程中，人们通常会仔细判断人际情境、周密计划角色行为、小心操纵表现策略，从而保持良好的人际印象。

总的来说，以经济人假设为基础的人际关系理论有以下特点：强调个体的理性认知能力，忽略无意识的认知能力；强调自我利益在人际交往中的核心作用，忽略亲和需要、合作和利他等动机；对于一些行为（如攻击行为等）的理解过于机械，忽略了影响人际关系形成与发展的因素的多元性。把追求自身利益作为自己唯一目标的经济人是不快乐的，其社会适应性也是较差的（Kasser & Ryan, 1993）。

（二）以社会人假设为基础的人际关系理论

开始于 20 世纪 30 年代的霍桑实验逐渐改变了"人是经济人"的看法，"人是社会人"的命题逐步为人们所接受。霍桑实验证明领导者的重视、沟通、非正式组织等因素都影响工人的满意度。梅奥（Mayo）（1945）认为，个体不是被动的、仅受经济刺激的个体，人不是"经济人"，而是"社会人"。因而，在管理方法上，他强调满足人的需要和尊重人的个性，并采用激励等方式来调动人的主动性和创造性，从而充分发挥人的潜力。

霍桑实验虽然在研究方法上受到一些批评，但它促进了以社会人假设为基础的人际关系理论的形成。以社会人假设为基础的人际关系理论注重人的行为的动因，把行为的动因看成一种社会心理现象，并强调满足归属需要和亲和需要是人类最重要、最基本和最广泛的社会动机，人际交往动机是个体最重要、最基本和最广泛的社会能力（Baumeister & Leary, 1995）。力求满足亲和需要的状态是个人与他人亲近、交流以获得他人的关心、理解、合作和积极情感关系的一种动机状态。社会人假设促进了人们对人际吸引的深层原因的分析。以社会人假设为基础的人际关系理论强调亲和、合作、归属和自尊等动机在人际关系中的作用。作为社会人，人天生具有亲和动机；作为群居性高级动物，亲和需要有遗传基础，所以，友谊的建立常常是很偶然的事情（Back et al., 2008）。当亲和行为面临挫折时，个人会感到孤独、无助、焦虑和恐惧；当亲和行为受到激励时，人们能克服困难、排解忧虑、获得自信，并感到安全、温暖和幸福。

社会人假设促进了由心理学、社会心理学和管理学等研究人类行为的学科组成的行为科学的诞生。行为科学从人的需要、欲望、动机和目的等心理因素的角度研究人的行为规律，并借助这种规律来预测和控制人的行为，以提高工作效率。行为科学包括激励、领导、组织设计和组织开发等论题，以人的动机理论为基础，重点研究人际交往、人际关系和行为激励。在人际关系方面，社会人假设推动了对自我和他人之间关系的研究，促进了关系自我（Andersen & Chen, 2002）、中上效应（Alicke et al., 1995）、社会比较（Mussweiler et al., 2004）和自我确认（Chen et al., 2004）等概念的产生。

（三）以复杂人假设为基础的人际关系理论

20世纪70年代初的"复杂人假设"认为，人的需要模式是随着年龄、环境、角色和所处境遇及人际关系的变化而不断变化的。复杂人假设认为，人不是单纯的"经济人"，也不是完全的"社会人"或"自我实现人"，而是具有多种需要，且可以因时、因地、因势做出适当的选择和调整的；人的行为也不是完全理性的，人非全知全能的。费斯克和泰勒（Taylor, S. E.）（1991）认为，"人是朴素的科学家"这一说法不准确，人应是"有限认知者"。"有限认知者"的隐喻为，人们在社会认知的过程中，接收的信息往往是不确定的、不完全的、复杂的，在对它们进行加工的过程中，达到最佳合理性的结果是困难的。人的认知资源是有限的，人在社会认知的过程中常常为尽量节省加工时间和加工资源而偏爱捷径性策略，而不是采用精细的逻辑学或统计学策略。人们偏爱用最小限度的观察来判断所关注行为的社会价值。研究者认为，在不确定情形下，人类的决策行为常常因为对于容易接触到的信息的熟悉和对主观概率准确性的盲目自信，而系统性地偏离了基本的概率论原理；人的"无意识认知"具有强大的认知和情感功能，"有限理性"是社会认知偏差产生的根源（Tversky & Kahneman, 1974）。

以复杂人假设为基础的人际关系理论体现了权变思想，认为人际关系具有多样性和复杂性，个体可以有意识地适应社会环境，在目标、动机、需要和环境力量的基础上，既可以有效地选择人际关系策略以适应当下的情境需要，也可以无意识地"自适应"社会环境，个体在定式、图式等因素的影响下自动地适应人际关系情境。现实中人际关系的多样性和复杂性一方面表现在人际关系模式的种类繁多，另一方面表现在每个人都以各自的方式构建自己的人际关系上。人是一种具有社会性、文化性和生理遗传特征的高级动物，人际关系受到个体的经济地位、角色特征、生理特点、文化环境、能力、经历等因素的影响。基于这些权变因素，当代社会心理学的理论尝试从不同视角对人际关系做出解释，包括学习理论、认知理论、动机理论、文化心理理论和进化心理理论等。

20世纪80年代以后，许多研究者都自觉或不自觉地采用复杂人假设对人际关系进行研究，并且用中等效力理论来解释许多社会心理现象。中等效力理论是专注于解释社会心理和社会行为的某一领域现象而不是所有领域现象的理论。后来，中等效力理论在人际关系领域得到发展，其中包括吸引、排斥、合作、竞争、领导、服从等人际关系模式，以及攻击、助人、社会助长、社会比较、自我提升和态度改变等具体的社会行为（Myers, 2008）。这些中等效力理论构成了现代组织管理心理学和社会心理学的核心内容。

6.2 人际关系领域关注的研究热点

社会心理学重视对人际关系的形成过程和形成机制的研究，其中，人际知觉和人际沟通是人际关系构建过程的核心内容。与人际知觉相联系的概念包括社会判断、自我判断、观点采择和心理解读等。这些概念的共同之处在于，它们都是对他人和自己的态度、观念、愿望、人格、动机和情绪状态的判断和预测。人际沟通过程是人与人之间的有目的、有意义的互动交流过程（Devito, 2003）。近年来，对人际知觉和人际沟通过程的研究可以概括为偏差范式和准确性范式。这两种研究范式是人际关系研究的热点。人际关系模式等也是近年来人际关系领域非常重视的课题。

（一）人际关系的偏差范式

克鲁格（Krueger）和范德（Funder）（2004）与一些研究人际知觉和社会知觉的社会心理学家一起探讨了社会心理学的研究现状和未来趋势问题。普遍的观点认为，现在的社会心理学研究过多地关注"偏差"和"消极"。人际关系过程中的偏差现象是很丰富的。这些偏差包括负性偏差、基本归因错误、对应偏差、自我中心偏差、自我服务偏差、偏差盲点、透明度错觉、行动者—观察者非对称性等。这种以研究人类在人际知觉和社会判断过程中的偏差为核心的研究范式称为偏差范式。目前,关于人际关系偏差范式的研究主要集中在如下四个方面:

1. 人际知觉过程中的偏差现象

人际知觉过程不是一个能够轻而易举达成的过程,知觉结果也很难做到准确无误,知觉的整个过程充满了误会和矛盾(Epley, 2008)。人际知觉偏差是直接造成劳资冲突、夫妻反目、朋友失和、自杀等社会现象的心理原因。在日常生活中,人际知觉偏差的具体表现有很多:领导会误判员工,夫妻会相互误解,不同种族的人们会对彼此存在偏见等。研究偏差过程以解决或简化偏差给我们带来的难题是社会心理学的核心内容之一。

在人际互动中,每个人都是观察者,也是被观察者(行动者),观察者能否准确识别被观察者的特征直接影响人际关系的特点和走向。人际知觉准确性问题可以从推测他人如何看待自己和自己如何看待他人两个方面来分析,最突出的现象是自我中心偏差。人们总是基于自己的眼睛、观点、信念、态度和心情来理解他人,常常夸大自己在某种人际关系中的作用,这些都是自我中心偏差的表现(Chambers et al., 2003)。在推测他人如何看待自己的领域中受到普遍关注的是焦点效应和透明度错觉。在实验中,吉洛维奇(Gilovich)等人(2000)让大学生穿着胸前印有一位歌手的大幅头像的T恤,然后进入一个有许多学生的大教室,穿T恤的学生猜测大约一半的同学会注意到他的T恤,而实际上注意到的人只有23%。人们常常认为,自己关注的对象也是别人所关注的对象。当个体关注自己的服饰、外貌和个性时,通常会认为别人也是这样,由此就出现了焦点效应,即人们常常高估别人对自己的关注程度,往往会把自己看作公众注意的焦点;这同时也引发了透明度错觉,即人们会高估自己内心状态的泄露程度,往往认为别人容易识别自己的内心状态。焦点效应和透明度错觉容易使人际关系偏离相互融合、相互关注、相互理解和共同发展的方向,容易引发人际关系中的自我保护、焦虑或恐惧等心理现象,从而诱发人际矛盾或人际失衡。

个体对于正性信息和负性信息的人际知觉的敏感度是不一样的,正性—负性信息的非对称性就是对这一现象的概括。正性—负性信息的非对称性是指负性信息（说谎、愤怒、侵犯、自卑等）与正性信息（微笑、诚实、自信等）在形成人际态度（如第一印象）、激发情绪（喜欢或满意度）等方面的作用存在非对称性差异，负性信息对人的认知、情感和行为方面的作用更强，因此，也被称为负性偏差（Baumeister et al., 2001）。研究者认为，负性信息比正性信息与中性信息更容易引起人们的关注；负性信息比正性信息更容易引起人们的警觉（Vaish et al., 2008）。受到批评、被朋友抛弃等负性信息比受到表扬、结识朋友等正性信息对个体的情绪影响更强、更持久。人们对负性信息（如辱骂）更敏感，更容易记住负性信息；人们对带有负性信息（如撒谎）的人更敏感，更容易记住他们。负性信息和正性信息对人际关系走向的预测程度不同，负性信息更容易预测关系的恶化或终结。婚姻关系中的消极信息（如消极言语、失信行为、性关系不和谐等）与积极信息（如表扬、诚实、性满足等）相比，更能预测几年后的婚姻状况。双方依据负性信息进行交往，"你给我初一，我还你十五"式交往比"你敬我一尺，我敬你一丈"式交往对双方的影响更强，前者的直接结果就是关系的终结。为保持良好关系，正性信息要超过负性信息的若干倍才能消除负性信息的影响（Denrell, 2005）。如对人的一次不礼貌行为引起的后果，约需要五次礼貌行为才能补偿，尤其在首次见面时产生的负性信息只有通过增加接触次数才能逐步化解。

鲍迈斯特（Baumeister）等人（2001）认为，个体和人际关系的发展均受负性信息的影响，负性偏差是一个无情的、令人失望的，但是也是最基本和具有广泛意义的心理学原理。难道正性信息就如此脆弱吗？一些研究为我们提供了一些新启示。史密斯（Smith）等人（2006）的实验显示，一些情绪情境能减轻或逆转人际知觉中的正性—负性信息的非对称性现象。例如，在积极情境（如关怀的、激励的情境）启动下，负性偏差现象不明显，人们对正性词和负性词的关注倾向不同、反应不同。积极心理学思潮的代表人物之一费雷德里克森（Fredrickson）参与的一项研究显示，经常抱有积极情绪（面带微笑、团队合作、支持他人、有同情心等）的大学生比经常抱有消极情绪的大学生更容易与同学心心相印，建立起亲密关系（Waugh & Fredrickson, 2006）。

2.行动者—观察者归因的非对称性

人际知觉的非对称性是社会知觉领域的核心概念，是人际关系领域中关注程度较高的现象。行动者—观察者非对称性是指行动者和观察者对人际信息的认知存在性质或数量上的分离的现象。行动者—观察者归因的非对称性是指行动者和观察者对人际行为原因的认识存在偏差。在行为原因上，行动者倾向于强调情境的作用，而观察者倾向于强调行动者特质的作用（Jones & Nisbett, 1971）。进入 21 世纪，人们对人际知觉非对称现象的研究兴趣不减，既有总结性概括，也有新实验和理论性突破。有研究发现，对应偏差理论具有普遍适用性，还具有跨文化的一致性（Gawronski, 2004）；而曾被社会心理学家广泛认可的基本归因错误倾向具有文化局限性，东方人比西方人更倾向于对行为进行环境归因（Morris & Peng, 1994）。对应偏差理论认为，个体不否认情境因素对个体行为的影响，只是缺乏动机运用情境因素解释其对个体行为的影响，或有意忽略、曲解情境因素对个体行为思想的影响。马莱（Malle）（2006）通过对 1971—2004 年间的 173 项行动者—观察者非对称性研究的元分析发现，行动者—观察者非对称性的主效应不显著，负性信息（如失败、侵犯行为等）的行动者—观察者非对称性的效应显著，而正性信息（如成功、助人行为等）的行动者—观察者非对称性被逆转，且熟人之间的行动者—观察者非对称性的效应显著。

在判断他人和判断自己的过程中，人们常常认为自己的判断是客观的，因而过分夸大自己判断的合理性；同时，还会认为其他人的判断是自我陶醉，因而过分地夸大他人的认知偏差。这种现象被称为偏差盲点（Pronin et al., 2002）。偏差盲点是在判断他人和判断自己思维可靠性方面的一个典型偏差。普罗宁（Pronin）（2007）的研究显示，人们总是认为，与其他人相比，自己是独立自主、坚强正直的，更不容易受到"自我服务倾向""自我关注倾向""晕轮效应"等现象的影响。产生偏差盲点的根源是多方面的，其中内省错觉和朴素的实在论是其产生的两个重要原因。内省错觉指人们重视通过内省而获得的信息的价值倾向，包括自己的态度、感受和内在动机等，而非内省信息包括环境信息、他人的行为等。内省错觉的实质是，个体经过权衡认为内省信息（如自己的行为目的、自我概念等）可以作为评价自己的基础，因此，内省信息的价值比非内省信息的价值大。人们常常认为自己心目中的世界就是"客观的世界"，这种思想就是朴素的实在论。朴素的实在论的具体表现形式可以是多方面的，人们常常认为自己所看到的东西就是世界的全部，自己知道的别人不一定知道，自己比别人知道的要多（Pronin et al., 2001）；虽然人们看待事物的角度不同，但当出现分歧和偏差时，人们常常否认自己的偏差，并把这种分歧和偏差归咎于他人。

3. 人际沟通障碍

在人际沟通中影响沟通效率和效能的障碍是广泛存在的。从信息的发送者来看，信息交流目的不明确，会导致信息模糊；表达媒介不清晰，会导致信息失真；传送信息选择失误，会导致信息失准。从信息的接收者来看，"过滤"和"添加"等过度加工会导致信息被误读，知觉偏差会导致信息被曲解；心理距离（如地位和角色的差异）可以传递不同的言语和非言语信息，从而导致信息被阻隔（Hall et al., 2005）。从信息的通道来看，选择不适当的沟通渠道，容易导致信息被削减或延误；选择不适当的沟通角色和环境，容易导致情绪纷扰或合作破裂。

自我中心理解和自我中心表达是人际沟通障碍的具体体现（Keysar, 2007）。在人际沟通过程中由于交往双方的信息资源、目的动机、文化风俗观念、人格特点、社会经验等不同，个体理解对方发出的信息时是以自我为中心的，因此可能产生误解或偏见，这正是人际知觉过程产生偏差的原因。自我中心理解与工作记忆有关，工作记忆容量低时，自我中心理解增强。自我中心理解主要影响自动加工过程，因而主动搜寻对方和情境相关信息会降低自我中心理解的倾向。心境影响人际沟通过程中所使用言语的风格和内容，进而影响人际沟通的发展。处于积极心境中的个体在评价人际关系和他人时容易使用启发式的、整体的、刻板的、概括性的语言，而处于消极心境中的个体容易采用专注性、系统性和细节性的语言（Beukeboom & Semin, 2005）。处于积极心境的个体在评价人际关系和他人时容易专注于对方行为的积极方面，而处于消极心境的个体容易专注于对方行为的消极方面（Forgas, 1995）。人际沟通中的心境会影响人际期望和自我效能感。自己喜欢对方，就更可能认为对方喜欢自己；人缘好的人倾向于低估自己的人缘，人缘差的人倾向于高估自己的人缘。

4. 人际关系偏差的心理机制

近年来的实验研究显示,人际知觉和人际沟通心理机制可以概括为锚定调节启发(Epley & Gilovich, 2006)。人们在解读他人心理的时候常把自己的观点作为起点或立足点(锚定),然后再参照他人的背景信息对自己的观点或情绪情感进行校正(调节),这种调节常常是不彻底、不充分的。温格罗夫(Wingrove)和邦德(Bond)(2005)研究了特质愤怒高者的社会投射的特点。实验材料是在攻击性方面模棱两可并缺少结局的短文。被试的任务是推测短文中主人公的后续行为,并在主试呈现主人公的后续行为后,阅读描述后续行为的文字。主试呈现的描述主人公后续行为的句子包括两类,一类是攻击性的句子,另一类是非攻击性的句子。结果显示,特质愤怒高者会用攻击性行为接续模棱两可的短文,随后阅读带有攻击性句子的时间较短,而阅读非攻击性句子的时间较长。这个实验证实了人们常把自己的习惯思维投射到模棱两可的情境之中,而且当面对与自己的期望不一致的信息时会花更多的时间调整或反思自己的判断。

锚定调节启发是产生诸多人际关系偏差的主要原因。在锚定调节过程中,人们对人与人之间关系的理解会出现自我中心偏差,这些偏差可能由不适当的自我中心预设值、不恰当的价值观和信念(如人性假设)、不完备的信息、不准确的思维逻辑和低下的认知能力等导致。激发自我锚定值的过程是一个自动激活、自动联结的过程,是一个省时、省力、具有较高性价比的过程。在模糊的情境中,与非自我特征词汇相比,人们更喜欢用与自我特征有关的词汇描述他人;在某些特征上(如友善)自我评价很高的人,往往认为与自己同属一类人的个体也具有同样的特征;在面对同一情境时,人们常常认为他人具有与自己类似的动机和目的(Kawada et al., 2004)。这样说来,要准确把握人际关系是比较困难的,对于同样的关系状况,不同的人会有不同的感知和理解。

在目前的人际关系研究中,偏差范式占据了主导地位。偏差范式的虚无假设认为,人类的人际知觉和社会判断是完美无缺的。基于完美假设的实验结果不可避免地得出人类人际知觉和社会判断不完美的结论。解释偏差成了研究的核心内容,虽然其研究结果常与常识相左,但其实践意义并不大,因为降低偏差不一定能提高知觉的准确性。在研究结论上，偏差范式夸大了人类人际知觉和社会判断过程的失误、失常和无助。希尔斯特伦（Kihlstrom）（2004）把偏差范式的研究者们称为"社会心理学的'人们都是蠢笨的'学派"。该学派对人的基本假设是：人基本上是非理性的、自发的和无知的；人们喜欢用启发式捷径推断他人，喜欢用第一感觉推断他人，对自己所作所为的觉知程度较低。

（二）人际关系的准确性范式

针对偏差范式的不足，范德（1995）提出了研究人际知觉和社会判断的准确性范式。准确性范式在理论目标、研究假设、实验方法和应用领域等方面与偏差范式存在差异。判断的准确性是指观察者能准确把握被观察者的内在特征。其操作定义是，与他人的判断一致，或行为与判断的一致。准确性范式的虚无假设是人类的人际知觉和社会判断总是有误差的。研究者的任务是创设实验情境，检验实验中的人际知觉或社会判断与判断效标的一致程度，并探讨准确性是如何产生的。人际关系研究的实际意义在于在实践中开发能够使人际知觉更准确的方法，因此，人际关系的准确性范式受到社会心理学家的广泛关注。

1. 增进人际知觉的准确性

克鲁格和范德（2004）希望将来的社会心理学是平衡的社会心理学。这种平衡包括研究范式、研究内容和学科属性的平衡。就人际知觉和社会知觉而言，在注重、研究"偏差"和"消极"的同时，也要发展"准确"和"积极"。例如，在如何提高人际知觉的准确性问题上，就需要多种研究方法和研究领域的结合。优秀的知觉者、清晰的知觉对象、合适的特质和有效的信息等因素可以提高人格特质判断的准确性。优秀的知觉者需要具有关于人格类型、人格与行为的关系、人格与环境的关系等方面的知识，需要具有认知复杂事物的能力，还需要具有知觉他人动机的能力。清晰的知觉对象应是比较"阳光"的，若知觉对象是自我监控能力强的人或社会活动力不足的人，那么这样的知觉对象的可判断性比较低。合适的特质是指有的特质容易被识别，有的特质不易被识别，如宜人性在第一印象中就比较容易被识别，而因为个人的掩饰，诚信特质在第一印象中就不易被识别（Ames & Bianchi, 2008）。

个体的人际知觉受阅历、文化和动机等因素的影响。个体对他人的观点和态度的解读是从自我特征出发，通过调整自我特征，推测和判断他人的观点和态度的过程（Epley & Caruso, 2008）。一般说来，与成人相比，儿童判断他人时自我中心倾向更明显，但其原因不是成人加工信息更客观（成人与儿童一样是从自我特征开始判断他人的），而是成人更善于调整自我中心判断锚（Epley et al., 2004）。判断他人的能力是后天习得的，儿童在4岁以前还不能区分"自己所思"和"他人所想"的差别，4岁之后，儿童逐步知道自己的思想常常与他人有明显的差异。虽然成人基于自我锚定的调整功能可能出现失误，但这种相对完善的调整功能仍是儿童与成人存在区别的重要方面。与个人主义文化相比，集体主义文化（如以中国文化为代表的东方文化）强调理解和尊重他人的重要性，"己所不欲，勿施于人""知己知彼，百战不殆"，东方人耳濡目染形成了善于设身处地、换位思考的特质，更善于调整自己的判断锚，进而准确把握他人的思想和特质（Wu & Keysar, 2007）。

2. 增进人际沟通的准确性

人际沟通过程不仅是双方的言语表达过程，也是由视听知觉、人际知觉、心理调节、生理反应等共同协调的过程（Semin, 2007）。沟通的目的是传达信息、表达感情、激励士气或控制行为。沟通含有人际互动的因素，人际互动是通过言语和非言语线索实现人与人之间的心理互动与行为互动。沟通是一个你来我往的互动过程，这个过程涉及许多障碍、变数和困局。人际沟通的过程就是克服障碍、传递信息的过程，其心理机制主要由自我中心偏差和调节机制构成。自我展露、倾听和达成基本共识是克服自我中心偏差的有效办法，交易与调整过程包含着人际沟通过程中的调节机制。

虽然透彻地了解他人不一定能形成亲密关系（Norton et al., 2007），但适当的沟通是通向亲密的必经之路。对双方来说，人际沟通需要达成共识，这些共识包括信任、合作、宽容等。在人际沟通过程中，信任是双方都在意的品质。信任是对对方是否可信赖、可依靠的确认，信任既包含对对方的积极情感因素，又包含对对方的认可等认知因素（Simpson, 2007）。信任是建立、维持亲密关系的基础。合作是双方沟通的信息基础。在合作的情况下，沟通双方可以减少信息阻隔，使沟通语言和渠道更畅通、更简捷；在合作的情况下，沟通双方可以减少情绪对抗，使沟通心态和情绪更自然、更愉悦。宽容是对他人的不足和错误的理解与原谅（McCullough et al., 2009）。宽容者能够对他人的错误做合理归因，能够理解他人的处境。宽容是信任的结果，宽容是合作的基础。

自我展露和倾听在人际沟通中起着了解他人和被他人了解的作用。亲密关系的形成依赖于自我展露。自我展露是指个体把个人信息告诉他人，与他人共享内心感受和信息的过程。自我展露会增进理解、关心和认同，自我展露是使关系更亲密的重要途径。适当的自我展露可以拓展沟通范围，使话题由浅入深；可以加深共享程度，使双方的心理感受由分离到重叠，双方关系由一般转向亲密。如果一个人在与他人交往时缺乏这种自我展露，他会难以与他人建立亲密关系，感受到更多的寂寞（蒋索 等，2008）。倾听是对对方的言语和行为的积极理解。倾听需要全神贯注，完整接收他人发出的信息和意义，这既能理解对方的想法，也能理解对方的情感。良好的倾听在工作、生活中具有信息传递功能，可以准确地理解对方；倾听具有情绪表达功能，可以表示对对方的信任和支持。

不同文化背景下的人际沟通是人际关系研究的新热点，文化是调节人际沟通方式的重要因素（Lee & Semin, 2009）。集体主义文化和个人主义文化倾向于从不同的角度看待自己、他人，以及两者之间的关系。个人主义文化下的个体认为自己是独立、自主且与众不同的，集体主义文化认为自己始终是社会网络的一部分。希金斯（1997）提出调节聚焦理论，认为自我调节包括两个相互独立的作用方式，一个是提升调节聚焦，另一个是防御调节聚焦。提升调节聚焦关注获得、追求、成就，倾向于冒险和张扬；而防御调节聚焦关注安全、损失，倾向于稳妥和中庸。受个人主义文化影响的个体，在人际沟通时更可能表现为提升调节聚焦方式，其惯常的情绪是高兴、失意、率直、自豪、痛苦等；受集体主义文化影响的个体，在人际沟通时更可能表现为防御调节聚焦方式，其惯常的情绪行为常常是愉悦、失望、缄默、羞涩、内疚等。研究者认为，美国人更喜欢在广阔的社会情境中展露自我，以展现自己的与众不同，而崇尚集体主义文化的中国人和日本人自我展露的范围有限，他们更喜欢换位思考和观点采择（Wu & Keysar, 2007），更喜欢做情境归因，能更好地评价自己，尤其是对自己在某一情境下的道德表现和利他表现的判断更为准确（Balcetis et al., 2008）。

3. 人际关系的调整和发展

人际关系的亲密程度、融洽程度和协调程度都是情感成分的具体体现，情感因素在人际关系中起着主导作用，制约着人际关系的满足程度、深浅程度和稳定程度，"友情""亲情""爱情""人情"等人际关系用语都着重强调人际交往中的情感因素。人际关系的调整和发展依赖于人际交往的外显行为。这些外显行为既包括人际互动中的身姿、举止、表情等，又包括人际互动中的关怀、宽容、依恋、侵犯、利他、爱、社会支持等（Bono et al., 2008）。人们在交往中必须借助各种外显行为来传递信息、表达感情，这些外显行为既是建立人际关系的条件，也是反映人际关系状况的重要依据。人际关系的外显行为的核心是给予和获得。给予就是给予对方爱、关怀、利益等，目的是使对方更舒适；获得就是想从对方那里获得利益、尊严或面子，目的是使自己更舒适。在人际关系中，给予和获得的关系及其影响是复杂的，既依赖于关系的亲疏，也依赖于个体的能力和志向。例如，对他人的依赖既可能引起进一步的依赖，也可能提高个体的独立性和自主性（Feeney, 2007）；了解他人既可能增强同情心，也可能使个体更以自我为中心（Epley et al., 2006）。

人际沟通过程是一个充满变化的过程，对这个变化过程的研究可以增进人际沟通的效能。信息是变化的，双方发出和接收的信息始终处于变化之中，双方所处的环境也处于变化之中。角色在信息系统中也是变化的，双方都是信息的发出者和接收者。沟通目的也是变化的，可能是说服、谈判或命令等。为应对这些变化，沟通者需要对自己的利益诉求或行为方式进行转变。交易是改变自己和他人利益诉求的满足量和满足方式，谈判是交易的艺术，交易可以提高说服的效果。调整是对自己和他人的行为方式进行转变。在交易和调整过程中，个体有时调整自己，有时改变对方，有时双方都改变。有研究显示，虽然人际冲突可以诱发负性情绪和敌视行为，但也可以促进个体的积极变化，使个体调整自己的情感态度，进而降低个体因刻板印象而引发的知觉偏差（Czopp et al., 2006）。人际沟通过程需要双方时刻注意调整自己的言行，这样个体才有很好的适应力，这样的沟通才能有效持续（Overall et al., 2009）。人际情绪调节就是人际互动中对自我和互动对象的情绪的调节（卢家楣 等，2008）。人际情绪调节有助于克服负性情绪、释放正性情绪，增进人际和谐。

（三）人际关系模式

人际关系是人际交往过程中逐渐建立和发展起来的。人际交往是人际关系得以建立和维持的前提，人际关系则是个体在人际交往中积淀形成的心理关系。人与人之间受自身利益、他人利益、个人角色、文化观念、价值观念和情境条件等因素的影响，会形成各式各样的人际关系模式（Van Lange et al., 2007）。人际关系模式是人与人因相互交往而构成的具有一定模式特征的社会关系，是人际关系的具体化（Baron et al., 2006）。对称关系是双方既强调给予对方，也强调从对方那里获取利益。当人际关系中的一方主要强调给予对方，或主要强调从对方那里获取利益时，这种关系就是非对称关系。从收获取向和给予取向两个维度出发，可以把人际关系模式分为三种：一是以交换关系和互倚关系为核心的对称关系，二是以一体关系为核心的非对称关系，三是以社会侵犯和社会排斥为核心的非对称关系。

1. 以交换关系和互倚关系为核心的对称关系

交换关系就是一种对称关系。在交换关系中，个体在付出代价的同时也期望能获得同等的利益。交换关系强调个体之间的关系，经常使用的词汇是"你""我"和"他/她"，三者关注的利益点不同，但都表现出一方的付出需要对方的回报。在交换关系背景下，与他人交往时，"我"会参考交换关系规范，如对于别人的好意，"我"要及时回报；当帮助他人时，"我"会很在意对方的反应；当对方冒犯自己时，脆弱的自尊心受伤，"我"会产生挫折感，进而会引发侵犯行为。交换关系规范包含交换的公平原则、比较原则、互惠原则和失调平衡原则等。当出现不公平交换时，双方都会感到苦恼或愤怒；当某人因违反分配公平交换而获益时，他会有负罪感。

社会交换理论认为人际关系就是交换关系，人与人之间的交往是受经济原则支配的一种社会交换过程，人与人之间的关系可以由互动过程中的报酬和代价交换来解释（Thibaut & Kelley, 1959）。报酬包括物质和心理需求的满足，如获取经济收益、信息、物品、服务、声誉等。代价是指蒙受的损失，如消耗时间、金钱、精力、情感等。蒂鲍特和凯利以结果矩阵来分析参与者们的交换关系，量化人际互动过程中的报酬和代价。社会交换理论强调人可以在社会比较的基础上计算自己的得与失，公平交换是最低标准，高报酬、低代价交换是期望标准。

交换关系中的双方需要进行频繁的利益交换才能维持紧密的关系，不平衡的利益交换容易引起冲突和怨恨。在交换关系背景下的夫妻，双方的"我"和"你"概念是明晰的，双方遵循交换关系的规范，容易培养以自我为中心的性格，即不愿意自我调整，喜欢关注对方的不足，且有更多的"不满意"，甚至出现攻击行为。互倚关系是个体之间相互依附的关系，互倚程度越高，双方的相互交换就频繁，相互来往就越广泛，相互依赖程度也就越高（Rusbult & Van Lange, 2003）。互倚关系是双方互相强调"获取"和"给予"的交换关系的结果，是建立在交换关系上的相互依赖和相互影响。

2. 以一体关系为核心的非对称关系

社会交换理论为我们解释人际关系提供了一种理论框架，但其效力的普遍性受到许多研究者的质疑。给予不一定都伴随着不快，也可以使人产生快乐（Dunn et al., 2008）。给予不一定都需要报酬，也存在与交换关系不同的非交换性的人际关系。克拉克（Clark）（1986）等人把人际关系分为两类，一类是交换关系，另一类是一体关系。他们认为，把人际关系都看成经济关系，或把人际关系都看成以自我利益优先的经济人进行交换的关系是令人不舒服、不切实际的。在一体关系中，个体感受到自己对对方的需要负有责任，给予帮助，且不计回报，因而一体关系是一种非对称关系。交换关系和一体关系在人际交往中都会发生，但是两者在付出和回报规则上存在显著差异。

一体关系中的"一体"含有"我们"的意思（Clark & Finkel, 2005）。"我们"是自我概念的扩展，是归属需要的具体体现。一体关系规范强调"我们"的重要性，"我们"是由独立个体形成的共同体。与"我"相比，"我们"会衍生出更多概念，如"我们的理想、我们的困难、我们的责任"等。在这些概念的指导下，一方更留意对方的需要，而且不在意对方的回报；若不帮助

"我们"的人，则会产生内疚感；若"我们"的人有错，通过对错误做出有雅量的归因，会宽恕对方（Aron et al., 2004）。一体关系通常发生在家庭成员、朋友和恋人之间，也发生在偶然认识的人或群体之间。从人际关系的角度来看，社会责任和亲社会行为是一体关系在社会层面的表现。

一体关系规范还强调高级道德情感的表达（Lemay et al., 2007）。伴随自我概念的扩展，一体关系常与"共情""感动""内疚""宽恕"等高级情感相联，也常与人类所特有的集体感、荣誉感、责任感、羞耻心等相关联。一体关系中的人更喜欢谈论有关情感的话题，比如"为什么不开心""为什么悲伤"。这些情感都是人们在一体关系背景下所形成的具有稳定性和深刻性的高级情感。一体关系中的个体会有共情感受，即对方的快乐就是自己的快乐，对方的困难就是自己的困难；当对方处于艰难境遇的时候，自己会想提供帮助（Wiltermuth & Heath, 2009）。这些情感可以通过减轻压力和应激而对免疫功能产生影响，促进心理康复。交换关系中的人们则更喜欢谈论非情绪性的话题，比如他们喜欢的工作知识或奖惩措施。交换关系与满意或不满意、愤怒或忧虑等心理状态相关联。交换关系中产生的情绪具有情境性、激动性和短暂性，例如强烈的愤怒或忧虑等。法律契约常常以各取所需、准公平交换的方式确认双方的权利、责任和利益关系。法律契约包括企业内部的劳务合同、规章规定、考核方案、奖励规则和薪酬制度等。商业关系是建立在法律契约基础之上的交换关系，例如，绩效薪酬制度就体现了管理者的责权利和员工的责权利之间的交换关系。

3. 以社会侵犯和社会排斥为核心的非对称关系

以强调获取而忽视给予的非对称关系主要包括由社会侵犯和社会隔离等现象所引发的人际关系。侵犯行为就是有意伤害他人的行为，具体表现为骚扰他人、造谣报复、攻击行为等。侵犯行为的相互作用理论认为，侵犯是当事方的言语和行为相互作用的结果，是由一方在权衡收益和付出之后，采取独占尊严和财物的行动导致的（Bowling & Beehr, 2006）。侵犯行为的发生是环境因素和侵犯者自身因素相互作用的结果（Bushman & Huesmann, 2006），面对挑衅或不良媒体的影响，高自尊的自恋者更容易表现出侵犯行为（Bushman et al., 2009）。以下举措可以减少侵犯行为：改变外界的环境条件，减少贫富差异，营造公平公正的环境；改变双方的利益期望，减少挫折感；改变双方的角色，改善人际关系；惩罚侵犯行为，杜绝暴力现象的榜样性影响（Anderson & Huesmann, 2003）。

社会排斥指人际关系中的一方被部分或全部地排除在社会交往活动之外，使其难以获得人际关系相关收益的现象（Baumeister et al., 2007）。在国家和地区层面，社会排斥表现为经济、政治、社会和文化方面的禁运和封锁，使被排斥国家或地区遭受诸如失业、贫困、人才缺乏、犯罪高发、居民总体健康恶化等社会现象（DeWall et al., 2009）。在群体和个体层面，社会排斥表现为排斥、贬低、拒绝、孤立和忽视等行为，这些行为阻碍了群体或个体归属需求的实现，并对个体的认知、情绪、身体和心理健康产生破坏性影响（Twenge et al., 2007）。

4. 人际关系模式与亲密关系

《孟子·离娄章句下》中写道："君之视臣如手足，则臣视君如腹心；君之视臣如犬马，则臣视君如国人；君之视臣如土芥，则臣视君如寇仇。"意思是君主把臣下看成自己的手足，那么臣下就会把君主看成自己的腹心；君主把臣下看成狗马，那么臣下就会把君主看成路人；君主把臣下看成泥土草芥，那么臣下就会把君主视为仇敌。"手足"关系与"一体关系"类似，会感动他人，引发向心力量；"犬马"关系与"交换关系"类似，会引发交换行为；"土芥"关系与"社会排斥"类似，会引发敌对和愠怒现象。亲密关系是双方比较满意的，并承诺继续保持这种关系的人际关系状态。

亲密关系有两种，一种是互倚关系，另一种是一体关系，这两种亲密关系所引发的行为方式和归因方式不同。一体关系是对交换关系的超越，反映了人类的优秀品质，符合社会对道德觉醒和社会责任感提升的呼唤。互倚关系是频繁和广泛的相互交换并逐渐达到相互依赖关系的结果。互倚关系的终止原因主要是双方在交换关系上产生了不平衡或不公平，或双方交换关系的惯例遭受破坏。互倚关系的终止容易被一方解释为另一方背信弃义，因而，互倚关系的终止常伴随着侵犯、愠怒和怨恨。一体关系的核心是对对方具有高度的责任感，是双方或一方强调"给予"的结果（Lemay & Clark, 2008）。一体程度越高,双方就越愿意为对方的福祉奉献自己,如时间、力量、服务、金钱,甚至是生命。一体关系的终止原因主要是客观条件的限制。一体关系的终止常伴随着自责、羞愧和无奈。较强的一体关系通常包含互倚关系,而较强的互倚关系不一定包含一体关系。较强的互倚关系有利于建立信任和承诺,而较强的一体关系能使信任和承诺持续更久,且使双方更成熟和更感到满足。

亲密关系的核心是对关系持续的满足感和承诺。交换关系和一体关系都对承诺进行了解释。针对承诺,布尔特(Rusbult)和马茨(Martz)(1995)基于交换关系提出了投资模型。投资模型可以用两个公式来表达:承诺=满意-替代人+投入,满意=报酬-代价。也就是说,对关系的满意会提高承诺水平,提供报酬的替代人会降低承诺水平,而双方关系的总投入(成本)会提高承诺水平。人际关系满意的前提是公平,公平依赖于报酬和代价的差,人们不喜欢感觉到被剥削,也不喜欢占他人的便宜。一体关系认为,对对方福祉的责任就是承诺。共情、自我展露和利他行为是关注对方福祉的行为和情感表现,也是承诺的基础。共情性关怀就是准确识别、理解和关注他人的苦难。当两者都对第三人怀有负性情绪时,共情性关怀可以通过帮助处于困境中的他人增进两者的紧密程度(Bosson et al., 2006)。

(四)人际关系动机

在人际交往中,人们最关心他人的什么个性特征呢?以往的研究更多关注行为特质,但却忽视了同样作为个性特征的动机。比勒特(Billet)等人(2023)认为,基本社会动机可以划分为自我保护、规避疾病、亲和、提高地位、求偶、维持伴侣关系、亲属关怀7个方面。在实验中,被试需要想象在不同的情境中遇到一个陌生人。第1个情境不包含细节描述,只是简单要求被试"想象你遇到了一个人"。另外的11个情境分别是:这个人是男人、这个人是女人、被试在寻找临时性伙伴、被试在寻找生活伴侣、这个人是工作中的新上司、这个人是工作中的新助手、这个人是工作中的新合作者、在黑暗小巷中遇到一个年轻男性、在黑暗小巷中遇到一个年轻女性、在黑暗小巷中遇到一个老年男性、在黑暗小巷中遇到一个老年女性。之后,研究者对被试想了解这个人的各类基本社会动机的程度进行测量。研究结果表明，在没有关于特殊环境的具体信息时，个体会优先关注关于亲属关怀和维持伴侣关系的动机信息。在工作以及黑暗小巷的情境下，伴侣保留动机的优先级会有所降低，但亲属关怀仍然保持高优先级。例外的是，只有在寻找临时性伙伴的情境下，亲属关怀动机的优先级才有所下降。此外，工作情境会激发个体对他人地位动机的关注，寻找临时性伙伴情境会激发个体对他人规避疾病动机的关注。

另外一个值得考虑的问题是，与他人联结需要的满足是会增加还是减少社交努力？举例来说，当一个人感到饥饿时，他会去寻找食物，但当他吃饱以后，这种寻找食物的动力就会降低。那么，在寻求亲密关系方面，是否也会有同样的模式？从直觉和日常生活经验来看，与他人有良好的社交关系意味着亲密关系需要得到满足，而这可能会减少进一步获得联结感的努力。但也有研究表明，能感受到社会联结感的个体可能会表现出更强烈的社交目标。

社会联结指对自己社交环境亲密程度的知觉，是联结需要、满意度等众多指标的总称，例如被接受的感觉、归属感、与他人的联系等。社交目标指人们满足联结需要的目标，社交目标努力指为追求和实现这些目标而产生的具体意向或行为。研究者认为，在社会联结影响社交目标努力上，可以通过两种研究思路来理解：一方面，社会联结降低了情绪压力，进而减少对于社交目标的努力；另一方面，社会联结提升了个体的社交自我效能感，进而增加对于社交目标的努力（Dang & Liu, 2023）。

尽管联结需要是先天的、普遍的，但仍存在两种不同的联结需要：即缺乏减少定向和成长定向。这两种定向指明了个体为什么与他人保持联系，并因此给社交目标施加不同的影响。具体而言，缺乏减少定向源于以往不安全的经历，例如长期缺乏关爱和信任。由于他们的归属需要很少被满足，拥有这种定向的个体，会对他人形成消极表征。他们寻找社会联结并不是源于关注他人的感受和利益，而是为了减少社交缺乏或被拒绝的孤独感。当有了社交联结后，他们可能会体验到情绪上的轻松，并不再有动力去建立更多的联结。然而，成长定向源于对社会联结与亲密他人响应性的满意。他们寻找社会联结是因为他们对他人有真正的兴趣，他们与他人建立并发展社交关系的内在动机即使在建立联结感后也不会减弱。另外，建立社会联结也使他们知觉到自己有较高的人际能力，能提升他们的社交自我效能感。

（五）人际关系与自尊

人际关系和自尊存在着密切关联（Harris & Orth, 2020）。一方面，从人际关系影响自尊看，根据社会计量理论（sociometer theory），自尊的唯一目的就是监控他人对自我的反应，因此，自尊会随着他人的赞许程度变化而发生波动。根据反映性评价理论（reflected appraisals theory），个体所接受到的来自他人的评价塑造了个体看待自己的方式。这一理论认为，自我仅仅来源于间接体验，个体的自尊由重要他人和社会的普遍看法决定。依恋理论认为，人际联结与自尊存在直接关联，个体在婴儿时期与最初的照顾者形成的人际安全感，会被内化并影响个体之后在友情和浪漫关系中的人际体验，因此，个体与亲密他人的联结反映了个体价值的一般概念。另一方面，从自尊影响人际关系看，风险管理模型（risk regulation model）认为，自尊会影响个体对对方的知觉，这是因为个体关于价值的内在信念会投射到关于关系的信念上。知觉到对方较少的尊重会促使个体远离对方，以期在关系中受到较少的伤害。因此，个体的自我评价能够对人际关系的结果产生影响。自我验证理论（self-verification theory）认为，如果关系中的另一方的反映性评价与个体的自我评价不一致，个体就会远离对方。因此，当对方更为积极地看待低自尊个体时，低自尊个体就会在关系中退缩。自我传播观点（self-broadcasting perspective）认为，个体会通过展示明显的线索"传播"内在的自我评价给他人，这会对人际关系产生影响。例如，如果个体知觉到自己是低能力的，这一信念就会通过回避相关任务等一系列行为表现出来。注意到这些线索之后，关系中的另一方就会考虑是否要与其发展进一步的关系。而关系行为视角（relationship behaviors perspective）指出，自尊会影响个体在人际关系中的具体行为表现，而这会对人际关系的发展产生影响。例如，拥有与自尊存在密切关联的低神经质和高宜人性的个体，更可能在冲突中展现出积极情感，对对方的侵犯有更好的接受度和做出建设性的反应等。研究者通过元分析发现，随着时间推移，人际关系与自尊能够相互预测，两者具有相似的效应量。这一结果表明，在人生的各个发展阶段，人际关系与自尊是相互影响的。

研究者认为自尊和人际经验有密切的联系。人际经验是一个宽泛的概念，指人们在特定的时刻有怎样的行为，以及他人怎样看待和对待某人等。人际经验包括以下几个具体指标（Cameron & Granger, 2019）：一是社会接受度，指他人接受和喜欢某个个体的程度；二是人际特质与技能，指反映友善、热情、积极等人际行为倾向的一致行为模式；三是情境中的人际行为，指在某一情境中的单次行为；四是关系质量，指对亲密和有意义关系的感受与评价；五是关系稳定度。尽管这些指标在概念上相互区分，但它们也能相互影响。

研究者认为，尽管在很多情形下，自评可能是对某一变量的唯一可用测量方式，但在实际运用中也存在缺点。自评测量会受到如情绪和情境等内在、外在因素影响。为了避免自评测量的缺陷，研究者可以转而关注人际特质和结果等更为客观的指标，如观察者编码和信息提供者报告。使用观察者编码的研究者通常招募一小部分实验助手，在真实环境中通过音频、视频记录来观察被试，并进行系统编码。观察者编码能够避免目标自身的自评偏差，更能够成为反映人际技能与人际经验的客观指标。但不足之处在于，观察者编码只能提供被观察者在特殊的情境中的行为信息。为了对目标的人际行为和经验有更深入的了解，研究者也可以通过信息提供者来获得局外人的评价，例如朋友、室友、恋人、家人等。

为了检验自尊对理解人际体验的重要性，研究者对特质自尊与五种人际关系指标之间的关系进行了元分析，涵盖196个样本，共计121300名被试，这些研究通过外部报告的方式获取人际关系指标信息。结果表明，自尊与大多数人际关系指标之间的相关性为小到中等，自尊对人际体验发挥着纵向预测作用。

（六）人际不信任

人际不信任，被划分为愤世嫉俗的不信任和犬儒主义。后者被定义为个体对他人动机的愤世嫉俗程度。两者的核心认知是对他人的怀疑，即认为其他人是自私的，他人的目的是保护自己和实现自身利益。人际不信任的个体倾向于将他人的意图与行为解释为不诚实、非支持性和自私自利的。更高水平的人际不信任感与较低的身体健康和心理幸福感存在关联。研究者认为，虽然客观社会阶层与人际不信任之间的关系已经得到了很好的证明，但主观社会阶层与人际不信任之间的关系却很少被讨论（Yu et al., 2020）。另外，也很少有研究关注两者之间关联的潜在机制。基于相对剥夺理论和公正世界理论，研究者考察了中国文化背景下大学生主观社会阶层与人际不信任的关系，并探讨了个体/群体相对剥夺与公正世界信念的中介作用。研究者以796名中国大学生为被试，对其进行了有关主观社会阶层、个人/群体相对剥夺、公正世界信念和人际不信任的测量。结果表明，较低的主观社会阶层对较高的不信任水平有显著的预测作用。路径分析表明，个人相对剥夺在主观社会阶层与人际不信任之间发挥着中介作用。此外，公正世界信念、个人相对剥夺在主观社会阶层和人际不信任之间发挥着序列中介作用。上述研究结果表明，为了减轻主观社会阶层较低学生的人际不信任，我们应该关注学生对公正和个人相对剥夺感的认识，以及这些认识如何影响他们的人际信任。

6.3 人际关系研究的发展特点与发展趋势

人际关系作为社会心理学研究的重要内容，引起越来越多社会心理学家的高度关注，研究重视时代特征和社会经济发展特征的特点也越来越明显。把握人际关系的实质及其作用，对于正确处理社会矛盾和构建和谐社会具有重大意义。

（一）人际关系研究的价值日益凸显

人际关系和谐是和谐社会的核心，在构建和谐社会的今天，强调协调人与人的关系、强调"以人为本"观念的实质就是希望通过人际关系的和谐，促进社会经济的发展。因此，构建和谐的人际关系成为了重大的时代性和世界性课题。同时，构建和谐的人际关系也是社会心理学的重要理论课题和实践课题（黄希庭，2007）。学校教育心理学、组织管理心理学、临床或医学心理学、司法与犯罪心理学、体育运动心理学等领域都涉及对人际关系的研究。例如，在组织管理心理学中，人际沟通、组织和领导下属等问题直接影响组织的效能；在学校教育心理学中，师生关系、同学关系、优差生关系等直接影响教学质量和学生的发展；在司法与犯罪心理学中，人际关系既是犯罪成因之一，也是感化犯罪分子的重要途径。因此，人际关系研究是应用心理学的重点研究领域。

和谐人际关系的核心是相互理解、付出给予均衡、情感融洽和行为协调。构建和谐人际关系的基础是洞悉人际知觉的特点，明晰人际关系模式的规律，掌握增进人际和谐的方法。维系良好人际关系的条件是对对方需求的承诺和满足，对适时处理各种人际危机的准确预期，对达到和谐和积极合作结果的积极期待（Srivastava et al., 2006）。对他人的情绪、动机和个性能够做出准确识别、调整和回应的能力可以提高人际关系的质量（Lopes et al., 2005）。沟通、宽恕、共情和倾听等手段都有助于改善和维系和谐的人际关系。向他人付出和对付出的觉知可以提高双方的幸福感和人际关系的和谐程度（Impett et al., 2005）。沟通是建立和谐关系的基础，是人与人之间传递情感、态度、信念和想法的双向过程；宽恕是对他人过失的谅解，减少人际危机的一种方法；共情是设身处地地理解他人的处境、他人行为的原因的心理过程。和谐的人际关系是身体健康、人际协作和危机处理的基础（Cohen, 2004）。和谐的人际关系可以提高群体的凝聚力、创造力和效能，可以提高个体的身心健康（Cohen & Lemay, 2007）。

在强调协作、团队和沟通的当代社会，人际关系既是保障个体生活质量最重要的指标之一，也是反映个体社交能力最重要的指标之一。人际关系能力是个体在与他人相互影响的过程中所表现出来的营造良好人际关系的能力。在关系、友谊、冲突、沟通、谈判、说服、心理咨询、侵犯和骚扰等研究课题中都包含着人际关系发展的内容。发展人际关系是人类生活中的重要事项，既有认知因素，也有情绪因素；既有个体因素，也有群体因素；既有意识过程，也有无意识过程。随着信息化时代的到来，网络上亲密关系的建立、维持和破裂现象日益增多，但这种亲密关系与现实亲密关系是存在差异的(孟庆东,王争艳,2009)。网络亲密关系比现实亲密关系更加完美化,但存在更多的情感性背叛。具有害羞人格特质的个体、高焦虑依恋特征的个体、感情丰富的个体、婚恋受挫的个体等更易形成网络亲密关系。

(二)研究人际关系的范式不断丰富

目前,研究人际关系的范式多种多样。社会认知神经科学、文化心理学、进化心理学、积极心理学和诸多应用心理学都从自身的视角对人际关系进行了研究。这些研究范式所采用的方法不同,所关注的核心内容也不同。这些研究范式揭示了人是一种社会的、文化的和生理遗传的高级动物。这既反映了人际关系的丰富内涵和多样层次,也反映了人际关系研究的难度和重要性。从人际关系研究的发展态势看,有四种研究范式值得重视。

一是社会认知神经科学的研究范式。社会认知神经科学是从社会行为、信息加工和神经生理等层次出发,对社会心理和行为进行研究的(Ochsner,2007)。社会认知神经科学致力于综合性地解释人际知觉、人际情绪和人际关系调节等过程的心理机制和神经生理机制。认知他人是人际关系研究的核心内容之一。认知他人主要包含表征他人的心理、体验他人的心理状态和调节自身情绪反应等三种心理过程。米切尔等人(2004)通过fMRI研究发现:表征他人的心理是由他人信息所激发的对他人心理和行为的表征,是LTL和dmPFC的功能;LTL的活动是对他人信息的自动反应过程,而dmPFC的活动是对他人信息的内部表征的控制加工。在米切尔等人的实验中,实验材料是照片和描述照片中人物个性特点的语句(如"这人经常会见具有不同背景的人物")。研究人员对被试进行两种测验。第一种测验是要求被试"形成关于照片人物的印象",第二种测验是要求被试"记住照片人物信息的呈现顺序"。第一种测验是社会认知加工,而第二种测验是非社会认知加工。结果发现,接受第一种测验的被试的dmPFC和LTL区域活动强烈,而接受第二种测验的被试的右侧海马区域活动强烈。体验他人的心理状态是一种共情体验他人情绪和社会行为特征的控制加工过程,主要由vmPFC发生作用。当vmPFC受损时,被试的共情功能受损。LPFC是处理情绪信息和社会行为的工作记忆场所,是情绪反应和社会适宜性行为控制的关键区域,LPFC受损的人具有典型的情绪社会智力低下的特征：自我认知和自我情绪表达能力下降，社会行为的适宜性降低，个人道德判断力和自我约束力降低，正性情绪表达能力下降，计划性和坚持性差（Lieberman，2007）。

二是文化心理学的研究范式。文化心理学从文化差异的角度来研究人际关系。文化心理学既是经济全球化时代的产物，也是时代对心理学发展提出的挑战，我们应关注主要文化背景下的人际关系研究，尤其是要研究中国人的人际关系特点（侯玉波，2007）。中国人的思想体系中蕴含着迥异于西方的、丰富的人际关系理论（Peng & Nisbett，1999）。传统儒家文化中的人际关系思想以"仁""义""礼""智""信"为核心，中国人的人际关系更凸显集体取向、权威取向、关系取向、辩证取向和中庸取向。中国人的人际关系研究需要处理好"破"和"立"的关系。一方面，中国人的人际关系研究既要突破传统西方心理学的文化偏差和偏见，又要突破中国人对人际关系的庸俗化理解和纯思辨的研究方法；另一方面，要把跨文化的研究模式和本土心理学结合，既要根植于中国文化，也要采取实证的、比较的研究方法。

三是进化心理学的研究范式。进化心理学把人类的心理属性看作进化的结果，人类所拥有的、现在仍然发挥着作用的心理属性都是在漫长的岁月中被选择、被固化和被扬弃的结果。进化心理学是用自然科学来解释社会现象和人文现象的理论（Wilson et al.，2008）。进化心理学学者认为，进化有三种基本力量：选择、变异和合作（Nowak，2008）。选择是竞争的结果，也是合作的结果。合作就是自己付出，让他人受益。合作可以使双方直接互惠、双方间接互惠、人群网络互惠、群体受益和亲属受益（Nowak，2006）。因而，竞争与合作都是人际关系的典型特征，人类进化的直接结果。人际知觉和人际吸引是社会心理学的重要课题，也是进化心理学关注的主要领域。进化心理学用生物适应理论来解释负性偏差，认为负性信息具有更多的生存意义，即面对负性信息，个体若不做出迅速和强烈的反应，其生存可能受到威胁，所以负性信息的信号意义更强，对个体的影响力更大。

四是积极心理学的研究范式。积极心理学是美国乃至全球心理学界新兴的研究范式，并逐渐形成一场积极心理学运动（Seligman & Csikszentmihalyi，2000）。积极心理学是对过去近一个世纪占主导地位的消极心理学模式的一种扬弃,强调用更加开放的、欣赏性的眼光去看待人类的动机和能力(Fredrickson et al., 2008)。积极的人际关系是积极心理学关注的内容,人际关系的情感成分可以被识别,也可以被调节。积极心理学认为,心理学是帮助人如何追求幸福生活、如何获得个人和组织力量的学科。积极情绪是亲密关系、心理幸福感和社会幸福感的源泉,亲密关系又是直接影响幸福生活、个人和组织力量的重要因素(Waugh & Fredrickson, 2006)。亲密关系,包括友谊和婚姻,对快乐、主观幸福感、身心健康和积极的人际环境都有很大影响。

6.4 小结与展望

人际关系是社会心理学领域受关注程度较高的内容。在社会心理学研究中,人际交往就是建立、维系和改善人际关系的过程,人际吸引和亲密关系都是在人际交往过程中形成的。社会心理学中存在两种研究人际关系的范式:一种是偏差范式,其核心是研究人际关系中的误解、冲突和失误等;另一种是准确性范式,其核心是研究增进人际和谐的方法和措施。解决人际关系的偏差具有理论和实践意义,构建和谐的人际关系具有重大的现实意义。人际关系模式是人们在相互交往过程中逐步形成的具有模式特征的社会关系。人际关系模式特征取决于个体在获取和给予维度上的相对特征。人是一种具有社会性、文化性和生理遗传性的高级动物。人际关系是人类永恒的交往形式,同时也受到社会、文化和生理遗传因素的影响。研究者需要从多种研究范式、多个角度入手,系统地研究人际关系。

第7章
亲密关系的研究热点和发展趋势

什么是亲密关系？我们很难得到一个确切的答案，不同领域的研究者都会给出不同的描述，这也是亲密关系被心理学、社会学、传播学、老年学等多个学科关注的原因之一。对亲密关系内涵和外延的理解有很多种，但多数研究者都认为，亲密关系包括六个基本特征，即了解、关心、依赖、互动、信任和承诺（布雷姆 等，2005）。在20世纪80年代以及更早的时候，对亲密关系的研究涵盖友谊（同性和异性朋友的友谊）、家庭成员关系（夫妻、亲子等）、恋人之间的关系（Berscheid et al., 1989）等内容。亲密关系研究对象的年龄范围也颇广，从婴儿、儿童、青少年、成人到老年人均有涉及，但在后来的实证研究中，亲密关系的含义越来越具体，有时特指"浪漫关系"，即恋爱或者夫妻关系。

7.1 亲密关系研究的发展历史

早在20世纪50年代，费斯延格等社会心理学研究者就已经在人际交往、社会认知等领域对亲密关系的建立、维持、权力分配、丧失等众多主题进行研究，形成了部分经典的研究主题，如外表的吸引对亲密关系形成的影响、相似性和互补性在亲密关系中的作用、亲密关系中的印象形成与管理等。但是，当时的亲密关系并不是一个独立的研究领域，更多地是被社会心理学工作者视为一个特殊的研究背景。这种状况随着有关亲密关系研究数量的增加、研究主题的丰富而逐渐改变。

到了20世纪80年代，亲密关系作为一个研究领域已经越来越繁荣，在这一时期，斯滕伯格（Sternberg）（1986）提出有关亲密关系的重要理论：爱情的三元理论。亲密关系中的关系信念（Eidelson & Epstein, 1982）、自我表露（Tolstedt & Stokes, 1984）等也成为这一时期新的研究热点。这些研究发现的许多有趣的现象和结果开始被接受和传播。例如，托尔斯捷（Tolstedt）和斯托克斯（Stokes）（1984）的研究发现，亲密关系发展的初期，双方交流的主题广泛，但自我表露的程度不深；当确定恋人或伴侣关系后，自我表露的广度可能变小，深度则逐渐增加；而当关系逐渐恶化时，双方的自我表露广度随关系满意度的降低而缩小，但他们自我表露的深度仍在增加，表现为彼此发泄较多的消极和负面情绪。这一时期亲密关系中的一些核心问题，如关系发展中情感成分的变化、亲密关系中的权力模式、个体归因模式对伴侣幸福感的影响、自我表露与孤独感的关系（Solano et al., 1982）、印象管理中个体自我监控能力与亲密关系形成、维持的关系（Snyder & Simpson, 1984）等都得到了较充分的研究。

进入20世纪90年代，亲密关系领域的研究除了延续传统主题之外（Kenny & Acitelli, 1994），还增加了对亲密关系中更为细腻的情感和认知现象的研究。值得一提的是，有关亲密关系中嫉妒的研究，不仅探讨亲密关系中存在的两种类型的嫉妒（怀疑性和反应性嫉妒），还探讨了个体自尊、依恋类型、性别角色等与嫉妒的关系，并得到了一些有趣的结果。例如，沙普斯坦（Sharpsteen）等人（1997）发现，依恋类型为矛盾型的个体总在寻求与伴侣的亲密，但又担心伴侣回报给自己的爱不够多，从而导致较多的嫉妒；而安全型和回避型个体一般不担心被遗弃，他们所体会到的嫉妒相对较少。当然，在亲密关系遭到威胁时，安全型个体也会体验到强烈的恐惧。依恋类型不仅影响个体嫉妒体验的多少与程度，还影响亲密关系中个体对对方的依赖承诺、信任和满意度。研究同样发现，与其他依恋类型相比，安全型个体能够在亲密关系中体会到更多的积极情绪、更少的消极情绪（Simpson, 1990）。

许多亲密关系研究开始将个体观念或特征、情感体验等置于亲密关系发展的过程中进行研究。例如，考察个体有关恋爱、浪漫关系的两种观念——

宿命的和发展的观念分别会对两人关系产生、关系压力应对、关系结束、关系回顾等过程产生怎样的影响（Knee, 1998）。研究发现，持爱情宿命观的恋人在浪漫关系建立之初的满意度能够预测其关系持续的时间，当遇到压力时他们更多会采用逃避策略，当关系不幸结束时他们更倾向于认为这种关系在建立之初就是错误的；持爱情发展观的恋人则认为，成功的亲密关系需要培养，他们更积极地投入约会中，通常会积极应对关系中的困扰，关系结束时也不会为之自责。又如，探究浪漫关系中爱和相关情感体验的变化（Sprecher, 1999）的研究发现，个体对恋人的爱、承诺、关系满意度等积极情感会随关系的发展而逐渐增加，而且能够预测其未来亲密关系的稳定性，只有在关系破裂的数月前，积极情感才会急剧减少。也有研究者将这种对恋爱关系的精细研究模式延срочно到对婚姻关系的研究中。例如，有人考察了来自恋人和配偶的评价与个体确定感之间的关系。研究结果表明，那些具有消极自我概念的个体与对他们做出积极评价的恋人关系最亲密，而当评价对象是伴侣时情况则发生逆转：他们与对自己做出消极评价的伴侣关系最亲密，而且对于已婚被试，这种对积极评价的排斥不仅限于拥有消极自我概念的人，即使是那些具有积极自我概念的个体，与对自己做出极端良好评价（没有自我验证）的伴侣的亲密程度也较低（Swann et al., 1994）。为什么婚姻能够预测这种强调点的转移（从积极评价到消极评价）？研究者从恋爱和婚姻两种关系的独特功能出发进行解释，认为恋爱关系提供了一个人是否适合作配偶的背景，其评价性较强；而婚姻关系的评价性较低，双方都假定既成的亲密关系将会永远持续下去，该关系的核心是帮助彼此追求双方共同的目标。这时，对配偶优点和缺点的认识，能够帮助其认清自己的位置，发现和发展自己的潜能。因此，人们对恋人和伴侣的评价会不同，进而会产生不同的情绪体验。

7.2　亲密关系研究关注的热点

近年来，亲密关系领域的研究选题更加贴近生活，更加关注处于关系中的个体所经历的独特心理体验。这种体验突出地表现为个体在处理自我和亲密关系之间发生的矛盾时所经历的心理斗争。本节重点介绍目前亲密关系研究在以下三个方面的进展：亲密关系的维持与"经营"、亲密关系中的风险管理、亲密关系中的暴力。

（一）亲密关系的维持与"经营"

"生命诚可贵，爱情价更高。若为自由故，两者皆可抛。"这一经典诗句反映了个体的基本需求（生存）和高级需求（爱情和自由）之间的关系。而亲密关系的维持与"经营"这一主题正是要讨论爱情与自由的关系，也就是利他、忘我、牺牲与个人主义、自治、个人自由两种价值观在亲密关系中的相互作用。

爱情将两个个体联系在一起，但个体的最大利益并不总和其伴侣或双方关系的最大利益一致。因此，在亲密关系中，人们总要面临这样的选择：是否要违背自己的真实意愿，忘我地为对方或双方的关系牺牲。这种牺牲包括在重要的（如为了对方有更好的事业发展而放弃自己的工作和发展机会）和琐碎的（如家务分配、看什么电视节目）利益冲突中做出让步。

许多研究关注亲密关系中个人与双方关系以及个人与对方利益冲突的解决，发现最常见的办法就是以一方牺牲来维护关系或满足对方。但是，有研究者特别是女性主义临床工作者认为，在某些情况下把伴侣或恋人的利益放在自己的利益之上是有害的。她们认为牺牲会导致相互依赖（通常是女性对男性的依赖）、关系不和谐、个体出现抑郁症状。因此，在这一研究主题中出现了两种相互矛盾的研究结论：一方面，实证研究表明在人际关系中，隐藏或改变个体的真实意愿与个体心理压力的增加、关系满意度的降低有关（Fritz & Helgeson, 1998）；另一方面，社会心理学研究强调人际关系中牺牲的积极意义，指出人际关系中的牺牲能够提升关系满意度，延长关系持续时间（Van Lange et al., 1997）。下面将分别介绍亲密关系中牺牲的研究定位，相关研究方法、理论和主要实证研究。

亲密关系中的牺牲指一方为了对方或者双方关系而放弃个体的即时自我利益。在实证研究中，牺牲被分为消极的（如放弃自己所期望的行为）和积极的（如获得自己不期望的行为），以及兼具两种特征的。虽然牺牲在亲密关系中频繁出现，而且有些牺牲在日常生活中对个体和双方关系维持具有重要意义，但这一主题并不是传统亲密关系研究的主要内容，所以相应的实证研究并不是很多。

以往研究主要关注亲密关系中的牺牲行为。这些研究通常采用两种方法收集牺牲这一变量的数据：第一，要求被试评价他们在多大程度上放弃了自己喜爱的活动或娱乐方式以维持亲密关系；第二，要求被试对实验者呈现的一个牺牲事件做出反应，以表明他们放弃自己期望的活动（如与其他同伴在一起），或者投入不期望的活动（如参加自己不熟悉的聚会）以维持和促进亲密关系的程度。但有研究者认为，这些方法都不能真实反映日常生活中的牺牲经历，新的研究方法应该超越对研究者规定的、个别既定牺牲事件和假设的牺牲愿望的测量，而直接测查被试在日常生活中为伴侣或恋人实际做出的多种牺牲（Impett et al., 2005）。

多数有关亲密关系中的牺牲的实证研究，都是以相互依赖的理论模型为基础的。这一模型提出，亲密关系的结构决定了个体是否有必要放弃他们的即时利益和偏好。根据这个理论，当双方的利益一致时，他们的结构就是"协调的"，关系结构也是稳定的，此时不需做出牺牲。但是，当双方利益冲突时，他们的结构就是"不协调的"。在这种情况下，个体被迫在"维护自身利益"和"牺牲利益以摆脱困境"中做出选择。当个体放弃自己的愿望时就经历了"动机转化"，即用对伴侣或关系和谐的关注替代追求自身利益的愿望。

以往多数有关牺牲的实证研究都将亲密关系中牺牲可能带来的潜在利益排除在外。但几项针对亲密关系开展的横断研究和追踪研究都表明，牺牲意愿的大小与双方关系调适程度的高低有关。而且，是否具有牺牲意愿是预测恋爱关系能否持续半年以上的一个显著因素（Van Lange et al., 1997）。还有研究表明，感知到恋人做出牺牲能够增加对恋人的信任，反过来能加强双方对关系的承诺（Wieselquist et al., 1999）。

当然，不可否认牺牲是有代价的。例如，虽然个体的牺牲解决了亲密关系中一个暂时的问题，但个体心中的怨恨、依赖却挥之不去，个体甚至会因此变得抑郁，产生其他心理代价（Rusbult & Van Lange, 1996）。在这方面，克莱默（Cramer）（2022）对冲突逃避的研究就发现，隐藏个体的真实感受与当时及后来的关系满意度降低有关。女权主义临床医生和理论家提出，将个人愿望降到次要地位、将个人牺牲视作自己的义务，可能带给个体抑郁、自我缺失等心理问题，而这些问题对女性的影响通常大于男性（Jack & Dill, 1992）。弗里茨（Fritz）和赫尔格森（Helgeson）（1998）的研究也表明，损害自己、成全他人对个体的幸福感有消极影响。总之，对牺牲和其他相关现象的研究表明，在关系中放弃个人的即时愿望既有代价也有收益。那么，在实证研究层面，我们如何解释这些相互矛盾的结果呢？

因佩蒂（Impett）等人（2005）将个体动机引入到牺牲研究中，尝试解释以往研究中出现的矛盾结果。他们认为，当个体为了满足对方的需要而做出牺牲时，可能会获得快乐感或满足感；而为了避免伤害性后果，个体忽略自己的需要、做出牺牲行为则可能导致消极后果。尽管相互依赖理论也指出，是否出现牺牲行为与个体目标、价值和动机有关，但几乎没有实证研究深入探讨、比较过牺牲行为背后的动机差异和不同动机支配下的牺牲行为后果。

因佩蒂等人的研究采用趋避动机视角来考察亲密关系中的牺牲。在亲密关系中持趋近动机的个体更关注牺牲行为带来的积极结果（如对方快乐或者关系更加亲密），持逃避动机的个体则会为了避免消极结果（如冲突、不满、对方对关系失去兴趣）而采取行动。

有关动机过程的许多理论都假定存在趋近和逃避两个不同的系统（Elliot & Covington, 2001），具体称之为行为趋近系统（驱动那些能够赢得奖励的行为）和行为抑制系统（驱动那些对惩罚信号做出反应的行为）。许多研究者都将两种系统的区分应用到其他研究领域中。例如，希金斯（1998）的焦点调节理论将自我调节区分为两个独立形式：一个关注积极结果或状态的改善，另一个主要避免消极结果的出现；埃利奥特（Elliot）和卡文顿（Covington）（2001）在个人奋斗研究和学业成就研究中区分了趋近和逃避目标。这些观点得到了神经生理学研究的数据支持。例如，哈蒙-琼斯（Harmon-Jones）和艾伦（Allen）（1997）用脑电记录技术考察了行为趋近系统和行为抑制系统的使用得分，以此来预测前额叶静息不对称电位。在这些研究的基础上，戴维森和他的同事们（1990）提出趋近和逃避是由两个不同的神经系统支配的。

对趋避动机的区分能够帮助我们深入认识和理解人际关系中各种现象

和重要变量的变化规律。在一项有关动机和人际交往关系的研究中，盖博（Gable）等人（2000）发现，行为趋近系统敏感度高的被试比趋近系统敏感度低的被试在日常生活中经历了更多的积极情绪，而行为抑制系统敏感度高的被试比敏感度低的被试体验到更多的消极情绪。盖博和海特（Haidt）（2005）对社会动机的研究也表明不同的动机和目标能预测不同的社会行为结果。在三个短期的追踪研究中，趋近的社会动机和目标与积极社会特质（如对社会关系满意和更少的孤独感）相关，而逃避的社会动机和目标则与消极社会特质（如更消极的社会态度和更多的不安全感）相关。

将趋避动机的分析框架应用于对亲密关系中牺牲的研究，能够合理解释同样的牺牲行为为何对个人幸福程度、伴侣或恋人幸福程度、亲密关系质量具有不同的影响。

首先，不同牺牲动机对牺牲者的影响。人们为伴侣或恋人做出牺牲后可能会有不同的情感体验。例如，满足伴侣的愿望使其快乐（趋近动机），可能通过移情或共情过程而增加自己的快乐和积极情绪。但是，如果为了避免冲突而做出牺牲（逃避动机），可能最好的结果是产生解脱感，最糟糕的结果是个体产生难以避免的焦虑和紧张。对人际关系而言，人们可能因为趋避动机不同而表现出对伴侣和双方关系的不同感受。一个做出牺牲以取悦妻子（趋近动机）的丈夫，可能因为知道自己关心妻子并恰当表达了自己的责任感而对婚姻更加满意。相反，一个为了避免让妻子失望而做出牺牲（逃避动机）的丈夫，可能因为不满或其他消极情绪而对婚姻关系感到不满。

内夫（Neff）和哈特（2002）对恋爱关系的实证研究为这些观点提供了初步支持。在这个研究中，那些出于对恋人的真正关心而放弃自己的需要来解决关系冲突的个体，报告了更多的自我获益和人际利益（如增强了亲密关系）。相反，那些为了避免冲突而放弃自己需要的人，则报告了更多关于个人的（如不快乐、不满）和关系的（削弱了亲密关系）消极后果。这个结果说明牺牲动机与个体幸福和亲密关系质量有关。

其次，不同牺牲动机对牺牲受益者的影响。在人际关系中面临潜在的利益冲突时，个体经常会关注伴侣或恋人是否会为了维护双方的关系，而选择放弃自己的利益。感知到伴侣的牺牲是趋近还是逃避动机，会引起个体的不同感受和关系质量的不同变化。例如，一个认为自己的妻子为了表现爱和支持(趋近动机)而放弃和朋友共进午餐，选择陪自己打网球的丈夫，其感受与认为妻子只是为了履行义务、避免让丈夫失望(逃避动机)而做出牺牲的丈夫会截然不同。

最后，社会特质在趋避动机影响中的调节作用。研究者指出，在评价和解释人际互动情境并最终表现出趋近或逃避社会动机的过程中，个体的某些人格特质会起到很大作用。一般而言，那些合群倾向较高的个体期望他们的人际互动是相对有收益的，而那些拒绝恐惧得分较高的个体通常期望避免被惩罚(Gable et al., 2000)。这两种社会特质可能与亲密关系中的牺牲动机有关。具体而言，那些具有较高合群倾向的个体更可能出于趋近动机而做出牺牲，而高拒绝恐惧的个体相对更可能在逃避动机的支配下做出牺牲。

(二)亲密关系中的风险管理

上述的研究主题主要关注"牺牲"这种外部行为因动机不同，而对个体和亲密关系产生的不同影响，以下研究主题仍然涉及在个体和关系之间做出抉择，不过所涉及的是个体内部的思考和决策过程。

亲密关系和其他人际交往类似，处于其中的个体都会体验到保持个人价值感(即自我保护的目标)和增进双方依赖性(即增进关系的目标)之间的冲突，因为这些冲突既能增强双方依赖性、提升亲近的可能性，同时也提升了个体(包括其情感和能力)被拒绝、被否认的可能性(Murray et al., 2006)。所以，在亲密关系中，人们通常会为了达到增强亲密性的目标而向自我保护(保护自我价值感)的想法妥协。例如，恋爱中的女性可能因为各种原因(如嫉妒)而向男友寻求安慰，这样可以提高两人的亲密度和相互依赖性，但同时她也承担了因心胸狭窄而被男友抱怨的风险，甚至因此而降低了男友对亲密关系的信心，导致亲密关系削弱。这样，为了达到自我保护的目标，女方可能短期内会减少自己对男友的依赖行为，以避免失去亲密关系可能带来的长期痛苦(Murray et al., 2006)。可见，自我保护和增进关系两个目标的并存是亲密关系中的个体所面临的一个基本的趋避冲突。

有关拒绝与自我保护、增进关系目标之间关系的研究，在一般人际交往研究领域中已经得到一些可借鉴的重要结论。一方面,迈纳(Maner)等人(2007)的研究表明,当被陌生人拒绝时,人们往往会采取行动来引起他人积极的社会反应,如努力地寻求认可、建立友谊、在合作任务中表现得更投入等。通过预先暗示而发出的间接拒绝,也可以激活个体亲近他人的想法(Mikulincer et al., 2000)。另一方面,增进关系的目标也能够达到类似效果,如加德纳(Gardner)等人(2005)发现长期渴望增进关系、增加社会联系,也会提升人们侦测社会线索(如语调和面部表情等能暴露他人能否满足其需要的信息)的正确度。

同时也有大量证据表明,人们被驱动逃避那些可能被拒绝和伤害的情境。利里(Leary)和鲍迈斯特(2000)指出拒绝十分重要,以至于自我系统进化出了测量拒绝威胁的能力。他们指出,自尊是一个测量个体感知被他人接受的可能性以调节行为的社会标尺。在这个尺度上,一旦痛苦落在自尊的信号拒绝范围内,就会驱动个体逃避伤害性情境。与这一逻辑一致,被陌生人排斥或者预期未来缺乏社会联系,都会降低人们将自己置于可能被他人伤害的情境中的意愿。这些经历不仅降低了人们为他人牺牲自己利益的意愿,还增强了人们攻击不喜欢的他人的意愿(Twenge et al., 2007)。

目前,这些实证研究的结果,以及勒温描述的学习理论中的趋避冲突、张力系统、正/负效价等概念,都被引入到亲密关系研究中。也就是说,在亲密关系系统中,既有增加伤害的负效价情境,也有使这些担心和伤害降低到最小的正效价情境。正负效价的强度比较导致最终的行为反应。如果拒绝带来的伤害远大于接受带来的快乐,自我保护(逃避消极情境)的动力将比寻求亲密、增进关系(接近积极情境)的动力更强。在具体情境中,妻子越接近和依赖丈夫,其自我保护、逃避拒绝的目标动机就越强,因为关系越接近,担心被拒绝的想法就越强烈;但是,如果被丈夫接受带来的愉悦大于被拒绝带来的痛苦,妻子依赖丈夫、增进亲密关系的动力就大于自我保护和逃避的动力。

有研究者提出了一个专门解释亲密关系中趋避冲突解决的理论模型(Murray et al., 2008)。该模型认为,个体存在一个风险监控系统,能够平衡增进亲密关系和自我保护这对矛盾的人际交往目标。风险监控系统的目标是使个体在关系中的安全感或舒适度最大化，即使个体更不容易被伤害。为了达到这个目标，系统首先要对关系情境进行评价，优先处理增进关系的目标或者自我保护的目标，以便让被伤害的可能性降到最低。亲密关系中的伴侣在娱乐休闲、家务分配、时间安排等方面以多种方式发生互动，总会出现一方的要求被拒绝，随之出现伴侣因被拒绝而产生忧虑的情况。他们会预测并评估自己可能遭到的拒绝和伤害，从而在自己能够承受的范围内选择能够增进亲密关系的依赖行为。在亲密关系发展的整个过程中，个体需要反复地、无意识地在增进关系（增强双方依赖性）和自我保护（降低双方依赖性）之间进行选择。最终，人们就形成了一个恰当的风险监控系统，能让自己在受伤害的连续体中维持一个相对有安全感的地位，从容面对可能带来伤害的关系情境。

　　风险监控系统的工作原理如下：包含人际风险或伤害性的情境，能够自动激活两个相互矛盾的目标——增进亲密关系和自我保护目标。两个目标将支配不同的行为反应。对情境的评估（高风险或低风险的情景）、个体自身特征（低自尊、高依恋焦虑、高拒绝敏感性等）等因素，都会影响个体对目标的选择。当自我保护目标被激活后，它可能会启动一个执行控制系统。这个系统通过两个相互关联的"如果……那么"规则，分别推断伴侣在情境中接受或拒绝的可能性，这种可能性与个体满足或受伤害的感受、自尊的强化与损害之间的联系，最终帮助人们辨别在哪些情境中应该减少依赖行为，在哪些情境中能安全地增进关系，以解决自我保护和增进关系两种目标之间的冲突。在这一系列心理加工中，从情境激活两种目标到执行控制系统的启动对认知资源的需求不断增加。随着亲密关系的发展，个体对伴侣的信任也会调节其增进关系或者自我保护目标的激活阈限。

　　以上模型中所提到的可能影响风险监控系统最终做出目标选择的众多因素中，被研究最多的是个体对伴侣接受性、反应性的感知和个体自尊。首先，对伴侣接受性、反应性的感知的影响。对伴侣接受性和反应性的感知是亲密关系双方在长期的交往过程中逐渐形成的对对方行为的预期，它也受个体人格特质的影响，能够调节个体的动机和目标选择（Murray et al., 2003）。妻子如果认为丈夫是一个能对其需求做出反应的人，那因丈夫的不敏感而焦虑就不是保持其安全感的最佳方式；而如果妻子认为丈夫是一个反应性较差的人，那这一感知可能是妻子从伤害中获得安全感的最好选择。

其次，个体自尊的影响。在最近的亲密关系研究中，自尊常常被作为交往过程、关系评价等各种交往行为和人际关系之间的中介变量。同样，在风险管理这一研究主题中，自尊也被许多研究者作为一个重要的影响因素。利里和鲍迈斯特（2000）的研究发现，在人际交往中，低自尊者普遍有被拒绝的预期，因此，他们更为担心并努力避免亲密关系中对方的拒绝。所以，在亲密关系中那些低自尊的个体通常会低估伴侣对他们的评价和爱他们的程度。在这些情境中，低自尊者通常赋予自我保护目标优先权。这样，其监控系统能迅速侦测到微弱的拒绝信号，并向个体发出存在伤害可能性的强烈信号，使个体减少对伴侣的依赖行为，以便最大限度降低亲密交往对其安全感的危害。有关亲密关系的实证研究也发现，低自尊者很快能从伴侣发脾气（Bellavia & Murray, 2003）、指出他们身上不好的品质（Murray et al., 2003）等事件中感受到拒绝。然后，低自尊者通过贬低伴侣在自己心目中的价值等方式，应对由拒绝引发的焦虑，提前减少被拒绝可能带来的痛苦。他们较少依赖伴侣作为自尊和安慰的来源，也会对伴侣做出消极评价（Murray et al., 2008）。而对于高自尊者来说，对伴侣（或他人）接受性乐观的期望，足可以补偿或减少拒绝带来的痛苦（Murray et al., 2006）。因此，其控制系统将增进亲密关系作为优先选择的目标——系统准备去感受接受性，对可能受到的伤害发出极弱的信号，驱动个体增加亲近和相互依赖行为，这使得个体能从关系中体验到更多的安全感。总之，当面临亲密关系中的风险情境时，高自尊者比低自尊者更可能选择并实现增进亲密关系，与伴侣保持亲密和依赖关系这个目标；而低自尊者则倾向于选择、执行自我保护的目标。

（三）亲密关系中的暴力

在关注亲密关系中的积极行为的同时，也有许多研究者对亲密关系中的消极行为（如冲突、暴力、虐待等）感兴趣。目前，研究者们试图从亲密关系中的个体特征，如认知加工能力、个性特征，甚至心理失调等角度来解释这些消极行为和问题。例如，菲特（Fite）等人（2008）以道奇（Dodge）的社会信息加工模型为框架，考察社会信息加工能力在亲代夫妻关系冲突与子代恋爱关系冲突之间的中介作用。SEM分析结果显示，在其所考察的四个社会信息加工阶段（编码、敌意归因、攻击反应的生成、积极评价攻击反应）中，只有攻击反应的生成和积极评价攻击反应两个阶段存在显著的独立中介效应。这说明合理探究子代生成亲密关系中的行为反应和有效评价其反应的潜在后果这两种能力，可以帮助我们部分地解释亲密关系冲突的代际传递现象。

但是，这一研究主题下的更多研究是从个体的个性心理特征方面考察导致亲密关系失调的原因的。例如，摩尔（Moore）等人（2008）考察了个体的性别角色压力对亲密关系中暴力现象的影响，发现那些经常在亲密关系中表现出暴力行为的男性，在性别角色压力量表上的各项数据对针对亲密伴侣的各种暴力犯罪都有显著的预测作用。对五种具体性别角色压力因素的分析表明，它们对不同形式的伴侣攻击行为的预测作用不同，其中，工作失败和性生活不和谐带来的性别角色压力能够预测心理攻击，身体健康但不够温柔带来的性别角色压力能够预测施暴者对伴侣的性强迫行为，智力不足带来的角色压力与对伴侣的身体伤害相关。但这个研究没有发现哪种角色压力可能引起亲密关系中的暴力行为。

在通常情况下，亲密关系中暴力行为的发生都有一定的外部条件或者诱因（如酗酒、赌博等），那么，这个外部的诱因和个体个性特征究竟哪一个在出现暴力行为中的作用更大？法尔-斯图尔特（Fals-Stewart）等人（2005）在其研究中分别考察并比较了那些参加家庭暴力矫治计划和嗜酒治疗计划的男性的反社会人格障碍在饮酒和针对女性伴侣的暴力行为之间的中介作用。对这两个样本来说，在没有被诊断为反社会人格障碍的被试中，酗酒可能增加轻微到中等（未达到严重程度）的针对伴侣的暴力行为；但具有反社会人格障碍的被试无论是否饮酒都会出现中等程度的针对伴侣的暴力行为。与那些饮酒但未被诊断为反社会人格障碍的被试相比，被诊断为反社会人格障碍的男性的饮酒行为与严重的暴力行为之间具有更强相关性。法尔-斯图尔特等人在这些结果的基础上，提出醉酒和攻击性的多阈限模型，认为导致亲密关系中暴力的关键因素是个体的反社会人格障碍。

围绕亲密关系中的暴力这一主题的研究，大多聚焦于施暴方，考察施暴者的各种心理特质。但也有少数研究者将目光集中在受害者或受虐方（通常是女性）身上，发现她们多数表现出焦虑和抑郁等症状，并在暴力干预计划奏效之后离开配偶或者恋人。因此，研究者和临床工作者较为普遍地接受个体心理机能失调与重要关系（如亲密关系）失调有关。然而，福雷罗（Forero）（2005）的研究发现，一些受虐者在屡次受到伤害（甚至是严重伤害）之后，仍然毫无畏惧地再次回到虐待自己的伴侣身边。这些"无所畏惧"的受虐者被诊断为"分裂"。分裂是个体内心的无意识防御机制，在临床上表现为不能同时体验正负两种情感、自尊水平不稳定、冲动、情感阈值范围过大。在亲密关系中分裂的个体经常表现出关系不稳定、幸福感快速变化等问题（Siegel, 2006）。

这种分裂源于儿童早期的创伤（如被虐待、情感上被忽视），如果在初期加强对儿童的保护，可以降低儿童内心过多的敌意。若分裂在儿童情感发展的过程中继续存在，则可能导致儿童不能接受自己和他人的优点和缺点共存，并与缺点和坏的一面保持理想距离。因为分裂若要起作用，必须首先歪曲现实，所以，分裂的个体在经历和回忆某个情景时，会先后出现理想化和贬低两种防御机制，在社会信息加工过程中过滤掉引起心灵冲突的主要信息。这样，在"全好"的情景中，冲突被最小化或避免，好处被最大化。而"全坏"的情景记忆中充满消极互动，个体最终无法忍受、无法超越冲突。所以，分裂患者总是生活在快速变化的、不稳定的幸福感体验中。这种有关分裂机制的阐述，得到了认知理论研究的支持。在基于认知理论的分裂模型中，好的和坏的经验被不同的图式进行编码。图式的任何一个成分都能激活整个图式，激发其影响当前事件的力量。因为支配图式将决定个体注意什么、如何加工、赋予对象怎样的意义、激发怎样的情绪，那些分布在"全好"或"全坏"半球上的图式，让这种剧烈的摇摆和震动不断发生。一个被激活的"全坏"图式，可能迅速产生对目前正在进行的人际互动事实的歪曲感知，从而倾向于对细微的刺激做出过分的、消极的反应。

分裂还可能导致多种人格障碍。个体病理学研究表明，儿童期具有这种障碍的女性，在成年后遭到攻击、家庭暴力、乱伦、信贷危机的可能性较高

（Links, 1992），尤其与成人的虐待伴侣有关（Goldner, 2004）。福雷罗（2005）的研究结果显示，那些有创伤的女性可能出现自我怀疑、自责、情感分离和其他一些内化了消极自我的表征，正是情感的分离和否定让她们"忘记"了曾经遭受的虐待和经历的痛苦，而毫不畏惧地多次回到虐待者身边。

西格尔（Siegel）（1998）在临床心理治疗及人际关系的心理病理学研究的基础上，提出将研究视角从个体人格障碍转移到亲密关系的动力学特征上，并重点关注夫妻或恋爱双方的人格障碍与关系障碍之间的联系。早在20世纪80年代就有临床心理治疗师提出了一些传统治疗策略对之不起作用的"问题夫妇"的独特特点（Solomon, 1985），如逃避现实、互动中存在特殊的动力学特征、双方或者一方为受虐狂等。他们的动力学特征表现为不能容忍与配偶的"分离"，在解除关系的威胁、对分离的恐慌和幼稚的依赖之间不停地进行无序转变。研究者指出亲密关系的依赖性和其与儿童时期家庭关系的相似性，激活了这些患者儿时被虐待的记忆，引起了一些未能解决的情感问题，它们在亲密关系中被重新创造（Maltas & Shay, 1995）。

西格尔（2006）在特殊的人际关系模式以及涉及分裂、否定、投射等防御机制的互动现象的基础上提出了一个模型，认为双方都为人格分裂的夫妇或恋人，经常抱怨自己像走在蛋壳上一样，永远都不知道幸福体验什么时候会突然变成灾难，因为他们与伴侣之间的亲密、关怀可能很快就会被侮辱、疏远所取代。于是，这种夫妇逐渐学会逃避可能带来冲突的领域，以保护片刻的平静。当"全坏"图式被激活以后，先前那些被最小化或者被否认的问题突然变得格外重要。这种情况下，夫妻双方都认为对方有愧于自己。双方的支配图式可能导致夫妻双方以不同方式回忆起同一个事件，所以双方会认为对方在撒谎。通常，对同一事件的不同描述、有分歧的记忆和认知评价，会让亲密关系中的双方迷惑，增加对彼此的不信任和不容忍。

除了做出理论上的阐述，西格尔还编制了用于测量分裂型夫妇分裂程度的工具。这一工具曾被用来区别正常夫妇和受虐狂夫妇，结果表明，被临床诊断为虐待狂和受虐狂的夫妇，在该量表上的平均得分显著高于正常组夫妇的得分（Siegel & Spellman, 2002）。福雷罗（2005）用这个工具测量那些被丈夫虐待而又多次回到丈夫身边的女性的分裂状况，结果发现，这些女性在分裂量表上的得分，与那些由法院裁定需要接受治疗的虐待伴侣的男性以及临床诊断为虐待狂的男性的得分相似，都显著高于正常群体。

在分析了存在亲密关系问题的个体的人格特征与其存在的伴侣关系问题之间的关联后，研究者提出分裂存在代际传递现象，这种传递最终不仅仅意味着个体心理机能失调的传递，更表现为家庭功能失调的传递（Siegel，2006）。这种观点得到已有实证研究的支持，例如，多个研究指出施暴和受暴女性的儿时经历很类似，都是其父母亲密关系中暴力行为的受害者，或者在儿童期经受过身体虐待（Samuelson & Campbell, 2005）。同时，在福雷罗（2005）的研究中，70%的受暴后又多次回到施暴丈夫身边的女性都报告自己儿童期曾被虐待，50%以上的人原生家庭存在暴力，38%的人在儿童期遭受性虐待。

将"分裂"和"分裂型夫妻"的概念引入亲密关系研究的重要性，主要表现在治疗和分类上。以往亲密关系问题已经引起家庭心理治疗和个体心理治疗领域研究者的关注，但两类研究者分别将问题定义为家庭功能失调或者个体人格障碍（更多被看作后者），而以上有关夫妻双方存在分裂特征而产生的亲密关系问题，则将个体的心理问题和亲密关系问题联系起来，为亲密关系问题的诊断和治疗提供了新的视角。

此外，还有研究者关注了亲密关系中的权力问题（王浩，俞国良，2017）。亲密关系中的权力是指亲密关系中的一方改变另一方的思想、情感和/或行为，以使其与自己的偏爱相符合的能力或潜能，以及抵抗另一方施加影响的能力或潜能。二元权力—社会影响模型和权力的关系阶段模型是关于亲密关系中的权力的最新理论进展。研究者通常使用自评法、观察编码法和实验操纵法对亲密关系中的权力进行测量。亲密关系中的权力能够对认知、情绪情感、亲社会行为、攻击行为、性行为产生影响。在未来的研究中，应注意从社会关系的角度看待亲密关系中的权力，并探讨亲密关系中的权力与一般权力的关系、亲密程度对亲密关系中权力效应的影响，以及不同关系阶段对亲密关系中权力影响策略的影响。

（四）亲密关系与心理健康

对于夫妻和情侣来说，满意的、有着良好功能的亲密关系对于建立幸福感是非常重要的。幸运的是，大部分夫妻和情侣都是相对幸福的。但即使是幸福的夫妻和情侣，满意度也可能降低。这种满意度对个体来说非常重要，即使与他人相比只是略低，也可能造成不良后果。不幸福的关系会影响个体心理健康。在当前浪漫关系中承受更多压力和具有更低满意度的个体，更有可能达到精神病理学的诊断标准，如特定恐惧症、社交恐惧症、广泛性焦虑障碍、重度抑郁症、双相情感障碍、酒精使用障碍等。

《精神障碍诊断与统计手册（第五版）》指出，每一类精神疾病都是相互区分的。但也有证据表明，不同心理障碍之间有显著的关联。很多研究者认为应该重新考虑精神疾病分类。精神病理学的分类法认为，精神病理症状之间的关联可以通过六个领域来理解，分别是：冷漠（包括极端的外向），敌意外化（包括品行障碍和反社会人格障碍），脱抑制性外化（包括物质使用障碍），思维障碍（包括精神错乱和相关障碍），内化（包括抑郁与焦虑障碍），躯体形式障碍（包括以过度关注身体为中心的障碍）（South, 2023）。

研究已经证实人际压力与随后的精神病理症状存在关联，这种关联可以归因为基因影响、环境影响或者两者共同的影响。基因对精神病理症状的影响是否会随着个体在浪漫关系中的压力或冲突水平变化而变化？从素质—应激模型来看，婚姻压力可能是引发素质压力的应激源。有研究者发现，遗传因素对精神病理内化因素的影响程度会受到关系压力作用的影响。在压力较大的婚姻中，遗传可能性是较大的；而在压力较小的婚姻中，遗传可能性是较小的。这表明基因的影响可能只在压力较大的亲密关系中表达出来。然而，精神病理的素质可能不仅体现在基因方面，还包括情绪或认知方面的风险因素。例如，在有压力的亲密关系中，女性会对潜在威胁有高度的敏感性。另外一个可能的机制是，在有压力或者冲突较多的亲密关系中，由于缺少对方的支持，个体可能会更易受其他生活事件的影响。也有研究表明，情绪调节策略在关系压力与精神病理症状的联系中发挥着中介作用。

总之，婚姻关系在世界范围内普遍存在。但不幸的是，在一些情况下，婚姻可能会是导致双方冲突的原因。在一些婚姻中，个体会逐渐变得有压力感，到达某个阈限之后，这种有压力的关系就会引发精神问题。这种情况更有可能发生在脆弱的个体身上。另一些个体可能具有较强风险防御能力，因而能够较好地应对关系压力（South, 2003）。

（五）亲密关系与社会经济地位

研究者认为，低社会经济地位的个体在亲密关系中会面临特别的困难。相比于高社会经济地位的伴侣，低社会经济地位会使关系中的双方更不容易结婚或更容易离婚。与此同时，低社会经济地位个体的亲密关系，还伴随着更低的满意度、更不良的沟通等严峻的问题（Emery & Finkel, 2022）。但是，产生以上这些问题的原因，并不在于低社会经济地位的个体不珍惜亲密关系，他们同样希望获得满意的亲密关系。

有一种观点认为，社会阶层可以看作一种文化，来自不同社会阶层的个体体验着不同的物质和社会条件，进而塑造了不同的意义系统和自我类型。具体而言，高社会经济地位个体成长的环境更关注自我表达和选择，而低社会经济地位个体成长在更为不确定的环境中，这就导致他们需要重视对他人的回应并注重保护自己，以免被他人利用。而风险调节理论认为，在关系中人们必须决定更优先考虑哪个方面，是与人建立关系但是要冒被伤害或利用的风险，还是优先进行自我保护但是要损害关系亲密度。这也是个体在关系中面临的两难处境，尤其个体在关系中感到脆弱时更为突出。根据上述两个理论，相比高社会阶层个体，低社会阶层个体在关系中更倾向于自我保护，而这会对关系满意度造成损害。

低社会经济地位的环境一般是不确定的、混乱的，而高社会经济地位的环境通常更为安全可靠。因此，低社会经济地位的环境塑造了个体艰难的互依性，即这种环境促使个体在与他人联系的同时，面对不确定、不可控的世界依然保持弹性。相反，高社会经济地位的环境塑造了个体表达的独立性，即这种环境促使个体认为自己是独特的、与他人分离的，感到世界是有秩序的，个体选择是丰富的。从互依性的角度来说，低社会经济地位的个体会更留意与他人的交往，在需要关注他人的环境中感到更为舒适。从艰难困境的角度来看，低社会经济地位的个体更可能察觉出朋友的消极情绪，更能在模棱两可的情境中预估敌意反应，以及更容易怀疑他人。这些都是应对客观环境的适应性反应，低社会经济地位的个体对他人更为依赖，但也承担了更高的被利用和受伤害的风险。

相反，在独立性方面，相比于低社会经济地位的个体，高社会经济地位的个体更倾向于为他们自己做选择，偏好独特性的文化产品，拥有更独立的动机。在表达性方面，高社会经济地位的个体更关注自我表达，并阐述自己认同的方面。这同样也体现了高社会经济地位的个体对生活环境的适当回应，因为高社会经济地位的个体体验着更为稳定、可预测的环境，这种环境让他们可以关注自我，展现个性。

根据上述社会阶层的差异，在社会阶层和亲密关系的关系上可能存在两种相反的表现。一方面，低社会经济地位的个体更倾向于与他人连接，并能够关注他人需要，这是建立良好亲密关系的重要条件。另一方面，低社会经济地位的个体相对更缺乏信任感，有更强的自我保护意识，这给亲密关系带来了挑战。正如我们看到的，低社会经济地位的个体在关系中会体验到更多的挑战，这表明自我保护元素相比于连接元素发挥了更重要的作用。

风险调节理论为理解自我保护怎样影响亲密关系提供了新的视角。该理论指出，在亲密关系中存在这样一个矛盾——任何促进关系的行为都会给个体带来体验情感痛苦和被利用的可能。亲密也意味着脆弱，一个人在关系中与他人越亲近，越有可能被伤害或被利用。因而，避免这种伤害的唯一方式就是保持情感距离。根据风险调节理论，人们在面对关系中的特定情境时，必须决定优先选择自我保护还是促进关系和谐。这种选择基于以下两点：一是个体自身的背景、认知、情感等，例如，个体多大程度上认为他人是值得信赖的；二是情境的内在风险。个体对自我保护和促进关系的优先级排序，将对关系质量产生后续影响，即把自我保护放在优先位置会降低关系质量，将促进关系放在优先位置则会提高关系质量。低社会经济水平的个体自我保护和坚韧的倾向，提高了他们在亲密关系中自我保护的倾向，进而损害了亲密关系。当感受到关系的脆弱性时，个体自我保护的倾向会增加。

综上，研究者假设，相比于高社会经济地位的个体，低社会经济地位的个体在关系中会更注重自我保护，这会对关系满意度产生后续影响。另外，当个体在关系中体验到脆弱性时，低社会经济地位会对自我保护及关系满意度产生更大的影响。以下将阐述基于上述假设的几项研究。

在研究 1 中，研究者通过两年的纵向研究发现，低社会经济地位的个体会低估伴侣的承诺水平，而高社会经济地位的个体的评估则是准确的，从而表明低社会经济地位的个体在对关系进行潜在风险评估时会进行自我保护。在研究 2 中，研究者使用横断法，对个体的社会阶层、自我保护和关系满意度进行测量，结果发现，自我保护在社会阶层与关系满意度之间发挥着中介作用，表明低社会经济地位的个体有更高的自我保护水平，这进而对关系满意度产生了负面影响。在研究 3 中，研究者以情侣为被试开展了纵向研究，被试在填完测量社会阶层、自我保护、关系满意度、所知觉到的压力的初始问卷后，还需要完成 14 天的日记，对每天的自我保护情况、关系脆弱性、关系满意度、关系承诺、对伴侣的承诺水平进行评估，并在 6 个月后再次填写测量自我保护和关系满意度的问卷，结果表明脆弱性在社会阶层与自我保护中发挥了调节作用，自我保护又进而对关系满意度产生了影响。

（六）亲密关系与居住流动性

影响个体人际关系体验的一个核心社会生态因素是居住流动性。一些人会出于上学、更换工作、改善生活环境等原因，频繁地搬迁到新的地方，而另一些人则可能在出生地度过一生。伊尔马兹（Yilmaz）等人（2022）认为，个体搬家的经历可能通过凸显长期浪漫关系的中心性塑造个体关系的特点。得出这一论点的主要原因在于居住流动性制约了个体在伴侣之外接触其他社会成员的机会。频繁搬家的人面对的是多样的、临时的友谊网络，而不是稳定居住者所面对的联系紧密的小社会网络，这就导致个体的浪漫关系成为了提供稳定支持和满足需要的首选关系。因而，相比于稳定居住者，频繁搬家的个体会将浪漫关系放在相对优先的地位。

窒息模型的提出，目的在于解释随着时间的推移，婚姻质量发生的变化以及这种变化对个体幸福感的影响。这一模型认为，现在人们对于婚姻的期待与过去人们的期待存在差异。如今，婚姻与经济利益、家庭生产、个人安全、社会可接受性等的关联程度逐渐降低。在当代的婚姻中，个体期望他们的伴侣能够满足自身实现论的需要，例如自主性、意义感、自我成长、自我实现等，这就使得伴侣在心理层面对对方的生活更为重要。这体现在近20年来，个体更加关注能够向伴侣倾诉重要的事情、建立深度的情感联结、提升个体幸福感。根据这一模型，配偶的中心性的凸显是与非婚亲密他人接触的减少相伴随的。

这一模型表明，婚姻功能的转变对配偶提出了更高的要求。配偶要能够对对方的需要和目标有深刻的认识，并且能在行为上支持对方，这个过程可以被称为"回应性"。因此，像回应性这样的关系过程，就比以往更能够对个体幸福感发挥预测作用。这一模型还表明，尽管人们期望配偶能够成为自己的首要知己、依恋对象和自我成长的催化剂，但通常情况下，个体很难在关系中投入足够的时间与精力来满足对方的需要。因而，配偶在另一方生活中凸显的中心性，更多地是体现在期待而不是实际的投入上。

在研究1中，研究者检验了浪漫伴侣作为知己的作用。以往研究发现，伴侣承担的知己作用随着时间推移而增大，相比于过去，如今，越来越多的个体将配偶作为自己的核心知己，可能是由于其他人际关系的减少。而对于频繁搬家的人来说，其与自己原有社交网络的联系的减少是更为突出的。因此，研究者假设，居住流动性较高的个体更有可能与自己的伴侣共同研究个人重要事项。

研究2关注了与浪漫伴侣建立深厚情感联结的促进因素。根据依恋的相关理论，我们会与身边的重要他人保持联结，在需要的时候能够寻求他们的帮助，并能够从他们那里获得追求生活目标的勇气，而一旦失去依恋的他人，则会给个体带来深刻的心理和生理影响。研究者假设，居住流动性会提升浪漫伴侣的依恋等级。

研究3关注了浪漫伴侣在促进个人幸福感中的重要作用。窒息模型认为，与一个能够积极回应的伴侣维持关系能够提升幸福感，而与反应迟钝的伴侣维持关系则会损害幸福感。历史或社会生态因素（如高居住流动性）会促进关系中的一方更依赖另一方来满足自己的心理需要。研究假设，知觉到的伴侣响应性对居住移动个体幸福感的影响更大。

（七）"两极分化"的婚姻满意度

关系科学是一门蓬勃发展的学科，但它并没有充分地说明婚姻质量与心理幸福感之间的关联为何随着时间推移而变得更强。从日常感受来看，糟糕的婚姻对人们幸福感的损害比以往更大，美好的婚姻对人们幸福感的促进作用也比以往更强。根据前文提到的窒息模型，要想理解这一现象，需要首先回答一个基本问题，即人们最初为何要结婚。一个答案是人们将婚姻作为一个终点，但更深层的回答是人们通过婚姻来获得确定的需要和目标，例如感到安全、表达爱意等。窒息模型在这一观点的基础上整合了婚姻变迁的历史和社会因素，以及人类动机的本质和重要他人在个人目标追求中所扮演的角色。这一理论认为，婚姻制度的历史变迁与马斯洛需要层次理论从下向上发展的轨迹相类似，在不同阶段满足了人们的不同需要，而这对婚姻质量有很大的影响。

芬克尔（Finkel）等人（2015）回顾了美国婚姻关系的发展史，将其划分为三个主要的时代。

1776年至1850年为制度时代，大部分美国人生活在农业社区。家庭是经济生产的单元，而正式的社会制度是落后甚至缺失的。婚姻的首要功能是通过家庭的作用直接或间接地帮助双方满足食物生产、居住、防止遭遇暴力等需要，对应马斯洛需要层次理论的生理需要和安全需要。

1850年至1965年为伴侣时代，在这一时代，越来越多的美国人生活在城市，并走出家庭成为领取工资的劳动者。与此同时，美国开始变得更加富裕，社会制度也更为完善。工业经济一般对男女有不同的分工要求，丈夫更多参加社会劳动，而妻子更倾向于家务劳动。由于基本的生理需要和安全需要更容易得到满足，婚姻的情感功能逐渐突出。它的首要目的是使婚姻双方满足爱与被爱的需要，体验浪漫激情，这对应的是马斯洛需要层次理论的归属与爱的需要。

1965年至今为自我表达时代，这一时期，美国人更加强调自我探索、自我表达以及真实性。人们仍然通过婚姻来满足归属与爱的需要，但更加关注自尊、自我表达、个人成长等需要的实现，对应马斯洛需要层次理论中的尊重需要和自我实现需要。

一些人会认为，相较于过去，人们对于婚姻有了更多期待。但根据窒息模型，人们对婚姻期待的总量并没有发生变化，但期待的本质发生了变化，即期待更少的生理需要和安全需要，而期待更多的尊重需要和自我实现需要。这种变化导致平均水平的婚姻关系变得令人更不满意了，但好的婚姻关系变得令人更加满意了。

人们需要认识到，建立一个能满足双方更高层次需要的婚姻，相比建立一个能满足较低层次需要的婚姻是更为困难的。很久以前，在干旱时期获得充足的食物或者在冬季保持温暖都不是一件简单的事，而完成这些并不需要爱的联结或者对对方的心理本质有深入的洞见。相反，这些因素对于期望能在婚姻中达到自我表达目标的当代伴侣来说是至关重要的。更高水平的需要有着突出的个体差异，并且这种需要比低层次需要更独特。配偶能提供满足对方独特需要的支持能力，而不是通过形式上的支持，对对方达到自我表达的目标是至关重要的。对于相互了解的强调，意味着在关系中投入时间和精力，这在现在比以往更为重要。因此，能够满足以往时代配偶和婚姻期待的付出，在当今社会就不那么足够了。

然而，这一问题在残酷的文化扭曲下变得更加严重，美国人越来越注重通过婚姻满足高级心理需要，与此同时，他们却在婚姻中投入越来越少的时间和精力。理论上，人们可以通过提高有限时间中的陪伴质量来弥补陪伴时间的减少。窒息模型认为，满足配偶需要的关键因素可能并不是投入的时间本身，而是"带宽"，即能够让我们关注某个任务的认知或心理资源。但不幸的是，能够用于婚姻的"带宽"同样是减少的。人们较以往感到更多的压力，并且感受到越来越多的信息负载，也受到多重任务和随时被打扰的影响。总之，人们越来越注重通过婚姻满足自己的高级需要，而这需要很强的滋养型关系，但实际上，这种滋养的关系很难实现。

尽管婚姻的平均质量变得令人更加不满意了，但好的婚姻变得令人更加满意了。相比于低级需要的满足，高级需要的满足能引发更令人向往的主观结果，例如更高水平的幸福感、宁静感、内心的富足感等。窒息理论认为，当个体希望通过婚姻满足自身需要时，平行的效应会同时发生。在其他条件相同的情况下，高级需要的满足比低级需要的满足带来的积极效应更强。因此，当人们对婚姻的期待从低级需要转变成高级需要时，婚姻满足心理需要的程度就成了更好预测婚姻质量的因素。这也就解释了为什么婚姻质量与个人幸福感的关联会变得越来越强（Finkel et al., 2015）。

7.3 亲密关系研究的发展特点与发展趋势

亲密关系研究经历了半个多世纪的发展，已经从最初的研究主题、研究现象，成为一个目前相对独立的研究领域。这个领域中的实证研究，也从最初关注亲密关系形成和关系中个体的外显行为，转向对行为背后的心理过程、个体心理特征对关系影响的考察。在这个发展过程中，亲密关系研究表现出如下一些明显的发展特点和发展趋势。

第一，研究现象的特异性增强。早期的亲密关系研究的结果（如空间位置的接近增进交往等），大多可以应用于友谊关系、熟人关系等普通人际交往中。而进入 21 世纪后，该领域的研究揭示出很多亲密关系，尤其浪漫关系或婚姻关系中所特有的现象。例如，阿格纽（Agnew）等人（1998），以及伯里斯（Boris）和伦佩尔（Lempel）（2008）的研究表明，对浪漫关系的承诺与个体自发使用复数名词"我们"有关，若个体更将自己和伴侣感知为一个整体，显示出强烈的关系中心倾向，此时个体的自我表征呈现出一个集体的"我们"，与伴侣有更多的身体接触，对于来自外界的身体威胁的自我保护反应较差，通常不能将自己和伴侣作为两个独立的个体思考。这种与亲密关系有关的认知变化在亲密的友谊关系中是微弱而不显著的，是浪漫关系所特有的。

第二，个体心理特征对亲密关系的影响成为研究重点。亲密关系研究始终围绕个体与亲密关系之间的关系展开，在 20 世纪之前，研究的重点是亲密关系作为一种特殊的人际背景，如何影响人们的心理过程，例如亲密关系中的印象管理，因关系发展阶段不同而表现出不同的管理目标。后来的研究在此基础上加入了个体心理特征可能对亲密关系中的心理过程或行为过程产生的影响，例如，自尊（Murray et al., 2008）和依恋类型（Sharpsteen & Kirkpatrick, 1997）就是经常出现的两种个体特征。这类研究在以往研究的基础上，增加了一些影响因素或者调节变量来限制先前研究结果的适用范围，也能够成功地解释以往同一主题中相互矛盾的研究结果。

第三，引入社会心理学中的一般理论模型解释亲密关系中的特殊现象。既然亲密关系被视为一种特殊的人际互动现象，研究者们也就很自然地将一般人际交往中的理论模型应用到亲密关系的研究中。例如，近年来出现许多以趋避冲突为核心的理论模型，来解释亲密关系中出现的个人困境和人际困境。如前文介绍过的支配亲密关系中牺牲行为的趋近和逃避动机、亲密关系中的风险管理等都采用这种研究范式。再如，将社会比较理论应用在亲密关系中，比较与伴侣亲密程度不同的个体在与伴侣进行向上的和向下的比较时的心理感受（Lockwood et al., 2004）。该研究也发现了亲密关系中特有的现象：当个体将伴侣作为其自我概念的核心方面时，个体与伴侣做向上的社会比较，能给个体带来积极的情绪体验。

第四，研究设计更加精细，研究的问题更为具体。亲密关系研究主题越来越具体，所针对的被试越来越特殊，如分裂型夫妻、亲密关系中的抑郁个体等，由此提出的模型也越来越具体。虽然这样的模型增强了理论的应用性和指导性，但这种具体而精细化的研究容易导致对这一领域的一些普遍的、核心的问题的忽视，如亲密关系对个体行为模式的影响、亲密关系的发展历程等。这些研究主题大多属于行为层面，与日常生活中的亲密关系问题息息相关，应该得到积极关注。

第五，性关系开始作为影响亲密关系的重要变量出现。虽然性关系是亲密关系中的重要内容，但是早期亲密关系研究对此很少涉猎。随着研究的深入，一些研究开始将性关系、性目标、性满意度、性欲望、情爱与性爱等纳入正式的研究变量中。例如，冈萨加（Gonzaga）等人（2006）区分了亲密关系中的情爱和性爱的不同功能、相对应的不同交往目标，提出并验证了两种交往目标支配下的交往行为、情绪状态、非言语行为等存在显著差异的研究假设。

7.4 小结与展望

综上所述，亲密关系研究领域历经半个多世纪的发展而愈趋成熟，形成了该领域独特的研究主题。虽然目前亲密关系的研究较为繁荣，但我们也要看到，亲密关系研究领域在基本研究范式上还没出现大的突破，大多是沿用社会心理学中较为经典、成熟的理论模型和框架，而没有这个领域独特的研究范式。

虽然我们看到实证研究中的研究设计越来越精巧、涉及变量越来越丰富，但多数研究都没能从理论高度清楚地说明这些变量之间存在必然联系，这可能导致新的研究只是在原有的变量基础上增加了一个中介变量或者调节变量，为研究结果规定了一个具体的适用范围，而并没有研究结论和理论上的重要突破。研究选题的细腻化、研究设计的精细化倾向，能帮助我们发现亲密关系中的一些有趣现象，但也容易遮蔽这一领域中的核心问题和发展方向，让这个研究领域被众多过于精致的实证研究所充斥和淹没。

第 8 章
群体心理的研究热点和发展趋势

群体心理研究一直是社会心理学研究的核心内容。群体心理不能仅仅通过考察个体来理解。不考察个体心理发生的群体背景，也无法完全理解个体心理。因此，群体过程和心理既是社会心理学体系中的独特内容，又贯穿于整个社会心理学体系。由于每个人都工作和生活在各种群体之中，所以对群体心理的研究更有助于指导群体干预的实践，所以在各应用社会心理学分支（如组织行为学、军事心理学等）中居于重要地位。从社会心理学发展的历史背景来看，群体心理研究虽然在 20 世纪 50 年代中期之后经历了一个低谷期，但 80 年代末后进入了新的蓬勃发展时期。《群体动力学：理论、研究和实践》（*Group Dynamics: Theory, Research and Practice*）和《群体过程和群际关系》（*Group Processes & Intergroup Relations*）是专门研究群体心理的专业杂志，分别于 1997 年和 1998 年创刊，表明群体心理研究受到了更广泛的关注。

8.1 群体心理研究的发展历史

群体心理研究的发展大致与社会心理学的发展同步。在现代社会心理学作为学科确立之前，作为其直接来源的德国民族心理学和法国群众心理学都以研究群体现象为核心内容。前者主要是人类学的心理学，重视对民族心理的研究，认为在个体心理层面之上存在"集合心"；后者主要是社会学的心理学，认为集体意识大于个体意识之和，并提出了"集体表征"（collective representations）的概念。可以看到，两者都将群体心理作为区别于个体心理的独特心理现象。勒庞（Le Bon）的研究发现，个人在群体中容易失去个性，变得盲目冲动，甚至产生反社会行为，表明群体作为背景，对个体心理和行为具有重要的影响。这一时期的群体研究以经验研究为主，实验研究很少。

虽然特里普利特（Triplett）早在1897年就用实验的方法，研究了人们在一起骑自行车时产生的社交促进现象，但对群体心理系统的实验研究是从20世纪30年代开始的，其热度一直持续到第二次世界大战前夕。各种激动人心的研究计划的实施，多种研究方法（如社会互动观察法）的运用，预示着群体研究作为一个新的研究领域的产生。例如，谢里夫（Sherif）利用似动现象对群体规范形成的研究、勒温等对群体领导风格如何影响儿童攻击行为的研究等，都产生于这一时期。卡特赖特（Cartwright）和桑德尔（Zander）（1968）指出，这一时期群体研究获得蓬勃发展的主要原因是：（1）人们相信科学研究能够解决社会问题，许多组织愿意资助群体研究；（2）团体咨询、商业管理等多种与管理群体相关的职业实践需要关于群体研究的成果；（3）社会科学家认可群体心理的"实体性"，以及其研究的价值，并为群体研究提供了方法和技术。

群体研究的发展在20世纪40年代呈现短暂的下降趋势，但随即在二战以后直到20世纪50年代中期，得到迅速的发展并主导了整个社会心理学的研究。这一时期，群体研究在理论、实证研究和研究方法上都得到了较快发展。理论上，费斯廷格的社会比较理论、蒂鲍特和凯利的社会交换理论都是对群体研究产生重要和持续影响的理论，在整个社会心理学领域有举足轻重的地位；实证研究上，多伊奇（Deutsch）对群体冲突的研究和阿施的从众研究都在各自的领域中提出了经典问题，建立了主导研究范式；研究方法上，贝尔思（Bales）提出了分析互动过程的方法，将群体中的人际互动过程编码为12种行为类型，为相关研究提供了量化的方法基础。当时，似乎每一个社会心理学家都在研究群体，所有社会心理学杂志都刊登了大量关于群体研究成果的文章。

然而，在20世纪50年代中期至80年代末期，群体研究经历了一个衰落期。维滕鲍姆（Wittenbaum）和莫兰德（Moreland）（2008）总结了衰落的原因:(1)研究结果累积的速度远远超过了理论形成的速度,理论指导的缺乏使研究者不知道如何继续进行研究;(2)研究者与实践领域间的密切关联趋于瓦解,在双方独立的情况下不能有效地对群体进行研究;(3)对成本和效益的分析使研究者失去了兴趣;(4)群体研究的内容是对社会现实的滞后反映,20世纪40年代的社会冲突促进了50年代群体研究的繁荣,50年代社会冲突的减少导致60年代群体研究的衰落。这里的前三种观点都具有一定的道理,但第四种观点没有得到量化综述研究的支持。

20世纪80年代末以后,群体研究重新获得了社会心理学家的重视,进入一个新的繁荣时期。不过在研究内容上,群际关系这一主题迅速成为群体研究的重点内容,而一度作为群体研究核心的群内过程则被主流社会心理学的研究者所轻视。产生这种现象有两个相互联系的原因,即欧洲社会心理学(尤其是社会认同及社会分类理论)的影响和社会认知理论及方法在群体研究中的应用。尽管如此,群内过程的研究并没有消失,而是得到了组织心理学等应用社会心理学领域研究者的重视。因此,像社会心理学的整体发展趋势一样,群体研究同时朝着基础和应用两个方向发展,但这两个方向并不矛盾。例如,对群体认同和偏见的研究,既受到社会认知研究的影响,成为重要的社会心理学基础研究,又对种族和文化冲突的解决具有重要的应用价值。

纵观国外群体研究的发展过程,实验法等实证研究方法和社会认知等关键研究范式的发展,以及对社会现象和社会实践的重视,是群体研究最主要的两个推动力。由于我国社会心理学发展起步较晚,关于群体心理尚缺少系统的实证研究和原创理论,大多数研究主要是感悟性的经验观察,有关的实证研究大多是在借鉴西方经典理论和研究的基础上进行的探索性研究。不过,理论基础的薄弱并不影响当前学界对群体研究的重视。近年来,组织领域中的群体心理(尤其是团队、领导相关的心理)研究发展迅速,这反映了我国社会实践和应用需求的重要推动作用。同样,基于社会现实的需求,全国各地群体性事件不时发生,这既适用于解释中国人群体心理与行为的基础理论的产生,也亟需得到相关应用研究的支持。

8.2 群体心理研究的对象和内容

社会心理学的研究可以分为个体过程、人际过程、群体过程。群体心理研究属于研究群体心理现象的社会心理学分支。群体是与个体相对的概念，我们可以把群体看作具有一体化程度不同的一群人，成员越少，互动的活动范围越广，互动的时间越长，将来进一步交往的可能性越大，群体的一体化程度越高。例如，家庭群体比同学群体的一体化程度要高得多。传统的心理学取向的社会心理学对群体的研究，主要关注以实验方法为主的小群体研究，即能够面对面充分互动的群体的研究。理论上来说，两个人也是一个群体，但两人群体与三人群体在很多方面存在差异。比如，三人群体中的很多现象在两人群体中并不存在，如结盟、多数和少数影响、第三方调解等。除小群体外，有时群体也指包含人数很多的大群体，成员之间不能充分互动甚至互不认识。当前，以社会分类为基础的群际关系研究处理的就是这种类型的群体中的相关问题。比大群体更宏观的群体涉及组织、社会以及文化层面，但心理学取向的社会心理学主要关注处于这些群体性背景中的个体的心理与行为。

俞国良（2006）将群体心理研究分为三个方面：（1）群体过程和群体行为，指群体特有的心理和行为现象及过程，包括群体的类型、目标、规范、性质和效应，以及群体的内聚力、群体的心理气氛、群体的合作与竞争等研究内容；（2）群体对个体的影响，指群体作为个体行为发生的背景对个体造成的影响，包括从众、社会助长、社会惰化、去个性化等研究内容；（3）文化与社会心理，指文化和社会因素对人类心理与行为的影响，包括文化变迁对人格的影响，民族心理、民族性格对个体的影响，以及种族偏见、种族歧视对战争与和平的影响等研究内容。这种划分简洁而清晰，包含的内容也比较全面。其中，第三个方面包含了群际关系的研究以及更具社会学含义的社会心理方面的内容。

另一种划分群体心理研究的方法是按照群体研究的主题内容划分。由于心理学取向的社会心理学主要关注小群体的研究，因此，莱文（Levine）和莫兰德（1990）对小群体研究的划分基本可以概括群体研究的内容。他们将群体研究分为群体构成，群体结构，群体绩效，群体中的冲突，群体生态学五个方面。莫兰德等人（1994）在此基础上又增加了第六个方面——群际关系。在这六个方面中，对群体绩效、群体中的冲突和群际关系的研究是最多的。

群体构成的研究涉及构成群体成员的数量和类型。这个领域的研究较少，可以分为三部分：（1）群体构成本身的研究，如群体规模和成员组成类型，前者指群体成员的多少，后者指群体成员在性别、年龄、能力、观点以及人格等方面的不同。（2）群体成员特征分布的测量研究，通常使用平均数、比例等集中趋势或差异性来测量。例如，根据某种成员特征的分布把群体分为同质性群体和异质性群体。有时也用特殊的结构方法考察群体特征更复杂的组成。（3）群体构成效应的分析，有的研究者把群体构成视为其他社会和心理活动过程的结果；有的研究者将群体构成看作形成其他心理现象的背景，考察群体构成对其他群体现象的影响，此时的因变量往往是个体变量，如家庭对儿童智力发展影响的研究；有的研究者将群体构成作为影响群体结构、群体动力以及行动的原因，如群体构成对群体绩效或群体内聚力的影响，此时的因变量往往是群体变量。

群体结构指定义成员间相互关系的框架。群体通常能在很短的时间内形成一定的结构，并且具有一定的稳定性。群体结构有多种形式，主要包括身份系统、规范、角色和内聚力。身份系统涉及群体成员的影响模式。例如，地位高的成员比地位低的成员在沟通中更经常地批评、命令和打断他人，与他人有更多的目光接触，做出更多的身体侵扰行为。规范是群体对成员行为举止的预期。例如，一个青少年朋辈群体对成员在着装、听音乐和饮酒等方面会有一定的要求。角色涉及对行为的预期，但只针对某个特定的人，如群体通常希望新成员这一角色是被动、依赖和服从的。内聚力指群体成员凝聚在一起努力实现群体目标的心理结合力，高内聚力的群体成员有很高的认同感、归属感和动力感，但内聚力高并不意味着群体绩效一定很高。此外，群体的社会网络、情绪气氛和群体文化也是群体结构研究的内容。

群体绩效指群体成员努力生产与所有成员都有利害关系的联合产品的过程和结果。该领域主要包括群体决策、群体效力、领导过程。群体决策指群体成员在各种议题上达成一致协议的过程。有的研究关注群体如何形成最后的决策，如群体的决策是受大多数人的影响还是更符合事实；有的研究考察群体决策的质量，即群体决策是否优于个体决策，如群体决策是否会更冒险；有的研究探讨改善群体决策的方法及其效果，如头脑风暴的成效。群体效力是指群体在生产可用外在标准衡量的有形产品时的表现。有的研究关注群体共同工作时可能产生的缺陷，如群体作业容易产生过程损失和动机损失；有的研究考察群体效力的使用机制（如共享心智模型），并致力于发展相关的技术来改善群体效力，如团队发展和质量圈技术。可见，群体效力的研究主题主要体现在组织领域，所指的群体往往是团队。领导过程考察群体领导如何组织和指导群体活动以影响群体的绩效，该领域主要关注领导的有效性，包括考察领导本身的素质和行为、领导与部属的关系以及下属对领导的知觉三方面。

群体中的冲突发生在群体成员具有不同观点、目标或价值的条件下。这个领域的研究主题主要包括社会困境、谈判、结盟、观点分歧、权力等。社会困境涉及在分配稀缺资源时个体短期利益与群体长期利益之间的冲突，如果每一个群体成员都追求个人利益的满足，群体利益将不复存在。谈判研究关注不同目标的两个人如何消除彼此的差异。结盟研究考察一个人在说服其他成员成为自己的盟友之后，他们如何共同征服他人。观点分歧研究主要指群体中的社会影响研究，早期对从众的研究关注的是多数成员影响少数成员，现在也关注少数影响多数的问题。权力指影响他人的能力，权力差异在冲突解决中具有重要的作用，权力大的一方往往用压迫的方式对待权力小的一方。在群体冲突的各种研究问题中，研究者关注最多也最具有群体心理特征的问题是社会困境和观点分歧。

群体生态学关注群体运作所发生的物理环境、时间环境和社会环境对群体产生的影响。物理环境的研究主要包括社区、大学宿舍和监狱等场所的拥挤状况对群体心理的影响，比如拥挤产生压力、导致较差的工作成绩和引发冲突等；另一种物理环境是极端的工作场所，如外太空、水下和战场等，这些环境中的群体往往具有强有力的领导力、较强的内聚力和较高的从众压力；关于物理环境的研究还关注办公室环境和计算机技术环境对工作群体的影响。时间环境主要指群体发展的程度，研究者关注群体状况是否随着时间的进程而改变,以及不同发展程度的群体对其他群体现象的影响。有些研究者关注群体的形成和解体,也有研究者关注时间压力对群体的影响。群体社会环境的研究关注群体与其所在组织利益的平衡、群体所在的文化背景差异、共享相同成员的群体问题,以及群体如何受到与其有各种关系的群体外人员的影响。

群际关系指两个或多个群体之间的关系或不同群体的成员之间的关系。不同群体成员之间的关系研究与一般的人际互动研究的区别是,前者关注个人所具有的群体成员身份对互动的影响,而后者更强调互动中的个体不同于他人的独特性。群际关系研究的主题包括群体间的态度与偏见、群体间的歧视与冲突,以及减少群体偏见和改善群体冲突的方法。群体的刻板印象、偏见和歧视是社会心理学家理解、研究群际关系的三个主要概念。它们分别强调基于群体分类性质而指向某一群体或其成员的认知、情感和行为成分,里面隐含着"刻板印象产生偏见进而产生歧视行为"的因果逻辑链。毫无疑问,群际关系的研究是社会心理学与政治科学联系最紧密的部分,这一领域的研究者非常关注如何减少种族、文化以及国际冲突等现实问题。社会接触假设和群体成员的多样性是研究者讨论较多的与社会和谐相关的主题。

8.3 群体心理研究关注的研究热点

从群体心理研究的几大方面来看,对群体构成、群体结构和群体生态学的研究较少,对群体绩效、群体中的冲突和群际关系的研究较多。本节主要总结西方 20 世纪 80 年代末期以后群体心理研究关注的主要问题,对群体心理研究问题的描述并不以面面俱到为目标,而是旨在提炼主导和热门研究课题,从而以点带面地介绍目前群体心理研究的现状。

(一)群体构成的多样性

一般情况下,群体构成具有同质性和稳定性,但社会发展尤其是工作环境的变化使群体成员越来越多样化,其构成也越来越不稳定。因此,群体的同质/异质性(尤其多样性)成为群体研究的重要内容。研究者主要通过社会分类和信息加工两种视角分析群体构成对群体过程和绩效的影响。社会分类的视角认为群体成员之间的差异将形成基于相同特征的次级群体，人们更喜欢自己所属的小群体，不愿与外群体合作。因此，群体成员的多样性会阻碍群体的良好运转（Williams & O'Reilly, 1998）。信息加工的观点认为群体成员的多样性可以为群体带来不同的知识、功能、信息和观点，促进群体产生高质量、有创造性的工作成果（Van Knippenberg et al., 2004）。可以看出，社会分类视角的研究注重群体中的人际关系，信息加工视角的研究重视以工作任务为核心的群体绩效，两者存在很大差异。而且，大量研究的结果也互相矛盾。因此，当前的研究正趋于整合，着重考察影响多样性效应的调节变量。此外，研究者对多样性的构思也从简单的人口学变量转向更复杂的深层心理变量，并且同时考察多种特征的构成效应。

群体构成多样性方面的研究大多将群体构成作为影响其他群体过程的因素，并且主要关注工作中的群体。近年来，关于群体构成的研究也有新的发展，尤其是莫兰德等人（1996）提出的群体构成效应的一般模型。该模型试图回答群体构成的三个主要问题。第一个问题，哪一种成员特征最重要？这取决于特征的凸显性，即群体成员是否容易想到该特征，如种族特征比人格特征更具有凸显性。第二个问题，哪个成员对群体的影响最大？能见度高（即其他成员更易注意到某个成员的特征）的成员。例如，经常参加群体活动，或者在群体中有较高的地位、资历较老的成员能见度较高。第三个问题，群体成员的不同特征如何共同影响群体？加法效应比交互效应更常产生影响，但这会受到社会整合（social integration）的影响。社会整合指群体成员像一个群体而不是个人一样感受、思考和行动的过程。随着社会整合程度的提高，简单的加法效应逐渐被更复杂的交互效应所取代。该模型具有较强的说服力，为整合群体构成的研究提供了有益的理论支持。

（二）群体决策

早期研究主要探讨各群体成员的个人偏好如何结合成群体的一致选择，陪审团决策和群体极化是备受关注的问题，这种群体偏好的研究一直持续至今。然而，随着群体逐渐被看作信息加工系统，近来群体决策的研究更关注信息而不是偏好，偏好是二分变量，信息则是连续变量。斯塔瑟（Stasser）和泰特斯（Titus）（1985）提出了共享信息和非共享信息的研究范式：在群体讨论前，提供给群体的所有成员的信息，被称为共享信息；有些分别提供给团队中的某一个成员的信息，被称为非共享信息。他们发现群体花大部分时间讨论共享信息，而个别成员单独掌握的非共享信息很少被讨论。因此，当非共享信息对理性决策具有决定性作用时，群体决策的结果往往是不理想的。这与群体可以集思广益的一般认知相反，并触及了群体决策研究的核心，即群体决策是否优于个人决策，从而引起了广泛的关注，共享信息和非共享信息的研究范式也成为被后续研究者继续采用的新的经典研究范式。

从不同角度对群体决策信息加工机制进行的研究支持了斯塔瑟和泰特斯的基本发现，即被群体大多数成员共享的信息对群体决策具有根本性的影响。克尔（Kerr）和廷代尔（Tindale）（2004）总结了产生这一共享信息加工偏差的机制：（1）从群体信息取样的角度，共享信息被讨论的概率更高；（2）达成一致需要使群体封闭对非共享信息的提取和加工；（3）接收和表达共享信息使人感到有能力、有学识和值得信赖的；（4）人们不愿意改变自己已经形成的认知，因此作为新信息的非共享信息很难产生应有的影响。不管具体的机制如何，大多数成员或所有成员共享的内容对群体决策的过程和结果均具有非同寻常的影响。廷代尔和卡梅达（Kameda）（2000）提出"社会共享性"（social sharedness）概念，不仅整合了群体决策关于偏好和信息的研究，还扩展到群体认同、心智模型和元认知等更多的群体领域。此外，研究者提出了众多影响共享信息偏差的调节变量：如果掌握非共享信息的群体成员地位较高或更有经验，将会提高非共享信息的提及率和对决策的影响力（Larson et al., 1996）；强调"批判性"的群体规范比强调"一致性"的群体规范更大程度上提高了对非共享信息的注意力和加工程度（Postmes et al., 2001）；讨论前对可能的选择进行考虑也获得了类似的效果（Galinsky & Kray, 2004）。

（三）群体绩效

早期群体绩效研究主要探讨群体一起工作时产生的过程损失和动机损失（如社会惰化），后来又发现了过程增益和动机增益。对于过程增益，劳克林（Laughlin）提出了"集体奖励效应"（assembly bonus effect），即受到集体奖励的群体能获得比任何个体和个体绩效简单相加之和更高的绩效。研究表明，群体氛围好和凝聚力高的群体总绩效更高（Mullen & Copper, 1994）。此外，群体中的最优成员对群体绩效具有重要的促进作用，不少研究探讨了群体如何识别最优成员（Henry et al., 2002）。对于动机增益，社会补偿（social compensation）和科勒效应（Kohler effect）是近来最受研究者关注的两种现象。当能力高的群体成员将群体任务看得很重要并认为其他人不努力时，该成员将增强工作的动机，额外付出更多的努力，这种现象被称为社会补偿（Williams & Karau, 1991）。当能力低的群体成员感到自己的绩效对群体总绩效尤其重要时，他们将格外努力，这种现象被称为科勒效应（Hertel et al., 2000）。两种动机增益现象并不矛盾，社会补偿主要适用于相加任务（additive task），科勒效应主要适于联合任务（conjunctive task）。卡劳（Karau）和威廉斯（Williams）（1993）提出了一个整合性的"集体努力模型"（collective effort model, CEM），认为只有在预期自己的努力可以工具性地产生对个人来说有重要价值的结果时，个体才会在集体任务中努力工作。该模型强调群体水平结果在自我评价和社会认同方面的个体价值。

群体绩效研究受到关注的另一个原因是其与团队研究紧密联系。由于团队在组织中的重要作用，从团队角度对群体绩效的研究偏重生态效度和应用性。基于团队成员多样性的事实，团队必须形成"谁懂得什么"的共识，才能避免工作中的过程损失。交互记忆（transactive memory）指团队成员之间形成的一种彼此依赖的，用以编码、储存和提取不同领域知识的合作分工系统（张钢，熊立，2007）。比交互记忆更广泛的概念是共享心智模型（shared mental model），它描述的是团队成员在群体任务和装备、各成员的能力和责任，以及群体运作环境等各方面形成共识的程度（白新文，王二平，2004）。研究者认为良好的交互记忆和共享心智模型的形成，对团队绩效有重要的促进作用。团队在压力下的表现是另一个受关注较多的研究课题。研究表明压力可以提高团队生产的数量（同时降低质量），使成员对任务的核心特征给予更多的注意，使成员采用更多简单、启发式的信息加工方式（Karau & Kelly, 1992）。群体闭合需求（need for closure）是与群体压力密切相关的研究领域，高压力产生高的闭合需求,此时群体偏好清晰的解决方案,不能忍受模糊情境,同时会增加对与集体不一致的意见的排斥(刘雪峰,张志学,2009)。此外,团队研究者还发展出很多提高团队绩效的技术,如质量圈、自治工作组、团队发展等等。

(四)社会困境

群体成员在分配稀缺资源时经常产生冲突,往往处于混合动机的情形之中。研究者关注较多的是社会困境,即个体短期利益与群体长期利益的冲突情境。社会困境包括集体陷阱(collective traps)和集体栅栏(collective fences),前者指如果每个人都为自己争取利益,将损害群体(进而个人)的整体利益;后者指每个人都不愿为集体付出,集体事业(进而个人利益)将不能维持,如献血情境(Schroeder, 1995)。由于社会困境在日常生活中非常普遍,而人们在社会困境中通常容易只为个人利益着想,因此社会困境的研究得到了广泛且持续的关注,并主要探讨影响和增加人们在社会困境中的合作行为的因素。这些因素包括:个体差异因素,如社会动机、个人历史、性别、人格特征等;情境因素,分为任务结构和知觉结构,任务结构又分为决策结构(如损益结构、不确定性等)和社会结构(如权力、沟通、群体动力等)(刘长江 等,2007)。研究表明,在认为自己的贡献非常关键、擅长与他人沟通,以及群体具有惩罚不合作成员等机制的情况下,人们会表现出更多的合作行为。近年来,受社会认知研究的影响,社会困境研究的重点是考察多种个体差异因素和情境因素的交互作用,并考察这些因素影响下的认知过程,以探讨人们合作与否的内在机制。

虽然社会困境的研究重视应用,缺乏系统的理论研究,但有研究者提出了整合性的理论。首先,大多数社会困境的研究都是以期望效用(expected utility)模型为基础的,该模型假定人们都是警觉度很高的、精于计算的决策者,他们仔细地评估选择的环境、每个选择可能发生的概率和结果,然后选择那些能够使自己利益最大化的行为。对此,韦伯等人(2004)指出:(1)人们并不总是有意识和深思熟虑地做决策;(2)选择并不总是在评估和判断之后;(3)模型中的"效用"含义过于狭窄;(4)该模型忽视了社会困境的"社会性"。进而，他们提出了适宜性框架（the appropriateness framework）的概念，认为人们在面对社会困境时主要思考的问题是"像我这样的人在这样的情境中会怎么做"。这一问题涉及对再认识、认同和规则三个因素的考量：对面临情境的分类和再认识，对个人一贯决策方式的认同，做出行为选择时规则和启发式的运用。该框架在吸收社会认知研究结果的基础上，强调了社会困境决策的过程性和社会性，并解释和整合了以往众多的研究结果，但尚缺少直接的实证研究的检验。与此类似，施罗德（Schroeder）等人（2003）专门考察了社会困境中的正义问题，强调了期望效用模型忽视的内容，即在社会困境中，倾向于竞争的人可能会给那些采用合作策略的人招致不公平的后果，也体现了对"社会性"的重视。

（五）谈判

受认知革命的影响，20世纪80年代以来，谈判研究的方向主要是行为决策研究（behavioral decision research）。行为决策研究采用描述性方法（与规范性方法相对），关注谈判者在实际决策过程中如何系统地偏离理性，其核心观点之一是人们的决策依赖于认知启发，从而产生错误决策（Bazerman & Curhan, 2006）。行为决策的观点虽然对谈判领域的研究产生了重要影响，但忽视了社会心理因素的作用。社会关系、自我中心、积极错觉和情绪等变量越来越受到研究者的重视，谈判的社会心理学研究开始复兴（Bazerman et al., 2000）。例如，库尔汉（Curhan）等人（2006）从对工具结果的感受、对自我的感受、对谈判过程的感受和对关系的感受四个方面，系统总结了谈判的社会心理结果，并开发了主观价值量表（subjective value scale），这可以看作对谈判中社会心理因素进行整合的一次尝试。同时，这些新的社会心理研究也接受了行为决策的观点。戴德勒（De Dreu）和卡尔内瓦莱（Carnevale）（2003）把动机和认知过程结合起来，提出了"动机性信息加工模型"（motivated information processing model），认为高质量整合结果的达成是由社会动机和求知动机两者共同影响的信息加工过程所决定的。该理论的出现是谈判研究的重大进展。

在行为决策研究的大背景下，与早期关注谈判中结构性变量的研究不同，越来越多的研究开始重视谈判者对谈判情境的知觉、理解和解释谈判者在谈判中的作用。围绕这一问题，形成了几个新的研究领域：不同交流媒介对谈判的影响、谈判中的文化差异，以及关于群体谈判的研究。(1)随着科技的发展，很多谈判通过视频会议等非面对面交流的方式进行。研究者发现，与面对面谈判相比，个体在线谈判在谈判前和谈判后的信任感都很低（Lincke & Ulijn, 2003）。然而，也有研究认为，计算机媒介环境的特殊性，使得在权力不对等的谈判中，更有利于谈判者获得公平的感觉，从而提高谈判质量（Ulijn & Lincke, 2004）。(2)在全球化的背景下，跨文化的谈判情境越来越多。研究发现，由于不同文化对谈判情境有不同的理解，所以不同文化之间的谈判比同一文化内的谈判更难达成双赢的局面（Brett & Okumura, 1998）。(3)群体谈判通常要把谈判情境简化。一方面，谈判者可以在谈判之前确定更简单的程序或规则，如"多数通过"比"全体通过"的决策规则更简单；另一方面，由于权力和利益不对称等因素，某些谈判者之间会结成联盟。此外，群体谈判更容易陷入启发式或偏差性的认知模式。

（六）多数人和少数人影响

关于社会影响的研究由来已久，起初是美国的阿施开展从众研究而发现的多数人影响，关注少数人在多数人的影响下采取与群体规范一致的态度和行为的过程。后来，莫斯科维奇（Moscovici）等欧洲社会心理学家开始研究少数人如何影响多数人的过程，这类研究关注社会如何因少数人的坚持得以改变的过程，而不是像从众研究那样只涉及社会如何控制偏离的少数人。关于少数人影响的研究是欧洲社会心理学本土化的重要成果，已经融入主流的社会心理学研究，当前有关社会影响的研究主要是将多数人影响和少数人影响放在共同的框架下，进一步考察社会影响发生的过程和心理机制。

围绕着社会影响的机制，有几种影响比较大的理论，一直是研究者研究和讨论的基础。(1)对话理论。在开创少数人影响的研究十余年之后，莫斯科维奇（1980）提出了在后世占主导地位的对话理论，认为不管是多数人影响还是少数人影响，都会引起冲突。在多数人影响的情境下，个体以"社会比较"的方式解决冲突。由于与大多数人一致是受赞许的反应，因此，社会比较使个体不会对来自多数人的信息进行深入细致的加工，往往公开产生从众行为，但很少有私下或间接的态度改变。在少数人影响的情境下，个体以"证实"的方式解决冲突，认真检查自己和来自少数人的判断和行为信息，态度容易产生改变，但由于不敢认同少数人，所以这种态度的改变大多是间接的、潜在的和私下完成的。对话理论启发了很多后续研究，也产生了一些代表性的研究结论，例如，少数人影响比多数人影响更能引起深入的信息加工（Martin & Hewstone, 2003），少数人影响比多数人影响产生更多的私下态度改变和间接态度改变（与影响源内容无关的其他态度的改变）（Wood et al., 1994），并且得到了诸多研究证据的支持；（2）聚合—发散理论。内梅斯（Nemeth）（1986）提出了与对话理论相反的观点，指出不同的影响引起不同的思考方式。由于人们期望与大多数人一致，所以个体在多数人影响下会感受到压力，而与少数人不一致时则不会。压力导致局限的注意，因此，多数人影响产生聚合思维，少数人影响产生发散思维。这意味着少数人影响有利于提高判断和决策的质量、提高创造性，采用简单认知任务的实证研究支持了这一观点（Nemeth et al., 2001）；（3）冲突—精细加工理论。该理论在对话理论的基础上，指出社会影响造成的冲突引起何种信息加工过程要受到任务特征和信息源性质的影响（Mugny et al., 1995）；（4）情境/比较模型。该理论指出，产生直接态度改变还是间接态度改变取决于信息性质和社会认同的重要作用。例如，不一致信息与核心态度有关，在群体内的少数人影响下，会产生一种叫作"仁慈合约"（leniency contract）的效应，即受众对信息进行精细加工，但不会贬损信息源（少数人），因此态度的改变也是间接的（Crano & Alvaro, 1998）；（5）自我分类理论。大卫（David）和特纳（Turner）（1996）将自我分类理论应用到多数人影响和少数人影响的问题中，认为少数人只有在被受众归为内群体时才能产生影响。除了社会影响的理论问题，近来不少研究者也开始从多数人影响和少数人影响的结构因素、影响层次和应用价值等方面着手进行新的研究探索。

（七）群体领导

领导研究是群体心理发展最迅速的领域之一，也是与组织行为学联系最密切的领域之一。领导研究的主要关注点是领导的有效性，在这个意义上，领导研究可以看作群体绩效研究的一部分。与早期强调领导者本身的特质和行为不同，当前的领导研究同时关注领导者、领导与部属关系和下属三个方面的因素。对领导者的研究以变革型领导（transformational leadership）为主，变革型领导指能够催化形成与部属之间高质量的关系，激发部属为了组织的发展以超越最初的绩效目标和自我利益的方式而努力的领导方式（Dvir et al., 2002）。领导与部属关系的研究以领导—部属交换（leader-member exchange）理论为主导，该理论的核心是领导跟不同的部属发展出不同的关系，不同关系的性质影响了领导行为的风格和有效性，主要表现为：对圈内部属（in-group member）给予更多的信任和关照，如更多的工作自主性和灵活性，更多的升迁机会和更高的报酬；与圈外部属（out-group member）的关系局限于正式的工作关系范围，对他们花费较少的时间，给予的奖励和机会也较少（任孝鹏，王辉，2005）。从下属角度开展的对领导的研究认为，领导的有效性具有主观性，依赖于下属对有效领导的原型和脚本的认识，以及相应的对群体和组织结果与领导行为关系的归因。从研究特点上看，阿沃利奥（Avolio）等人（2009）指出，领导研究呈现出三种趋势：（1）从整体的视角研究领导，全方位地考察领导者、下属、情境背景、发展水平和这些因素之间的相互作用；（2）考察领导发生作用的过程，尤其是基于整合认知心理学和将领导作为策略范式两个方面的研究；（3）发展多种研究领导的方法和途径，比如案例研究等质性研究方法，这些方法在近年来受到了更多的关注。

  由于组织环境不断发生巨大的变化，领导也面临着更多更大的挑战，领导研究正是基于这一现实，才不断涌现出新的研究内容。真实型领导（authentic leadership）是当前最受瞩目的课题。诚信是指个体了解和接受自己的价值观、信念、情感、需求以及偏好，并以一种与这些内在思想和情感相一致的方式行事。诚信领导指一种把领导者的积极心理能力与高度发展的组织情境结合起来发挥作用的过程，它对领导者和下属的自我意识及自我控制行为具有正面的影响，并将激励和促进积极的个人成长和自我发展（詹延遵等，2006）。诚信领导是在组织频繁出现道德困境的背景下，在变革型领导、道德学、积极心理学以及积极组织行为等研究的基础上发展起来的，代表了领导研究最重要的发展方向之一。除此以外,领导研究还有很多新课题:认知领导,一个以信息加工视角解释领导与下属行为的研究领域,如研究领导的自我概念、元认知等(Lord & Emrich, 2000);共享型领导,指团队成员集体互相领导(Day et al., 2004);领导替代,即能够加强、中和或完全替代领导的情境因素(如群体决策支持系统)(Dionne et al., 2002);跨文化领导,关注这一主题的研究将视角放在不同文化背景中的领导方面,包括识别在多种不同文化下有效领导方式的研究和考察不同文化对领导行为影响效应的研究(Gelfand et al., 2007);以及服务型领导、E型领导;等等。

(八)社会认同理论

社会认同理论是泰弗尔等人将自我概念、社会分类与群体行为及群际关系相联系的理论,是欧洲社会心理学本土化的优秀成果,在20世纪80年代以后对主流社会心理学产生了广泛的影响(张莹瑞,佐斌,2006)。该理论认为:(1)自尊既反映了个体认同,也反映了社会认同。前者基于个体的成就,后者基于个体归属的群体及与群体有关的价值。人们不仅努力维持积极的自我评价,积极看待个人的能力和品质,而且还积极地认识和评价自己所属的群体。换言之,归属于群体的自我是自我概念的重要内容;(2)社会认同理论假定人们在社会生活中自动地将他人分类,把他人作为属于不同群体的成员来对待。不管是自己所属的内群体,还是非自己所属的外群体,人们都倾向于减小同一群体成员之间的差异,扩大不同群体成员之间的差异。但与外群体相比,人们认为内群体更同质化;(3)人们尽一切可能最大化他们的社会认同,认为自己所属的群体好,而其他的群体不好。这种现象被称为内群体偏爱(in-group favoritism)及外群体贬损(out-group derogation),是产生有利于内群体、有害于外群体行为的根源。尽管社会认同理论的某些具体观点在后来受到了挑战,但其基本思想(如社会分类)已经被广泛应用于各种群际关系问题的分析中。

需要指出的是,社会认同理论发展的基础是最简群体(minimal group)研究。最简群体范式按照随机或其他无关紧要的标准将被试分为两个群体,然后要求被试给属于不同群体的成员分配资源(有时是代表性的点数)。结果发现，被试往往会给内群体成员分配较多资源，而给外群体成员分配较少资源。值得注意的是，最简群体范式下的实验属于实验室实验范式，其群体既没有过去的历史和文化，也没有形成一定的结构，并且群体成员之间也不发生面对面的互动，被试只是想象有其他人的存在。这一特点使该范式具有深远的影响，它表明仅仅拥有一个概念分类基础上的群体成员身份，就足以产生对内群体和外群体的不同认知和对待。泰弗尔的学生特纳在社会认同理论基础上提出的自我分类理论（self-categorization theory）进一步发展了这种思想。该理论对知觉的水平进行分析，认为社会分类实际是用相关的群体知觉原型同化个体自我知觉的过程，并将其称为去人格化（depersonalization）（Turner, 1985）。人们经过去人格化的过程后，不再把自己看作独特的个体，而是用分类的成员资格认知自己。对群体知觉原型和去人格化的强调是社会认同的研究视角，将群际关系与社会知觉、刻板印象等传统社会认知研究更加紧密地联系在一起，也体现了欧洲社会心理学与美国主流社会心理学融合的趋势。例如，研究发现人们对外群体成员形成的刻板印象更多的是自动类别化信息加工过程的伴随产物（Devine, 1989）。这正好把群际关系的社会认同视角与刻板印象、分类过程和自动信息加工等基础社会认知研究联系了起来。

（九）群际关系

早期的群际关系研究关注直接、真实的群体冲突，如谢里夫（1966）通过夏令营活动的现场实验，认为群体对现实资源的争夺是群际冲突和歧视产生的原因，设置目标促进群体之间的合作可以改善群际冲突（Sherif, 1966）。当前的群际关系研究更多地考察发生于具有不同群体成员身份的个体内部的认知过程。如前所述，社会认同理论为群际关系的研究奠定了基础，但其"将内群体偏爱和外群体贬损看作社会认同和自我提升产生的一体两面的结果"的观点受到了后来研究者的质疑。很多研究者认为内群体偏爱和外群体贬损是相对独立的过程，并着重探讨产生内群体偏爱的更广泛的动机根源（Hewstone et al., 2002）。布鲁尔（Brewer）（1991）的最优区分理论（optimal distinctiveness theory）认为，群体认同体现了个体与他人同化和差异化两种需要之间的权衡过程，人们对那些能够使自己在两种需要之间获得最佳平衡的群体有最高的认同。豪格（Hogg）（2000）的减少主观不确定性理论（subjective uncertainty reduction theory）认为，人们有减少不确定性的动机，群体由于可以为个体提供清晰的行为规范而得到个体的认同。所罗门（Solomon）等人（1991）的恐惧管理理论（terror management theory）认为，人们具有自我保护的动机，当受到死亡意识威胁的时候，对内群体的认同可以减少死亡的恐惧。西达尼乌斯（Sidanius）和普拉托（Pratto）（1999）的社会支配理论（social dominance theory）假定社会包含一种加强或削弱群际等级制度的观念，这种观念存在个体差异，那些高社会支配取向的个体持有自己所属的内群体能支配外群体的观念，因此更容易产生内群体偏爱。

刻板印象、偏见和歧视是群际冲突的主要表现形式。刻板印象领域的研究受社会认同理论的影响，逐渐开始重视对群体水平的分析。与个体水平相比，在群际冲突的背景下，人们对外群体的刻板印象更趋于极端，难以改变。然而，一方面，西方社会具有很长的种族主义历史，另一方面，社会规范和法治环境抑制群际偏见的力量越来越强大。因此，当代的群际偏见理论特别重视持有偏见与表现偏见的矛盾过程以及群际关系的情感成分。关于厌恶性种族主义（aversive racism）的研究发现，平等主义者通常不能承认自己的种族主义，他们避免公开表现出种族偏见，但当某种种族偏见行为具有明显的非种族解释成分时，或者情境对种族偏见的限制较少时，厌恶性种族主义者也会表现出种族偏见（Gaertner & Dovidio, 1986）。矛盾性种族主义（ambivalent racism）研究关注白人对黑人的矛盾情感，发现白人对黑人经常会有极端的反应，一方面，不恰当地赞扬黑人的亲社会行为，另一方面，又不恰当地批评黑人能力不足（Katz et al., 1986）。针对集体内疚的研究考察了处于支配地位的优势群体成员由于意识到内群体对外群体具有违反道德价值的行为而产生内疚的过程（Branscombe et al., 2002）。然而，针对歧视行为的研究发现，内群体更多地把歧视行为看作忠诚和承诺。从社会认同角度对领导行为的分析认为，随着对群体认同感的增强，领导的有效性更加依赖于群体原型化（group prototypicality）行为。具有原型化特征的成员更容易成为领导者，缺乏原型化特征的领导会以高原型化的方式公开表现自己对外群体的歧视行为，以巩固自己在群体内的领导地位（Hogg, 2001）。此外，针对污名化与弱势群体的研究发现，污名化威胁损害了被污名化群体改变群体地位的信心，他们为了减少身份的不确定性，甚至更愿意承认和认同自己的污名（Jost & Kramer, 2002）。

群际偏见和冲突根深蒂固，减少群际冲突、增进社会和谐是群际关系研究的最终目标。社会接触假设得到了研究者持续的关注。要让社会接触起到减少群际偏见的作用，需要达到不同群体的平等地位，需要鼓励群际融合的良性政治和体制氛围，需要长期的合作性接触。然而，这些条件很难得到满足。同时，群际接触历史可能积累了消极的体验，加之群际观念的差异以及对接触情境的不同预期，群际接触往往会产生群际焦虑，导致进一步的相互躲避以及对先前消极刻板印象的确证（Stephan W.G. & Stephan C.W., 1985）。因此，有研究者指出，虽然群际接触要发展跨群体成员间的持续友谊，但对个别成员产生友谊的良好效果并不能改变对外群体的整体偏见（Pettigrew, 1998）。对此，研究者提倡在接触中将自己去类别化和重分类，前者指将自己看作独特的个体而不是具有群体原型特征的成员，后者指超越本群体，认同更高层群体（Gaertner et al., 1993）。这两种方法对减少歧视都有一定作用，但重分类可能因威胁到个体的社会认同而产生反作用。既对本群体认同又对更高层群体认同是解决群际冲突的适当途径，但在西方研究者看来这是非常困难的。相反，中国人求同存异的思想为群际冲突的研究和社会和谐的实践提供了有益的启发。

（十）优势群体与弱势群体

有研究者认为，收入不平等能够加强竞争意识（Sommet & Elliot, 2023）。某种程度上，收入的不平等意味着经济的割裂，这带来两点直接的、基本的认知后果。第一，收入不平等提高了经济分类的相关性。对比加权理论认为，人们会对那些差异较大的维度给予更大的关注。应用到社会领域，这意味着来自收入差异较大环境的个体，会更加注重经济维度，这是因为这一维度对于个体与他人的区分非常重要。在这种环境下的人们更倾向于通过财富对人进行区分。第二，收入的不平等增强了个体主观上对于经济地位重要性的认识。无论哪种文化下，人们对于自身和他人在社会中的地位都是非常敏感的，对于自身的相对地位会特别地重视。尽管在现代社会，社会地位较以往有更多的表现形式，但这种倾向似乎深刻地植根于人类的进化史之中。因此，当收入差异很大时，人们会特别地赋予经济地位更高的重要性，并出于个人成功、声望高、占据支配地位等原因对其保持关注。鉴于收入不平等能够提高经济地位的主观重要性，因此，收入的不平等激发了竞争意识。这不仅仅发生在成人身上，在学龄儿童中也可以观察到类似的现象。

优势群体成员和弱势群体成员，在面对重大生活变化时可能会有不同的心理结果。每个人都可能遇到重大的生活变化。有些变化是按照计划发生的，例如进入大学或者移居国外，而有些变化是无法预期的，如意外受伤或彩票中奖。即使生活的转折是有预期和积极的，仍有可能给人们带来挑战，这是因为变化的过程意味着要经历一段充满不确定和需要适应的时期，这要求个体发展学习新的技能和知识。生活转折期往往还伴随着群体成员的变化，可能会有一些人离开群体，加入新环境中的其他群体，如离开高中进入大学。这些变化会对个体产生强烈影响，因为个体会通过所在群体来定义自己，并形成社会认同。因此，社会认同的变化会使个体重新思考自己是谁，并重新校准自我定位。而当个体属于弱势群体时，这种转变会显得格外艰难（Iyer & Jetten, 2023）。一般地，低地位群体成员会面对来自他人的苛求和歧视、制度性偏见、系统性的不平等等障碍。因此，对影响弱势群体成员应对由生活转折所带来的社会认同变化的因素进行探讨，显得尤为必要。

研究者普遍认为，关于生活转变群体的研究涉及多个社会科学学科。这些研究大多关注了有限的物质资源（如金钱）、资格（如教育水平）以及可利用的社会支持等。研究者聚焦于弱势群体中的成员可以为面临生活转折的个体提供怎样的资源，进而开辟了一条新的研究路径。研究者认为群体成员能够通过四条路径优化生活转折情境下个体的主观体验与行为结果，即：表达接受和支持、坚持描述对特殊性的积极感受、强调美好的群体前景、维持认同的一贯感。社会认同过程能够在生活转折时期促进达成四种类型的积极结果：社会融合进入新文化环境、提升心理幸福感、形成关于自我的积极态度，以及成功的学术表现。

（十一）关注历史背景的群际心理学

在群际关系研究领域，尤其是在关于种族的研究中，如果仅仅关注认知与行为，就不能对种族主义形成全面的理解。研究者认为心理学过于关注个体层面的过程，而这对于纠正种族主义可能是片面的、不足的，甚至是有害的。研究者认为，如果仅仅停留在个体层面，而不去深入思考个体所处的历史和社会文化背景，那产生的解决方案就有模糊系统性种族主义的风险。所谓的系统性种族主义，即指通过种族主义的规范、实践、政策及其历史遗产，社会给予白人以特权，而给有色人种带来伤害。因此，忽视系统性种族主义，会进一步掩盖面临系统性变化的个体的需要。

因此，在知觉和理解系统性种族主义的过程中，采用历史视角是非常关键的。关于种族和种族主义的历史知识，会促进个体承认系统性种族主义的存在并支持纠正它。重视历史背景能够促进心理学研究将个体偏见与系统性种族主义相结合。而现在看来，对个体偏见的研究是较为充分的，而对系统性种族主义的研究则是非常不足的。

为了对这一问题进行阐释，研究者讨论了美国文化背景下的四个与种族主义政策相关的例子（Trawalter et al., 2022）。对于每个例子，研究者首先从一个政策相关的问题开始，并概述一些解决这些问题的心理学研究。然后，研究者结合社会历史背景的研究，并详细介绍了此类研究如何将对问题及其解决方案的分析从个体层面转变为系统层面。研究者的目标是，强调脱离社会历史背景的个人层面的心理学为何不足以理解和纠正政策领域内的种族主义。

案例一所涉及的是邦联纪念碑的问题。在美国有700多座邦联纪念碑，而这些纪念碑一直是激烈辩论、法律诉讼、抗议等事件的中心。在饱受种族剥削、暴力、歧视等历史问题困扰的社区，已经有100多座纪念碑被拆除。尽管如此，很多社区在这种问题的处理上仍处于僵持状态。一些社区成员认为这些纪念碑是仇恨的象征，必须被拆除。而另一些成员认为，这些纪念碑是"遗产"，不是"仇恨"，必须继续矗立。从心理学的角度看，纪念碑所代表的是遗产还是仇恨，体现了美国人的不同信仰。从心理学研究的角度看，这为每一方都提供了发言权，使辩论成为意见之战。而历史学家和其他领域的专家的研究则提供了有用的历史背景，揭示了当前混乱的政策辩论背后的种族主义动机，即邦联纪念碑的建造是为了恐吓黑人群体。在一些研究工作中，研究者将邦联纪念碑与私刑相联系，发现在控制相关协变量的情况下，一个地区的私刑数量是邦联纪念碑数量的重要预测指标，可以说，邦联纪念碑是与"仇恨"联系在一起的，是"遗产而非仇恨"的说法是错误的。

案例二所涉及的是枪支问题。美国是个人枪支拥有率最高的国家，在同类的工业化国家中，与枪支相关的死亡率也是最高的。有研究者认为持有枪支可以提供心理安全感，尤其是对于那些认为世界是危险的、需要拥有枪支进行自我保护的人来说。因此，从心理学研究的角度看，如果想加强枪支管控，则应该让人们认识到世界是相对安全的，政府和其他机构能够保护他们。但是，这就忽视了历史背景。当结合历史背景来思考这个案例时，就可以看出在这个看似种族中立的政策辩论中存在潜在的种族主义的动机。从美国历史看，许多白人利用装备武器的权利来维护白人的霸权，而当黑人利用合法拥有的枪支来反抗种族压迫时，更严格的枪支管制法律就会通过——尽管这些法律看上去是种族中立的。基于这段历史，一些研究认为，拥有枪支与反对黑人是存在关联的。

案例三所涉及的是医疗差异的问题。医疗保健的目标是减少痛苦，但是对疼痛和疼痛护理差异的研究发现，有色人种患者特别是黑人患者，会遭受更多的痛苦。与白人患者相比，黑人患者使用止痛药物的可能性更小，即使使用了止痛药物，使用的药物剂量也更少。而解决这一差异的社会心理学研究，关注的往往是疼痛知觉中的种族偏见。例如，在美国，包括接受过医学培训的人，通常认为黑人比白人感到的疼痛少，这是导致疼痛管理存在差异的原因。从这个角度出发，解决这一问题的办法就是使医务人员摆脱偏见。但这一解决方案并没有关注到历史背景。结合历史来看，这些观点不是良性的、中立的，而是根植于长期的剥削历史中的。因此，除了要看到疼痛知觉在个体层面上存在种族偏见之外，还要看到这是根植于历史的，而挑战这些历史是非常困难的。

案例四所涉及的是流行病的问题。心理学研究表明，人们通常会害怕不熟悉的外群体，因为他们可能携带病原体。对疾病尤其是与外群体有关疾病的反应，根植于对病原体的躲避心理。从个体心理的层面来理解，这表明偏见源于对于生存的担忧，但这同样忽视了种族主义特有的历史背景。欧洲列强通过将非洲描绘成一个黑暗的、疾病肆虐的地方来辩护对非洲的殖民，因而导致很多人将非洲视为一个疾病多发的地方。这些想法影响了诸如旅行禁令等政策的颁布及执行。总之，对流行病的反应继续受到种族主义叙事的影响，而这种叙事源于殖民和反对黑人的历史。社会需要面对历史叙事，而不仅仅考虑个人的偏见。

通过对上述四个案例的分析，研究者认为要解决种族主义造成的历史和当代的危害，需要在个体、人际、制度和系统层面进行纠正。关注个体的心理学研究尽管能够围绕个体和人际层面的补救措施进行探讨，但这种聚焦是有局限性的。如果仅从心理学研究的表面来思考，则可能让人产生这样的片面印象：邦联纪念碑反映了传统，枪支提升了安全感，疼痛管理方面的医疗差异源于医生的错误认知，应对流行病的政策建立在对疾病合理恐惧的基础上。人们或许会认为，关于邦联纪念碑、枪支、医疗差异、流行病的问题是被夸大了的，解决这些问题仅仅需要个体层面的改变。

然而，聚焦历史及其遗产的心理学研究揭示了非常重要的细微差别：邦联纪念碑与"仇恨"有关，枪支与维护白人至上主义有关，医生的观点源于医疗中的种族主义历史，对流行病的反应在某种程度上也是有偏见的，这些都进一步扩大了长期存在的种族主义叙事。因此，聚焦历史的心理学研究可以促使人们更加注重形成个体层面和系统层面的解决方案。

如果想使心理学的研究更加体现历史及其遗产方面的信息，可以从以下几个层面考虑：首先，心理学家在展示个体层面的研究时，要联系历史和社会文化背景。其次，心理学家要将历史和文化分析纳入研究问题、假设、设计、分析、结论之中。这需要多样化的多学科团队的参与，虽然可能会导致研究更加困难，并花费更多的时间和资源。而多学科的研究往往更难在学术期刊上发表，对于那些排名靠前的期刊来说更是如此。另外，还需关注的是，社会心理学家要更重视其他研究方法，尽管可以通过实验手段操纵对历史的知觉和认识，但将历史背景纳入实验范式可能是不合适的。

心理学的研究已经能够通过提供个体层面的解决方案来挑战种族主义，且不忽视种族主义的历史，也不否认进行协调的系统性变革的必要性。纳入历史背景的研究指出个体层面的改变是不够的，系统性的改变是必要的，并揭示了人们何时以及为何反对系统性变革，以及如何克服这种反对。总之，这种研究能够揭示历史上的种族主义在文化和个体身上留下的印记，并带来有意义的社会变革——减少种族主义带来的伤害，为种族边缘化的群体发声，这将有助于更合理的公共政策的制定（Trawalter et al., 2022）。

8.4 群体心理研究的发展特点与发展趋势

如前所述，群体研究在社会心理学诞生之前就受到研究者的关注，并一直是社会心理学研究的核心内容之一。20世纪80年代末期以后，群体研究迎来了一个新的繁荣时期。很多研究者从理论和实证的角度分析了群体心理研究的特点和趋势，一个最明显的现象是群际关系成为各群体研究领域中具有压倒性优势的研究内容，而一度作为群体研究核心的群内过程则被主流社会心理学所轻视。产生这种现象有两个相互联系的原因，即欧洲社会心理学的影响和社会认知理论及方法在群体研究中的应用。然而，对群内过程的研究并没有消失，而是得到了组织心理学等应用社会心理学领域的重视。此外，进化的观点和系统动力的观点也日益受到群体心理研究者的重视。

（一）群际关系研究逐渐成为主流社会心理学群体研究的重点

按照莫兰德等人的方法，群体研究根据内容可分为群体构成、群体结构、群体绩效、群体中的冲突、群体生态学和群际关系6个方面。与其他方面相比，群际关系研究在20世纪80年代以前所占的比例很小，但之后迅速发展起来。莫兰德等人（1994）对《实验社会心理学杂志》(Journal of Experimental Social Psychology)、《人格与社会心理学杂志》、《人格与社会心理学公报》(Personality and Social Psychology Bulletin)3个主流社会心理学杂志在1975—1993年刊登的有关群体研究的文章进行了分析，比较了不同研究内容在群体研究中所占的比例，发现群际关系占38%，群体绩效占23%，群体冲突占17%，群体结构占8%，群体构成占7%，群体生态学占4%，其他内容占3%。运用同样的方法，维滕鲍姆和莫兰德（2008）将文章刊登的年份范围扩充到了2006年，发现在群体研究的各领域中，群际关系占到了58%，群体冲突占14%，群体绩效占13%，群体结构占6%，群体生态学占5%，群体构成占4%。可以看出，群际关系研究不仅是群体心理研究的核心内容，而且持续受到更多的关注。需要指出的是，有研究者将所分析杂志的范围扩大到了一般心理学及相关领域杂志上，仍然得到了一致的结果，即群体心理研究近年来获得了蓬勃发展，这一发展的主要贡献来自群际关系研究。然而，群内过程研究并不是完全像以上研究所揭示的那样无人问津，桑娜（Sanna）和帕克斯（Parks）（1997）分析了《应用心理学杂志》（*Journal of Applied Psychology*）、《组织行为与人类决策过程》（*Organizational Behavior and Human Decision Processes*）、美国《管理学会学报》（*Academy of Management Journal*）3份杂志在1975—1994年发表的与群体有关的文章，发现对于群体绩效（64%）和群体冲突（19%）的研究远远多于对群际关系（2%）的研究，表明群内过程的研究受到了组织社会心理学家的重视。

（二）欧洲社会心理学对群体心理研究影响巨大

欧洲社会心理学的影响是群体研究（尤其群际关系研究）获得蓬勃发展的主要原因，在于群体研究对社会心理学极具重要性，且整个主流社会心理学都受到欧洲社会心理学的影响。欧洲社会心理学的共同特点是重视社会行为发生的社会脉络，采用非还原主义的方法研究问题，追求建构对解决现实社会问题有价值的理论甚至元理论。这样的研究特点使得欧洲社会心理学对群体研究极为重视，在2001年出版的《欧洲社会心理学手册》（4卷本）中，《群体过程》和《群际关系》各占1卷，与《个体内过程》和《人际过程》平分秋色，这在北美出版的社会心理学手册和教科书中是不能想象的（方文，2022）。在不断的努力下，20世纪80年代以后，欧洲社会心理学逐步得到北美主流社会心理学的认可，尤其是泰弗尔的社会认同理论和莫斯科维奇的关注少数人影响的社会影响研究，已经融入主流社会心理学并产生了深远的影响。社会认同理论不仅直接促进了群际关系研究的繁荣，而且正在向整个社会心理学领域渗透，如前文所述从社会认同视角展开的对领导行为的研究。莫斯科维奇针对少数人影响的社会影响研究，关注群体创新和社会变迁，与美国关注群体秩序维系和多数人力量的社会影响研究不同，在理论和实践上都具有开创性的意义，并与社会认同理论结合在一起，共同推进了主流社会心理学对群体研究（主要是群际关系研究）的持续关注。在前文提及的维滕鲍姆和莫兰德的实证分析中，如果除去欧洲社会心理学的影响，群体研究在近年发展的上升趋势就要平缓得多。

（三）社会认知的观点成为主流，研究者在个人认知水平上分析群体心理

如前所述，群体心理研究很早就是社会心理学研究的主导内容，但在20世纪50年代中期后经历了一个长达30年的衰落期。由于社会心理学在范式上偏爱个体层面的实验室研究，施泰纳（Steiner）（1986）曾悲观地认为群体研究将不再被社会心理学家所重视。然而，在欧洲社会心理学开始重视群体现象一段时间以后，社会认知理论和方法的运用才真正使群体（群际关系）研究在20世纪80年代末期成为主流社会心理学的主导研究。态度、自我概念、刻板印象等传统的社会心理学概念以社会认同理论为依托，开始在群体以及群际的背景下得到研究。很多群体心理研究者开始将社会认知作为他们工作的组织框架。雷斯尼克（Resnick）等人（1991）总结了多个领域的相关研究，指出人们的思维本质上是受到与他人互动形成的"社会共享认知"影响的产物。欣茨（Hinsz）等人（1997）认为，认知可以在群体水平上建构，即通过群体成员共同获得、储存、提取、传送和学习信息。在社会认知的影响下，群体研究从考察真实的互动转变为研究实验室中想象的他人和群体的影响，同时特别关注现象背后的认知过程和机制。这既是促进以群际关系为主的群体研究发展的原因，又是造成群内过程的研究在心理学主流领域趋于衰落的原因。相对于欧洲社会心理学，社会认知对群体研究的影响更大。可以说，社会认知使欧洲社会心理学与北美主流社会心理学互相融合，并逐渐成为一个整体。与此同时，以群际关系为主导的群体心理研究在长达30年的衰落之后，以一种新的面貌重新成为社会心理学的核心内容，并保

持着持续向好的态势。

（四）进化的观点越来越受到研究者的关注

进化心理学是近年影响比较大的研究领域和思潮，由于以群体方式生存在人的进化史上具有非常重要的价值，群体对个人所具有的适应价值和心理意义开始受到社会心理学家的重视。尽管归属需要一直被看作重要的人类需求，但鲍迈斯特和利里（1995）结合进化心理学思想发表的文章才真正激发了相关的研究。他们指出，归属需要是人类的一种基本需要，我们需要与他人或群体在稳定和相互支持的关系中不断地积极互动。进化心理学对群体研究的启发在于揭示了个人价值首先依赖于群体身份和社会认可，因此，群体对个体的吸纳（inclusion）和逐出（exclusion）是群体现象的核心主题。不管是群体中的冲突与合作、社会影响、决策，还是群际关系，都可以从群体对个体的价值角度来考察。首先，这种价值不是经济学领域的个体期望效用，而是群体身份和认可产生的对个人利益具有工具性价值的集体利益。如前文提及的卡劳和威廉斯关于群体绩效的CEM认为，只有在预期自己的努力可以工具性地产生对个人来说有重要价值的结果时，人们才会在集体任务中努力工作。该模型强调的是群体水平结果在自我评价和社会认同等方面具有的个体价值。其次，群体对个体的价值也与传统的个体自尊不同，它强调了群体和社会的认可甚至只是一个群体身份对自尊的重要性。实际上，社会认同理论及其相关的衍生理论都可以用这一观点来解释。此外，强调归属需要对群体心理研究还有一个重要的影响，即区分超越经典的规范性影响和信息性影响，因为社会影响对个体意味着广泛的社会性意义和艰难的道德权衡。霍杰斯（Hodges）和盖耶（Geyer）（2006）指出：阿施的线段判断实验的结果不能简单地用从众效应来解释，人们在与群体不一致时面临着选择困境，通过策略性的选择与群体一致还是不一致，传达着比物理事实更多的社会事实以及合作的意图，这个过程体现了人的价值衡量和适应行为。

（五）系统动态的观点开始引起注意

群体是一个复杂的系统，群体研究经常受到过于简化的批评，研究者聚焦于自变量（如群体规模、任务类型）与因变量（如群体选择、群体决策）的前因—结果型的线性因果关系，他们通常选择一个或几个变量进行研究而忽略其他所有变量，这种方法对于揭示群体的复杂性是有不足的。受系统论、复杂性理论和混沌理论的影响，近年来，不少研究者提出了新的想法。例如，麦格拉思（McGrath）等人（2000）发展了复杂系统理论来解释群体形成、协调、发展和适应的过程，他们将群体看作与嵌入其中的小系统（群体成员）和所嵌入的大系统（组织、社区）之间相互作用的开放的复杂系统。布拉斯科维奇（Blascovich）等人（2002）提出，要采用现代信息技术研究在面对面群体中不会发生的现象和问题，如用虚拟现实分析群体过程，计算机模拟头脑风暴，等等。此外，前面提到的进化心理学适应的观点也可看作系统动态论的一个表现。可以说，在个体水平上以实验室实验为主导的群际关系研究，并不是系统动态观点发生作用和影响的领域，传统的重视真实互动和互动发生的广大背景的群内过程研究，才是系统动态观点发挥效用的阵地。随着SEM等处理多变量统计方法的运用，结合正在不断发生急剧变化的组织和社会环境，群内过程的研究得到包括组织心理学家在内的各种应用社会心理学家的青睐，这对于在整体上保持群体心理研究的全面和均衡发展具有重要的意义。

8.5 小结与展望

奥尔波特曾将社会心理学定义为"理解和解释个体的思想、感受和行为如何受到实际的、想象的和隐含的他人之影响"的学科。恐怕没有哪个领域能像群体研究这样紧紧抓住社会心理学的这一本质了（Wittenbaum & moreland, 2008）。因此，群体研究从社会心理学萌芽开始，一直到现在（除中间衰落期外）都主导、贯穿和影响着社会心理学的发展。

如前所述，群体研究目前主要以欧洲社会心理学和社会认知影响下的群际关系研究为核心，研究者更多关注的是个体如何受到想象和隐含的他人之影响，而对实际的他人影响的行为（社会互动）的关注越来越少。这影响了整个社会心理学的现状。不过，德莫拉（De Moura）等人（2008）对1935—

2007年主流社会心理学杂志、1998—2007年引用率较高的社会心理学文章，以及《群体过程和群际关系》和《群体动力学：理论研究和实践》两个群体心理专业杂志进行实证分析之后，发现群体心理研究在社会心理学中持续推进，影响力较大，研究内容较丰富，群体研究作为整体一直处于持续健康发展之中。2006年，以联合不同领域和国家的研究者共同推动群体研究繁荣为目的的群体研究跨学科联盟（Interdisciplinary Network for Group Research, INGRoup）在美国匹兹堡大学成立，这将促进群体研究更快更好地发展。让我们期待群体研究在目前良好发展势头的基础上保持活力，创造生机，引领社会心理学走向新的繁荣。

第9章 攻击性研究的研究热点和发展趋势

攻击性（Aggression）是社会心理学研究的重要概念之一，也是研究者一直关心的内容。攻击行为是故意伤害他人、并给他人带来身体与心理伤害的行为活动，在个体社会化过程中逐渐形成，也是儿童普遍存在的一种问题行为。攻击行为作为个体社会化发展的重要方面，既影响到个体早期人格和品德的发展，也是衡量个体社会化成败的重要指标，其极端表现为暴力行为。攻击行为方面的内容已成为犯罪学、心理学、精神病学、流行病学、社会学等领域的活跃课题，社会心理学主要探索攻击性发生的社会心理机制及生物学相关因素并寻求干预措施，目的在于将攻击行为的危害降至最小。因此，正确认识攻击性的本质，有效减少攻击性，无论对整个社会还是对个体自身，都有重要的理论意义和实践价值。

9.1 攻击性研究的发展历史

人类对攻击性的研究已经有很长的历史，但由于受到多种因素的影响，对攻击行为的研究还存在许多局限，研究成果也很难合理揭示人类攻击性的机制和特征。因此，如何科学地揭示攻击性的心理机制和特征，有效预防攻击行为的发生，成为研究者一直探讨的重要问题之一。通常认为，攻击行为是有意伤害他人身心健康的行为，存在较大的个体差异。有的个体极易产生攻击性，攻击行为也较多；而有的个体则很难产生攻击性，攻击行为也较少。

为了解释这种现象，深入探讨攻击性产生的心理机制，心理学家们进行了大量研究，并得出了许多关于攻击性的理论和定义。然而，到目前为止，并没有形成完全一致的看法。这主要是因为不同的研究者关注的重点不同，从而形成了不同的理论和定义。概括起来，主要有两种观点：一种主要从行为层面来定义攻击性，认为攻击性是一种状态，是个体有意伤害他人，且他人不愿意接受这种伤害的行为状态，而在这个层面上，攻击性多是指攻击性行为；另一种则认为攻击性是一种人格特质，是由个体的神经结构及生理特点决定的（Bech, 1994）。总的来说，对攻击性的定义主要涉及三个方面，即攻击性行为（身体攻击、言语攻击等）、攻击性情绪（如冲动、易怒等）和攻击性认知（如敌对归因、报复观念等）。

早期的精神分析理论认为，个体具有生本能和死本能，而死亡本能能够驱使个体追求生命的终止，从事各种暴力和破坏性活动，是敌意和攻击性冲动产生的根源。个体的潜意识中隐藏着动物性本能，包括野蛮、残忍和异常的冲动和欲望，当这种动物性本能能够冲破潜意识的抑制和阻碍，进入意识领域并占据支配地位，进而释放出其所携带的动物性本能的能量，就外化为人类的攻击性行为。后来，精神分析理论又进一步提出，"本我"的冲动力量与"自我"和"超我"的控制力量之间的失衡状态，使"本我"冲破"自我"和"超我"的防御体系，释放出"本我"中所隐藏的冲动和欲望，从而导致攻击行为。生态学理论也认为，人类具有基本的攻击本能。按照洛伦茨（Lorenz）（1996）的观点，所有本能都是进化的产物，保证了物种的生存和繁衍；从这个角度来说，攻击性是进化的结果。通常，动物靠形成支配等级制来减少同类间的攻击行为，在动物本族内的搏斗大多只是一种仪式，而只有在维护社会等级地位、保护领地和争夺资源中才会产生实质性的攻击行为。与动物不同的是，这种攻击倾向在人出生不久后就会受到社会经验的影响。然而，行为主义否认攻击性是遗传的本能行为而走向另外一种极端，其认为人类的攻击性完全是由环境所导致的，攻击行为的发生由个体的需要、内驱力和冲动等内部力量导致。多拉德（Dollard）和米勒（Miller）（1939）指出，人类具有趋利避害、寻求快乐、逃避痛苦的本能欲望，这些欲望一旦受到阻碍，就会在心理上产生挫折体验，进而导致适应不良的反应行为。因此，在他们看来，生活中的挫折事件与人类的攻击行为之间存在因果关系，即挫折事件导致攻击性，攻击的发生亦可推知其遭受了挫折。社会学习理论的代表班杜拉（Bandura）(1973, 1977)认为，攻击行为是通过直接强化或观察学习习得的，而且这种行为通常是得以保护的，因为攻击不仅是达到其他目的的有效手段，也是自我保护的手段，是来自攻击者的自我强化。因此，内部条件状态的改变也许会引发攻击行为，但这并不是必要条件，攻击行为既是后天习得行为也是可矫正行为。社会信息加工模型（Dodge, 1981, 1982, 1986）强调认知在攻击性中的作用，认为个体对挫折、挑衅的反应并不会过多依赖于实际呈现的社会线索，而是取决于怎样加工和解释这一信息。

总体上，随着对攻击性的不断探索，从弗洛伊德提出的本能论，到目前社会认知取向理论观点，社会心理学对攻击性进行了多角度的理论解释，而且大多数理论已被推广，其中，安德森（Anderson）和迪尔（Dill）(2000)提出的一般攻击模型（the general aggression model）是暴力与攻击领域的理论之一。在安德森看来，已有的理论尽管对解释攻击性做出了重要贡献，但它们就像是一堆石头，还需要结合蓝图、灰浆和建筑队伍建成有用的房屋。基于此，安德森整合大量已有的攻击理论并结合实证研究，提出了一般攻击模型。一般攻击模型的理论来源包括班杜拉的社会学习理论、伯科维茨（Berkowitz）的认知新联想理论、道奇的社会信息加工模型、休斯曼（Huesmann）的脚本理论，以及齐尔曼（Zillmann）等的兴奋迁移模型等。

一般攻击模型理论认为，导致人类行为的直接原因有两类，即人的因素和情境因素（如图9.1所示）。人的因素包括个体的人格特征和生理素质，如性别、遗传因素、人格特质、态度、信念、价值观、目标等，是图式、脚本和其他知识结构长期作用的结果（Mischel & Shoda, 1995），具体包括个体特质、个体信念、个体对攻击性所持的态度、价值观、个体的长期目标、生理因素等。从某种意义上说，人格是个体知识结构的总和，形成了个体对攻击性的预备状态。情境因素包括情境中所蕴含的各种重要特征，如挑衅、诱因、挫折等，具体包括攻击性线索、挫折、疼痛与不适、酒精和药物等。人格和情境这两个输入变量通过影响个体当时的内部状态及其后的评价和决策过程，共同或交互影响攻击性。总的来看，一般攻击模型理论是一个较为全面的理论，它将影响攻击的生物、环境、心理、社会等因素归结为人的因素和情境因素，揭示了个体的攻击性情绪、认知和行为之间的关系以及其他影响因素如何共同作用于这三者。

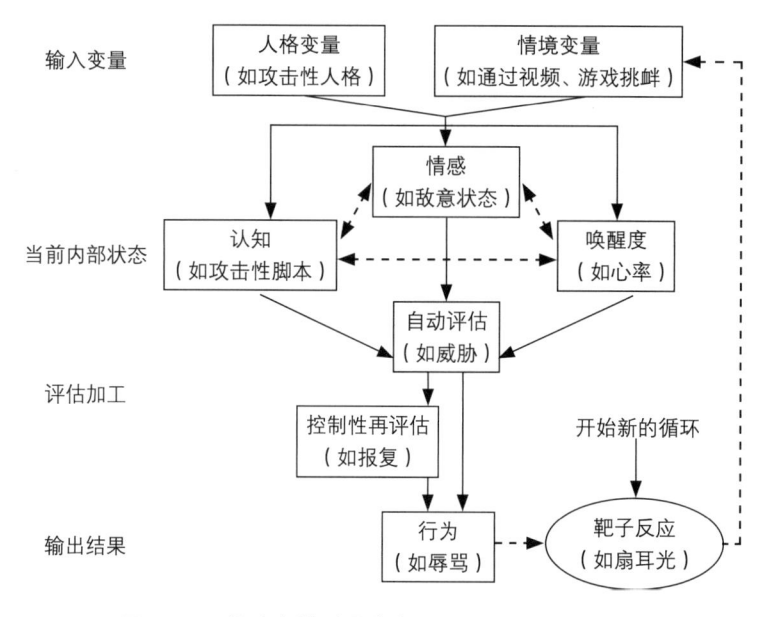

图9.1　一般攻击模型理论（Anderson & Dill, 2000）

9.2　攻击性领域关注的研究热点

从系统论的观点看，影响人类攻击性的因素可以分为内部和外部两个系统的因素。外部系统因素主要指社会文化因素，内部系统因素包括认知、人格和生物因素等。因此，任何完整的攻击理论都会涉及生理因素和社会文化因素，这是目前该领域的两大研究热点。

（一）攻击性的神经生理基础
1.神经生理学对攻击性的相关研究

攻击性的神经生理基础研究起源于对动物攻击性的研究，通常包括两种模型：一是通过对动物大脑进行药物学操纵或者脑毁损从而激发其攻击性，由此建立攻击性模型；二是通过对动物的行为操纵建立攻击模型。大多对动物攻击性的研究揭示，较低的5-羟色胺水平会导致攻击性增加，而如果提高5-羟色胺水平则会降低攻击性（Coccaro，1989）。此外，较低的去甲肾上腺素水平能减少集中和选择性注意（Rogeness et al.，1982），释放中枢去甲肾上腺素能够增强对外部刺激的注意，而5-羟色胺能够抑制攻击性反应倾向（Coccaro et al.，1992）。1970年出版的《暴力与脑》（Violence and the Brain）一书提出，有些严重的暴力行为起因于颞叶障碍，因此，他们认为颞叶障碍可能是许多暴力行为的病理原因。此外，运用脑电图（electroencephalogram，EEG）、计算机断层扫描（computed tomography，CT）和正电子发射体成像（positron emission tomography，PET）等当今世界较为先进的核医学显像技术，以具有攻击性的成年人为对象进行研究，结果显示，反社会个体的颞叶或者前额区存在异常（Volkow & Tancredi，1987）；磁共振成像（magnetic resonance imaging，MRI）也揭示出皮肤电活动可能与前额叶区域有关。雷恩（Raine）和谢尔博（Scerbo）（1991）曾综合了众多研究，指出暴力行为可能与前额皮层缺陷或者受损有关。总之，这些研究与文献资料表明，大脑损伤尤其是前额皮层及某些边缘叶区域的损伤，可能与攻击性的产生和控制机制有关，如果控制失败，则会增加个体产生攻击性和暴力行为的可能性。

2. 攻击性的现象学背景

西弗（Siever）（2008）认为，攻击的敏感性可能表现得有所不同，这依赖于攻击所发生的更广义的精神病理学背景。例如，在以缺乏同理心、冷漠行为为特征的精神病中，工具性攻击的敏感性具有反社会型人格障碍的反社会特征，甚至具有犯罪行为特征。当敏感性与共存性认知伤害联系在一起时，攻击就会表现出精神病症状或者极度越轨行为，例如谋杀、强奸和连环杀人等。当这样的攻击敏感性体现在先前有焦虑倾向而后遭受创伤的个体身上时，一旦原初的创伤被唤起，就可能触发攻击性行为。这就是创伤后应激障碍（post-traumatic stress disorder，PTSD）。当伴有极度的情绪敏感及调节异常时，冲动性攻击或反应性攻击就会发生在人际交往中。这就是所谓的"边缘型人格障碍"。变化的情绪或者焦虑状态都会激活攻击的敏感性，表现为躁郁症、焦虑症或者恐慌症（Swann，2003）。这类间歇性攻击及暴力常常伴随失智。

在这些背景中，冲动性攻击激活了肌肉运动，以回应没有对行为的厌恶后果进行关注和恰当反应的外部刺激。这种攻击性特质可以根据由OFC和前扣带皮层（anterior cingulate cortex, ACC）（它们涉及社会线索及预测奖励和惩罚期待的行为标准，抑制、管制具有消极结果的攻击性行为）的自上而下"刹车"与由杏仁核、脑岛触发的自下而上"驱动"之间的不平衡而加以定义。作为攻击性事件的触发器，情绪刺激或者挑战性刺激最初将通过听觉、视觉或其他知觉进行感觉登记（如图9.2所示）。在这一阶段，若出现听觉、视觉障碍，出现由违禁药品、酒精或代谢紊乱引起的知觉失真，可能会导致残缺的或者扭曲的知觉印象（即感知扭曲），从而增加刺激物被视为威胁或者挑衅的可能性。感觉被登记之后，刺激的评估将会经过视觉和听觉整合区域的初级信息加工，且最终发生在更为相关的区域，包括前额叶、颞叶及顶叶皮层。初期信息加工过程会受到调节刺激感知的文化和社会因素的影响，也会因妄想或者信息加工缺陷而变得扭曲，并且还会因产生压力或创伤导致信任度的降低。这种持久性的消极体验会产生偏见，最终对过去情绪条件的相关刺激的加工将会在杏仁核和相关边缘区域触发攻击性行为的"驱动"，而OFC及ACC将提供"自上而下"的加工来调节情绪和行为，以抑制带有消极结果的行为。

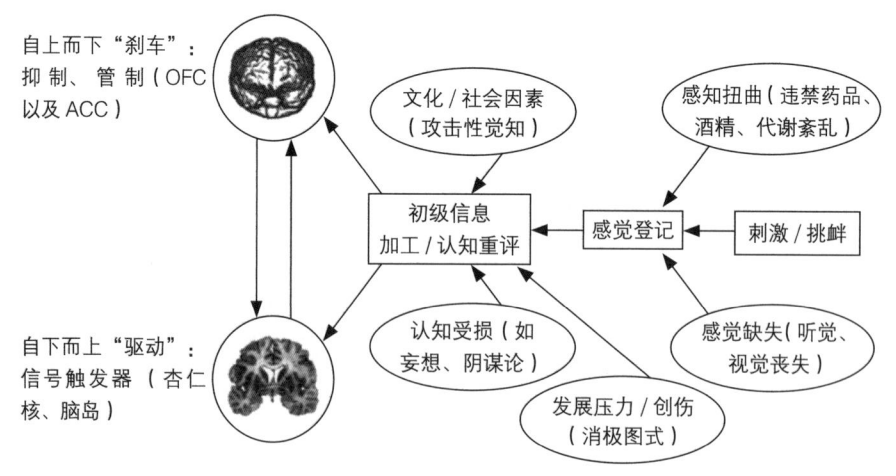

图9.2 攻击的启动与调节示意图（Siever, 2008）

边缘"驱动"和前额叶控制机制之间的不平衡性对于一系列由消极刺激引发的精神病症很重要,不仅包括以外部控制行为为特征的攻击性障碍,还包括诸如PTSD和情绪障碍等与焦虑障碍有关的退缩行为。基因和心理敏感度能够为攻击的情绪刺激提供条件。例如,MRI技术研究表明,患有边缘型人格障碍者经常会体验到愤怒和攻击性失控,对愤怒表情特别敏感(Best et al., 2002; Coccaro et al., 2007),从而可能导致在焦虑性障碍中,对恐惧表情的敏感性尤其突出。在监管这些系统的大脑神经调节器中,大量更特殊的异常情况在辅助攻击的敏感性方面可能扮演了聚光镜的角色。大部分研究倾向于关注具有冲动攻击性的特殊人群,包括反社会型人格障碍、边缘型人格障碍及间歇性狂暴症患者等,甚至犯罪分子。

(二)攻击性研究的环境和社会文化因素

1.攻击性会滋生攻击性吗?

是否有证据支持宣泄具有好处呢?主流媒体通常把宣泄理论视为真理,通过出版书籍、录制磁带、发表文章来支持宣泄具有好处。由于媒体具有普遍渗入性,大众容易接纳这种观点并且认为这是事实。然而,实际上,科学心理学并未证实宣泄的作用,当然也未能证明宣泄的坏处。媒体对宣泄的认可是否会导致大众参与宣泄活动?如果人们相信宣泄对人体有好处,那么以攻击性的方式行事是否会减少攻击性呢?

布什曼(Bushman)等人(1999)为解决这些问题做了两个实验。在实验一中,180名男性和180名女性被试者均自愿参加实验。被试被随机分成三组,被要求以支持堕胎或者是尊重生命的立场,写一篇关于堕胎的论文。实验的自变量为媒体信息(支持宣泄组、反对宣泄组、控制组)和愤怒水平(由反馈引发的愤怒或不愤怒行为表现),因变量为被试击打拳击袋与9项其他活动排列的顺序。结果发现:愤怒且得到支持宣泄信息的被试把击打拳击袋排列在显著靠前的位置;没有因反馈而愤怒的被试,获得反对宣泄或者支持宣泄的信息都对击打拳击袋的排序没有影响。也就是说,得到反对宣泄信息的被试想要击打拳击袋的愿望显著低于得到支持宣泄信息的被试。为了排除支持宣泄信息提到的"拳击袋"会成为影响参与者后来排序的因素,布什曼等人又做了实验二。被试为 350 名男性和 357 名女性，他们被随机分成三组，与实验一相同，被要求以支持堕胎或是尊重生命的立场，写一篇关于堕胎的论文，自变量为媒体信息（支持宣泄组、反对宣泄组、控制组），因变量为击打拳击袋与 9 项其他活动排列的顺序、愤怒情绪评价、"强度+时间"长度（施加不同强度、不同时间长度的噪声来惩罚对手）。简单来说，整个步骤为：（1）被试被随机分成三组（支持宣泄组、反对宣泄组、控制组），被试完成尊重生命或支持堕胎的论文；（2）给所有被试消极的书面评价以激起其愤怒情绪，被试排列包括击打拳击袋在内的 10 项活动；（3）一些被试被告知将要与论文评价者共同完成竞争性的反应时任务，被试进行 2 分钟拳击练习并就当前愉快程度做出自我评价，被试参与竞争性的反应时任务（对手是论文评价者或陌生人），被试施加不同强度、不同时间长度的噪声惩罚对手。结果发现：得到支持宣泄信息的愤怒被试表现出更强的击打拳击袋欲望，得知将要与惹怒自己的论文评价者完成竞争性的反应时任务的被试表现出更强的击打拳击袋的行为趋势，但不显著；惩罚对手方面，得到支持宣泄信息的被试比反对宣泄组和控制组表现出更多的攻击性。实验二发现，来自媒体的信息能够影响行为，人际攻击由于得到了支持宣泄的信息的加持而增强，甚至在被试有机会通过击打拳击袋发泄愤怒之后仍然会这样。由此可知：宣泄并没有减少攻击行为，而会导致攻击行为的出现；支持宣泄的行为在减轻愤怒方面是无效的，对个人及社会都是有害的。而媒体认为宣泄是一种减少愤怒的方法，在其宣传下大众也认为这是一种正常途径，要想转变这种观念需要一段时间。所以，应广泛提倡替代宣泄的理论和方法，如自我控制、非攻击性行为等。

2. 脸型与攻击性

脸型真的能在某种程度上反映一个人的性格吗？为了找到人类面部特征与暴力倾向的联系，加拿大布鲁克大学心理学系、神经科学中心的麦考密克（McCormick）和卡雷（Carre）（2008）做了三组实验（Randhawa, 2008）。第一组实验的被试是大学生志愿者，第二组和第三组实验的被试分别是大学曲棍球队队员和职业曲棍球队队员。研究者首先对志愿者进行减点攻击模式（point substraction agression paradigm, PSAP）反应测试——这是对攻击行为进行实验室测定的一种方法，再对志愿者的面部进行拍照，测量出被试面部的宽高比（面部的宽度即两颊间最宽处的宽度，面部的高度即上嘴唇到眉梢之间的长度，宽高比为两者的比值），最后把这个比值与PSAP测试的结果进行对比。在对大学生志愿者（37名男性，51名女性）的测试中发现：宽高比越大的男性，攻击性也越强，不符合该规律的男性仅占6%；在女性中则不存在这种规律。在实验二和实验三中，研究者从大学曲棍球队网站和ESPN专业体育频道网站收集了21名大学曲棍球队队员和112名职业曲棍球队队员的照片，然后计算他们的面部宽高比，结果发现宽高比越大的队员，越善于发起进攻，被裁判处罚的次数也越多。麦考密克表示，选择曲棍球队员作为实验对象是因为曲棍球是一种攻击性非常强的运动，在比赛过程中，运动员可以合理地进攻，这种"攻击性"可以通过犯规处罚次数等量化手段表现出来。关于产生这种现象的原因，卡雷表示目前还很难解释清楚，也无法确定这种算法的准确率和精度。但他认为，人从青春期开始出现的第二性征是由激素控制的，尤其是雄性激素的作用很大，而雄性激素的含量对人的攻击性或攻击倾向有直接作用，因此，也许是雄性激素对人的面部发育产生了影响。

3. 温度与攻击性

温度对人类攻击性的影响已经得到普遍的认可。研究者在不同的地区、不同的时间段进行调查，采用问卷法和实验法等方法，从信息加工、唤醒度、情绪行为等方面对温度和攻击性的关系进行了研究，但该领域尚存在一些有待澄清的问题（王蕾，黄希庭，2005）。如温度对攻击性的影响尚不明确，高温究竟是会增加攻击行为还是减少攻击行为，有待用更为科学的研究方法加以探究；在实验室中诱发的攻击性与现实生活中的攻击性区别很大，难以保证研究结论的外部效度；现场研究的数据中，热效应与冷效应缺少对称，其中热效应是指高温时攻击行为增加的经验观察，冷效应是指低温时攻击行为增加的经验观察，但两者都缺少实证研究证据的支持。现场研究中缺少冷效应也许是因为比起降低热的不舒适度来说，人们通常更希望降低冷的不舒适度，举例来说，我们在感到冷的时候选择加衣的可能性通常会大于在感到热的时候选择脱衣的可能性，所以较少能观察到低温时攻击行为的增加。目前的研究尚未全面考察影响攻击性的因素，虽然已有研究发现温度变化对注意和判断有显著影响(Cohen & Nisbet, 1994; Cohn & Rotton, 1997; Rotton & Cohn, 2000)。如在热的压力情境下，个体的注意力和判断力都会降低，此时如果出现攻击线索，就很容易引起攻击。但是，影响攻击行为的因素错综复杂，远远不止温度这一个因素，还包括多项生理、环境和社会文化因素(Lindsay & Anderson, 2000)。攻击行为是生理/心理—社会—物理因素相互作用的结果(李宏利，宋耀武，2004)，但目前研究者提出的理论模型往往仅考虑其中的一两个因素对攻击行为的影响，而忽略了其他诸多因素，从而缺乏普适性，因此需要采用多种方法来综合探讨影响攻击性的各种因素及其交互作用，才能更好地理解和解释人类的攻击性。

4.攻击性与亲子关系

阿塞韦斯(Aceves)和库克斯通(Cookston)(2007)探讨了亲子关系的缓冲作用对暴力犯罪的青少年的教养质量的影响，并对美国青少年健康情况进行纵向研究，探讨了暴力受害、亲子关系质量及随后发生暴力攻击之间的预期关系。被试基于初测之前是否有暴力行为而被分为暴力组和非暴力组。结果显示初测时暴力受害可以预测两年后再测时非暴力基线的青少年的暴力攻击性。然而，较早的暴力受害不会影响青少年暴力基线的攻击轨迹。亲子关系作为保护性的缓冲器，使那些具有高质量亲子关系的暴力受害青少年在再测时被卷入暴力攻击的可能性更低。随后的性别交互作用分析显示，亲子关系的缓冲作用对男性更明显，而不会限制女性产生攻击性行为。这些结果基于社会学习和暴力周期理论，强调了青少年的暴力犯罪角色。阿尔布雷希特(Albrecht)等人(2007)研究了青少年内化、攻击性行为及父母心理控制知觉的关系，通过定组研究调查青少年对父母心理控制的觉知和青少年自我报告内化及攻击行为之间的定向关系。随机在社区抽取530名12岁至19岁的青少年进行初测，两年之后重测。通过回归分析发现，青少年对父母心理控制的觉知基线并不能预测青少年两年后的内化行为及攻击性的变化，而初测高内化行为及身体攻击性能够预测青少年可能会增加对父母的心理控制行为。初测青少年有较高攻击性可以预测母亲心理控制觉知的增加。父母对同伴关系的监督和管理在青少年时期显得越来越重要，父母的高水平管理与降低青少年犯罪、物质滥用和产生高攻击性的发生率相关，因此，父母应该与孩子维持亲密的关系，鼓励他们自己做决定来帮助他们发展心理自主性和独特个性。父母需要尊重青少年的观点并提供给他们无条件的爱和接纳，即使他们和自己的观点有所不同。

5.攻击性的内隐社会认知研究

研究者对内隐攻击性的探讨多采用内隐社会认知（implicit social cognition）的研究方法。该方法虽在1995年才正式被纳入实验心理学的研究范围，但很快就成为各国学者探讨的对象。内隐社会认知是指在社会认知过程中虽然个体不能回忆某一过去经验（如用自我报告法或内省法），但这一经验会对个体的行为和判断产生潜在的影响。内隐社会认知研究采用内隐记忆的间接测量技术，使行为主义、精神分析学派等无法实证研究的内部心理过程在实验室条件下得到观察。随着内隐记忆研究方法的不断进步与创新，内隐社会认知已成为社会认知领域的一个研究热点。在此基础上，杨治良和刘素珍（1996）采用内隐社会认知的方法探讨了青少年学生的攻击性行为，结果证明攻击性具有内隐性，由此翻开了内隐攻击性研究的新篇章。内隐攻击性与攻击行为不同，是内隐的社会信息加工过程，无需意识监控或在意识状态不明确的条件下就可以实现对社会刺激的组织和解释，并对个体的判断和行为产生影响。内隐攻击性研究沿袭了内隐社会认知的研究范式，主要采取间接测量的方法：任务分离、启动技术、投射测验、IAT及GO/NO GO测验、ERP技术等，其中任务分离、启动技术、投射测验和IAT已被熟知，而GO/NO GO连接任务（GO/NO-GO Gossociation task）是在IAT基础上发展起来的研究内隐认知的一种联结任务。该测验吸收了信号检测论的思想，在实验中将目标类别和积极评价作为信号，将目标类别和消极评价作为噪声（梁宁建 等，2003），被试对代表目标种类和属性种类的刺激反应（称为GO），对其他刺激不反应（称为NO/GO）。此外，ERP技术可以探测不同实验条件所诱发的不同神经活动的脑机制，可以直接测量隐性的加工过程，不一定是有外显的行为反应。因此，它对探讨攻击性的外显和内隐层面的生物机制，特别是神经生理机制很有帮助。

内隐攻击性的研究拓宽了内隐社会认知的研究领域，揭示了攻击性的无意识层面，激发了人们对攻击性本质的新探索，对探寻攻击性的内在机制及攻击行为的预防和干预控制提供了科学依据。然而目前对于内隐攻击性的研究还不充分，尚存在一些问题有待解决（康园园，2008），如个体内隐攻击性和外显攻击行为之间的关系，个体的内隐和外显攻击性如何作用于日常生活中的攻击行为，以及影响攻击性的中介变量和调节变量有哪些。因此，有研究者提出内隐心理过程自动化发生的控制条件为：意识到影响或意识到影响的可能性；有控制自动化行为的动机；有足够的认知资源去加工控制性认知过程（Bargh & Chartland, 1999）。这些对于易受启动激活的内隐攻击性的可控性和干预策略的研究有一定的启发作用。

6.攻击性的文化差异

随着跨文化心理学和本土心理学研究在心理学界的日益壮大，文化因素的作用显得越来越重要。文化是一个复杂的系统，其本质是人的一切实践活动和这些活动所形成的心理和行为。概言之，文化是人类在实践活动中所创造的精神与物质财富的总和。攻击行为的文化演变受三种力量的制约：学习集体攻击形式的遗传倾向；社会发现自我的环境所强加的各种必要性；群体历史，使群体可能否定一种文化形式而接纳另一种文化形式（威尔逊，1987）。文化演变与有组织的暴力行为交织在一起，推动文明的进步。

国外的研究实践表明，在现有的条件下，个体主义和集体主义的研究视角是对文化模式进行探究的一个较为妥当的切入点（Gouveia & Clemente, 2003）。基于此种观点，可以把文化划分为两种模式，即个体主义文化模式和集体主义文化模式。个体主义文化模式倾向于把注意的焦点放在个体身上，强调个体的独特性、独立性、自主性，强调个体与他人和群体的不同，预示着竞争、独立、集体归属感比较弱。在这种文化背景下，人们对攻击行为持有较多的工具信念，即关注行为结果，强调攻击行为的必要性及其效力，证实行为的存在却不解释行为发生的原因。集体主义文化模式把注意的焦点放在群体或社会水平上，强调和睦的关系、人们之间的相互依赖、个人为集体利益所做的牺牲、个人对社会的义务和职责、个体在群体和社会中所扮演的角色等，含有较多的社会互动和较强的家庭观念。在这种文化背景下，人们对攻击行为持有较多的表达信念，即关注攻击行为产生的个体内在心理因素，强调攻击性发生的偶然性，并寻找行为发生的原因。西欧和北美等西方国家的文化是典型的个体主义文化，而亚洲的中国、印度和日本等东方国家的文化则是典型的集体主义文化。这两种文化模式下的个体具有不同的自我概念，行为目标的性质、行为的决定因素及社会关系的重要性都存在差异，进而对认知、学习、情绪和动机等产生影响。因此，不同文化背景下个体的攻击行为及对攻击性的认知都存在很大差异，如在南非及一些地中海地区，公开敌对和暴力是应对可觉知的威胁来捍卫荣誉的重要方式（Rodriguez Mosquera et al., 2000）。因此，对生活在这里的个体来说，攻击性是受到鼓励的，或至少是作为愤怒的一种反应而被接受的。有研究以日本学生和西班牙学生为对象，发现日本学生有较多的身体攻击行为，而西班牙学生则有较多的言语攻击行为（Ramirez et al., 2001）。由此可知，攻击性存在文化差异，应对其进行跨文化研究。

7. 关系攻击

从攻击的形式上看，攻击行为不仅指身体攻击或显性攻击。在过去一段时间，关于关系攻击的研究快速增多。攻击领域的研究人员越来越关注更为广泛的攻击策略，提出了更为广泛的关于攻击的概念，将更隐蔽或间接的非身体行为纳入攻击范围之内。尽管先前关于攻击行为的研究主要集中在身体行为上，但对于非身体行为的关注，促使人们开始重新审视攻击行为的形式和功能。人们对关系攻击的广泛关注方面，不仅体现在关于关系攻击的研究越来越多方面，也体现在关于这一主题的书籍、电影越来越多方面。这些非身体的攻击行为有各种各样的名称，如间接攻击、社会攻击、关系攻击等。所谓关系攻击，特指包括通过操纵同伴关系来破坏、威胁或伤害人际关系、接受性和包容性的行为。它主要指直接操纵同伴关系，但不包括消极的面部表情或手势。关系攻击可能是对抗性的，如将某同伴排除在某个社会群体之外，也可能是非对抗性的，如人格诋毁等。

研究表明，最早的关系攻击的迹象出现在3岁左右，并且在整个儿童早期阶段变得更加复杂。一般认为，间接攻击会在童年晚期发生，并在青春期达到顶峰。首先，青春期出现的社会变化可能为关系攻击的运用提供了基础。此时的青少年的个性逐渐增强，并发展出了与父母相分离的自我意识，对他们来说，同伴关系和社会地位也变得越来越重要。青少年的人际关系在情感上变得更为亲密，他们在群体中的地位和同伴的接受度成为影响自我认同的重要因素。浪漫关系的建立是青春期关系攻击的特征之一，这会成为其发展的重要焦点，进而为关系攻击的出现提供了重要的机会。其次，关系攻击是一种复杂的操纵方式，需要对他人心理状态有所了解。而青春期个体对社会情境的理解已达到更高水平，包括对他人情绪与动机、观点采择能力和情绪调节能力的理解。这些条件都为关系攻击做好了准备。因此，随着青少年社会认知能力的发展，他们能够更好地感知到互动中的操纵行为和有害的方法，并使用更为复杂或隐蔽的攻击行为来传达特定的关系信息，以回应过去的行为（Voulgaridou & Kokkinos, 2015）。

国内有研究者对浪漫关系中的关系攻击进行了系统回顾（王浩，俞国良，2019），他们认为浪漫关系中的关系攻击，指通过操纵或损害关系以达到伤害浪漫关系伴侣目的的行为，可以将这些攻击分为直接攻击和间接攻击、主动性攻击和反应性攻击等类型。浪漫关系中的关系攻击以浪漫关系为攻击目标，具有冲突解决策略的性质，在浪漫关系中往往具有相互性。研究者通常使用问卷法对浪漫关系中的关系攻击进行调查。研究发现浪漫关系中的关系攻击会导致较低的关系质量和心理健康水平，并引发身体攻击和对亲密伴侣的暴力。性别、依恋、浪漫关系中的权力和同伴关系中的关系攻击能够对浪漫关系中的关系攻击产生影响。在未来研究中，应关注浪漫关系中关系攻击的动机，厘清关系攻击发起与受害之间的关系，并加强理论建构与干预研究。

对关系攻击开展研究具有十分重要的意义。首先，关系攻击具有普遍性，会产生消极后果，因此有必要对这一概念形成清晰的认识。其次，男性和女性都会进行关系攻击，但频率可能有所差别，女性具有更明显的关系攻击倾向。再次，随着时间的推移，关系攻击的个体差异是相对稳定的，越早地识别和干预该行为，就越有可能减少或阻止该行为的重复出现。最后，目前关于关系攻击是否是典型行为或非典型行为还存在争议。

现有的研究结果证实了关系攻击与一些个体和环境变量之间的关系。总体上看，生物遗传因素、影响情绪反应和自我调节能力的特质与人格倾向、自我调节过程等，都是关系攻击的重要影响因素。关系攻击的性格背景是由个人特质、人格病理、社会认知等个体差异，以及诸如父母教育、友谊质量等情境因素共同构成的（Voulgaridou & Kokkinos, 2015）。

9.3 攻击性领域的干预研究与发展趋势

攻击性与个体的生物学特征、环境、社会文化等多种因素密切关联，对攻击性的预防和干预也应综合考量多种因素。及时恰当地对处于危险中的攻击性个体进行有效的治疗性干预，防止危机的进一步恶化，教其应对技巧，帮助其心理状态恢复到正常的功能水平，至关重要。

干预研究包括：(1) 攻击行为的医学干预（杨林，2006）。该干预模式主要面向已经表现出较高攻击性的个体，是为了避免其危害社会或个体自身而采用的治疗方法。有研究发现，练习一些传统的武术可以降低青少年的攻击性，从而预防攻击性行为（Zivin et al., 2001）。此外，抗精神病药物及安定类药物也可以有效缓解急性和慢性精神分裂症患者的敌意、攻击性或严重的焦虑等。对于那些用药物无法控制的攻击性和长期反复发作的攻击行为，可以考虑采用杏仁核立体定向毁损术来治疗，雌激素或雄激素抑制剂也可以控制性犯罪者冲动的攻击行为。(2) 攻击性的社会、家庭及个体干预。对攻击行为的社会干预仍然是控制人类攻击行为最有效的手段，教育、疏导、感化等方法都对缓解攻击性有积极的作用。惩罚也是减少重复犯罪的一种手段，可以减少攻击行为，不过也要把握惩罚的强度，尽量让受惩者感受到惩罚的公平性和意义，否则，可能会产生报复性行为。

同时，有研究者认为，个体的行为通常取决于个体的信念、价值观和道德准则，个体会为了建立某些道德行为规范而采用自我奖惩的方式来决定自己的行为（Schwartz et al., 2004）。因此，可以通过重建个体的价值观、生活态度、信念及改变处理人际冲突的方法，来改变个体的攻击性。家庭是个体赖以生存的社会单元，也是滋生攻击性的重要来源，许多高攻击者都成长于不良的家庭环境中，因此，通过家庭治疗及有针对性的系统治疗（Gundersen, 2002），定期开展接触式座谈和布置治疗性家庭作业，促进暴力犯罪个体与家庭成员之间真正的交流，可以有效预防攻击性。对攻击行为的个体干预，可以采用系统脱敏法，让攻击者尽量放松，想象愤怒情境，直至亲临其境，多次反复后以达到系统脱敏疗效。

此外，还可以采用认知行为矫正的方法，即让攻击者在情绪稳定时通过录像观看自己在愤怒情境中的表现，帮助其识别消极思维或不愉快的情绪、紧随消极思维之后产生的问题行为等，从而帮助攻击者消除这些消极思维并建立理性、积极的思维，最终提高其自控能力。

9.4 小结与展望

攻击行为的发生是社会、心理及生物学多方面因素共同作用的结果，目前对攻击性的研究已基本趋于成熟，但在该研究领域仍存在一些问题有待今后解决。

第一，攻击性的发展规律及机制尚不清楚，攻击性的界定尚不统一，研究技术手段缺乏规范化。社会认知神经科学、神经心理学、脑科学的飞速发展以及脑成像、电子扫描等先进技术的应用，为深入研究攻击性提供了重要的发展契机，如可以通过观察脑区的变化来推测其个体的攻击性程度。目前对心理现象的研究手段逐渐从之前的自我报告法和量表法向脑成像技术过渡，包括PET、fMRI/MRI、EEG/ERP和TMS技术等，研究结果也具备越来越高的信度与效度，对探讨攻击性的规律及机制具有重要意义。

第二，攻击性与大多变量（如社会支持、应对方式及攻击者人格特点等）的相互影响机制尚不明确。攻击行为是一种复杂的心理行为现象，其发展不是受到某个因素的影响，而是受到多个系统、多个因素、多种关系的交互作用，这些因素共同影响攻击性的发展，安德森和迪尔（2000）提出的一般攻击模型理论在一定程度上整合了以往的研究成果，但是该模型似乎更符合横断研究设计的模式，而不同性质的影响因素之间的系统性及结构化关系似乎被忽略了（李宏利，宋耀武，2004）。某些研究把攻击行为作为因变量，把一些人口学变量与社会情感变量作为自变量，认为社会情感变量导致攻击行为的产生。然而，攻击行为也可能会反过来对社会情感变量产生影响，如攻击行为或情感可能相互影响或相互启动（Keltikangas-Jarvian，2006），这说明探究情绪发展对攻击行为的启动的研究目前仍存在一定的局限性，攻击行为与各影响变量之间的关系是动态变化的。因此，其他变量如自杀、愤怒、社会排斥等如何影响攻击行为或是否与攻击行为存在交互作用都有待进一步探讨。

第三，社会心理因素与生物因素在攻击性发生发展上的因果关系尚不明确，可以借助多元化的方法进行探讨。这就要求对攻击行为的生物学改变现象进行动态观察，通过早期预防与诊治、改善人际关系、探索与攻击行为有关的社会文化因素等方式，达到有效预防的效果。

第四，对已有攻击性的干预模式尚存在争议，有待进一步整合。未来可以在攻击性的干预和矫治模型（如锂治疗）等（Terao & Siever, 2008）治疗方法上争取新的突破，探索引起攻击性的根源，采用合理的措施及早进行多元化、多方法的综合性干预，以缓解攻击性带来的负面影响。

第五，文化因素对攻击性具有重要影响，因此，对攻击性进行跨文化研究，比较不同文化背景下攻击性的差异，探讨人类攻击性形成的原因至关重要，这对于人类有效理解攻击性及预防攻击性有重大的意义和价值。

第10章
亲社会行为的研究热点和发展趋势

亲社会行为是一个宽泛的行为范畴,是"被社会界定为有益于他人和现有行政体系的行为"(Pilliavin et al., 1981)。根据该定义,一个特定的行为是不是"亲社会",因时代和环境而异。对行为的社会判断会随着历史环境和政治背景的变化而改变。当然,亲社会行为的社会建构特征并不会妨碍我们研究日常生活中的社会行为。在公共汽车上给老人让座,去慈善机构当志愿者,在紧急事故发生时救死扶伤,与自己工作团队中的其他成员精诚合作,这些都是被社会中绝大多数人所认可的亲社会行为。亲社会行为对于建设和谐社会具有极其重要的现实意义。

10.1 亲社会行为研究的历史回顾

对亲社会行为的心理学研究可以追溯到麦独孤,他认为亲社会行为是父母本能产生的"慈爱的情感"的结果。对亲社会行为的科学研究源自1964年的基蒂·吉诺维斯被杀事件(俞国良,2021)。该事件震惊了全美国,人们开始思考,为什么这么多有责任心的人在听到基蒂的哭叫声之后没有去帮助她?这引起了社会心理学家对亲社会行为的极大兴趣。当他人需要帮助时,人们会如何反应?尤其当紧急事件发生时,在什么情境下人们不会或者会出手相助?拉塔内(Latané)和达利(Darley)(1970)为研究旁观者对紧急事件的反应做了大量的基础性工作。他们通过实验确认了发生紧急事件时促进或抑制助人行为发生的情境因素。基蒂·吉诺维斯被杀事件和随之而来的一系列心理学研究,大大推动了采用实证方法考察人们提供或不提供帮助的时间以及原因方面研究的发展。20世纪70年代,大部分研究都在考察紧急和非紧急情境下影响人们助人可能性的因素。

关于人们出手相助的时间,拉塔内和达利(1970)提出了旁观者干预的决策模型。该模型指出人们是否提供帮助是一系列决策的结果。人们在做出助人反应之前,要经过五个决策步骤:第一步,是否注意到事件的发生;第二步,是否对事件进行确认,即是否将事件解释为需要帮助的事件;第三步,决定是否承担个人责任;第四步,选择帮助的方式;第五步,是否实施行动。该模型中每一步的决策都会影响旁观者最终的反应。后来,皮利亚文(Pilliavin)等人(1981)将旁观者干预的决策模型与经济学相结合,提出了成本—收益分析模型。该模型很好地补充了旁观者干预的决策模型,诸多实证研究为该模型提供了证据支持。

当这一领域的研究成熟后,20世纪70年代中期至80年代,研究重心从"何时人们出手相助"转移到了"为什么人们会出手相助",也就是亲社会行为背后的动机是什么。在这段时间,多名学者对助人行为背后内在的动机机制进行了热烈争论,激起了人们对该领域的浓厚兴趣。

研究者一般聚焦于三类机制:学习、社会和个人规范、唤起和情感。前两者是认知机制,最后一种是情绪机制。根据学习理论,人们通过操作性条件反射和社会学习(包括直接经验和观察他人),形成积极社会行为的观念,并获得助人的技能。关注社会和个人规范的研究,强调当人们努力维持积极的自我意象或追求理想,以及满足个人需求时,社会责任和互惠等规范会促进助人行为的发生(Omoto & Snyder, 1995)。这一视角将研究者的注意力从自发、临时的助人行为转移到了长期、持续性的亲社会行为方面,比如参加志愿者活动。这意味着研究者开始关注宏观层面的研究,关注唤起和情感的研究强调情绪对引发亲社会行为的重要性。人们的情感会被他人的痛苦所唤起,这被称为共情唤起,这种反应在年幼的儿童身上就可以观察到,具有跨文化的普遍性(Eisenberg & Fabes, 1991)。共情唤起是多种助人行为背后的基本过程,人们将自己的共情唤起所解释成的情绪,影响着他们的助人动机。如果是愤怒或厌恶情绪，人们不会去提供帮助；如果是难过、悲伤或内疚的情绪，人们会在利己动机的支配下去助人，以缓解自己的消极情绪状态（Cialdini et al., 1997）；如果是同情和怜悯的情绪，利他动机会被诱发出来，这时人们助人的主要目的是减轻他人的痛苦（Batson, 1991）。

20世纪80年代后期至90年代初，关于亲社会行为动机机制的研究也日趋成熟，人们讨论的焦点开始集中在具体的方法和纯粹的概念界定上。除了直接卷入这些争论的学者，其他研究者对助人和利他主义的兴趣逐渐降低，直到20世纪90年代中期后，研究者对该领域的兴趣被重新点燃。然而，这时研究者已不再将焦点集中在传统的研究主题上。一部分研究者开始探究亲社会动机的基因和神经基础，这一新的方向被称为微观水平的分析。另一部分研究者开始考察群体与组织水平上的助人、合作行为，这一研究方向被称为宏观水平的分析。

当然，如今仍有不少研究者对传统主题，即人际帮助的理论和实证研究保持兴趣，但以往的研究中，研究者更多地关注微观和宏观分析水平的研究。在开展这些研究工作时，有些学者将自己的研究建立在早期助人研究确立的原理的基础之上。然而，更多的微观或宏观水平的研究工作较少依赖先前关于人际帮助的亲社会研究，而是更多地借鉴其他学科（比如生物学和社会学）的研究。

当前，关于亲社会行为的研究涵盖了广泛而多样的现象。研究者认为，这些庞大的研究文献可以从多层次的视角来进行组织和理解，他们将针对亲社会行为的分析分为三个层次：一是中观层面，指关于在特定情境下对施助者和受助者进行分析的研究；二是微观层面，指关于亲社会倾向的起源以及亲社会倾向变化的来源的研究；三是宏观层面，指关于发生在群体与大型组织情境下的亲社会行为的研究（Penner et al., 2005）。

首先是中观层面。中观层面的研究考察了人际水平的帮助行为，即一个人帮助另一个人。这一直是社会心理学中亲社会行为研究的焦点。特别是从20世纪60年代中期到80年代初，中观层面的研究关注了人们在紧急和不紧急的情况下，何时会提供帮助。20世纪80年代至90年代，后续的研究和理论则关注人们为什么会产生亲社会行为，并检验了引发亲社会行为的过程。

目前，该领域的最新发展拓展了相关研究的视角，开始关注无意识和群际因素对亲社会行为的影响。

其次是微观层面。中观层面的研究常常由"为什么人们经常不去帮助有需要的人"这个问题引发的，而对于亲社会倾向起源和亲社会倾向个体差异的研究，则源于"为什么不应该发生的亲社会行为会经常发生"，即在牺牲自己的情况下去帮助他人。关于这一问题的答案，涉及进化理论、行为的生物和基因基础、发展过程、个性因素等方面。

进化理论的视角。与社会心理学家在中观层面根据动机来定义"利他"不同，进化理论家根据后果来定义"利他"。当代新达尔文主义的进化模型将进化成功定义为基因在后代中留存，普遍承认人类是存在亲社会倾向的，原因在于：一是基因表现出亲社会倾向，二是表现出这种倾向的人更可能进化成功。亲社会行为使进化得以成功的三个进化机制分别是亲缘选择、互惠利他和群体选择。亲缘选择是基于这样一种假设的，即进化中重要的不是个体的适应度，而是包容性适应度，即将基因从所有来源成功地传递给后代。因此，那些经常帮助亲戚的人在包容性和适应度方面是能获得进化上的好处的。互惠利他的概念可用以解释帮助不相关个体的进化优势，如果人类能够通过帮助不相关个体得到同样的回报，就从中获得了进化上的益处。群体选择的观点认为，如果两个群体是直接的竞争关系，拥有更多利他倾向的群体将比主要由自私个体组成的群体更具有优势。因此，利他倾向的群体将优于自私倾向的群体，并获得更大的繁殖优势。

亲社会行为的生物和基因基础。有研究者试图通过神经解剖学和神经化学信息来理解亲社会行为。尽管解释模型在很多方面存在不同，但都有一个共同的基本假设，即在大多数情况下，人们并不会反射性地采取亲社会行为，基于生理的情感或动机会先于亲社会行为的发生。

亲社会倾向的发展。发展心理学关注个体对他人的亲社会反应存在差异的原因，这也是社会心理学微观分析的重要组成部分。近年来，关于亲社会倾向的发展理论，已经从强烈的环境倾向转向关注生物学倾向与社会化经验之间的相互作用。很多研究关注了作为特质的亲社会倾向，即个体在生命早期就出现的对环境做出反应的普遍方式，并且它被认为具有很强的遗传倾向。也有研究者认为，这些情感和行为倾向与其他因素的相互作用，产生了亲社会倾向的个体差异。

人格与亲社会行为。一般认为，儿童在共情和其他亲社会倾向方面会表现出稳定的差异。但最近也有观点认为，这些倾向在一个人的一生中的各个阶级都是相对稳定的。更多的研究关注了其他的个人属性同亲社会行为的关系，例如，宜人性、共情倾向都与亲社会行为存在关联。在此基础上，有研究者开始关注"亲社会人格"这一变量。

最后是宏观层面。一是关于志愿服务的研究。志愿服务涉及组织环境中的亲社会行为，是有计划的，并会持续一段时间。志愿服务在很多方面不同于人际帮助，最重要的一点是，相比于人际帮助，志愿服务不太可能源于个人的义务感。大多数的人际帮助行为都会涉及对某个具体人的义务感，但自愿为慈善机构或服务组织工作通常并不是源于这种考虑。志愿服务通常开始于一个深思熟虑后的决定，即加入一个组织并为之做出贡献。研究者发现，家庭和宗教组织在个体最初决定参与志愿服务上发挥着重要作用。志愿服务还与受教育程度和收入水平存在密切关联。二是关于合作与群体水平的亲社会行为的研究。合作与人际帮助、志愿服务均存在区别，在人际帮助和志愿服务中，涉及的各方通常是不平等的，即一方需要帮助，而另一方拥有提供帮助所需的资源。而合作涉及两个或两个以上的人作为合作伙伴走到一起，他们相互依赖地朝着一个共同的目标努力，并且使所有参与者受益。许多关于合作的研究都是在社会两难的情境下进行的，而所有的社会两难情境都具有两个基本特征：（1）如果不做符合群体最佳利益的事情（即背叛群体），每个人都会获得更高的回报；（2）如果合作，个体面临的大境况都会比背叛更好。个体差异、亲社会动机、社会影响、社会认同等都会影响社会两难情境中的合作。

群体内和群体间的合作也受到研究者的广泛重视。与帮助他人是一个单方面和个人的行为不同，合作通常涉及群体内和群体间的关系。相比于帮助他人，在合作方面，群体内和群体间的差别是更为基本和复杂的，所涉及的行为并不一定是帮助他人的关键决定因素，例如信任。由于内群体成员比外群体成员具有更多的积极特征，个体会把内群体成员视为比外群体成员与自己更为相近的个体,人们也会认为内群体成员与自我更为相似。因此,人们通常更信任内群体成员而不是外群体成员,也更容易忽视和原谅内群体成员而不是外群体成员的消极行为。信任同样是影响群际关系的关键因素,但群体之间的信任比个人之间的信任更难实现。在某种程度上,由于群体之间的不信任大于个人之间的不信任,所以群体之间的合作程度大大低于个人之间的合作程度。

用共同的内群体认同来替代分离的群体认同,通常会提高亲社会互动频次。在保持分离的群体认同的同时,在更包容的层面上强调共同的群体成员身份,可能会产生相互矛盾的效果。一方面,在不重新定义或贬损原有的内外群体分类的情况下,引入群体之间的合作互动,能够产生积极、可推广的群际后果;但另一方面,引入一个共同的、上级的群体认同可能会威胁到现有的社会认同,从而加剧对积极独特性和差异化的需求,并导致人们将自己群体的标准作为上级群体的标准,这会削弱群体之间的亲社会关系。因此,强调或创造共同的认同会提高个体之间的合作,但也可能会增加群体之间的竞争。

10.2 亲社会行为研究关注的研究热点

亲社会行为研究发展至今,研究主题日渐深入,研究领域日渐开阔,这表现为近年来亲社会领域的研究者将更多的精力投入微观分析水平和宏观分析水平的研究中。随着研究的深入,跨越各水平、各学科的研究走向日趋明显。这里我们重点讨论近年来亲社会研究领域关注的主要问题。

(一)社会认知神经科学对共情的研究

关于亲社会行为起源的研究已经表明,基因可能以间接的方式影响人类行为。例如,通过影响一部分的神经系统使人们对其环境中的某些特定方面尤为敏感,或者使人们能体验到某些特定的情绪。人的大脑中支配情绪的部分——边缘系统比主要支配认知和判断的新皮层进化得更早。因此,情绪可能是基因产生利他行为的心理机制,比如人类的很多情绪(内疚、悲伤、痛苦和担忧等）均可诱发亲社会行为。由于产生这些情绪的基础是对他人状态的共情唤起，共情可能是连接遗传倾向和直接的亲社会行为的基本要素。

在社会认知神经科学发展起来后，研究者开始关注共情的神经基础。共情是指共享他人情绪的能力，近来已成为社会神经科学研究的焦点。该领域不断累积的研究表明，人们既可以共享另一个人的情绪或感觉状态，也可以通过对他人状态的推理来理解他人的意向、愿望和信念，即认知观点采择。尽管共情和对他人状态的认知推论经常同时发生，采用fMRI技术的社会认知神经科学研究表明，认知观点采择和共情激活了不同的神经网络，前者主要激活前额叶中部（medial prefrontal regions）、STS和顶叶（parietal lobe）（Hein & Singer, 2008），后者激活的脑区主要集中在AI和ACC区域（de Vignemont & Singer, 2005）。辛格等（2004）通过比较被试自己接受痛刺激和观察另一个人接受痛刺激时大脑的激活状态，证明在两种刺激情况下，AI和ACC均被激活。其他使用不同痛觉刺激和情境的同类共情研究也有相同的发现（Lamm et al., 2007）。将痛刺激换成令人厌恶的气味刺激和触觉刺激时，这两个区域也会被激活（de Vignemont & Singer, 2005）。

基于对共情的神经基础的探讨，社会认知神经科学家对共情做出了界定。辛格等人（2006）认为：（1）共情是一种情绪状态；（2）这种状态与另一个人的情绪状态是同形的；（3）这种状态由对另一个人情感状态的观察和想象引起；（4）共情者知道是另一个人引发了自己的情感状态。这种界定能有效区分共情与观点采择、同情、怜悯和情绪感染等。尤其需要注意的是，共情与同情或怜悯不同，被共情引发的情感状态与另一个人的情感状态是同形的，同情或怜悯却并非如此。共情不一定会激发亲社会动机，有时甚至有阴暗的一面，比如，抓住另一个人的弱点使其受苦。而同情或怜悯则与亲社会行为有必然联系，如金（Kim）等人（2009）发现，对另一个人的悲伤表情产生怜悯会显著地激活中脑腹侧纹状体/隔膜区网络（midbrain-ventral striatum/septal region network），这些区域对于诱发亲社会取向的动机及伴有的价值感具有重要的作用。因此，共情转化为同情、怜悯或担忧情绪，才能引发亲社会动机（Eisenberg, 2007）。

除了在以往研究的基础上对共情的内涵做出总结外，社会认知神经科学家还总结了大脑共情反应的调节因素。例如，情绪的内在特征、共情者与共情对象的关系、共情者的特征、情绪刺激的显著性与强度、情境因素，等等。辛格等人（2006）提出两种类型的共情调节。一方面，个体可以自发地控制自己的情绪反应，如某些有强烈的宗教信仰的人可以很好地控制自己的情绪和感觉；另一方面，内隐的评价过程可以在很大程度上调节共情反应的强度。后者是社会认知神经科学关注的重点。

共情受到诸多因素的调节，那么共情的过程是在哪个环节上受到调节的？对此，辛格等人（2006）提出了两个共情模型（de Vignemont & Singer, 2005）——后评价模型和前评价模型（如图10.1所示）。

在后评价模型中，对情绪线索的知觉直接地、自动化地激活了情绪反应，同时背景信息得到评价，背景评价的结果会调节最初自动产生的共情反应。在前评价模型中，对情绪线索的知觉不会直接地、自动化地激活共情反应。情绪线索首先在内部和外部信息背景下得到评价，背景评价加工的结果决定了情绪反应能否产生。目前，针对共情的神经科学研究还无法区分以上两个模型提出的加工路径。未来的研究可以通过使用更为有效的技术或通过改善实验范式，来区分这两种加工路径。

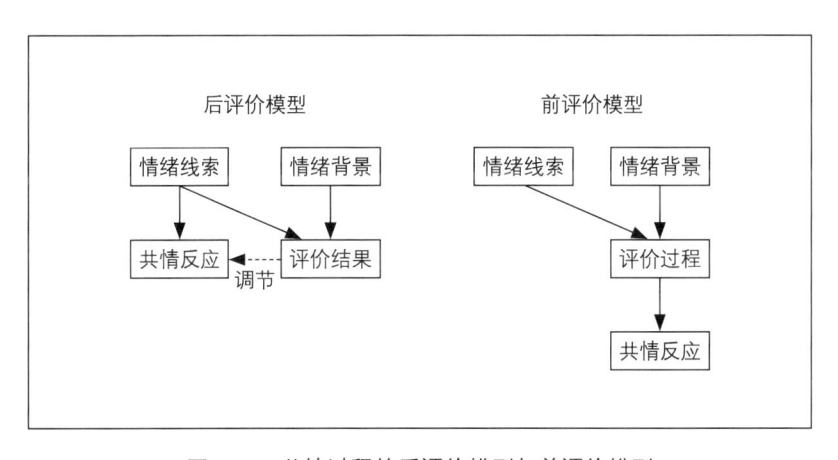

图10.1 共情过程的后评价模型与前评价模型

尽管社会认知神经科学对共情的研究取得了令人瞩目的进展，但仍存在不少有待解决的问题。例如，目前研究者已经确认了影响大脑共情反应的关键因素,那么这些因素的重要性是否有所不同?它们在调节大脑共情反应时是否会发生复杂的交互作用?又比如,很多研究通过检验神经的共情反应与共情的行为特质测量结果的相关性,来考察大脑共情反应的个体差异。结果发现,共情的行为测量得分越高,对AI和ACC区域的激活也越强(Singer et al.,2004)。然而,这些个体差异源自何处,这些个体差异是否可以预测同情和怜悯等包含亲社会动机的情感,连接共情和亲社会行为的到底是一种怎样的机制等问题都需要作进一步的澄清。

(二)群体过程与助人行为的关系

群体过程与助人行为的关系也是近年来亲社会行为研究的热点。群体过程对亲社会行为的影响研究,是在群体内和群体间行为的理论框架下进行的。关于该主题的大量研究都揭示了对自己所属群体成员较强的偏爱倾向(Hewstone et al., 2002),即人们更有可能关心那些与自己属于同一群体的人们,也更有可能去帮助他们(Levine et al., 2002; Stürmer et al., 2005)。霍恩斯坦(Hornstein)等人已证明共同群体成员身份对助人行为的效应强于人际相似性或人际吸引力所产生的效应。他们认为属于同一群体的阵营感会促进共情,进而引发更多的亲社会行为。多维迪奥(Dovidio)等人(1997)发现,诱发"共同群体身份"可促进对先前被知觉为外群体成员的个体的帮助行为。当内群体的范围设定得更宽时,人们在考虑帮助对象时会变得更有接纳性(Levine et al., 2005)。

施蒂默尔(Stürmer)等研究者(2006)在不同文化背景下,考察了群体成员身份对于由共情动机引发的助人行为的调节作用,证明了人们在决定是否助人时个人过程与群体过程的差别。当助人者和被助者属于同一文化群体时,共情对于助人行为的影响较强;而当两者属于不同群体时,共情对助人行为的诱发作用则相对较小。在由实验操纵所创造的群体背景下对同样的问题进行考察,也产生了类似的结果。施蒂默尔等人(2005)还考察了群体成员身份如何调节被助者的吸引力对助人行为的预测作用,发现当被助者是外群体成员时,吸引力对助人行为的预测作用比当被助者是内群体成员时更强。这说明:在内群体条件下,共情是预测助人行为较重要的因素;而在外群体条件下，诸如吸引力的人际因素，是预测助人行为更为重要的因素。群体成员身份不仅对个体间的助人产生影响，也能调节群体间的互助。例如，由于保加利亚人一直将犹太人看作内群体成员，而不是根据宗教信仰和民族差异将其视为外群体成员，并且他们的一个重要内群体规范是反抗压迫，所以保加利亚人曾通过大规模的集体行动从纳粹手中拯救了无数的犹太人（Reicher et al., 2006; Hopkins et al., 2007）。

群体过程会影响助人行为，反过来，助人行为也会对群体间过程产生影响。纳德勒（Nadler）和费希尔（Fisher）（1986）指出，助人的双方往往是不平等的，即助人者（或助人群体）往往比接受帮助的人（或接受帮助的群体）有更大的权力、更高的地位和更多的资源，而且长期的帮助会使接受帮助的人或群体产生依赖感和无能感。纳德勒（2002）曾提出一个模型，表明地位高的群体经常对地位低的群体给予依赖取向的帮助，以建立和保持自己的优势。地位低的群体接受这种帮助可能意味着接受不平等，而拒绝帮助可能意味着努力追求社会平等。由此可见，群体间助人可被作为一种策略，用以维护群体利益或实现某种群体间的关系。例如，霍普金斯（Hopkins）等人（2007）通过实验发现，当苏格兰人认为自己所属群体被英格兰人视作吝啬的时，他们把对外群体提供帮助当作对这一刻板印象做出反驳的有效方法。当他们感觉到这种刻板印象增强时，自愿帮助外群体成员的行为也会增多。从这个实验可以看出，亲社会行为可作为在群体内和群体间背景下改善关系状况的交流行动。助人不仅是群体过程的结果，也可以是对群体过程的积极干预。

（三）志愿者活动

志愿者活动是在组织背景下的一种有计划的、长期的传达亲社会行为的活动。与个人之间的帮助所不同的是，志愿者行为与个人义务感无关，而且往往始于深思熟虑后的决策。因此，关于人们为什么去当志愿者的研究，其视角与关于人际帮助的研究不同。

志愿者活动这一主题，是2000年以来社会学家和心理学家备感兴趣的领域。研究主题包括：考察家庭和宗教组织对于一个人是否去当志愿者的影响(Lam, 2002; Piliavin, 2004),社会经济地位和收入水平与志愿者行为的关系,性别和民族与志愿者行为的关系,等等。

心理学家则关注潜在志愿者的特征和需要,以及他们面临的社会情境对志愿者活动的影响。彭纳(Penner)(2002)和阿特金斯(Atkins)等人(2005)的研究发现,个性倾向在是否当志愿者的行为决策中发挥着重要作用。大本(Omoto)和施奈德(Snyder)(2002)进一步探讨了为什么不同背景、不同个性的人会去参与相似的志愿者活动。他们对志愿者活动做出功能分析,发现相同的志愿者活动能满足不同个体或相同个体在不同时间的不同需求和目标。也就是说,个体所处环境和个性的差异是经由不同的动机转化为相似的志愿者活动的。

哈特等人还提出了一个新模型,试图整合社会学和心理学的研究视角(Dovidio et al., 2006)。他们基于取自全国范围的调查数据指出,个性因素和社会结构因素(如家庭、文化等)均会对参与志愿者活动的概率产生影响,但这种影响以个人内部的认知过程(比如态度、身份认同、对理想的承诺等)和人们社会网络的丰富程度为中介。

志愿者活动是一种长期的活动,关于使志愿者活动得以维持的因素,研究者提出了不同模型。大本和施奈德(2002)提出的志愿者过程模型更关注个人内部的变量(比如动机),他们认为持续的志愿者活动主要由最初人们去当志愿者的动机或需要,与人们作为志愿者的实际经历的匹配程度所决定。同时,该模型也指出,亲社会倾向对志愿者活动的社会支持、对志愿者经历的满意度,以及与组织的融合程度,对于维持志愿者活动起到重要作用。皮利亚文等人(2002)提出的角色身份模型则更关注社会角色和社会背景。该模型中两个关键的结构,即知觉到的期望和角色身份,变成了该志愿者个人身份的一部分。知觉到的期望使个体决定去当志愿者,组织变量(如某志愿者服务组织的声望)及与实际志愿者活动相关的经历和行为,促进了志愿者的角色认同,而这种角色认同是维持个体志愿者活动的直接原因。

此外,心理学家还考察了志愿者活动对志愿者自身可能产生的益处。我们知道,传统的亲社会行为研究更关注产生助人行为的原因而不是结果,而在微观和宏观分析水平上,有大量的研究在考察亲社会行动对于个人可能产生的益处。心理学家有关志愿者活动所产生的积极身心效应的研究主要关注这几个问题：志愿者活动是否有长期的益处，志愿者活动的数量和类型对其效益的影响，志愿者的个体差异对志愿者活动的效应的影响，以及产生这些积极效应的机制是什么。皮利亚文（2009）通过长期的追踪研究对这几个问题做出了探讨。他发现志愿者活动能对青少年产生积极的发展性影响，与青少年和成年人的身心健康和幸福感有正向联系；参与的志愿者活动越多样，时间越长，一致性越高，志愿者的身心健康水平就越高；志愿者活动对不同个体的效应不同。个体融入社会的程度影响着志愿者活动的效应，那些与社会更为疏离，即单身、较少与朋友或亲戚来往，或住在人口稀少地区的个体更能从志愿者活动中受益。志愿者活动对志愿者自身所产生的积极效应的内在机制是，由志愿者活动带来的融入社会的过程和自我价值感的提升，可以通过心理—神经—免疫学路径来提升身体健康水平（Oman et al., 1999）。

然而，值得我们注意的是，大部分关于志愿者活动效应的研究一般都采用调查方法，为此在做因果推论时要慎重。

（四）相互依赖与亲社会行为

相互依赖描述了不同个体对自己和他人的结果的相互控制，这些结果可以是物质的、情绪的或者象征意义的。相互依赖理论与进化心理学、情境研究的原理相结合，为人们如何主观地感知相互依赖提供了解释。在进化过程中反复出现的相互依赖模式塑造了人类的认知结构，最近研究表明，相互依赖在心理上表现为互相依赖、利益冲突和相对权力。互相依赖指双方互相控制对方的结果的程度，利益冲突指一方收益是另一方损失的程度，相对权力是一方对自己和对方结果有更大控制的程度。人们根据社会环境中的线索来理解相互依赖，但主观感知也受到稳定的个体差异的影响。重要的是，对于相互依赖的感知与亲社会行为存在关联。对利益冲突的感知不利于亲社会行为的产生，而对相互依赖的感知能够促进亲社会行为产生。此外，对利益冲突和权力的感知会共同影响合作的结果（Columbus & Molho, 2022）。

（五）正念与亲社会行为

正念（mindfulness）是心理学研究和大众媒体关注的热点话题。正念受到广泛关注的一个原因是，人们认为正念能够给心理和身体健康带来广泛的益处，正念不仅有利于自己，同时也有利于他人。关于正念的精准定义是存在争议的，通常人们认为正念是对当下经历的一种开放的、不加评判的意识。具体来说，正念包括对一个人的内在的、心理的、情感的、体验的元认知意识进行的观察，观测它们出现与消失。也就是说，正念水平高的个体对自身的认知和情绪采取中立的、不加评判的观察者的立场，而不去思考这些认知和情绪的价值或内容。正念水平高的人不会去反刍、认同或评价自身体验。作为一种当下的意识状态，正念是与无意识思维相对的。正念是一种稳定的特质，但人与人之间存在差异，正念时一些人会比另一些人更为专注。正念同样是一种随着时间而变化的状态，例如，一个人有时专注，有时不专注。培养正念的主要方式是冥想，冥想练习有很多种，在关注点和指导方式上存在不同，如关注慈爱、宽恕、同情、慷慨等，其依据的分别是不同的理论假设。

一些研究发现正念会导致亲社会行为的增加，涉及两种主要的观点（Schindler & Friese, 2022）。一种观点认为，正念与加强执行控制和提升自我调节能力有关。因此，有研究者认为，更高的正念水平可以提高引导和维持注意力的能力。而这一能力的提升，能够提高对他人在社会环境中的需求的认识。由于正念能够促进包括抑制在内的执行功能的发挥，所以当一个人处于正念状态时，消极情绪可以被更有效地调节和克服。因此，当消极情绪存在时，正念能够促进亲社会行为的产生。另一种观点认为，正念的增加能够引发更高程度的共情关怀。正念干预通常通过不加评判的接受来促进心理内容的脱离。训练这种能力能够减弱自我参照的认知和情绪，进一步消除自我与他人之间的界线，进而增加对他人的共情。由于亲社会行为通常是由共情所引发的，因此正念的增加能够促进亲社会行为的产生。

10.3 亲社会行为研究的发展趋势

从近年来亲社会研究所关注的问题可以看出,研究者更倾向于从微观和宏观层面对亲社会行为进行纵深研究。同时,研究者正在试图结合不同的分析层面对亲社会行为进行探究,旨在对亲社会行为形成更全面、更具整体性的理解,正如多维迪奥等人(2006)所言,当前更有潜力的方向是采用一种更具综合性的视角来考察亲社会行为。他们还指出了两个研究取向:第一,跨越三种分析方式,对特定的认知、神经、遗传过程和机制如何影响亲社会行为形成一种整合性的理解;第二,将亲社会行为视作进行中的人际过程和群体间过程的一个成分来探讨。

(一)亲社会的社会认知神经科学研究

尽管从社会认知神经科学的视角来探究亲社会行为的内在神经机制,已逐渐成为亲社会行为研究领域的热点,并取得了丰硕的成果,但仍存在不少有待深入研究的复杂问题。这些问题在讨论社会认知神经科学对共情的研究中已有涉及,这里将讨论两个更具整合性的研究问题。

首先,关于稳定的、可观察的亲社会倾向的个体差异如何在神经科学领域得到证明,还没有被系统地探讨过。这是一个复杂但值得深入研究的问题,未来可以通过对表现出稳定的亲社会倾向的个体和没有表现出这种特征的个体的脑结构和功能差异进行比较来考察。多维迪奥等人(2006)建议,研究亲社会行为的社会认知神经科学家可以更多地关注具有稳定的、与亲社会倾向相关的个性特质的个体,或者由于自身的社会角色和他人的期待,已将亲社会身份融入自我概念的个体(如志愿者)。以神经科学的视角对这样的个体进行研究,有助于社会神经科学家更好地理解潜藏于复杂社会行为之下的神经机制过程。这种研究对于人格心理学家而言同样很有价值。大部分探究亲社会人格的研究只是通过自我报告的方法简单地证明了某些人格特征与亲社会行为相关,但还不能真正解释为什么会存在这种关联,如果我们能确认"乐于助人"和"不乐于助人"的人在神经科学水平上的差异,就可以对这个问题做出回答。

其次，有一些研究者开始探索药理学的干预对大脑共情反应和亲社会行为的调节作用，例如一种叫后叶催产素（oxytocin）的神经肽的使用对共情的影响。这暗示着亲社会研究整合各层面、各学科的可能性正在增加。据已有的关于人类的研究成果，后叶催产素是社会行为加工的潜在调节因素（Heinrichs & Domes, 2008）。具体而言，后叶催产素可以降低对社会压力的身心反应，调节社会记忆，以及具有增强信任、宽容和推断他人心理状态的能力（Domes et al., 2007）。神经科学研究领域已具备相应的技术来探究后叶催产素对人类中枢神经系统的效应（Singer et al., 2008）。比如，辛格等人（2008）采用其痛觉的共情研究范式同时考察了后叶催产素和亲社会行为的个体差异对大脑共情反应的效应。结果发现，后叶催产素没有影响与共情相关的脑激活（即AI区域的激活），大脑的共情反应与亲社会行为也没有正向的联系。但这个研究发现了一个有趣的现象，即"亲社会的"被试与"自私的"被试（通过以钱为刺激物的博弈游戏来测量）对后叶催产素的反应有所不同，当"自私的"被试接受痛刺激时，后叶催产素削弱了杏仁核的激活。这意味着"自私的"被试可能并不像通常人们所想象的那样理性和缺乏情感，他们的行为不是由推理所决定，而是由他们的焦虑感觉所决定的。当然，目前在后叶催产素对共情和亲社会行为的影响以及影响机制这类问题上还存在争议，有待研究者进一步探究。

（二）无意识过程对亲社会行为的影响

彭纳等人认为，将更多注意力放在引发亲社会行为的近端原因上，是对亲社会行为形成更宏观的、更具整合性的理解的途径。有不少研究考察了启动效应对一个人提供帮助的可能性的影响（Garcia et al., 2002; van Baaren et al., 2004; Twenge et al., 2007; Shariff & Norenzayan, 2007; Hirschberger et al., 2008）。其中，有研究者考察了无意识过程对亲社会行为的影响。例如，沙里夫（Shariff）和诺伦扎扬（Norenzayan）（2007）发现与上帝相关概念的内隐激活对亲社会行为有正面效应，而通过自我报告进行测量的宗教虔诚度与亲社会行为没有关系。这样的研究策略揭示出，内隐态度和外显态度预测了不同的效应，内隐态度是对自发反应的预测，外显态度是对有意行为的预测。

多维迪奥等人（2006）认为，这种研究策略同样可以用于考察亲社会行为产生的最近端原因，并进一步探明亲社会行为在什么情况下发生以及如何发生。这类研究还有可能帮助我们理解进化心理学家所描述的亲社会倾向如何转化为实际的亲社会行为。

（三）消极生活事件对亲社会行为的影响

利他主义和亲社会行为源于积极的经验和过程，而攻击行为或反社会行为则往往植根于消极的生活状况和生活经历，这是社会心理学和发展心理学的传统观点。这一传统观点的形成，是由于社会心理学对亲社会行为的理论阐释一般基于对普通人群的研究，并且关注积极因素对亲社会行为的影响。大部分关于创伤事件和消极生活经历对人的影响的研究，主要集中在临床心理学领域，临床心理学家却又往往关注消极生活经历所产生的心理病理效应，而不是对其亲社会行为的影响。

临床心理学和社会心理学的交叉研究领域兴起了另一种视角，即"许多遭受忽视、身体虐待或性虐待，在迫害、折磨以及种族屠杀后生存下来的人，并没有仇恨或试图报复这个世界，而是努力以有意义的方式帮助他人"（Staub, 2003）。事实上，当灾难等创伤事件发生后，我们总能观察到大量的互助行为，这种灾后助人现象在美国的"9·11"事件和我国汶川大地震发生后都有明显的表现。斯陶布（Staub）创造了"生于苦难的利他主义"（altruism born of suffering）这一术语，来描述经历过苦难的个体获得特定的动机去帮助他人的现象。然而，我们还不清楚：是什么经历使遭受过苦难的人变得有爱心和乐于助人，而不是变得富有攻击性；在遭受苦难后获得的特征和促使他们助人的过程，与通过积极的社会化经验获得的亲社会特征和过程是否相同。斯陶布指出，重新理解过去的痛苦所具有的意义，促进了心理上的转变，从而去支持和关心他人，而不是敌视他人，这个过程的实现取决于苦难之外的其他经历（Staub & Vollhardt, 2008）。

迄今为止，没有研究者对生于苦难的利他主义进行系统的研究，只有沃尔哈特（Vollhardt）（2009）总结了以往大量的零散的研究和非研究资料，采用库尔（Kuhl）的一般动机框架，来组织和整合有关生于苦难的利他主义理论，并提出了理论模型（如图10.2所示），以此对苦难经历如何使人转化为亲社会的个体这一过程进行阐释。该模型对创伤事件（即苦难，预测变量）和亲社会行为（结果变量）进行归类，对动机过程（即中介过程）和调节因素（即生于苦难的利他动机的因素）进行归纳，并呈现了各相关变量之间的基本关系，以及这些变量如何结合起来，决定了生于苦难的亲社会行为的发生、范围和包容程度。

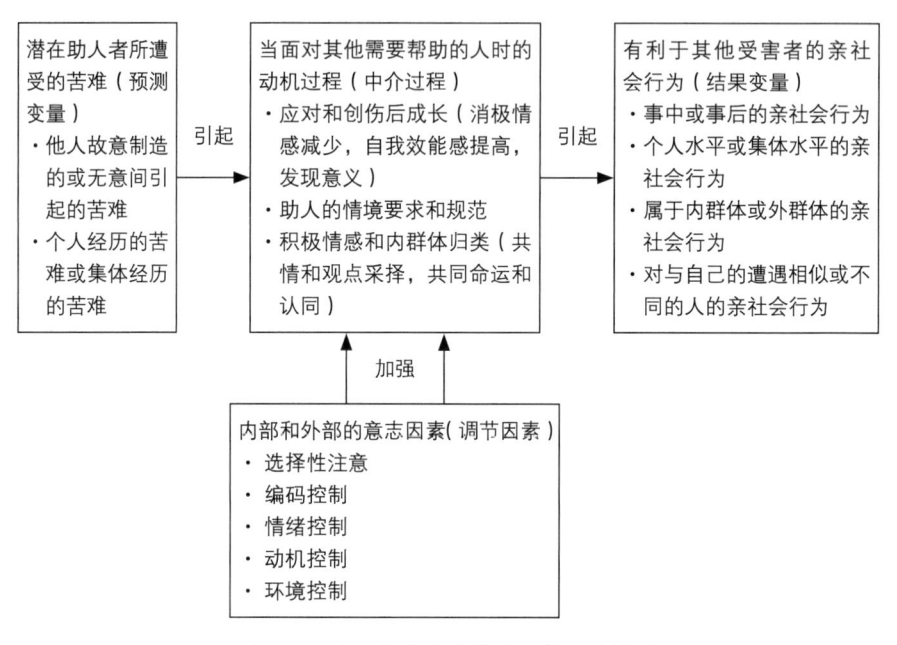

```
┌──────────────────┐         ┌────────────────────┐          ┌──────────────────┐
│潜在助人者所遭    │         │当面对其他需要帮助  │          │有利于其他受害者的│
│受的苦难（预测    │         │的人时的动机过程    │          │亲社会行为（结果  │
│变量）            │         │（中介过程）        │          │变量）            │
│                  │  引起   │·应对和创伤后成长   │   引起   │·事中或事后的亲社 │
│·他人故意制造     │────────▶│（消极情感减少，自  │─────────▶│会行为            │
│的或无意间引      │         │我效能感提高，发现  │          │·个人水平或集体水 │
│起的苦难          │         │意义）              │          │平的亲社会行为    │
│·个人经历的苦     │         │·助人的情境要求和   │          │·属于内群体或外群 │
│难或集体经历      │         │规范                │          │体的亲社会行为    │
│的苦难            │         │·积极情感和内群体   │          │·对与自己的遭遇相 │
│                  │         │归类（共情和观点采  │          │似或不同的人的亲  │
│                  │         │择，共同命运和认同）│          │社会行为          │
└──────────────────┘         └────────────────────┘          └──────────────────┘
                                      ▲  ▲
                                      │加强
                             ┌────────────────────┐
                             │内部和外部的意志因素│
                             │（调节因素）        │
                             │·选择性注意         │
                             │·编码控制           │
                             │·情绪控制           │
                             │·动机控制           │
                             │·环境控制           │
                             └────────────────────┘
```

图10.2 生于苦难的利他主义的理论模型

尽管沃尔哈特对与"生于苦难的利他主义"有关的研究和非研究资料进行了总结，提出了理论模型，但这个模型还未得到系统化的实证研究的验证。另外，用以总结该模型的研究资料大多采用调查（主要是自我报告）的方法考察消极生活经历与亲社会行为的关系，我们难以根据这些研究结论做出准确的推论。将来的研究也许可以在该模型的基础上，尽可能利用严格控制的实验设计进行系统的研究。

（四）亲社会行为对人际和群体过程的贡献

亲社会行为研究大多将亲社会行为当作结果变量，而事实上亲社会行为对于维持个人健康、建立和保持良好的人际关系和群体关系，有很高的价值。因此，将助人、合作和志愿者活动等亲社会行为视为进行中的人际过程和群体过程的一部分，来考察其对人际和群体过程的贡献，也是一个很有潜力的研究方向。

已有研究发现，一些亲社会倾向（如共情）可能是宽恕不可或缺的成分，而宽恕对于维护稳定的关系（包括婚姻）以及成功调解，是一个重要的贡献因素（Karremansa & Aart, 2007）。然而，外显的亲社会行为对于稳定的人际和群体关系的作用尚未受到实证研究的重视。关于灵长类动物之间调解的研究，以及关于亲社会倾向与宽恕的关系的研究提示我们，这可能是未来研究的一个重要方向。多维迪奥等人（2006）建议，将来的研究可以探索先前冒犯者的亲社会行为能否通过引发相互的共情反应来促进宽恕，调解期相互的亲社会行为是否比没有亲社会行为或单方的亲社会行为更能促进随后关系的稳定，等等。

亲社会行为也是影响群体内和群体间行为的潜在的重要因素。关于群体间行为，奥尔波特提出的接触假设（contact hypothesis）等早已将合作确认为增进群体间关系的关键成分。

10.4 小结与展望

诚如前述，亲社会行为研究已取得许多研究成果。关于接触假设的研究（Dovidio et al., 2003）、现实的群体冲突的研究（Esse et al., 2001），以及如何使有激烈的冲突史的群体之间达成稳定、和谐的关系的研究（Kenworth et al., 2005）所得出的结论都认为合作对于达成与维持积极的群体间关系非常重要。尽管合作是群体间接触的关键要素这一观点已得到诸多研究的支持，然而，一些更为具体、深入的问题还未得到清楚的解答。具体来说，在群体间接触过程的哪一个环节上进行合作最为有效？是否有最佳时机？这个最佳时机有没有可能是群体间历史关系的函数？例如，在没有冲突史的群体间，也许能较容易地促进共情和观点采择，以及较容易地通过引入促使不同群体成员自发合作的活动建立信任。反之，当群体间曾有过激烈冲突时，可能首先需要用涉及一系列相互的亲社会反应的干预活动来降低双方的紧张感，建立足够的信任，这样双方才可以参与自发的合作活动。因此，亲社会行为的作用与功能，可能需要在不同的群体关系类型背景下进行深入研究。

第11章
共情研究进展

共情（empathy）概念自出现以来即受到哲学、社会学、心理学等学科的广泛关注。在脑科学的研究技术成熟之前，对共情的研究主要依赖于测量学的技术（郑日昌，李占宏，2006），这就决定了大多数学者对共情的定义通常都局限于现象学和行为水平，关注的焦点多集中在共情的结构或维度上，而对共情内部机制和相关模型的关注相对较少（Decety & Jackson, 2004）。然而，共情作为一种人际互动的心理现象，不仅是一种状态或能力，更是一种具有动态性、方向性的社会心理过程（Hoffman, 2000）。分析共情的动态机制及相关模型对于探讨共情本质，以及更好地应用共情为个体发展和社会进步服务是十分必要的。另外，社会认知神经科学作为一门新兴学科，对揭示共情脑机制做了开创性的研究工作，取得了丰富成果，为构建共情的动态模型提供了初步的证据（Lieberman, 2007; de Vignemont & Singer, 2006）。因此，从动态的角度来探讨共情模型的必要性、科学性和可行性。本文首先提出过程化的共情定义，而后对以往的相关理论或模型进行评述，在此基础上对提出共情的动态模型做了尝试，以期引起相关研究者的关注，起到抛砖引玉的作用。

11.1 共情的概念

1909年，铁钦纳（Titchener）在《关于思维过程的实验心理学》（*Experimental Psychology of the Thought Processes*）讲稿中首次提到英文"empathy"一词，

自此后"共情"才出现在心理学大辞典中（Vreeke & van der Mark, 2003）。之后，有研究者曾用同感、移情、共感、替代内省、共鸣、社会敏锐性等概念来表示这种心理现象（史占彪 等，2007）。还有很多研究者将其译作"移情"，为了避免与弗洛伊德指出的"移情"（transference）概念相混淆，本文采用了"共情"这一表述。

从已有的文献来看，对共情的界定仍存在较大分歧。在研究的早期，对共情的定义主要是基于哲学的思考和现象学的描述，大致可以分为三类（郑日昌，李占宏，2006）：（1）共情是一种认知和情感状态。如霍根（Hogan）（1969）认为共情是设身处地理解他人的想法，在智力上理解他人的一种情感状态，并根据该定义编制了霍根共情量表（Hogan Empathy Scale），用于测量共情状态下个体的认知状况。霍夫曼（Hoffman）（2000）认为共情是从他人的立场出发对他人内在状态进行认知，从而产生的一种对他人情感的情绪体验状态；（2）共情是一种情绪情感反应。如艾森伯格（Eisenberg）和斯特雷耶（Strayer）（1987）认为，共情源于对他人情感状态的理解，并与他人当时体验到的或将会体验到的感受相似的情绪情感反应；（3）共情是一种能力。如费什巴赫（Feshbach）（1987）认为，共情是认知能力和情感能力的结合体：认知能力是辨别、确定他人情感状态的能力及采择他人观点的能力，情感能力指个体的情感反应能力，两种能力的交互作用使个体产生共情。伊克斯（Ickes）（1993）将共情定义为准确推断他人特定想法和感受的一种能力。

随着研究方法的发展和研究的深入，研究者转向通过对其结构或成分的探讨来定义共情。戴维斯（1996）认为共情包括个人和情境因素、发生在共情者身上的过程和共情的情感性结果及非情感性结果三种必要成分，并据此编制了国外使用最普遍的共情量表（interpersonal relation inventory），将共情分为四个部分，观点采择、想象、个人悲伤和共情关怀。彭秀芳（2006）运用SEM对共情所包含的成分进行分析，结果证明了戴维斯关于共情结构的划分的科学性。崔芳等人（2008）从功能学的角度出发，认为共情包含情绪共情和认知共情，两者的有机结合可以有效发挥共情的作用。随着ERP、fMRI等脑成像技术的发展，认知神经科学家对共情的研究为共情的定义提供了新的视角。德赛迪等人（2006）基于共情脑机制的研究成果，认为共情是在不混淆自己与他人的体验和情感的基础上体验并理解他人的感受和情感的一种能力，包括情绪共享、观点采择和情绪调节三种成分。辛格（2006）认为，产生共情过程的必要元素包括：（1）产生共情的人处于一种情绪状态；（2）这种情绪与另一个人的情绪是同形的；（3）这种情绪是通过观察或者模仿另一个人的情绪而产生的；（4）产生共情的人能意识到自己当前情绪产生的原因在于他人而非自身。以上定义都是基于对共情成分或结构的探讨而得出的。

虽然研究者对共情的定义越来越具体和深刻，但是上述定义并不能完全反映共情的本质特征。首先，共情是一种心理过程，无论是把共情定义为一种状态、一种反应或是一种能力，还是从其结构和产生的必要成分来定义共情，都很难反映共情作为一种动态心理过程的特征。另外，心理学的研究对象有个性心理和心理过程，以往研究只注重了共情作为个性心理的特点，不够重视其作为心理过程的特点。其次，对共情中的认知成分不够重视。虽然霍根等研究者关注了共情中的认知过程，但只是强调对他人内部状态的认知理解和对自我与他人区别的认知，并没有涉及共情者的情绪归因（emotion attribution），以及元认知在共情过程中的调节作用（Schulte-Rüther et al., 2008；邓赐平，2008），而这恰恰是共情区别于单纯的情绪共享的关键特征，更是共情作为人类所独有的一种心理过程的能动性的主要体现。再者，共情是他人指向的（other-oriented）一种情绪情感过程，即对象性是共情的重要特征之一（Decety & Lamm, 2006）。当主体产生的情绪情感与主体（而非客体）所处的情境相一致时，即内投指向自己（self-oriented）时，产生的是个人悲伤，是以自我为导向的情绪情感反应，而非共情。因为个人悲伤有可能激发个体退缩、倒退的动机，所以个人悲伤不能有效预测亲社会行为（de Vignemont & Singer, 2006）。而上述定义并没有体现其方向性的特点。最后，对共情的行为层面关注不够。作为一个完整的心理过程，共情通常伴随着相应的行为反应（empathic behavior）（Schulte-Rüther et al., 2008），但上述定义并没有提及共情的行为层面。

综上所述，我们认为共情的定义是：个体面对（或想象）一个或多个个体的情绪情景时，首先产生与他人情绪情感的共享反应，而后在认知到自我与他人有区别的前提下，对其总体状况进行认知评估，从而产生的一种伴有相应行为（外显或内隐行为）的情绪情感反应，是主体将这种情绪情感和行为指向客体的一种心理过程。

有研究者对中文版认知与情感共情问卷的信度和效度进行了验证（Liang et al., 2019）。研究结果支持了五因素模型，即该问卷包含五个自陈量表，分别为观点采择、联机模拟、情绪感染、外围反应性、远端反应率，前两个子量表测量认知共情，后两个子量表测量情感共情。观点采择指从他人的角度看待事物，联机模拟指想象他人感受的行为，情绪感染指对他人感受的自动化共情，外围反应性指当感知到他人在差别很大的情境里的情绪后的情绪反应，远端反应率指当感知到他人在相似情境里的情绪后的情绪反应。

11.2 共情的相关理论及模型评述

（一）镜像神经元理论

普雷斯顿（Preston）和德瓦尔（de Waal）（2002）认为共情包含个体自动的、无意识的加工过程。实际生活中，共情的模仿特性也是显而易见的。正因为共情具有这一现象学特点，使得镜像神经元一经发现就受到共情研究者的青睐。20世纪90年代，里佐拉蒂（Rizzolatti）等人（1996）在研究猴子前运动皮层中的单个神经元放电活动时，发现工作人员的动作呈现在猴子视野里可以引发特定区域的神经元活动，这是首个发现镜像神经元的研究报告。随后，研究者发现镜像神经元不仅可以对行为学水平的动作进行镜像反应，还可以对意识层面的目的、欲望产生镜像反应。中原（Nakahara）和宫下（Miyashita）（2005）用猴子作被试，发现镜像神经元可以使猴子明白示范者的目的性行为。例如，如果实验者拿的是食物，那么目的性行为是吃；而如果实验者拿的是物品，那么目的性行为是用，这些可以通过猴子的镜像神经元激活反映出来。另外，在人类被试中也发现了类似的现象，当被试看到别人被触摸和自己被人触摸时的脑区活动是相同的（Singer & Frith, 2005; Miller, 2005）。

镜像神经元的发现，特别是从行为水平到意识水平的镜像神经元反应使我们产生疑问：共情是否是镜像神经元对被共情者情绪情感的镜像反应？镜像反应是否能解释所有的共情现象？我们的答案是否定的。首先，镜像神经元理论不满足共情产生的必要条件。共情过程中，共情者能意识到自己产生当前情绪的根源是他人，而非自身，但在镜像反应中，个体却没有意识到自己当前情绪产生的根源在于他人。严格意义上的镜像反应只是一种低水平的将自我状态与目标状态进行匹配的机制，它所能引起的仅仅可能是情绪感染，而不可能是共情，只有当更高级的心理过程（如认知）介入下才有可能产生共情。其次，从产生的方式来看，镜像神经元反应的必要条件是直接的、知觉性的刺激，而共情在没有直接的、知觉性的情绪刺激时也可以发生（如想象）（Jackson et al., 2005; Morrison et al., 2004）。最后，从两者所激活的脑区来看，镜像神经元所激活的脑区集中在运动皮层、额下皮层（inferior frontal cortex）和顶叶皮层（Grèzes & Decety, 2004），其中额下皮层和顶叶皮层是镜像反应的关键脑区。而共情所激活的脑区为AI、dACC、mPFC等（Lieberman, 2007），其中AI和dACC是共情的关键脑区。研究发现，特质共情水平较高的个体，AI和dACC的激活程度也较强（Singer, 2006）。这一结果表明镜像神经元反应和共情过程并非完全等价。

综上所述，已有的行为和脑成像结果表明，镜像神经元所涉及的过程主要为运动系统，小部分与认知系统有关；而共情不仅涉及运动系统，同时还涉及认知系统（前额叶皮层）和情绪系统（如边缘系统和旁边缘系统）。从共情过程所激活的脑区可见，共情包含丰富的认知过程和情绪过程，镜像神经元主要负责对运动、感觉、注意等过程的解释。所以，通过对共情的必要条件、产生方式、所激活脑区以及所介入的心理过程的分析均可得到这样的结论：不能将共情过程简单地等价为镜像神经元的反应，共情包含着更为丰富的心理过程（如高级认知过程和情绪过程）。

（二）情绪共享理论

情绪共享理论认为，个体与他人之间的情绪共享是共情的基础（Jeannerod, 1999; Decety & Sommerville, 2003）。情绪共享是指个体知觉到他人的动作、表情或声音等外部信息时，会自动地、同步地模仿，此时大脑中相应动作或情感部位也会被激活，从而使个体产生同形的表征共享（Decety & Lamm,

2006）。研究发现，共情能力强的个体，其情绪共享能力也较强。想象、知觉和模仿都能产生情绪共享（de Vignemont & Singer, 2006）。情绪共享过程的典型代表是情绪感染（Decety & Jackson, 2004）。

情绪感染是有情绪诱因但个体并没有区分自我与他人、不清楚自己情绪产生原因的一种情绪状态，通常发生在共情之前。最典型的情绪感染是婴幼儿之间哭泣的感染。德赛迪和拉姆（2006）发现，当新生儿听到与自己年龄相仿的孩子的哭声时比听到白噪声、自己的哭声、大龄儿童的哭声和人工模拟的哭声时更容易哭，他们将这种现象称为情绪感染。生活中情绪感染的实例比比皆是，如葬礼上悲伤情绪的感染、愉悦气氛对人情绪状态的感染等。威克（Wicker）等人（2003）发现，被试观看他人厌恶表情和自己体验厌恶情绪时激活了相似的脑区，即岛叶皮层（insular cortex）和ACC，并且都产生了厌恶情绪。另外，研究者发现个体模仿图片上人物的情绪表情或观看带有情绪的行为时，也会产生情绪体验，并激活情绪中枢，如STS、AI、杏仁核等脑区（Grosbras & Paus, 2006）。然而以上研究中，虽然个体与他人之间有情绪共享，并且相应的情绪网络也被激活，但是并没有个体能动性认知的参与，因为个体没有将自我与他人作区分，未能对他人情绪进行归因，且没有认知到个体产生这种情绪的原因。情绪感染可能是产生共情的一个因素或条件，但以情绪感染为代表的情绪共享理论很难完全揭示共情的发生机制。首先，情绪共享主要依赖于他人的情绪表达和自己曾经的情绪经验之间的自动连接（Decety & Lamm, 2006），不涉及共情所包含的认知能动性。其次，个体的情绪共享没有明确地区分自我与他人。最后，单纯的情绪共享者没有认知到自己对他人共情的原因。可以说，情绪共享是共情的必要条件，但非充分条件。

无论是镜像神经元理论，还是情绪共享机制，都是个体自动地对他人进行模仿、被动地进行反馈的过程。其中个体能动性的发挥比较有限，而能动性是共情的重要特征之一，因此镜像神经元和情绪共享都不能完整地阐明共情的机制。

(三)心理理论

心理理论是指表征自己或他人的心理状态(如意图、信念、期望、知识和情绪),并据此推断他人行为的能力,又称为"社会智力"(social intelligence),依赖于认知系统(张靓靓,徐芬,2005)。心理理论和共情同属于人际互动过程中对他人的知觉和理解。

虽然研究者对共情本质的理解仍存在分歧,但就共情产生的必要条件已经达成几点共识:(1)共情过程既有情绪的参与,也有认知的参与;(2)共情是在区分自我与他人的基础上产生的一种情绪情感反应,且个体意识到自己情绪产生的原因在于他人而非自身(Lieberman, 2007)。自我与他人的区分、情绪归因以及对共情原因的认知依赖于认知系统,是共情的认知元素,心理理论与共情内在机制的交叉点即在于此。研究发现,心理理论的关键脑区为mPFC、STS、颞极等(Mitchell et al., 2005)。其中与共情重叠的脑区主要为mPFC,它是与自我的关系比较密切的脑区(Singer, 2006)。从产生机制来看,共情和心理理论的相同点在于,两者都是通过对对方状况的感知来判断这些刺激信息的意义,并决定自我是否对他人做出反应的。脑成像研究也表明,个体在对他人的刺激做出反应时是有选择性的,前额叶皮层在其中起着关键作用。

然而,用心理理论来解释共情还有一些不足。首先,两者所涉及的心理成分不完全相同。心理理论主要涉及认知系统,而共情除涉及认知系统外,还依赖于感觉系统、运动系统和情绪系统。虽然心理理论也包含对他人情绪状态的觉知,但其是通过对他人的情绪情感进行识别和判断来认知的,这同样属于认知系统。其次,从加工方式来看,心理理论所涉及的脑区主要负责认知控制加工,而共情过程中不但涉及控制性的认知加工,还包含自动加工,如腹侧前扣带回、杏仁核、vmPFC等的情绪性自动加工等。另外,两者所激活的脑区不完全等价。如STS和颞极只是在心理理论中被激活,而在共情过程中并未被激活。其中STS主要完成关于他人意图和外部空间信息的加工;颞极在推测他人心理状态时被激活,两者体现了心理理论的属性和作用。最后,从其在个体中的发展顺序来看,共情的出现早于心理理论,但在青春期,共情的发展速度慢于心理理论,并且心理理论衰退得比较晚。这也从侧面表明心理理论和共情之间存在差异,并不能完全解释共情的发生机制。

(四)观点采择

观点采择是指区分自我与他人的观点,并根据有关信息对他人观点进行推断并做出反应的能力,这一过程依赖于mPFC的发展(Decety & Jackson, 2004),一般可以分为认知观点采择和情感观点采择。认知观点采择指个体对他人关于人、情景和事件的思考或知识的推断,情感观点采择指个体意识到他人的情绪或情感状态(贾蕾,李幼穗,2005)。共情有认识论和社会角色的双重角色(de Vignemont & Singer, 2006),从共情的认识论角度来看观点采择是共情的最重要的成分之一。

观点采择的研究历史可以追溯到米德和皮亚杰(Piaget)(Davis, 1996; Wispé, 1987),他们分别用角色采择和去中心化来表明这种心理机制的存在。观点采择的脑成像研究表明,当以"我"和"他/她"进行观点采择时,脑区的活动既有重叠,又有分离。鲁比(Ruby)和德赛迪(2004)将一些带有情绪效价的中性情境故事作为材料,让被试分别以自己和自己妈妈的身份想象处在那些故事情境之中,结果发现,两种情况下所激活的脑区有重叠部分,重叠部分为mPFC。杰克逊等人(2006)让被试以"我"和"他/她"的身份分别想象某种疼痛经验,结果发现,两种情况下,被试的疼痛神经回路都被激活,且产生了疼痛情绪。然而,有研究者用功能连接的方法发现中脑、导水管周围灰质与脑岛的连接强度在自我疼痛时大于感知到他人疼痛时,而mPFC与ACC、AI的连接强度在感知到他人疼痛时比自己疼痛时更大(Zaki et al., 2007)。可见自我与他人观点采择的神经网络既有联系又有区别。

同样,观点采择也不能完全解释共情的发生机制。首先,共情过程中包含认知推理和情绪唤醒,是"热认知"和"冷认知"的复合体。因共情而产生亲社会行为的可能性大于因认知观点采择而产生亲社会行为的可能性,因为共情中的共享情绪网络可以同时激活与之相关的动机与行为体系。其次,共情可以提供环境的信息,比如:看到他人被机器烫伤,个体就会产生对该机器带有负性情绪的回避行为。共情是个体得到关于周围世界价值的重要且比较有效的手段,从这点来说,共情是人类进化过程中的一种智能机制,而认知观点采择是社会学习的结果。总之，就共情的认知层面来说：首先，在建立自我与他人共享情绪情感的基础上，必须区分自我与他人，且明确知道自己情绪产生的原因在于他人；其次，对他人的情绪进行归因，明确自己对他人共情的原因；最后，共情过程中确保元认知处于唤醒状态，从而调控整个共情过程。心理理论和观点采择是共情中认知成分的主要解释机制，但两者主要以"冷认知"形式出现。需要说明的是，情感观点采择过程中个体以对他人的情绪情感的识别为目的，自我的情绪参与程度相对较低。与共情过程中包涵丰富的情绪情感卷入相比而言，情感观点采择仍然属于"冷认知"。因此心理理论和观点采择都不能完全阐明共情的内在机制。

综上所述，研究者认为共情是一个涉及认知、情绪和行为的复杂心理过程，上述任何单一的理论都很难有效地解释共情的内在机制。首先，镜像神经元理论和情绪共享理论都将其解释为被动的、自动的行为模仿。个体被动地接受外界刺激，自动激活大脑中相应的神经连接，从而被动地对刺激进行反馈，忽略了共情过程中认知过程的主动参与。其次，心理理论和观点采择主要涉及个体认知系统的活动，在元认知的调控下，个体将自我的心理状态和价值观等纳入其中，并进行反思，从而就他人的情绪情感状态做出相应的认知反应（主要依赖于前额叶皮层的执行功能对个体情绪和认知的调节）。需要说明的是，心理理论和观点采择对他人情绪情感的感知，是通过将他人的情绪情感作为认知的内容来实现的，这就弱化了共情与亲社会行为和道德行为之间的联结。所以，心理理论和观点采择在揭示共情内在机制上也存在一定缺陷。最后，共情包含行为成分。因此，共情是个体认知、情绪和行为三个系统的协调配合形成的，既包括以知觉—行为直接匹配的自动化加工过程，也包括以调节、控制为主的控制性加工过程，两种加工方式相互结合、交互作用才能从根本上揭示共情的内在机制，也才有可能绘制出共情的动态模型。下面根据我们评述的结果提出共情的动态模型，并加以阐释。

11.3 共情的动态模型

所谓动态性一般是指在一个过程中有多个系统参与，并且各系统间呈现出一种时间性的动态过程（temporal dynamics）（Kozlowski & Ilgen, 2006）。由前面的论述可知，共情是指个体在面对（或想象）他人的情绪情感或处境时所产生的心理现象，涉及个体的认知、情绪情感和行为等多个系统之间的交互作用，符合动态过程的多系统性。另外，从时间上来看，共情过程是一种时间性的动态过程——开始、发展和结束，与时间动态性的特点相符。由于共情具备动态的特点，因此，我们在前人研究的基础上进行整合、发展，提出了共情的动态模型（如图11.1所示）。

共情的动态模型涉及五部分，包括情绪、认知和行为三个系统，以及作为共情起因的他人的情绪情感或处境、代表共情作用方向的投向性。当个体面对（或想象）他人的情绪情感或处境时，认知和情绪情感系统就会被唤醒：首先建立与他人的共享；然后在认知到自我与他人是不同的个体且自我的情绪源于他人的前提下，产生与他人同形的情绪情感；而后个体对他人的实际处境进行认知评估，结合自身的价值观、道德准则等高级认知来考察"我"共情他人的理由是否成立，若不成立，则过程中止，若成立，那么认知和所产生的情绪情感相结合使得个体产生独立情绪情感，并可能会伴有相应的行为或行为动机（外显的或内隐的）；最后将自己的认知和情绪情感外投指向他人，即共情发生。需要指出的是：（1）共情的方向，行为和神经科学的研究已发现，个体在共情过程中会产生高水平的共情关心和低水平的个人悲伤，产生个人悲伤时个体关注疼痛的传导，而共情关心时更关注疼痛的情绪体验；（2）共情是一个瞬间过程，与他人同形的情绪情感和自己独立的情绪情感没有明显的界线，所以在此没有详加区分；（3）研究发现，个体存在避免共情的机制（Batson et al., 1995），说明元认知的作用在共情过程中是很重要的。共情是各部分之间动态的交互作用，元认知参与并调控整个共情过程。

① 自我与他人的共享与区分
② 情绪归因与共情原因认知
③ 元认知的监控、调节

他人的情绪情感或处境

外投

自我相应的情绪情感

行为或行为动机

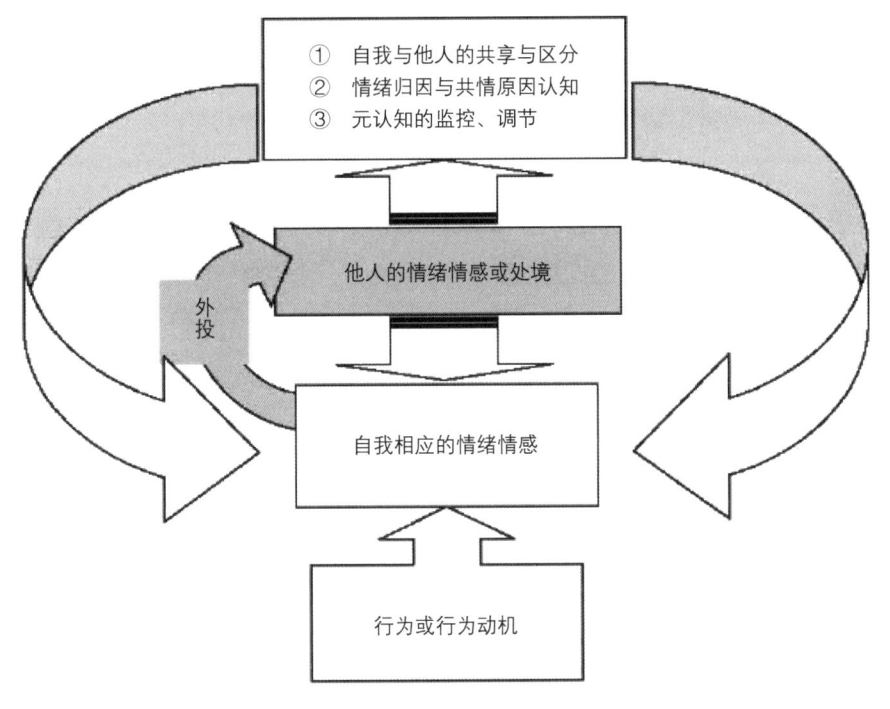

图11.1　共情的动态模型

共情动态模型建立在以往研究的基础上，是对以往研究的整合与发展。首先，该模型继承了共情中情绪和认知并重的传统模式，并将行为纳入共情模型。共情的研究分为三种取向：(1)以立普斯(Lipps)为代表的学者认为，共情仅仅是一种情绪情感，是通过直接的、被动的直觉体验到的非认知现象(Coxon, 2003)；(2)以铁钦纳为代表的学者则认为共情的重点在于理解他人的情感，而不仅仅是与他人共享情绪情感；(3)第三种取向则认为共情既包含情绪情感，也包含认知。本文延续了前人的情绪和认知并重的观点，并将行为纳入共情模型。对自闭症患者的共情研究也证明行为是共情的重要指标之一，因而共情的动态模型将行为成分吸纳进来。该模型发展了共情作为一种心理过程的思想。如前所述，普雷斯顿、德瓦尔及德赛迪所提出的共情模型都认为共情既包含自下而上的加工，也包含自上而下的加工，是两种加工方式交互作用的产物，这是过程化思想的体现。共情的动态模型将这种过程化的思想进行发展，将共情更明确地定义为一种心理过程，并绘出了动态化的过程模型。有研究者借助 ERP 研究发现共情过程的神经机制可以分为几个相互承接的阶段，即共情过程体现出动态性的特点，并将其称为共情神经机制的时间动态性（Fan & Han, 2008）。本文将这种动态思想进行发展、完善，基于多系统性和时间动态性，对共情的动态模型进行发展和创新。综上，本文继承了前人对共情的情绪、认知并重的思想，并将行为吸纳进来；发展了共情的双加工思想，明确提出共情是一种心理过程；发展并完善了共情的动态思想，从整合的角度提出共情的动态模型。

与以往模型相比，共情的动态模型具有以下优点：（1）模型从知、情、行多系统的角度关注共情，更完整地反映了共情过程，不但重视共情的情绪共享机制（镜像神经元理论和情绪共享理论），也重视了认知成分（心理理论和观点采择），并将认知成分明确化，充分体现共情过程中个体的能动性；（2）在国内首次将行为成分纳入共情模型；（3）动态模型充分考虑到共情是自动加工和控制加工的结合，将共情以过程的形式展现，体现了共情的时间进程性特点；（4）该模型从多系统性和时间动态性等角度完整地展现了共情过程的动态特点，更科学地反映了共情作为一种心理过程的本质，为以后的理论发展和干预研究打下基础。

11.4 共情与其他变量的关系

（一）共情与情绪痛苦的关系

作为社会性动物，共情能力是非常基本的情绪认知能力。具有共情能力通常被看作积极的特质，会产生理想的效果。但共情的后果是多层面的，过高水平的共情也可能会导致消极的后果。例如，共情感受到的压力，可能通过情绪感染引发抑郁情绪并降低心理幸福感。在探索共情与情绪痛苦的关系之前，要认知到共情对个体情感和社会关系的积极的影响。"共情—利他"（empathy-altruism）假设认为，对他人的共情关怀产生了利他动机，并产生后续的亲社会行为。尽管如此，仍有一些证据表明，共情能力可能伴随情绪痛苦等负面影响。

大部分研究都关注抑郁情绪，也有一些研究关注焦虑和压力。一些研究发现，认知同情与抑郁之间存在负向关联，但也有研究发现两者存在正向关联，或者没有关联。尽管现有的证据存在不一致之处，但总体上看，认知共情对心理健康是有益的，而在较高水平的情感共情与情绪痛苦之间的关系上，结果就不这么乐观了。有研究者认为，情感共情与抑郁症状之间存在正向关联，但也有一些研究没有发现这种关联。

对于以上研究结果的不一致：一种解释是，共情与情绪痛苦的关系可能不是线性的；另一种可能的解释是，共情和痛苦之间的关系受另外的变量的影响，例如个体怎样处理、调节共情引发的情绪。为了验证共情、情绪痛苦与情绪调节之间的关系，研究者作了以下假设：（1）认知共情与情绪痛苦存在负向的线性关联；（2）情感共情与情绪痛苦存在正向的线性关联；（3）共情与情绪痛苦之间存在二次关联；（4）认知重评和情绪痛苦之间存在负向关联；（5）压抑和情绪痛苦之间存在正向关联；（6）认知重评对共情与情绪痛苦的关系具有积极的调节作用，能够提高认知共情的积极作用或降低情感共情的消极作用；（7）压抑对共情与情绪痛苦的关系具有消极的调节作用，能够降低认知共情的积极作用或增强情感共情的消极作用（Powell, 2018）。

在上述研究中，844名被试完成了关于特质共情、情绪调节策略、抑郁、焦虑、压力的调查问卷。研究结果表明：认知共情与抑郁、焦虑、压力水平均存在负相关，情感共情与三者均存在正向关联；存在一个既不过高也不过低的最佳共情水平能够预测较低的压力水平；高水平的认知重评与压力增加成负向关联，高水平的表达抑制与压力增加成正向关联；对于有更多认知重评的个体，情感共情对抑郁和焦虑的不利影响会降低；对于有更多表达抑制的个体，认知共情对焦虑和压力的积极影响会消失。另外，对于有高水平情感共情的个体来说，高水平的表达压抑可能会降低抑郁和压力水平。

（二）共情与道德决策的关系

研究者认为，共情提高了同情、关爱他人的可能性，共情是人性的核心方面，在促进个体关心他人方面发挥了基础性作用（Decety, 2021）。然而，可能与人们普遍的观点相反，共情并不总是道德判断的最好依据。人们会基于他人是否是本群体的成员，以及基于社会环境，对他人表现出同情或冷漠的行为。道德与共情之间的复杂关系得到了大量实证研究的支撑。有时，共情会由于偏向某人而干扰对道德水平的判定。共情更可能发生在群体成员中，相比于陌生人，人们对朋友产生共情的可能性更大。共情的范围是狭小的，更倾向于发生在群体内成员身上。这对于我们理解共情对道德判断和行为的影响至关重要。

共情既有代价也有收益。一方面，共情耗费了认知和情感资源；另一方面，共情有助于维持社会关系，并鼓励人们努力满足他人的需求。这种代价与收益之间的平衡决定了人们体验到的共情程度，由于涉及特定信号的调节机制，这种共情并不全是自愿的。个体可以有意地去选择是否要共情陌生人，但对亲人、朋友等进行共情是自然而然的。即便如此，一些研究者认为共情可能源于主动的选择，毕竟，人们不会被动地受制于外在因素，而是会进行思考和推理。尽管共情可以被主动激发并且调节，但社会心理学、行为经济学、社会神经科学的研究表明，共情是被无意识地调节的。

个体体验共情的程度受到认知适应性的限制，这一认知适应性能引导某些环境信号和线索，而这些信号和线索会对个体的适应做出积极贡献，并能促进社会群体内的联系、繁衍与合作。基于这些适应性产生了偏差或启发式——通过进化，习得简单、近似、有效的原则。这些偏差并不必然是缺陷。这些特征经自然选择演化而来，使人类祖先能够在进化过程中以不断增强包容性的方式做决策。尽管这些启发式通常能够提升有效性水平，但这并不是完美的，在当代社会生态环境下可能会失效。在这个比以往任何时候都更加紧密联系的世界，人类不再以小群体、小部落的形式生活，人类的成功越来越依赖于不同文化下的大规模合作。尽管如此，这些祖先遗留给我们的特征依然存在，人们具有关心一些人而不关心另一些人的倾向，也有可能只关心很多人中的某个人。这种倾向往往是无意识的、迅速的。显而易见，这些功能性特征的后果就是对道德决策产生影响。

共情是具有适应价值的。从本质上来说，共情是人与人之间情绪状态的交流。同物种之间的情感信号传递与交流能够增强适应性，主要体现为提高协同水平和凝聚力、增强对捕食者的防御、在社会群体中促进个体联系。这一过程是自动且无意识发生的。人与人之间情绪的传递引起了信息的传递，提升了群体成员之间的同步性，并促进了决策的发生。这种内在状态的自发传递对于物种生存、提升社会群体凝聚力和亲社会性都是非常重要的。

照顾后代的生态压力也造就了一些适应性行为，如对痛苦呼叫声的强烈反应、具有幼态特征的人更容易得到他人的照料、照顾者与后代之间的依恋相关行为得到加强等。对幼态特征的感知偏差是符合自然选择法则的，因为其能够促进亲代照顾。拥有婴儿般面容的人往往被认为拥有相应的特质，如幼稚的、顺从的、脆弱的、温暖的、诚实的，这些幼态元素能够激发他人的照看、保护和同情。这种启发式得到了实证研究的证实：如幼态特征能够使人更具有吸引力，这些特征能够影响刑事判决和监禁决定；幼态特征能够激发同情，这会无意识地影响判断者的决策。

与情感相关的信息能够影响决策，并产生有代价的行为反应，如与痛苦相关的信息与体验能够扰乱公平原则。个体体验情绪的能力是有限的，而情绪会对判断、决策、行为产生很大的影响。当受害者仅作为用数字或统计数据来描述的群体成员时，与可识别的受害者相比较，前者得到的帮助会更少。

感知到他人有身体或情绪上的痛苦，会促进人们去感受并减少他们的痛苦。在最初的阶段，共情会在观察者身上引发共享的神经表征：当个体感受到消极或积极情绪时，激活的大脑回路与观察到他人有类似情绪时激活的大脑回路部分重叠。然而，这种看似自动化的共振，会内隐地被多种社会因素影响。对他人痛苦的神经生物反应并不是自动产生的，实际上，它会受到群体忠诚度、信念、态度、偏见等因素的潜在影响。

人类从内在上来说是群体性的。自小时候起，人类就会做出对所在群体有利的行为，这使用的是启发式的内隐社会交换策略。其假设是社会交往是相互合作的过程。群体动力的偏差并不是有意识产生的。人们往往通过特定的人来体验价值感。人们可以用任意的依据来体现联盟的关系。因此，了解一个正在痛苦中的人的宗教信仰会对观察者的大脑反应产生影响。在今天看来，一些群体偏差是不利的，但这些偏差有进化上的适应功能，包括鼓励人们友善对待内群体成员，使这些成员更有可能互相合作，并在有些时候敌视外群体成员。

若共情是无意识激发且不能调节的，那么这种共情就是不完美的，但共情在个体决定去关心家庭、朋友群体以外的人时发挥了重要的作用。然而，这种道德决策方法存在一定的局限性，原因在于统计和数字信息是必不可少的，而人类的大脑很难掌握定量信息。一个人不能仅通过他人的故事，了解与他是否有共同之处，毕竟从统计趋势中可以获知更可靠的事实。当数据与个人的陈述相结合时，两者被信息接收者接收的方式与单独呈现数据时被接收的方式是明显不同的。

单个受害者的证词可以通过列举罪行的方式产生巨大影响，引起人们的关注，如讲述个人故事。这并不是法律上的分类或是哲学上的抽象概括，而是通过激发共情，使个体认识到另一个人的痛苦，从而强化主体性意识。

通过与他人的相互推理和争论，人们可以意识到自身的局限性，将他们的共情从一个人扩展到很多人，并可能采取行动。从这个意义上来说，道德的进步取决于通过理性思考和对普遍原则的重视来增强共情。因此，知道什么时候应该共情，以及批判性地评估试图引发你情绪的人的动机是非常重要的。

人们能在多大程度上共情他人，取决于特定的信号和社会环境。但对于法律从业者来说，这可能是个问题。司法工作应该是不受情绪或者共情影响的。对于一些法律从业者来说，共情可能是个弱点。如果他们忽视自己的共情特质，没有能力意识到这一点，就存在发生偏差的可能，这会导致不公平的法律决策。如果个体能同时减轻共情对判断和决策的不利影响，那么，人们将会从共情中获益更多。

11.5 小结与展望

我们从共情的定义入手，在总结前人定义的基础上，提出自己对共情的定义。与以往研究者认为共情是一种状态、能力或反应不同，我们从动态的角度阐述共情的发生机制，涉及认知、情绪和行为；而后，对以往的共情理论或模型进行评述，进而结合动态性的内涵，提出共情的动态模型，并加以阐释和说明；最后，通过与以往模型的分析比较，指出共情动态模型的优势。

共情作为人与人之间情感连接的纽带，既是道德发展的重要指标，又是预测亲社会行为和道德行为的重要依据。共情是自我与他人关系的核心，是社会生活的基础，与我们的生活密切相关。探讨共情的模型对于了解共情的本质，更好地应用共情至关重要。任何一项科学研究最终都是为人的发展和社会的进步服务的，只有这样才能体现研究的价值，对共情的动态模型的探讨也不例外。

我们对未来的研究展望如下：

第一，对共情动态模型进行验证。共情的动态模型是在前人理论的基础上提出的，模型的科学性还需要得到进一步验证。首先，从研究方法和研究思路入手进行验证。目前关于共情脑机制的研究大多集中于对各个独立脑区的探讨，少有研究涉及脑区之间的动态关系，而共情动态模型强调共情的动态过程。我们期望在今后的研究过程中，借助功能联结（functional connectivity）、有效联结（effective connectivity）模型对共情的动态过程进行考证。其次，从提升共情动态模型的解释力入手进行验证。目前对共情的研究大多以负性刺激（如疼痛刺激）为研究材料，个体对正性刺激是否会产生共情、其模式和所激活的脑区是否符合共情的动态模型等问题仍有待进一步探讨。

第二，对共情影响因素的研究。研究者发现性别、社会情境（被共情者受到的待遇公平与否）、文化等是影响共情的重要因素（Fan & Han, 2008; Schulte-Rüther et al., 2008; Singer et al., 2006）。在共情的动态模型范畴下，是否存在其他影响因素，这些因素如何影响共情内在过程进而影响共情的外在表现等问题，越来越受到研究者的关注。

第三，对特殊群体共情过程的研究及共情干预策略的探讨。对社会所关注的特殊群体，如独生子女、犯罪者（特别是青少年犯罪者）、志愿者和慈善人员等的共情过程进行研究，从动态的角度分析不同群体共情过程的特征。以此启示相关部门根据这些特征制定有效的干预策略，可以改善特殊人群的共情过程，为个体发展和社会进步服务。

第12章
污名研究进展

污名本质上是一种消极的刻板印象，是一种广泛的社会现象，它经常与较差的精神健康水平，生理疾病，学业失败的学生，较低的社会地位，贫穷以及较差的住房、缺乏教育和工作机会相联系（Major & O'brien, 2005）。被污名者经常会遭到社会主流群体的厌恶、歧视，甚至排斥，给被污名者的日常生活、社会交往带来诸多不便。20世纪60年代，心理学者开始关注污名这一特定的社会心理现象，对污名的研究也逐渐深入。尤其是最近20多年，污名研究扩展到了认知、情感和行为等领域，出现了大量有影响、有价值的研究成果，揭示了污名群体独特的心理规律，为人们理解污名、消除污名的消极影响提供了理论和实践依据。

12.1 污名的概念

"污名"（stigma）一词最早来源于古希腊，是一种身体标记。这种标记刻印或烙在某些人的身上，表示带有这种标记的人是不受欢迎的。1963年，戈夫曼（Goffman）将污名的概念引入心理学的研究领域，将污名定义为个体的一种不被信任和不受欢迎的特征，这种特征降低了个体在社会中的地位，使他从一个完美的、有用的个体变成一个有污点和丧失部分价值的人。污名是社会对某些个体或群体贬低性、侮辱性的标签（Goffman, 1963）。

在戈夫曼之后，又出现了许多相似的定义，认为污名是个体所具有的一种不受欢迎的特征，它与特殊外表、特定行为或者群体身份相联系，并存在于特定的情境（如吸毒、艾滋病、同性恋、残疾等）中。与这些定义不同，库尔茨班（Kurzban）和利里（2001）从进化论的角度提出了污名的定义。他们认为，为了避免潜在的缺陷伴随群体生存，人们已经进化出了认知适应能力，允许他们将具有（或者相信具有）某些特定特征的人排斥到他们的群体之外，即污名化。这些认知能力为人们避免结交卑劣的社会伙伴、加入合作性的团体（目的是提升群体的竞争和剥夺能力）、避免与带有群体寄生特征的个体接触提供了可能。污名化是人们为了种族的生存而长期进化的必然结果。

这些定义普遍存在一些问题和不足，如过于强调污名发生的情境性和理解视角的特定性（如分别从心理学、社会学、人类学的角度理解污名），限制了这些定义的推广。同时，这些定义也不够科学严谨，过于关注个体，忽视了影响个体的社会文化背景和过程。

针对这些局限，林克（Link）和费伦（Phelan）（2001）重新定义了污名的概念。他们认为，当下面五个相关的成分同时出现时，污名才存在：（1）人们区分并标签人类的差异；（2）主流文化的观念将被标签的人与不受欢迎的性格特征（即消极的刻板印象）相联系；（3）主流群体为了在一定程度上把"我们"从"他们"中分离出来，将被标签的人置于独特的类别中；（4）被标签的人经历不公平的处境，丧失地位，遭到歧视；（5）被污名的程度完全视社会、经济和政治权力的可得性而定，当一个群体有足够的影响力来左右公众对另一个群体态度的时候，污名才会存在。因此，"污名是指在一个允许污名里的各种成分显露的社会情境下，贴标签、刻板印象、丧失地位和歧视同时发生的情况"。这一定义清晰地指出污名现象中的各种群体以及他们的地位和关系，考虑了社会文化在污名中的作用，完整地阐述了劣势群体被污名的过程，克服了以往关于污名定义的种种不足，使人们对污名的理解向前迈进了一大步。鉴于这些优点，这一定义得到了广泛认可。

12.2 污名的心理效应

(一) 污名他人的功能

有很多学者从不同的角度论证了污名他人的功能。特纳(1982)认为,污名化是一个为了突出自己心理上的优势地位而对他人进行毁誉的过程。从这个角度看,污名化是出于维持高自尊或者积极社会认同的需要而诋毁他人的特殊形式的社会比较。与这一看法相似,克罗克(Crocker)等人(1998)认为,污名他人具有以下几种功能:(1)提升污名者的自尊心,使其获得个人的优越感;(2)增强污名者对自己群体的认同感;(3)使污名者认为特定的社会、政治、经济地位是合理的。

这些观点清楚地阐述了污名他人的功能,很好地解释了污名发生的原因,但这些观点以及基于这些观点的推论并没有得到实验支持。究其原因:可能是不同的文化背景下主流群体对劣势群体有不同的影响,污名其他群体的目的不同;也可能不同的污名群体都有自己的独特特点,主流群体与各污名群体发生作用的规律各不相同,污名各个劣势群体的方式和途径也存在很大的差异。

(二) 污名对个体的影响

首先,对个体应对方式的影响。梅杰(Major)和奥布莱恩(O'brien)(2005)认为,情境线索、个体污名身份的集体表征和个人的信念、动机相关,个体为了心理健康就要对污名相关情境进行评估。当与污名相关的情境线索被评估为对个体的社会身份有危害并且超出个体应对能力时,身份威胁就发生了。个体通过各种方式应对身份威胁,主要表现在三个方面:(1)将消极的事件归因于歧视或归因于自己。当污名群体成员遭遇消极结果时,他们可能会将结果归因于歧视。歧视归因出于维护自尊的需要,但同时也暗示了个体的社会地位,反而更加伤害自尊。因此,在更多时候,个体会将消极事件归因于自己。(2)在遭遇身份威胁的领域停止努力或者继续奋斗。被污名者在面对身份威胁时可能会停止努力,如面对性别消极刻板印象的女性被试在一个非常难的测验中放弃数学问题,而尽量选择与词汇有关的问题

（Davies et al., 2002）；或者会贬低使他们群体遭受消极刻板印象的领域，降低这些领域对自我价值的重要性。另外，还有一种积极的应对方式，即在有价值的社会领域更加努力，以弥补自己不擅长的领域。（3）增加对自己所属群体的认同或者远离这一群体。污名群体的成员通过接近或者更加认同他们的群体来应对身份威胁。布兰斯科姆等人（1999）认为，群体认同使个体对知觉到的偏见反应更强烈。应对偏见的行为也能增强对群体身份的认同，部分弥补了知觉到的偏见对个体自尊的消极影响。尽管证据表明，在对偏见知觉的应对中，群体认同可能是一个有效的策略，但是群体认同也带来了更多的消极影响。例如，女性知觉到的对女性普遍的歧视越多，他们自我概念中关于性别的核心成分就越多，但是他们作为女性的自豪感就越少。

其次，对自尊的影响。污名内化了社会上大部分人所持有的消极观念。由于这些观念，污名群体的自尊水平可能会较低。非污名群体成员的自尊要高于污名群体成员。但是这一观点并没有得到普遍认可。

克罗克和梅杰（1989）的研究表明，污名群体成员的自尊水平与主流群体成员之间没有显著的差异。为什么污名群体成员的自尊水平并非如预期的那样低于非污名群体呢？可能存在三个方面的原因：（1）在社会交往中，个体将消极的反馈归因于其他群体的偏见；（2）进行社会比较时，是个体与群体内的其他成员进行比较而不是与优势的主流群体成员进行比较；（3）个体自我价值保护的选择性被激活，使污名群体成员有选择地贬低他们群体表现很差的领域，同时高度评价他们群体优势的领域。

再次，对学业成绩的影响。污名和非污名群体的成员在学业成就上有明显的差异。形成这一差异的主要原因可能是污名群体成员存在长期从智力成绩中分离出自尊的倾向。研究表明，自尊和学业成绩的相关性在非裔美国学生中随着时间的变化有所减弱，欧裔美国学生的自尊会受到测验成绩反馈的影响，非裔美国学生中却不存在这一现象，这表明后者在心理上从测验反馈中分离出了自尊。当种族特征很明显的时候，非裔美国人很容易从他们的测验反馈中分离出他们的自尊（Major et al., 1998）。长期否认学习对自我价值的重要性，最终会影响污名群体学生的学业成绩。

最后，对健康的影响。与非污名群体相比，污名群体成员有很多的心理和生理问题,如抑郁、高血压、冠心病等。例如,非裔美国人寿命比较短,婴儿的死亡率较高,心脏病的发病率也很高。这些问题的出现与污名群体遭受的歧视密切联系,哈勒尔(Harrell)(2000)认为,将污名群体置于有害的社会环境及限制他们获得高质量的医疗资源和营养,将直接影响污名群体成员的健康。

(三)社会公众对污名的反应

1.对污名的外显态度与内隐态度

外显态度和内隐态度是两个相互独立的系统。它们分别代表人们不同的心理过程。外显态度是人们能够意识到的并受到意识的控制;内隐态度不受意识控制,反映了意识控制之外的真实想法。当个体关注受社会欢迎的程度,不想报告消极的评价或者偏见存在于意识控制之外时,就会出现内隐态度和外显态度的分离。

目前人们对污名群体内隐态度与外显态度关系的研究还不是很多,也没有达成一致。一种观点认为内隐态度和外显态度毫不相关。如贝森诺夫(Bessenoff)和谢尔曼(Sherman)(2000)用词汇决策任务的方法测量了被试对肥胖的外显态度和内隐态度,结果表明,对肥胖的内隐评价能够预测被试选择坐在肥胖女性边上的距离,而外显态度却不能预测这一行为。另一种观点认为,内隐和外显态度存在很强的相关性,不过即使两者可能都反映一种态度倾向,但它们还是态度结构的两个独立成分。例如,研究表明,恐惧蜘蛛的被试对蜘蛛的内隐和外显态度都能单独地预测对蜘蛛的回避行为(Teachman & Woody, 2003)。

蒂奇曼(Teachman)等人(2006)用自我报告和IAT的方法,同时测量精神病群体和正常人群体对精神病和普通的身体疾病的外显态度和内隐态度。结果表明:正常人样本对精神病人有"无助的"和"值得责备的"消极的内隐态度和信念;更有趣的是,精神病人中也有人持"无助的"消极内隐态度和偏见,但精神病人很少将自己和精神病相联系。这可能是为了早日恢复健康,精神病人强制自己远离精神病标签;也可能是精神病人将自己和医院中的其他病人比较,认为自己的疾病比较轻;还可能是由与生理疾病比较的情境造成的，如媒体宣传认为精神病是由生理原因引起的，这使精神病人认为他们的精神病和生理疾病是一样的。

由于媒体、网络、学校和政府等致力于宣传平等的观念，渐渐地改变了人们对污名群体的外显态度。在自我报告的测量中，人们会有意识控制自己的偏见并做出社会认可的反应，但是这不代表人们彻底地改变了他们对污名群体的态度。在测量意识控制之外的内隐态度的指标中，大部分人还是表现出了对污名群体带有偏见的观念和态度。由于内隐态度是不受意识控制的、自动化的，因此对人们有着强大的影响力，甚至当个体想成为一个平等主义者的时候，对污名群体的自动化偏见也能够影响个体反应。有丰富的证据表明，极力反对歧视污名群体的人也存在着反对各种边缘群体的内隐偏见。内隐的指标比外显的指标能更准确地反映人们的真实态度。

2. 公众对污名的反应过程

在现代社会，回避是人们对污名的即刻反应，即接触或者接近被污名者的身体似乎都能导致某些形式的污染。尽管如此，人们对污名者的反应不一定都是消极的，甚至在某种条件下，人们对污名的反应比非污名还积极。这一有趣的现象受到许多研究者的关注。

有研究表明，人们对残疾人同时存在积极和消极的反应。当要求教坐在轮椅上的人折纸时，个体表现出两种不同的行为模式：他们口头上对残疾人印象的报告是非常积极的，但同时也表现出了许多焦虑和回避行为。海布尔（Hebl）和克勒克（Kleck）（2000）认为：言语是控制过程的产物，反映了人们有意识的、善良的反应形式；非言语行为是自动化的，反映了潜在的对污名个体的消极情感状态。

研究者发现在大量社会认知现象中都存在两个心理过程。普赖尔（Pryor）等人（2004）认为，人们对污名的反应包括反射过程和规则控制过程。反射过程既包含本能的反应，也包含在后天学习中获得的自发反应；规则控制过程则包含反思或沉思的反应。当人们思考他们是否要避开一个污名个体时，如果反射系统已经产生了一些对污名的即时情绪反应，那么他们随后将思考情绪的适宜性，最终的反应将受到规则控制过程的调节。

普赖尔等人的实验结果支持了这一模型。在实验中，首先使被试相信将要有一个"信任散步"的活动，在这个活动中很可能要和被污名者有身体上的接触。然后要求被试在计算机屏幕上将自己的照片与有简要介绍的被污名者的照片移动到一个合适的位置，来表明被试对这些人的感觉，计算机每隔500毫秒自动记录被试照片与刺激照片之间的距离。结果表明，在时间维度上，厌恶和回避在最初的3秒关系最强，随后被试为了表现出没有偏见，将自己与有污名的人移得更近。这一结果支持了反射/规则控制过程模型的预测内容（Pryor et al., 2004）。

这些研究表明，人们在对有污名的人进行反应时存在两种过程，一种是无意识的或受意识控制较弱的，另一种是受意识控制的。在与被污名者接触的最初阶段，无意识的过程使被试产生本能的回避反应，随后为了表现出非偏见的平等态度，意识控制的过程开始调节反应，减弱回避反应的倾向。

12.3 污名的相关研究

（一）污名歧视的研究

1. 个体怎样知觉歧视

对于污名群体怎样知觉歧视，当前有两个比较有影响的理论主张：

第一个是污名群体成员所面临的归因模糊性。克罗克和梅杰（1989）认为，污名群体的成员经常遇到无法对消极事件进行精准归因的情况。当优势群体对污名群体做出消极反馈时，归因的模糊性就产生了。他们通常可以做出两种归因：一种是歧视归因，将消极的反馈归因于遭到歧视；另一种是自我归因，将消极的反馈归因于自己能力不足或特点不匹配。克罗克和梅杰强调，尽管这一模糊性本身使污名群体成员不安，但也给他们提供了自我保护的机会。歧视归因在失败的时候能起到维护自尊的作用。由于失败的原因是模糊的，为了保护自尊，污名群体更可能将消极的结果归因于歧视。

第二个是个人/群体歧视差异理论。当要求劣势群体成员在两个水平（个人水平和群体水平）上回答关于歧视的问题时，个体一致地评价他们群体受到了很严重的歧视，而作为群体中的一员，他们自己却很少受到歧视（Taylor et al., 1990）。根据个体/群体歧视分歧，我们可以假设，污名群体成员在得到消极反馈时会倾向于回避歧视归因，这与归因模糊的观点相矛盾。

为了解释这一分歧，鲁吉耶罗（Ruggiero）和泰勒（Taylor, D. M.）（1997）使用了一个实验来验证女性、黑人和亚洲人被试是怎样知觉歧视的。在实验中，被试要完成个人未来职业成功可能性测验并被告知测验鉴定专家将要对他们的测验成绩进行评价。接着，被试被告知他们可能受到歧视的概率，即在不同的条件下，这个专家歧视被试的可能性是100%、75%、50%、25%、0%。实验的下一个步骤是，被试得到测验成绩的消极反馈后，要回答他们测验的失败在多大程度上是由自己答案的质量不足或是歧视造成的。最后，被试要完成自尊和控制感的测量。其中自尊的测量包括成绩自尊和社会自尊，控制感的测量包括成绩知觉控制（用以评估个体在多大程度上感觉自己应该为成绩负责）和社会知觉控制（用以评估成绩在多大程度上是由社会方面的因素塑造的）。

结果表明，被试只有在歧视线索非常明确的情况下才会做出歧视归因，当歧视的线索很模糊时，个体倾向于减少歧视归因。此外，少数被试将歧视知觉视为一个失败的原因，保护了他们的成绩自尊；其他个体则通过减少歧视归因，保护了其社会自尊，维护了自我控制知觉。这些结果表明，自尊和自我控制知觉可能是影响歧视知觉的因素。与对歧视的高度警惕相比，减少歧视归因可以带来更多的好处：虽然污名成员可以通过将消极反馈归因于歧视来保护他们的成绩自尊，但是通过减少歧视归因，成绩自尊暂时受到的威胁会被知觉提升的社会自尊所补偿；同时，当污名个体减少歧视归因时，他们对生活中的社会事件和成绩相关事件维持了控制，增加了对未来结果有效控制的信心（Ruggiero & Taylor, 1997）。

这一研究结果解决了归因模糊性和个人/群体歧视差异理论的矛盾，即只有在遭到歧视的线索非常明确时，个体才会做出歧视归因，否则，个体更倾向于将失败的结果归因于自身。这些研究结果在帮助人们有效地理解污名群体怎样知觉歧视、影响歧视知觉的各种因素以及个体应减少歧视归因的原因等方面，有重要的意义。

2.污名群体如何应对歧视

前面的研究并不能说明，实验中被试报告的结果是由被试没有知觉到歧视，还是知觉到歧视但不愿意报告歧视造成的。在明确地知觉到歧视时，个体会如何反应？有两种观点对这一问题进行了探讨。

一种观点认为，由于个体具有自我表现的需要，个体在公众场合会减少或否认自己的失败是由遭到歧视造成的。很多研究表明，在公共场合报告自己被歧视的个体是不受欢迎的，因此，个体为了维护良好的社会形象，不能将自己的失败归因于遭到歧视（Kaiser & Miller, 2001）。这一观点认为，个体知觉到了歧视，但是不愿意报告歧视。

另一种观点认为，由于个体具有控制的需要，个体在遭受歧视的时候也会尽量减少歧视归因。个体将失败归于自己，就使个体维持了个人控制感，获得只要自己再努力就可能改变消极结果的信念。如果进行歧视归因，则意味着个体不能控制未来的结果，失去了改变消极结果的机会（Ruggiero & Taylor, 1997）。这一观点假定个体确实没有知觉到歧视，所以不会报告存在歧视。

这就出现了一些问题，如个体在明显的知觉线索下是否知觉到了歧视？影响歧视报告的因素是什么？塞克里斯（Sechrist）等人（2004）的实验解决了这些问题。在实验中，他们将女性被试的控制感（高控制感和低控制感）、报告歧视知觉的场合（公共报告和私下报告）以及报告歧视的对象（对自己和对他人）作为自变量，来检验在明显的歧视线索条件下，这些变量对被试报告歧视知觉的影响。结果显示：在公共场合，对于给出的消极反馈，被试对自己很少做出歧视归因，而对他人则更倾向做出歧视归因；但是在私下的场合，无论是对自己还是对他人，被试都做出了歧视归因。控制感方面，高控制感的被试倾向于将消极结果归因于评分者的歧视。这说明控制感没有引起歧视归因的回避，却增强了歧视归因。这一研究说明了没有报告歧视并不代表没有知觉到歧视，报告场合会影响被试做出歧视报告的行为。在公共场合，个体为了受到欢迎，会维持自己的良好形象，宁愿将明显的歧视归于自己的能力不足，但会为了表现对自己所属群体的认同和忠诚，将他人的消极反馈归因于歧视；在私下的场合则不存在这一对他人和对自己的归因差异。这些证据表明，无论被试是否报告遭到歧视，他们都已经知觉到了歧视的存在。

关于控制感对歧视归因的影响，塞克里斯与鲁吉耶罗的结论不同。这一分歧可能是由两者的实验情境不同造成的。在鲁吉耶罗的实验情境中,由于歧视线索具有模糊性,被试可能确实没有知觉到歧视,而在塞克里斯的实验情境中,被试明确地知觉到了歧视,是否知觉到歧视必然会对控制感与歧视知觉的关系造成一定影响。

(二)可隐匿污名的相关研究

近年来,研究者对可隐匿污名的群体投入了较多关注。由于隐匿自己的污名,个体可以避免偏见和歧视,使个体能以"正常"的形象进行日常生活和交往。然而社会情境的模糊性与被发现的潜在可能性使可隐匿污名的个体面临着巨大的挑战。隐匿污名对个体的认知、情感和行为有明显的影响。

1. 隐匿污名心理过程的研究

在日常交往中,污名群体成员经常会遭遇消极的社会后果,这些消极的社会后果最终会引发消极的自我知觉。为了避免偏见和歧视,可以隐匿污名的人们可能会有意识地去隐匿污名。戈夫曼(1963)认为,当隐匿污名的个体和非污名的个体同时出现在一个相同的情境中时,隐匿性是理解污名个体在复杂社会交往中的体验的关键。

秘密先占模型(preoccupation model of secrecy)指出,保守秘密会激活一系列认知过程,这些认知过程能引起对秘密的强迫性集中注意。这是因为:首先,要保守秘密就要压抑与秘密相关的想法,压抑想法最初可以成为保守秘密的有效方式;其次,要对突然进入意识的与秘密相关的想法进行压抑,而尝试压抑想法的结果是更有可能注意这一想法,很多与秘密相关的想法也会自动地冒出来,这会引起对与秘密相关想法进行压抑的重新尝试;最后,压抑想法和冒出想法循环发生,造成对秘密持续的注意(Lane & Wegner, 1995)。

秘密先占模型在理解隐匿污名者的人际交往中非常有用。当个体有可隐匿的污名,并且把这个污名当作一个秘密努力去隐匿时,个体会更容易形成与污名相关的想法。同时,在保守污名秘密的过程中,压抑与污名相关的想法也可以产生许多效应,如相关想法闯入意识、投射到行为中等。

斯马特(Smart)和韦格纳(Wegner)(1999)的研究系统地揭示了隐匿污名的心理过程及相关的效应。研究采用角色扮演的范式,要求进食障碍

(eating disorder, ED)患者或扮演进食障碍者和无疾病状态(no evidence of disease, NED)的女大学生或是扮演成ED的女大学生参与访谈，共构成四种访谈条件。其中，真实ED患者扮演ED为揭露污名条件，真实ED患者扮演NED为隐匿污名条件，其他两种条件为控制条件。访谈过程中进行投射测验(词汇完成任务)，访谈结束后，测量ED患者相关想法出现的倾向和程度。结果表明隐匿污名的被试报告了更多的隐秘性，有更多的ED想法压抑和ED想法闯入意识，以及有明显的将ED相关的想法投射到其他人身上的倾向。

桑图齐(Santuzzi)和鲁舍(Ruscher)(2002)同样使用角色扮演的范式检验了在交往中隐匿污名对自我认知和元认知的影响。他们要求女性被试扮演成女同性恋者参与一个访谈。在访谈中，被试要在适当的时候揭露自己扮演的角色(揭露条件)，或在整个访谈过程中一直隐匿自己的角色(隐匿条件)。结果发现，揭露污名者比隐匿污名者有更多对自我知觉的关注、对消极态度归因的元知觉和更强的对主试进行恶毒归因的倾向。

以往的理论和实验研究从不同的侧面证明，在交往中个体为隐匿污名，应用了大量的心理控制，这造成了个体的元认知和自我监控水平的提高和其他一系列的心理过程变化。这些变化使隐匿的心理过程变得异常复杂，大量的认知资源也被占用，严重影响了其他心理过程，如个体的情绪情感体验、认知能力等。但是，目前的研究还没有揭示隐匿污名者在社会交往中的所有心理规律，未来还需更多研究者涉足这一领域，更全面、更系统地揭示隐匿污名个体独特的心理体验。

2.隐匿与情绪反应

保守污名秘密可以使个体避开可能的消极评估和拒绝，但也会使个体过多地回避社会交往情境，引起他们的消极情感体验，如孤独、害羞和社交焦虑等。

隐匿污名可能带来很多的情绪、行为问题，如隐匿同性恋身份的男同性恋报告了更多的沮丧感和较低的心理幸福感(Ullrich et al., 2003)。有隐匿心理治疗史的个体可能有相似的情绪压力体验，避免暴露相关信息和揭示心理病史的个体都有较高的无助感、无望感和较多的焦虑和困惑(Link et al., 1991)。弗雷布尔(Frable)等人(1998)在一个历时11天的研究中，要求被试在他们一天中的 5 个固定时间填写问卷，测量被试的即时自尊和情感水平，同时要求被试描述那个时刻在哪里、和谁在一起、正在做什么。通过对 11 天中 55 个报告结果的比较发现，与其他研究结果相类似，隐匿污名（同性恋、进食障碍、低收入家庭）的个体报告出较低的社会信心、较高的焦虑感、较高的抑郁感、较低的自尊感和较多的消极情感。另外，结果还表明隐匿污名个体在与其他相似个体交往的时候有更多积极的情感体验，这可能是其他相似个体的出现减少了隐匿污名个体的独特感和被孤立感，激发了他们关于群体身份的积极态度。

罗利（Rowley）等人（1998）认为，群体能够提供情绪的、信息的、工具的支持，认同个体的特征和提供归属感。在污名的群体中，群体认同和自尊呈显著的正相关。隐匿污名的个体，一直将自己的污名作为一个秘密加以保守，其他的相似个体不能发现自己，自己也不能发现其他具有一样特征的个体，所以在社会生活中，他们很难找到自己的同伴，失去了他们交往的机会，也就失去了获得群体为他们提供各种支持的机会。同时，隐匿污名使个体不能了解公众对他们污名的真正态度，更不可能知道很多人不会因为他们的污名而歧视他们，从而减少了个体获得积极体验的机会，这也许是导致隐匿污名个体消极、沮丧的另一个原因。

3. 揭示污名的心理意义

隐匿污名要经历激烈的心理斗争，付出巨大的心理代价，严重影响个体的情绪状态，甚至可能影响个体的正常生活。长时期隐匿污名带来的心理压力必然会引起个体对揭示自己污名的渴望。揭示污名身份一定会带来积极的结果吗？研究表明，对于不同的群体，揭示污名有不同的结果。对于大多数群体，揭示隐匿的污名会带来积极的结果。但对于少部分群体，揭示污名不仅不会产生积极的结果，还可能会带来更多的麻烦，如感染人类免疫缺陷病毒（human immunodeficiency virus, HIV）的个体。

隐藏 HIV 阳性污名要经历情绪上的压力，然而揭示 HIV 身份，则意味着个体可能要体验拒绝、侮辱或暴力带来的现实压力和心理压力。在针对不同种族 HIV 阳性个体的研究中，没有对自己的性伴侣揭露自己 HIV 特征的个体比那些揭示这一信息的个体表现出更多的情绪压力。在心理健康量表中，没有揭示HIV特征的被试有较强的神经质、言语焦虑、敌意和恐惧焦虑体验（Kalichman & Nachimson, 1999）。另一个在法国开展的研究中，HIV阳性的被试报告说，为了逃避压抑自己身份关键信息所带来的难以忍受的心理压力，他们揭示自己的信息完全是自愿的行为。但是，揭示自己污名信息的被试也报告说，在揭示自己的HIV信息之后，他们仍然有强烈的焦虑感、不适感和悲伤感（Lévy et al., 1999）。

因此，针对不同群体，揭示污名相关信息不一定都会带来积极的结果。也许，对于某些群体来说，当承受不住隐匿关键信息带来的巨大心理压力时，揭示自己的隐匿信息会成为暂时缓解心理压力的有效方式，但是从长期效果看来，揭示自己隐匿的信息也许会付出巨大的代价，这未必是一个明智的选择。当然，在什么样的情境中、对什么人揭示污名信息也会影响揭示的效果。

12.4 小结与展望

自从戈夫曼首次将污名引入心理学研究领域以来，研究者对污名投入了越来越多的关注，也取得了丰富的研究成果。伴随着心理学研究方法的发展和新研究领域的出现，尤其是内隐社会认知研究的兴起，污名研究在研究群体、研究方法、研究领域上也取得了很大的突破。现在关于污名的研究几乎已经扩展到认知、情感、行为等所有心理层面。同时，在污名的维度上，从可见污名扩展到可隐匿污名，对污名态度的研究从外显的研究扩展到内隐的研究，对污名者的反应从静态的研究扩展到动态的研究。未来污名的研究将集中在以下三个方面。

（一）可隐匿污名的研究仍将是未来研究的热点

帕坎基斯（Pachankis）认为，隐匿污名未来的研究可以在以下几个方面加以深入和拓展：

第一，未来的研究要关注隐匿污名与个体所经历的每个心理层面（认知、情感、行为、自我评价）的特定成分（强迫集中注意、焦虑、回避、低自我效能）之间的关系。例如，研究者可以验证个体隐匿污名时是否有较高的自我监控水平。

第二，当前很少有研究能涉及对可见污名群体和隐匿污名群体的直接比较，且由于人为地操作污名可见与否比较困难，研究者不能明确地指出哪一个结果是隐匿污名个体所特有的。因此这一领域需要应用更多创造性的实验设计来检验隐匿污名对个体独特的心理意义。

第三，隐匿污名的消极心理结果可能会影响身体健康。很多研究都表明隐匿污名将损害身体健康，而缓解隐匿信息带来的压力和焦虑，揭示创伤的体验或隐私可以改善健康水平。因此，未来的研究可以致力于揭示或证明隐匿污名不仅需要占用许多心理资源，也会损害身体健康（Pachankis, 2007）。

（二）污名内隐认知是另一研究热点

无论是社会公众对污名群体的态度，还是污名群体对社会公众的态度，都会受到社会主流观点的影响，进而影响对行为的预测。内隐社会认知研究技术解决了这一问题。作为预测行为更加准确和有效的指标，内隐指标具有外显指标所不能匹敌的优势。尽管内隐态度和外显态度与行为之间的关系还没有得到一致的结论，但是内隐态度更能预测人们未来行为的观点已得到普遍认可。这一点对污名态度的研究非常重要。我们需要及时了解社会公众对污名群体的真实态度或者污名群体对其他群体的真实态度，以采取措施缓解群体之间的冲突，预防犯罪事件发生。目前污名群体内隐社会认知的研究还没有受到广泛的重视。因此，随着污名研究实践的进一步发展，越来越多的研究者会把研究的重点转移到污名群体内隐社会认知领域。

未来污名内隐社会认知研究的领域将集中在以下几个方面：（1）内隐态度的研究，包括公众对污名群体的内隐态度、污名群体对自己群体和对其他污名群体或主流群体的内隐态度，以及外显态度与内隐态度的比较研究等几个方面；（2）关于公众对污名群体内隐和外显态度的关系的研究还缺乏一致的结论，内隐和外显态度之间是否存在分歧或者分歧是否存在于某些特定的群体，还有待进一步验证；（3）污名群体内隐自尊、内隐自尊与外显自尊之间的关系及其对心理健康的影响也应在未来的研究中受到重视。

（三）消除污名影响的研究

一些理论提出了消除污名影响的途径，如：林克和费伦（2001）认为，可以通过改变雇主关于污名的信念和态度，以增加污名群体的就业机会，减小污名的影响；埃斯特罗夫（Estroff）等人（2004）认为，可以通过教育来促进社会公众与污名群体的交流和接触，使人们更好地了解污名群体，消除人们的消极刻板印象，减少歧视和偏见。另外，与污名群体的接触也可以帮助污名群体了解公众，消除污名群体对社会公众的敌意，减少社会群体之间的矛盾与冲突。

但是在消除污名影响方面仍缺乏实证研究，也没有相应的研究报告。因此无论在纵向上还是横向上，消除污名的实践研究都有广阔的空间。如纵向上，可以尝试从改变人们的态度、信念入手，以此改变社会公众对污名群体的刻板印象，减小偏见和歧视带给污名群体的影响；还可以通过改变人们的行为，促进人们与污名群体的接触，来消除污名的影响。横向上，可以在不同的污名群体中开展相关研究，探讨对不同污名群体来说最有效的干预方式，等等。

第13章
幸福感研究进展

人类对幸福的追求和对幸福感的探索历史悠久，心理学对幸福感的研究始于20世纪60年代。在西方心理学中有很多概念与幸福有关，例如happiness、eudemonia、well-being、psychological well-being、subjective well-being、sense of well-being、elation、quality of life、life satisfaction等词汇。其中受研究者关注最多的是subjective well-being这个合成词，该词一般被译为"主观幸福感"，下文简称"幸福感"。1984年，美国心理学家迪纳（Diener）在《心理学公报》（*Psychological Bulletin*）上发表了第一篇有关幸福感的综述性文章。他发现，短短20年时间里，有关幸福感的研究报告已经有200多篇，呈现出蓬勃发展的态势，研究的内容也从影响幸福感的外部因素，逐步转变为内部影响机制（雷蒙·威廉斯，2013）。2014年12月，我们以"幸福感"为关键词，在中国期刊网搜索发现1361条结果，其中心理学的研究有296篇。在APA数据库中以"subjective well-being"为关键词，搜索发现2773条结果；以"happiness"为关键词，搜索发现5746条结果。大量实证研究的出现，促进了研究者对幸福的理解，目前该领域已成为社会心理学研究的热点和焦点。

13.1 幸福感的测量方法

多年以来，幸福感大多是通过自我报告法来测量的，研究者通过横向研究设计来探讨其与相关变量之间的关系。生活满意度量表（satisfaction with life scale, SWLS）是一种被广泛应用的多项目总体满意度量表，而情感平衡量表（affect balance scales, ABS）则侧重于主观幸福感的情感成分（积极情感和消极情感）的测量。但这类量表基本上都是让被试通过回忆来对自己的幸福感水平进行评价，这种事后回忆往往受到很多因素的影响。因此，研究者提出了一些新的研究方法，如体验抽样法和一日重建法等自我报告的方法来弥补事后回忆的不足（Csikszentmihalyi & Larson, 1987; Kahneman et al., 2004）。格施温德（Geschwind）等人（2011）在正念训练提升个体幸福感水平的研究中就采用体验抽样法。这一研究持续了 6 天，要求被试每天报告自己当时的积极情感和消极情感水平 10 次。虽然这种方法解决了事后回忆可能产生的结果误差，但成本很高，被试的负担较重，而且很难进行大样本的施测。于是，后继研究者采用了一日重建法来测量幸福感，并将日记重现改为生活事件回顾表，结果发现这种测量方法的信度和效度良好，也能在一定程度上减轻体验抽样法给被试带来的负担（Diener & Tay, 2014），在方法上也更为科学。

幸福感测量中，他评法能够在一定程度上解决自评所面临的问题，而且有大量的研究证明了他评法的有效性和可行性。202 组日本同性朋友对生活满意度、领域生活满意度、积极情感和消极情感的自评/他评表现出了相当高的一致性（Saeki et al., 2014）。有研究对多伦多 92 对情侣、145 对朋友的生活满意度进行了自评/他评，结果发现在生活满意度和 5 个领域满意度评价的评价中，自评/他评均具有显著的一致性，而且 5 个领域的满意度的自评/他评一致性显著高于整体生活满意度评价的自评/他评一致性（Schneider & Schimmack, 2010）。目前，这类研究正在不断深入。

由于横向研究设计在结果的解释方面存在一定局限性，因此，相关结果的推广要非常谨慎。关于幸福感的纵向研究和实验研究已越来越多，其中也包括准实验研究。在一项纵向研究中，研究者通过对过去近 20 年中国人主观幸福感的调查，发现时间与生活满意度之间呈 U 形的曲线关系，过去近 20 年的经济发展并没有让中国人的主观幸福感相应提升，而且从 1990 年到 21 世纪初一直处于下降的过程中，直到 2007 年才开始有所上升，但幸福感水平依然低于 1990 年的水平（Tang, 2014）。林德福斯（Lindfors）与其同事

(2014)通过对1702名护士的调查,考察了从大学毕业到步入社会的7年之间,人们生活经历的变化对其幸福感的影响。结果发现,生活经历的延长对个体的幸福感产生了积极的影响。但由于适应等因素的影响,这种积极效应会随时间的变化而逐渐降低。在实验研究中,研究者经常使用IAT来测量个体的幸福感。金·普列托(Kim-Prieto)等人(2005)首次运用IAT来测量内隐幸福感,结果发现内隐生活满意度测量具有良好的内部一致性和适度的时间稳定性,且具有良好的信度和效度。研究还发现,虽然在自我报告中,美国白人所报告的生活满意度水平要显著地高于亚裔美国人,但两者在内隐生活满意度上并没有显著的差异,这从另一个侧面说明了内隐幸福感测量的意义和价值。

13.2 幸福感的影响因素

(一)人格与幸福感

人格被看作影响幸福感的重要因素之一,它可以解释生活满意度大约三分之一的变异;而几乎所有的人口统计学变量,包括性别、年龄、教育背景、健康状况、婚姻状况等,所能解释的幸福感变异基本上不超过10%。人格基线理论认为个体的幸福感有一个基线水平,在经历了重大生活事件的影响而出现波动之后,人们的幸福感水平还会回到原有的基线水平,而这个基线在很大程度上取决于个体的人格特质。

在人格特质与幸福感的研究中,研究者关注最多的是大五人格特质与幸福感之间的关系。一般认为:人格中的外向性与积极情感、生活满意度有关,与负性情感无关,可以提高个体的幸福感;神经质与消极情感有关,会降低个体的幸福感。研究表明,外向性和神经质是大五人格特质中影响幸福感的最重要因素(Schimmack et al., 2004)。

目前,大五人格特质中的其余三个因素在预测幸福感中的作用也逐渐受到研究者的关注。有研究发现,虽然外向性和神经质能够最有效地预测个体的幸福感,但能够最准确预测SWLS分数的是神经质和尽责性。同时,研究者发现大五人格特质的神经质、外向性、尽责性和愉悦性四个维度与幸福感呈现显著的正相关，可以解释幸福感 18% 的变异（Chamorro-Premuzic & Furnham, 2003）。

我国研究者对人格特质影响幸福感的作用机制进行总结，认为其包括三方面的理论模型，即直接效应模型、中介效应模型和调节效应模型（邱林，郑雪，2013）。情感反应模型、情感水平模型和认知模型都属于直接效应模型。其中，情感反应模型强调幸福感产生的生物学因素，认为人们具有幸福和不幸福的基因，这种基因使得人们具有不同的幸福感水平。中介效应模型虽然认可人格特质是幸福感的重要预测指标，但认为不能据此否认情境因素的作用，因为人格特质并不能解释幸福感的全部变异，大量的情境因素在人格与幸福感的关系中扮演着中介作用角色。例如，外向者比内向者参加更多的社交活动，并因此获得更多的积极情感；神经质水平高的个体，更有可能会与自责、怀疑或怨恨有关的行为产生关联，从而导致更多的消极情感体验。调节效应模型则认为，人格特质对幸福感的影响可能会被环境所削弱或加强，因此强调人格与情境的交互作用。研究表明：外向者在社交情境中比内向者更幸福；但如果处于修道院、监狱等与外界隔绝的环境中，外向者比内向者感到更不幸福（Argyle, 2001）。

近几年来，关注人格特质对幸福感影响的研究并不仅将视角局限于大五人格特质的五个基本维度，越来越多更为具体的人格特质受到研究者的关注。比如乐观主义、权威主义、物质主义、感恩、核心自我评价、无聊倾向、好奇心和宽恕性等。其中，王琦等人（2014）的研究发现，无聊倾向可以有效地负向预测幸福感；陈勇杰和姚梅林（2012）从自我决定理论出发，认为物质主义者对财物的重视程度远高于对人际关系的重视程度，他们所知觉到的社会支持水平较低，其自主性、能力感和归属感都无法得到适度满足，因此体验到的幸福感较低。

（二）幸福感与环境因素

虽然人格被看作预测幸福感的最重要因素，但社会因素、环境因素等也会对个体的幸福感产生影响。环境心理学者对潜在环境如温度的研究发现：相比于男性，女性对天气的变化更加敏感，而且随着降雨量的增加，人们的生活满意度水平会显著降低；同时，低温提升了个体的幸福感，降低了倦怠感和压力，而高温则降低了幸福感。费舍尔（Fischer）和范德弗利特（Van de Vliert）（2011）关注了气候对幸福感的影响，他们通过对 58 个国家的个体进行研究发现，比正常温度高或者低的极端气候会对个体产生潜在的威胁。如果个体所拥有的经济资源能够满足其应对潜在威胁的需要，那么个体的不适感和不幸福感就会较低，反之则会较高。

随着科学技术的不断发展，很多高新技术产品在为人们的生活带来便利的同时，也影响着人们的幸福感。研究发现，电话、手机、音乐播放器与电脑等需要与网络连接的物品，与个体的高水平幸福感有关。在对手机和宽带进行控制的情况下，个体的生活满意度水平会显著下降，对已经拥有这些设备的个体来说更是如此（Kavetsos & Koutroumpis, 2011）。互联网的迅速发展使人们特别是青少年对互联网的依赖程度越来越高。社会交往媒介对个体的幸福感会产生怎样的影响，两者之间的关系如何，值得进一步关注。追踪研究发现，初中生的自尊水平越高，病理性互联网使用水平上升就越缓慢，自尊能够显著地负向预测病理性互联网使用水平（张国华 等，2013）。显然，自尊是个体幸福感的人格基础。

谢舜等人（2012）使用 2006 年中国综合社会调查（chinese general social survey, CGSS）数据库分析发现，宏观税负对居民幸福感有显著的负向影响。一般而言，政府公共支出能提升居民的幸福感，但政府基建投资对于城镇居民的主观幸福感有显著的负效应，而用于科教文卫和社会保障的支出对居民主观幸福感有显著的正效应。研究者对 2008 年 CGSS 数据进行分析发现，在控制了社会人口、经济和情境因素之后，食品价格上涨对居民幸福感存在显著的负面影响（苏梽芳 等，2013）。生活经验告诉我们，经济危机的发生不仅会对社会经济产生巨大破坏，同时也会影响人们的幸福感。在幸福感越来越多地作为衡量社会发展指标的情况下，了解什么样的政策能够在应对经济危机时减少幸福感的损失至关重要，比约恩斯科夫（Bjørnskov）（2014）通过对欧洲国家 1975—2011 年经济危机影响的评估发现，采取较宽松的市场管理政策的国家会有相对较少的幸福感损失。另外，财富的增长与幸福感也有关。研究者通过对爱尔兰 1994—2001 年的数据进行分析发现，财富的增长使金融领域工作者的生活满意度和心理幸福感显著提升，但不同社会群体的幸福感提升程度存在差异（Madden，2011）。

（三）幸福感与文化特异性

文化对幸福感的影响，不仅体现在幸福感的水平和内涵的差异上，而且很多影响幸福感的因素都受到文化的影响。在个人主义文化中，人们对生活满意度的判断源于他们的个人情感，经常感受到愉快情绪是生活满意度的重要源泉；相反，在崇尚集体主义文化的社会中，人们更看重家庭和朋友对他们生活的评价。在西方，婚姻是预测个体整体幸福感的重要因素，已婚个体的幸福感水平总体上要更高一些；在东方，除了家庭和工作满意感之外，已婚群体与未婚群体在幸福感得分上并无显著差异。这便是文化特异性对个体幸福感的影响。例如，张登浩（2008）针对我国基层党政干部的研究发现，处世态度、外向性以及才干维度可以正向预测个体的幸福感水平，但处世态度和才干维度与西方大五人格特质的五个维度不仅在名称上存在很大差异，内涵差异也很大。国外研究者利用2005—2008年的世界价值观调查（world value survey, WVS）数据对加纳人的幸福感进行了分析，结果发现，加纳人的幸福感和生活满意度是在包括经济、文化、社会资本、健康状况等变量的综合作用下形成的。相对来说，他们感知到的健康状况成为幸福感最显著的预测因素，同时宗教因素也是加纳人评估自我幸福感的显著预测因素（Addai et al., 2014）。

对于处在二元文化下的个体而言，文化对其幸福感的影响更为有趣。研究者通过不同启动方式激活中国香港地区大学生的国家理念，结果发现，当国家理念被激活的时候，个体更可能对关系领域呈现更高的满意度，而不是对自我相关的领域（Tam et al., 2012）。虽然国家满意度可以非常有效地预测个体的主观幸福感，但这一关系受到了诸多变量的调节，包括家庭收入、家庭设施的便利性、居住流动性、国家的人均国内生产总值（GDP）以及个体所处的地区等。同时，当个人主义文化突显时，人们更可能使用个人以及更为直接的因素来评价生活满意度；而在集体主义文化突显时，人们更可能使用传统意义上的社会成功来评价生活满意度。对于美国人而言，情绪稳定性是相较于人际关系满意度更为重要的幸福感预测指标。研究表明：在莫桑比克人样本中，人际关系满意度对幸福感的预测作用要远强于情绪稳定性；而在葡萄牙人样本中，两者对幸福感有同等的预测作用（Galinha et al., 2013）。另一些研究者也发现，在个人主义文化下，情绪对生活满意度的预测效用更强，而在集体主义文化下，个体的社会生活是生活满意度更为有效的预测指标（Suh et al., 2008）。大量有关幸福感影响因素的文化特异性变量的出现，使文化成为探讨幸福感时不可或缺的变量。但我们同时应该看到，文化特异性中也包含一定的共同性，比如基本需要的满足程度、社会支持程度和人格等因素在不同文化下都能够有效地预测个体的幸福感水平。

（四）经济收入与幸福感

研究者认为，在影响幸福感的诸多因素中，经济环境或者收入是非常重要的（Cai et al., 2022）。自20世纪70年代开始，大量研究围绕收入与幸福感之间的关系展开。横断研究的结果表明，在个人和国家层面，收入与幸福感存在正向关联。也就是说，在特定时间内，富裕的人或者生活在富裕国家的人比贫穷的人或者生活在贫穷国家的人更幸福。然而，纵向研究的结果就比较复杂。一方面，很多纵向研究与横断研究的结果相似，即随着时间的推移，经济收入与幸福感成正向关联。另一方面，大量研究发现，纵向来看，收入和幸福感之间存在负向关联或没有关联。这也就导致了伊斯特林悖论（Easterlin paradox）的出现，即经济收入与幸福感在横断研究中存在正向联系，而在纵向研究中存在负面联系或没有联系。相对效用理论认为，相对收入对于决定个体的幸福感更为重要。尽管经济增长能够提升整个社会的经济收入，但可能并不能使个体的收入比他人高，或者不一定比自己过去的收入高。这解释了经济增长没能提升幸福感的现象。

改革开放以来，中国的经济快速发展，为解决伊斯特林悖论的出现提供了机会。中国经历了40多年的经济高速增长，从物质上看，中国人的生活变得越来越好，但从心理上看，一些有影响力的研究认为中国人没有变得更幸福，当然也有很多研究得到了相反的结论。鉴于此，研究者开展了两项研究来说明这一问题（Cai et al., 2022）。在研究一中，研究者使用了全部可获得的研究数据（1990—2018年），对不同研究中的不同量表进行合并，形成一个共同的量表以获得足够的可比较的数据，因此能描绘幸福感的长期发展趋势。在研究二中，研究者利用已发表的所有研究进行跨时间的元分析。与研究一使用的数据（来自不同的测量方式）不同，研究二用到的数据全部基于同样的幸福感测量，即生活满意度。另外，研究者还对社区数据与学生数据进行了区分。

研究一表明，1990—2018年，中国人幸福感的变化呈U形变化及上升的趋势。格兰杰检验结果表明，经济增长是幸福感提高的原因。研究二表明，相比于社区成员，学生报告了较低的生活满意度水平。2001—2019年，中国人的生活满意度水平呈显著的线性上升趋势，其中社区成员的上升程度更明显。如果考虑曲线趋势的话，社区成员的生活满意度发展趋势为先下降后上升，而学生的生活满意度发展趋势为先上升后下降。人均GDP对生活满意度的预测作用显著，这一预测作用对社区成员来说更为明显。

这一研究结果呈现了1990年以来中国人幸福感的变化趋势。与伊斯特林所认为的"U形变化、稳定或下降趋势"不同，这一研究使用覆盖更长时间的更多数据，证实幸福感的发展呈U形摆动上升的趋势。鉴于1990—2000年期间存在失业率上升、收入差异扩大和社会保障水平降低的情况，这些社会转型的负面影响导致这一时期的幸福感有所下降。但是，经济增长的益处掩盖了这些社会变迁的负面影响。

（五）依恋与幸福感

个体的依恋风格可以从焦虑和回避两个维度来描述。简单地说，依恋焦虑指个体害怕被抛弃或拒绝的程度。依恋回避指个体回避亲密情感以及对依赖他人感到不舒服的程度。将这两个维度放进一个二维空间里，就可以得到四种典型的依恋风格，即安全型、痴迷型、疏离型和恐惧型。依恋行为系统的一个重要功能就是情绪调节，不安全依恋的维度与情绪调节的策略相对应。高依恋焦虑的个体当面对幸福感的潜在威胁时，会使用过度激活的策略，包括对压力刺激的谨慎监控、加剧消极情绪、反刍等。高依恋回避的个体会使用去激活策略应对威胁，包括主动忽视压力刺激和压抑消极想法等。

疏离型的个体有着低依恋焦虑水平和高依恋回避水平（Dugan et al., 2023）。这意味着，疏离型的个体并不像痴迷型和恐惧型的个体那样使用放大压力情绪的过度激活策略。相反，他们更习惯于使用去激活策略，更倾向于不断地回避或压抑消极情绪。在疏离型个体的幸福感方面存在不同的观点。第一种观点认为，疏离型个体通过压抑自身的消极情绪，积累了没有解决的、隐藏起来的压力。从这个角度看，去激活策略会损害和破坏心理健康，如果回避的防御突然崩溃，心理幸福感会显著下降。第二种观点认为，疏离型个体能够有效地使用激活策略来促进心理健康。有研究者认为，疏离型个体并不是在隐藏潜在的压力，相反，他们能够成功地抑制会被对方抛弃的想法，并在抑制的过程中减少心理唤起。第三种观点认为，为了维持去激活的依恋系统，疏离型个体使自己对消极情绪和积极情绪的体验都变得迟钝。因此，关于疏离型个体的幸福感的主要内容并不是对压力的回避，而是他们较少体验到积极情绪。

为了进一步了解疏离型依恋个体的情绪体验，研究者从257名被试处收集了关于依恋、生活满意度和日常情绪体验的数据（Dugan et al., 2023）。首先，研究结果证实了依恋风格与生活满意度整体评价之间的关系，依恋焦虑与依恋回避均与整体生活满意度成负相关。这一结果表明，整体上看，疏离型个体报告了中等水平的生活满意度，安全型个体具有最高水平的生活满意度，恐惧型个体具有最低水平的生活满意度。其次，研究者探讨了依恋风格与日常积极情绪和消极情绪之间的关联，并考察了社会环境在其中的调节作用。研究发现，依恋焦虑与日常消极情绪存在显著正相关，但依恋回避与日常消极情绪的相关性不显著。这一结果表明，痴迷型个体、恐惧型个体比疏离型个体、安全型个体体验到更多的消极情绪。社会背景同样是消极情绪的重要预测因素，个体在与他人一起时比独处时体验到更少的消极情绪。此外，依恋回避与社会背景之间存在显著的交互作用，对于高依恋回避的个体来说，社会背景对消极情绪的预测作用更弱。最后，依恋焦虑与依恋回避都与日常积极情绪存在负向关联，社会背景与依恋的交互作用不显著。研究结果表明，疏离型依恋个体的消极情绪和积极情绪均处于较低水平。

13.3 幸福感研究的价值

综上所述，自1984年迪纳提出幸福感这一概念至今已有40多年时间，其间，幸福感领域的研究取得了巨大的进展，得到了许多研究者的广泛关注。尤为重要的是，很多国家和政府逐渐把提高居民的幸福感作为其政策施行的目标。我们虽然对近年来幸福感领域的发展做了回顾，但依然无法全面反映幸福感领域研究的概貌。比如关于提升幸福感方法的研究，基于东方冥想所提出的正念训练逐渐成为增进身心愉悦、提升个体幸福感的重要方式，由此出现了大量的相关研究。此外，幸福感领域的研究对象也已不再局限于大学生群体，越来越多的弱势群体也受到了研究者的关注，比如青少年、老年人、中年妇女，以及精神病患者、医务工作者等。另外，非西方国家的人群也受到了广泛的关注。跨文化研究为我们丰富幸福感的概念和理论提供了新的证据，也有利于加深对非西方文化下个体幸福感的全面理解。

幸福是人类追求的永恒目标，但幸福究竟能给我们带来什么？幸福感领域的研究主要关注影响幸福感的因素，现在研究者也已开始关注幸福感的结果变量。研究发现，高幸福感可以显著改善个体的生活状况，包括更好的身体健康状况、更长的寿命、更成功的工作、更高的经济收入、更好的社会关系等，同时幸福感也有利于整个社会的稳定和发展（Diener & Ryan, 2009）。这方面研究具有很高的理论价值，不再把幸福感局限于因变量的位置，有助于扩展幸福感的研究范围、进一步厘清幸福感和相关变量之间的因果关系，同时也具有很高的实践价值，能够增强人们提升幸福感的动机。

13.4 小结与展望

虽然幸福感领域的研究取得了令人瞩目的成就，但依然存在一些问题亟待解决。首先，真正意义上的本土化研究比较匮乏。虽然很多非西方文化背景的研究者已经意识到幸福感领域本土化研究的重要性，但相当多的研究还停留在对西方相关理论的验证和工具的直接使用上，很少有对已有理论框架的突破。其次，虽然研究方法日趋多样化，但自陈式问卷依然占据主导地位，应该加快方法的更新速度。另外，环境因素对于幸福感影响的相关研究成果不仅具有很高的理论价值，还对政府的社会政策制定具有很强的参考价值，因此非常值得关注。但这方面研究关注的变量较多，如何有效地整合这些研究成果，是研究者下一步要解决的问题：一方面要关注每个环境因素影响幸福感的效应，另一方面也要关注不同环境因素之间的相互作用，同时更要重视环境因素与人格等个体因素之间的相互作用。

在对影响幸福感的大量不同因素进行理解和整合时，布朗芬布伦纳（Bronfenbrenner）（1992）所提出的生态系统理论值得参考和借鉴。他将个体生活于其中并与之相互作用的不断变化的环境称为生态系统，并将该系统分为四个层次，即微系统、中系统、外系统和宏系统。个体直接生活和社交的环境，包括家庭、学校、公司等，可以看作影响个体幸福感的微系统。许多影响幸福感的、与网络连接的物品，可以看作生态科技微系统，已有研究者开始关注生态科技微系统对儿童发展的影响。影响幸福感的各个微系统之间的相互联系的系统可以看作中系统。对青少年而言，家庭和学校是最为重要的中系统，只有当来自学校和家庭的经验一致时，儿童才能顺利地整合这些社会化信息，从而更好地减少各种内心的冲突，提升幸福感水平。父母或重要他人的工作环境，是个体未直接参与但会对其产生影响的系统，可以看作影响个体幸福感水平的外系统。宏系统则包括那些影响个体幸福感的文化、社会和环境因素，如气候、国家的宏观经济政策等。

未来幸福感的研究需要多学科的合作与融合。一方面是心理学领域不同学科之间的合作与融合，包括人格心理学、社会心理学、临床心理学、认知神经科学、环境心理学等；另一方面是心理学与其他学科的合作与融合，包括政治学、经济学、哲学等。毫无疑问，增进人民群众福祉已经成为全社会的共识和政府工作的目标，仅依靠心理学显然难以完成这一艰巨任务，因此亟需不同学科研究者的共同努力。人本主义心理学家马斯洛（2007）认为，要达到自我实现的层次，需要建立一个良好的社会，"它扶植、鼓励、奖励、产生最大限度的良好人类关系以及最小限度的不良人际关系"。为此，他构想了一个心理学上的乌托邦，这个社会中的居民"将会在任何可能的时候表现出宽容、尊重和满足他人的愿望……相互间更诚实，他们允许人们在任何可能的时候进行自由选择。在这样的条件下,最深层次的人性能够毫不费力地显露出来"。虽然这只是一个乌托邦,但环境因素对于个体幸福感的影响已经得到很多研究证实,因此提升个体的幸福感、将人类对幸福这一主题的永恒追求变为现实,需要更多人的努力和参与。

第14章
心理痛苦研究进展

个体失去亲人或遭受社会排斥时产生的"心痛"的感觉，被研究者称为心理痛苦（psychological pain）。例如，"5·12"汶川大地震给幸存者和目击者带来的心理创伤：幸存者大多数出现了PTSD症状，目击者如抗震救灾一线部队官兵则出现了明显的抑郁症状（石华 等，2009）。心理痛苦区别于一般的生理疼痛，不存在客观疼痛病灶，通过多种医疗手段无法证实，但潜藏在人们的意识中且只能本人感受到，是解决心理矛盾和缓解恐惧焦虑的一种心理防御机制。心理痛苦是否客观存在，心理痛苦与被针扎的生理疼痛之间有什么关系，采用什么方法可以缓解心理痛苦，是否可以通过服用某种药物来治愈心理痛苦，心理痛苦与自杀、抑郁等现象有什么关系等，是学术界的研究热点。本章针对这些问题梳理相关文献，主要介绍心理痛苦的概念、测量方法、研究焦点及研究展望。

14.1 心理痛苦的概念

心理痛苦指由一种心理压力和情绪创伤所致且明显区别于身体创伤的疼痛。疼痛作为感觉，既包括生理学范畴的感觉、知觉的内容，也包括心理学范畴的心理经验成分。心理痛苦属于疼痛的心理学范畴的经验成分，从情绪疼痛中分离出来，被称为"心痛"或"心碎"，是一种真实且被感知到的丧失，与生理学范畴的疼痛既有特异性关联又有特异性差异：两者都会产生负性情绪体验，而产生这些负性情绪的诱因性质及其持续的时间不同——前者的诱发因素主要是心理、社会的损伤或排斥，后者主要是有机体的受损；前者持续的时间通常比较久，甚至会反复，后者会随着受损有机体的恢复而逐渐消失。一直以来，哲学家、心理学家、作家、理论学家等都对心理痛苦的概念、实验数据很感兴趣，但关于这种复杂的内在心理现象的界定较少，也没有形成统一的意见。

（一）心理痛苦是一种特殊的悲痛和思念

早期的研究者大多认为心理痛苦是一种特殊的悲痛和思念（Orbach, 2003）：弗洛伊德认为，心理痛苦是指爱人遭受创伤时产生的一种特殊的悲痛和思念；鲍尔比（Bowlby）认为，心理痛苦是婴幼儿从小建立的机制，他们为了生存，在遭到护理人忽视的时候会感觉到"伤痛"；贝康（Bakan）也强调丧失的体验是产生心理痛苦的主要原因，会致使个体产生破坏整体感和社会团结的意识；弗兰克尔（Frankl）则坚信心理痛苦是一种丧失生活意义的空虚感，只有通过激发生命意义来调整价值观，才能得以改善。

（二）心理痛苦是对自我的逃避

鲍迈斯特（1990）在自杀理论中指出，心理痛苦是对自我的逃避。他认为，心理痛苦是个体由于不适应而产生的对自我的高度厌恶状态，起源于个体对失败的消极归因。消极结果在理想自我和期望值以下时，且被归因于自我，个体就产生了心理痛苦。基于此，鲍迈斯特认为，心理痛苦是由现实自我和理想自我之间的差距导致的一种高度消极的自我意识状态，因此，心理痛苦的基础情绪是自卑。但有一些理论家和研究者提出了不同的观点。赫尔曼（Herman）和贾诺夫-布尔曼（Janoff-Bulman）认为心理痛苦是由于精神创伤和丧失所致，本质上，个体的自我已经发生消极的改变。随后，对心理痛苦的界定和研究取得了新的进展。博尔格（Bolger）（1999）将心理痛苦定义为"自我的分裂"，这种分裂的感觉包含几种经验性的决定因素：受伤、分手（来自爱人）、自我丧失、失去控制、警觉感。奥巴赫（Orbach）等人（2003）将心理痛苦定义为一种意识到自我及其功能受到消极情感影响且发生消极变化的主观体验。

（三）心理痛苦是个体基本需要的受挫或受阻

对心理痛苦的分类做出最大贡献的学者要数施耐德曼（Shneidman），其贡献主要体现在其对自杀理论的阐述中。施耐德曼（1993）认为心理痛苦是由于个体的基本需要（如被爱、控制感、保护自我形象、避免产生羞耻、感到安全及被理解等）因受挫、受阻而得不到满足以至于他/她无法继续生活而产生的，这些需要不被满足会导致复杂的消极情绪，如内疚、羞耻、失败、自卑、侮辱、绝望和愤怒等。当痛苦达到较高程度而又无法预测将来的变化时，个体就会通过自杀来寻求逃脱。施耐德曼（1999）还通过测量需要的受挫和骚动的程度，对心理痛苦做了初步的研究，不过这种评估程序的有效性还没有得到实验证明。

作为一种个体存在的基本状态，心理痛苦是一种对主观状态的呈现，与抑郁、焦虑等消极情绪和心理状态相区别。

与施耐德曼的观点一致，我们认为心理痛苦是一种特殊的心理状态，是个体由于精神创伤而产生的一种实际的或潜在的痛苦体验，不仅对研究各种人格功能有益，还对研究病理学、自杀、失调、生命意义、负性生活事件、治疗转变等多方面的行为和主观体验有价值。

14.2 心理痛苦的测量方法

博尔格曾采用自我报告法，通过分析那些遭受过创伤的人们描述的情感疼痛内容来研究心理痛苦。不过，对心理痛苦的测量最常用的方法是量表法。施耐德曼编制的心理痛苦评定量表（the psychological pain assessment scale, PPAS）通过让被试解释说明提供的图片来测量其心理痛苦程度。设计该量表的最初目的是提供一个可以探索高度心理痛苦与自杀行为之间关系的工具。PPAS第1页的项目内容旨在获得辨别信息，主要解释心理痛苦的概念，并要求被试在评分量表上对他/她曾经历过的最糟糕的心理痛苦程度做出评定。第2页和第3页的上半页有类似主题统觉测验（thematic apperception test,

TAT）的图片，要求被试评定图片主要人物的心理痛苦等级。图片包括母亲帮助婴儿学习如何走路、贫穷又痛苦的男子和他的妻儿、父母抱着被兄弟杀死的儿子、沉思的女性（如图14.1）。被试的最后一项任务是，基于这些TAT图片写一篇描述心理痛苦的短文，可以是一个独特的故事或阐述个人经历，等等。PPAS已经被有效运用于多个国家及多种人群，且没有发现不良影响。

图14.1 PPAS相关图片

霍尔登（Holden）等人（2001）基于施耐德曼对心理痛苦的定义，编制了心理痛苦量表（the psychache scale, PAS），试图揭示自杀行为中心理痛苦的重要性。该量表设计了 13 个自我报告项目来测量由于心理需要受挫产生的心理痛苦，要求被试在评分量表上做出评定，如"我感觉到心理痛苦""我内心似乎是痛苦的"。以大学生为研究对象，量表的内部一致性系数达到 0.94。该量表后来主要应用于犯罪样本中心理痛苦与自杀的相关性研究，为心理痛苦的评估及高危人群的自杀预测提供了试验性的支持。随后，奥巴赫等人（2003）也编制了心理痛苦量表。

社会认知神经科学、神经心理学、脑科学的飞速发展以及脑成像、电子扫描等先进技术的应用，为深入研究心理痛苦提供了重要的发展契机。尤其是当研究对象无法用语言或者文字表达自己内心的痛苦时，可以通过观察脑区的变化来推测其心理痛苦程度，例如，悲伤可以诱发某个脑区的活动，如果采用脑成像技术观察到了这个脑区的活动，则可以推断被试可能处于悲伤的情绪中。目前使用脑成像技术对心理痛苦进行探索的研究，已经取得了丰硕的成果。

14.3 心理痛苦的研究焦点

千百年来，无数的诗人和艺术家把寂寞难耐的痛苦宣泄于他们的作品中，而心理痛苦是否真实存在及其存在的客观证据一直受到人们的质疑。

（一）心理痛苦客观存在的证据

神经科学家雅克·潘克赛普（Jaak Panksepp）指出，心理痛苦并非人类无中生有的复杂情感反应，这些情感是建立在已有的情感体验基础上的。加州大学洛杉矶分校的莱伯曼表示，被爱人拒绝和冷落的心痛，并非无病呻吟，而是真的痛。当然，这并不代表受伤的手和受伤的"心"痛的程度完全一样。

莱伯曼等人（2004）运用大脑 fMRI 研究时发现，被爱人拒绝时，大脑里的反应与真实的生理疼痛非常相似。他们采用小样本实验，用 fMRI 观察了四男九女，这些被试是自愿参与电动游戏的大学生。在游戏中，他们要把球传给另外两个玩家。他们被告知游戏中的其他角色都是由学生操作的，可是事实上却是由计算机操纵的。在第一场游戏中，被试观看了一会儿动画人物相互扔球，然后他们被告知他们因技术性问题而无法参与游戏，只能观看，这种情形属于内隐的社会排斥；在第二场游戏中，他们高兴地参与游戏，并选择要把球丢给谁；在第三场游戏中，动画人物继续相互扔球，但当被试接到七次球后，动画人物就不再把球丢给他们，这种情形属于外显的社会排斥。在第三场游戏结束后，要求被试填写调查问卷，评估他们在三场游戏中感受到的排斥及其苦恼程度。

研究结果表明，体验到最高挫折感的被试的 ACC 有更高的活动水平，在第一场和第三场游戏中，ACC 被显著地激活（如图 14.2A 所示）。虽然第一场游戏中被试知道不是故意不给他们玩，但其 ACC 还是被激活了，这说明社会排斥以一种自动的、不为人知的方式出现，即被试的情绪反应是自动产生的。此外，在实验的第三场游戏中，被试脑中另一个与降低痛苦有关的区域——右腹前额叶皮层（right ventral prefrontal cortex, RVPFC）也被显著激活（如图 14.2B 所示）。RVPFC 与情绪的思考和自我控制有关，该区域活跃可能导致减少对 ACC 的激活，从而减轻感受到的伤害。基于此，莱伯曼认为，RVPFC 在原因可知的情况下，也会处理社交上受到的冷落感。ACC 是大脑的情感警示系统，让大脑的注意力集中到令人痛苦的事或突如其来的环境改变上。当母亲听到自己小孩啼哭时，ACC 也会有反应，但之前没有研究者测试过社交上遭遇到的不顺是否也与 ACC 有关。他们的发现证明了在社交上被接受和解决痛苦、饥渴一样重要，同时也解释了爱却别离和求而不得为何会令人感到心痛不已。艾森贝格尔等人的研究证实，感受社会性刺激引起的心理痛苦与感受物理性刺激引起的生理疼痛会激活同样的脑区，从而为心理痛苦的客观存在提供了科学证据。

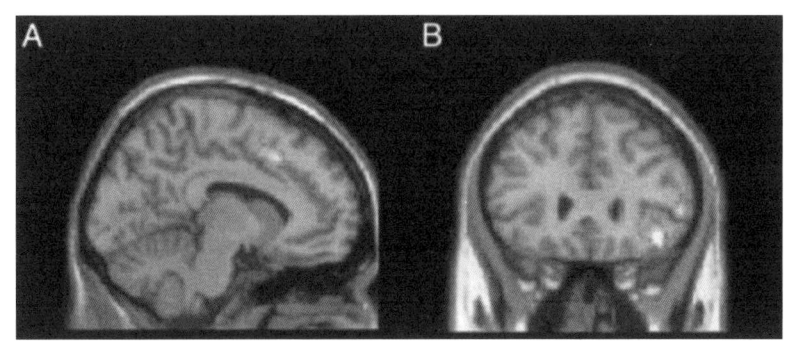

图14.2　A：显示受到排斥时ACC被激活。
　　　　B：显示受到排斥时RVPFC被显著激活。

随后，艾森贝格尔和莱伯曼（2004）的研究结果显示，人类大脑对物理性和情感上的痛苦，有相同的神经预警系统，dACC被认为是一个"警报侦察器"，并由此提出针对这一目标而设计的药物，将可能有助于减轻社交焦虑和失落。艾森贝格尔等人（2006）应用行为方法，发现对生理疼痛敏感的人对社会排斥也比较敏感。沃森（Vossen）等人（2006）通过ERP研究证实了抑郁、焦虑等情绪对大脑皮层痛觉形成过程的调控。雨尼维尔（Rainville）等人（2005）用催眠法激发痛觉相关情绪、愤怒和忧伤等负性情绪及对镇痛的需求，发现增加热水的温度导致手部疼痛强度提升，认知控制时则痛觉水平下降，证实了与疼痛有关的情绪可影响痛知觉的形成以及与疼痛相关的生理学反应。

（二）社会痛苦与生理疼痛：认知神经重叠理论

基于鲍尔比对心理痛苦概念的界定，艾森贝格尔等人（Eisenberger et al., 2004; Eisenberger & Lieberman, 2005）按照类似的方式，把社会痛苦定义为"由于与亲密的他人或社会群体之间存在实际的或潜在的心理距离而产生的痛苦体验"，并由此提出了社会痛苦与生理疼痛的神经认知重叠理论。该理论指出了社会痛苦和生理疼痛在潜在的活动体系中的相同部分，共提出四个基本假设：假设一为社会痛苦和生理疼痛具有共同的现象学和神经系统根基；假设二为社会痛苦和生理疼痛依赖于共同的计算机制；假设三为引导或调节生理疼痛会影响到心理痛苦，反过来，引导或调节心理痛苦也会影响到生理疼痛；假设四为与生理疼痛相关的特质差异与心理痛苦相关，反过来，与心理痛苦相关的特质差异也与生理疼痛有关。该理论就这四种假设提出了诸多论证，认为dACC是社会痛苦与生理疼痛重叠的神经机制，可对物理危险和社会危险进行侦察及预警，且加强或调节这两种疼痛类型的其中一种会对等地影响到另一种。该理论还认为社会痛苦和生理疼痛会导致相同的行为反应和相似的健康状况，有相同的神经系统结构或神经传递素。最后，艾森贝格尔和莱伯曼指出，继续探索社会痛苦和生理疼痛的共性会提供应对生理疼痛的新方法及管理社会痛苦的新技巧。更重要的是，理解这种重叠可以给出最根本的两个问题的答案，即为什么失去爱人会心痛，为什么与他人建立亲密关系可以使我们的灵魂感到愉悦。我们认为，心理痛苦与社会痛苦属于相似的情感疼痛范畴，只是各自强调的重点不同，心理痛苦强调个体由于遭受精神创伤而产生的悲伤感觉，社会痛苦强调由心理距离或人际疏离导致的痛苦体验。

（三）心理痛苦与自杀的关系

"5·12"汶川地震发生后，有很多经历者先后因无法承受心理痛苦和精神折磨而自杀身亡，另有部分人被送往精神病院，这引起社会各界的关注。有研究表明，地震灾害对地震受害者的自杀率有显著影响。他们搜集统计了台湾地区"9·21"地震发生后6个月内的相关记录，发现排除居住地、震前身体残障情况、震前社会经济地位及都市化水平等因素后，地震受害者自杀的可能性比非受害者高1.46倍。

事实上，目前关于心理痛苦研究最多的就是心理痛苦与自杀的关系。施耐德曼（1999）编制心理痛苦评定量表和霍尔登等人（2001）编制心理痛苦量表的初衷也是探讨心理痛苦与自杀之间的关系。施耐德曼（1993）认为自杀是心理痛苦的结果，抑郁、绝望等情感状态与无法忍受的心理痛苦关联会导致自杀；心理痛苦的主要来源是心理需要遭受挫折，心理痛苦的程度越高，自杀的风险就越高。施耐德曼对心理痛苦的研究结果对自杀有重要且独特的贡献。实际上，霍尔登和克罗纳（Kroner）（2003）已经发现个体内在的情绪骚动与心理痛苦是可以互换的。贝利姆（Berlim）等人（2003）研究发现，即使控制了抑郁、绝望及其他与生活质量相关的变量，心理痛苦与自杀的关系依然存在，心理痛苦是与自杀相关的主要变量，应该引起临床医生的高度重视。

米尔斯（Mills）等人采用心理痛苦量表对 136 名男性罪犯进行研究，结果发现，抑郁、绝望和精神疾病症状都对心理痛苦有独特的影响，他们由此强调把心理痛苦的理论应用到对自杀的预测当中。蓬皮利（Pompili）等人（2005）指出，精神病人在出院之后的最初几个月有较高的自杀风险，甚至其中许多病人会在出院后采取实际的自杀行为。有高自杀风险的精神病人能够出院，主要是因为医院的作用通常是减少精神疾病症状，然而大多数病人的心理痛苦却并没有消失，他们与生活中负性事件相关的疼痛无法缓解，因此对于自杀的精神病人而言，症状的改善远远不够。李纳斯（Leenaars）（2004）指出，减少心理痛苦体验、重构病人对过去经历的创伤体验的认知，需要我们做更进一步的努力。蓬皮利等人（2008）认为，许多心理痛苦并不一定导致自杀，但是自杀必然基于巨大的心理痛苦。综上所述，心理痛苦是自杀的必要条件，是与自杀相关的主要变量，为有效预防自杀事件，我们应该对心理痛苦给予足够的重视。

14.4 小结与展望

关于心理痛苦的实证研究虽然刚刚起步，但已取得丰富的研究成果。随着社会认知神经科学的进一步发展，对心理痛苦的研究将受到越来越多研究者的关注，在研究对象、研究方法及研究内容上都会有新的突破。

（一）研究方法趋向多元化

目前关于心理痛苦的研究方法相对单一，有些存在自身的局限，如自我报告法可能会产生被试的防御反应偏差；施耐德曼（1999）的心理痛苦量表（需要遭受挫折）和鲍迈斯特（1990）应对心理痛苦的测量（考虑理想自我与现实自我的差异）都只能应对心理痛苦的部分方面，并不能包括这种体验内在的全部意义。因此，对心理痛苦的研究应结合多种方法，尤其是脑成像技术。此外，前人关于心理痛苦的研究都属于静态的横向研究，而情感的产生发展是一个动态过程，所以今后可运用动态的纵向跟踪研究，揭示心理痛苦的持续时间及自杀、抑郁等其他变量如何共同影响心理痛苦，建构心理痛苦的研究模型。

（二）建立消除或缓解心理痛苦的干预机制

认知理论强调负性情绪产生时伴随了对规则、目标的认识。因此无论纵向研究还是横向研究，消除心理痛苦的实践研究都有重大的意义。纵向研究可以尝试从改变人们的态度、信念入手来缓解负性事件带来的心理痛苦，也可以通过改变人们的行为，加强人们与朋友及社会的接触来减缓心理距离带来的负面影响。横向研究可以在遭受不同心理痛苦的个体间建立相互支撑的体系，探讨对不同受害群体最有效的干预方式，为预防不同个体在相互支持过程中出现痛苦加大的可能性，可以在个体组合上加以控制，如年龄相仿、职业相似的个体组合，而重大灾难事件导致的心理痛苦往往比较持久，可以结合横向和纵向研究，共同建立消除或缓解心理痛苦的干预机制。胡俏和邵日新（2009）的研究表明，社会支持能有效调节消极沉思与焦虑情绪的关系，地震发生后的早期社会支持是预防和干预心理应激反应的重要手段。

（三）心理痛苦的民族文化差异

支持创伤心理咨询者提出，人们在经历重大灾难后，心理痛苦会随着时间流逝而逐渐显现，因此在灾后及早提供创伤咨询是有效的预防措施。然而，2004年印尼海啸后并无迹象表明心理咨询减轻了受害者的创伤和痛苦。由于存在文化差异，不同地区的人们对心理疾病的理解和处理方法也存在差异，因此能够被某个民族接受的缓解心理痛苦的方式并不一定适用于另一个民族。例如，羌族是我国最古老的民族之一，羌族文化的认知体系与汉族明显不同。例如，羌族文化中对方位没有东南西北之分，其他诸如舞蹈、音乐、婚丧嫁娶等风俗习惯，也与汉族存在较大差异。作为汶川地震重灾区的北川正是我国唯一的羌族自治县，面对突如其来的灾难，羌族的文化价值观对受灾群众的心理状况产生了特定的影响：一是羌族人对大自然的敬畏心理能够减轻地震带来的心理冲击。大多数羌族人对命运有顺从心理，这在某种意义上可以缓解灾后常见的不确定感和不幸感。二是羌族人群体性的生活方式和他们对民间艺术的热爱能够减轻地震后人们的悲伤感和孤独感。这种传统文化的心理救助，不同于西方心理学的心理干预，是通过群体性的活动来影响人们的心理状态，即使在地震之后，羌族人仍然会用歌舞来寄托哀思，抵抗悲伤和痛苦。三是羌族的山地文化使羌族人能够适应灾后恶劣的生活条件。羌族大多数人居住在大山之中，从小接受爬山、劳作等训练。地震发生后，羌族受灾群众凭借顽强的意志，翻山抵达外界，并保持健康的心态。这种独特的民族文化，对灾后心理重建及消除心理痛苦起到了举足轻重的作用。由此可见，不同民族、不同文化背景下的个体面对相同或不同创伤事件时产生的心理痛苦体验不尽相同，缓解方式也存在差异，因此未来应该加强心理痛苦的跨民族、跨文化研究，这对有效理解人类应对负性事件的认知有重大的意义和价值。

第15章
社会比较研究进展

我是谁？人们如何评价自我？如何获得认同感？诸如此类的问题一直是哲学家和心理学家所关注的。但是，人类很难直接获得有关自我的信息，个体对自我的知觉和评价是通过与周围参照框架（如他人）的比较而获得的（Suls & Wheeler, 2000; 邢淑芬，俞国良，2005）。人类自我评价的效价和强度强烈地受到社会背景的影响（Stapel & Suls, 2004）。因此，从本质上说，人类个体的自我评价具有相对性，人与人之间的社会比较直接影响着个体的自我评价。本章将重点探讨社会比较究竟如何影响人类个体的自我评价。

15.1 对比效应和同化效应

在近几年的社会比较研究领域，关于社会比较对个体自我评价的影响，即比较评价（comparative evaluation）的相关研究不断地涌现。综观这些研究，不难发现，社会比较对个体的自我评价会产生两种相反的效应，即对比效应（contrast effect）和同化效应（assimilation effect）。

（一）对比效应

自 1954 年费斯廷格提出社会比较理论以来，就有研究者开始关注社会比较的方向对个体自我评价的影响，即上行比较（和比自己优秀的人比较）和下行比较（和比自己差的人比较）对个体自我评价的影响作用。他们普遍认为，社会比较对个体自我评价的影响与其比较方向有一种内在的联系，会产生对比效应。

所谓对比效应，是指个体面对社会比较信息时，其自我评价水平背离比较目标的现象，即个体面对上行比较信息时会降低其自我评价水平，面对下行比较信息时会提升其自我评价水平（Blanton, 2001）。例如一项经典的研究发现：当求职者面对其他衣着整洁、更具有胜任力的求职者时，其自我评价水平会降低；而当面对一个邋遢且不具胜任力的求职者时，其自我评价水平会提升。基于对比效应的存在，威尔斯（Wills）（1981）提出了下行比较理论，指出当个体遭遇失败、挫折等消极生活事件时，会倾向于进行下行比较，使自己得以维持主观幸福感和积极的自我评价。因此，下行比较可以通过降低个体自我评价的参照体系来维持积极的自我评价，是压力事件和保持心理健康的一种应对机制，具有很好的适应功能（Buunk et al., 2001）。马什（Marsh）和侯杰泰（Hau）（2003）将社会比较的对比效应应用到教育情境中，提出了大鱼小池塘效应（big-fish-little-pond effect）。该效应指出具有相同能力的学生与具有更高能力的同伴进行比较时，会产生较低的学业自我评价；当他们与能力较低的同伴进行比较时，会产生较高的学业自我评价。

在任何社会背景和条件下，上行比较一定都会降低个体的自我评价，而下行比较一定会提升个体的自我评价吗？社会比较一定会产生对比效应吗？

（二）同化效应

尽管几十年来，研究者一直都强调社会比较对个体自我评价的对比效应，但在很多社会情境和条件下，我们可以看到与之相反的情况——同化效应的存在（Collins, 1996）。同化效应指当个体面对社会比较信息时，其自我评价水平向比较目标靠近的现象，即个体面对上行比较信息时会提升其自我评价水平，面对下行比较信息时会降低其自我评价水平。例如，洛克伍德（Lockwood）和昆达（Kunda）（1997）研究发现，给那些有抱负的教师呈现优秀教师的角色模范时，这些教师会对自己的教学技能和动机水平产生更高的评价。此外，范德泽（Vander Zee）等人（1998）研究发现，癌症病人会花费更多的时间阅读有关其他病人情况的积极内容，而且阅读的积极内容越多，病人积极的情绪体验就会越多,对自己病情的评价也越好。当病人获知其他病人的恶化信息时,会降低应对疾病的信心。

研究者还发现,个体面对同一社会比较目标时,其自我评价还可能同时产生两种完全相反的效应——对比效应和同化效应。穆斯维勒(Mussweiler)和施特拉克使用违禁药品(2000)研究发现,面对同一社会比较目标,被试对自己违禁药品消费的判断会产生两种相反的效应:当被试对违禁药品的消费进行绝对数量(每个月使用违禁药品次数)的自我判断时,会产生同化效应;当被试对违禁药品的消费进行主观判断(如违禁药品消费量是多少,进行1—7分评分)时,会产生对比效应。可见,判断的类型不同会使同一社会比较目标产生截然相反的效应。

无论是上行比较还是下行比较,对个体的自我评价会产生对比效应或同化效应,甚至会同时产生两种完全相反的效应。社会比较对个体自我评价和情绪等方面的影响较少地取决于其社会比较方向,而是更多依赖于社会比较发生的具体社会情境和个体运用社会比较的方式(Lyubomirsky & Ross, 1997)。

15.2 社会比较的调节变量

在何种社会情境和条件下,社会比较对自我评价会产生对比效应,在何种条件下又会产生同化效应呢?研究者通过进一步研究发现,社会比较对个体自我评价所产生的不同效应依赖许多调节变量。根据变量的关注点不同,这些调节变量可以归纳为三个方面:(1)关注自我(即比较者),如个体的自尊水平和自我确定性;(2)关注比较目标,如比较目标的可达性、比较信息的特导性;(3)自我与比较目标之间的关系,如心理亲近性和群体成员等。

(一)关注自我

社会比较对人类自我评价影响的灵活性和多样性,促使研究者开始思考个体差异在其中所起到的调节作用。以往研究者主要考察了以下几个个体变量。

1. 快乐水平

柳博米尔斯基（Lyubomirsky）和罗斯（1997）对比考察了不同的社会比较信息对快乐的人和不快乐的人的影响，结果发现：（1）在面对下行比较信息时，快乐的个体和不快乐的个体对社会比较信息的反应不存在群体差异，均产生了对比效应。（2）面对上行比较信息，不快乐的人更加敏感，其自我评价水平大大降低，产生了明显的对比效应；相反，快乐的人依然会提升其自我评价水平，产生一种同化效应。由此可见，与不快乐的人相比，快乐的人能够选择性、策略性地运用社会比较信息，以维护其自我评价和主观幸福感。

2. 自尊水平

自尊水平也调节着社会比较对人们自我评价的影响作用。阿斯平沃尔（Aspinwall）和泰勒（1993）研究发现：高自尊者在上行比较中倾向于产生同化效应，即自我评价得到提升，因为上行比较能够产生希望；而低自尊者会在下行比较中提升其自我评价，产生对比效应。

3. 自我确定性

当个体自我具有不确定性时，为了确定自己的相对位置，会进行外显的社会比较，此时社会比较信息对个体自我评价产生对比效应。相反，如果个体自我具有确定性，不需要确定自我的相对位置，那么社会比较信息对个体自我评价便会产生同化效应（Pelham & Wachsmuth, 1995）。

（二）关注比较目标

自我与比较目标之间的相对位置对社会比较效应具有调节作用，影响社会比较的同化效应或对比效应的产生。研究者从不同方面进行了探讨。

1. 比较目标的可达性

洛克伍德和昆达（1999）研究发现，比较目标的可达性，即个体对自己未来成就状态的知觉，调节着上行比较信息对其自我评价的影响：（1）当个体知觉自己可以取得和比较目标同样的成就时，上行比较信息会产生同化效应；（2）如果个体知觉自己尽最大努力也无法达到比较目标的成就水平，那么上行比较信息就会使个体产生挫折感，引发对比效应。同样，个体对自己未来状态的知觉和预测，也调节着下行比较信息对其自我评价的影响：如果个体知觉自己不会像比较目标那样不幸，那么下行比较信息会产生对比效应，提高个体的自我评价；如果个体知觉自己也会像比较目标那样不幸，那么这时下行比较信息就会产生同化效应（Lockwood, 2002）。

2. 比较信息的特异性

斯塔佩尔（Stapel）和库门（Koomen）（2000）研究发现，社会比较信息对个体的自我评价产生对比效应还是同化效应，是个体所知觉的社会比较信息特异性和其自我概念的可变性两个变量交互作用的结果，特异性和可变性共同决定了社会比较信息在个体建构其自我评价过程中所起的效应。当比较目标激活具有特异性的行动者—特质的社会比较信息链时，如"斯坦利很富有"，社会比较信息就成为个体评价自我的参照标准，对比效应会随之出现，从而产生"我很穷"的自我评价。当比较目标激活非特异性特质信息时，如"富有"，个体的自我评价可能会呈现出同化效应，尤其是当个体的自我概念具有一定可变性和整合外部信息的空间时；当个体具有清晰、稳固的自我概念，不具有整合外部信息的空间时，同化效应则不会产生。

（三）自我与比较目标之间的关系

1. 心理亲近性

特瑟（Tesser）等人（1988）提出了自我评价维护模型（self-valuation maintenance model, SEM）。该模型认为，心理亲近性会影响个体两种类型的评价过程，一种是对比过程，另一种是反射过程。在对比过程中，亲近的他人被看作个体评价自我的标准，从而产生对比效应；而在反射过程中，亲近的他人没有被个体看作评价自我的标准，而被看作自我的一个重要组成部分，是对自我的一种表征，从而产生同化效应。例如，当亲近的他人（如恋人、伴侣或父母等）成为个体自我概念的重要组成部分时，这些重要他人的成功会对个体产生同化效应，而不是对比效应。

令人不解的是，一些微不足道的因素也会使个体与比较目标之间产生心理亲近性，影响对比效应或同化效应的产生。布朗（Brown）等人（1992）研究发现，给被试呈现一张非常有吸引力的相片，被试对相貌吸引力进行自我评价时，同化效应或对比效应的出现仅与被试与比较目标之间是否在同一天出生有关：如果被试与比较目标在同一天出生，则判断自己更具有吸引力，产生同化效应；反之，则产生对比效应。

2.群体成员

自我类别理论认为，可以运用社会同一性和个人同一性来描述人类自我。当个体以社会同一性为中心时，个体把自己看作群体中可以相互替换的"样例"，而不是一个独立个体。根据社会同一性和个人同一性，可以将社会比较分为人际比较（interpersonal comparison）和群际比较（intergroup comparison）两大类。布鲁尔和韦伯（1994）研究发现，当外群体成员（out-group members）对个体的自我评价几乎不存在影响时，人际比较会对个体的自我评价产生对比效应；当同一性的外延从"我"扩展为"我们"时，人际比较会产生同化效应，群际比较则会产生对比效应。国内研究者也考察了在群际情境下上行社会比较信息对个体自我评价的影响，结果发现，在群际情境下，上行社会比较信息对个体自我评价的影响有赖于个体自身所从属群体的大小。当大学生作为多数派群体的成员时，其群际比较会产生对比效应；而当作为少数派群体的成员时，群际上行比较信息对其自我评价几乎不产生影响（付宗国，张承芬，2004）。

此外，斯塔佩尔和库门（2001）进一步研究发现，不同的自我建构（self-construal）水平影响个体对社会信息的加工过程，当个人同一性被激活时，个体采用"求异"（differentiation）的社会信息加工模式，寻找自我与他人的不同之处，产生对比效应；当社会同一性被激活时，个体采用"求同或整合"的社会信息加工模式，以使自我隶属于某一社会单元，产生同化效应。因而，自我建构水平影响了个体对社会信息进行加工的模式，进而影响了个体自我评价的建构。

3.竞争与合作

斯塔佩尔和库门（2005）探讨了自我与比较目标之间是属于竞争关系还是合作关系，是否会调节社会比较对个体自我评价的影响。结果发现：以竞争为取向或处于竞争情境下的个体，倾向于产生对比效应，这源于个体关注自我与比较目标之间相异性的心理机制;以合作为取向或是处于合作情境下的个体,倾向于产生同化效应,这源于个体关注自我与比较目标之间相似性的心理机制。

15.3 社会比较的整合视角

如何解释上述各种不同的观点?难道不同的调节变量之间毫无关联?社会比较过程产生对比效应和同化效应的心理机制是什么?为了回应上述疑问,穆斯维勒(2003)从信息和整合视角,提出了一个理论框架——选择性通达模型(selective accessibility model, SAM)(见图15.1)。该模型的基本假设是,要理解社会比较过程如何影响个体的自我评价,就必须考察其信息基础是什么,同化效应或对比效应的产生依赖于哪些在个体的判断过程中激活的目标知识(信息)的运用。

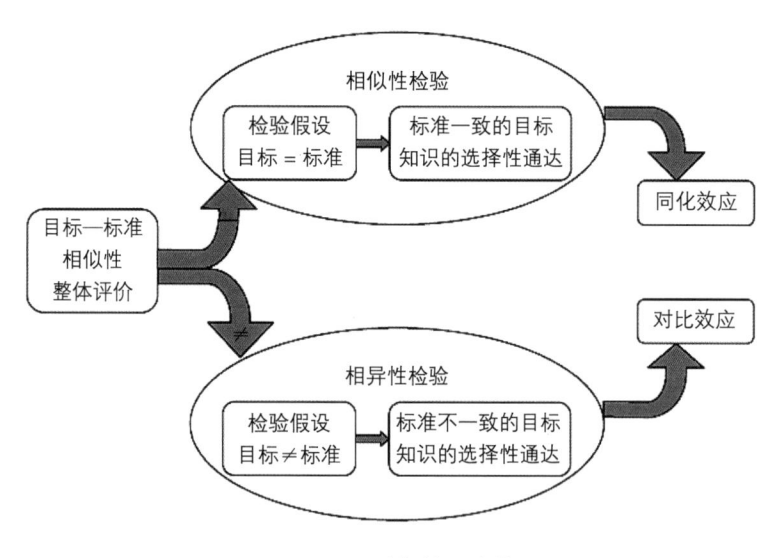

图15.1 选择性通达模型

因此,从这个视角出发,理解个体在比较过程中所激活和通达的自我知识,是理解社会比较对自我评价产生同化效应还是对比效应的关键所在。SAM认为,信息比较的效应是假设检验过程(hypothesis-testing process)的结果，这一过程包含两个选择性的假设，即相似性检验和相异性检验。相似性检验是指检验目标与标准之间一致性假设的过程，相异性检验是指检验目标与标准之间不一致假设的过程。在信息比较过程中，个体会集中关注那些与假设检验具有一致性的信息或自我知识，因此，这两个选择性的比较机制包含两个寻求和激活不同自我知识的过程。也就是说：在相似性检验过程中，个体会选择性地注意目标与标准之间存在一致性的信息内容；而在相异性检验过程中，个体会选择性地注意目标与标准之间存在不一致性的信息内容。这些通达的不同信息使得个体的自我评价产生了两种相反的结果，即相似性检验产生同化效应，相异性检验产生对比效应。后来，穆斯维勒等人（2004）进一步证实了上述理论模型的科学性。

15.4 社交媒体中的社会比较

随着网络的发展，社交媒体中的社会比较也成为不可忽视的研究领域。尽管社交媒体可以增进社交联系、提供自我展示和获取社会支持的机会，但社交媒体也会导致一些负面的结果，如妒忌、自尊与幸福感的降低、孤独水平和社交隔离水平的提高，并会增加罹患抑郁症的可能性。研究者认为社交媒体与消极的社会比较相关联，当个体看到他人在社交媒体上呈现积极的一面，通常会感到自己较差。然而，目前还不清楚的是，社交媒体内容的哪些特征导致了消极的社会比较结果。换句话说，一个人无论是通过社交媒体还是通过面对面的交谈了解到他人的成功与优秀，都应该感到自己是相对较差的。那么，为什么社交媒体的社会比较会与消极结果紧密关联呢？

研究者尝试从三个方面对这一问题进行回答（Midgley et al., 2021）。第一，社交媒体为个体提供了更多的进行比较的机会，尤其对那些重度使用者来说。相比于其他情境，使用者会在使用社交媒体时进行更多的社会比较。第二，社交媒体上呈现的内容通常是积极的，因此个体在该渠道方面进行的社会比较与其他情境中的社会比较相差更远。第三，低自尊的个体更容易进行上行比较，这加剧了社交媒体社会比较对个体自我评价的消极影响。总之，更为频繁和更为极端的上行比较会导致自我评价水平的快速下降，也会对个体的状态自尊、情绪、生活满意度造成累积的消极影响。相比于其他情境中的比较，社交媒体比较带来的消极影响更大。

15.5 大鱼小池塘效应

大鱼小池塘效应是一种普遍存在的社会心理现象，指的是在校学生会把自己的同龄人作为参考依据来推断自己的学业能力。因此，个体在某门学科上与学校或班级的同龄人相比而得到的相对能力，与自我概念存在密切关联。个体相对的学业位置与自我位置之间关联的强度和方向，是由两种相反的力量驱动的，即前文提及的同化效应和对比效应。同化效应使个体的自我概念向他人靠拢，对比效应则使个体的自我概念与他人远离。从实际经验来看，对比效应发挥的作用更大。个体如果取得了比同伴更高的成就，通常会变得更为自信；当学业成就不如同伴时，个体则会对学业感到消极的看法。因此，大鱼小池塘效应指出，在较小的学校"池塘"里做一条"大鱼"对自我概念是有益的，而对那些在好的学校排名较差的学生来说，他们的自我概念可能会受到消极影响。

最近，有研究者关注了大鱼小池塘效应与夸大其词之间的关系，发现那些有相对成就的学生更容易有夸大其词的倾向，即宣称自己对某一主题的了解比实际的广泛且深入（Jerrim et al., 2023）。

第一，对比效应的存在可能会使个体对自己的技能过于自信。这可能是由社会比较的偏见引发的，例如"优于平均水平效应"（better-than-average effect）。对于青少年来说，当与学校的同伴进行比较时，那些高于平均水平的学生会产生一种优越感。因此，成为班级或学校中学习成绩最好的学生，会导致该学生对自己的技能和能力过于自信，致使其相信自己对某个主题的了解高于实际水平。因此，从本质上说，大鱼小池塘效应的存在使这部分学生的自我效能感非常高。

第二，相对而言，在一所较差的学校里成为一名优等生，会促进其他心理或态度特征的发展。例如，夸大其词和自恋之间也存在密切关联，当青少年在某些方面比同伴出色时，他们会变得傲慢自大，认为自己知道的很多。对大鱼小池塘效应的研究也表明，效应的大小会受到自恋等人格因素的影响。

第三，期望在其中也发挥重要作用。学校里成绩最好的那部分学生可能会觉得老师、父母、同伴等人期望他们能够知道某些问题。也就是说，高能力的学生可能会感受到不切实际的高社会期待，并感受到较大的社会压力。进而，高能力会内化这些期望，进而导致他们学业自我效能感的提高。正是由于他人期望高能力学生知道的更多，因而这些学生可能表现出夸大其词的倾向。

第四，学校里成绩相对较差的学生自我效能感较低，由于他们的同伴比他们能力强很多，他们会认为自己对某一门学科知之甚少。实际上，学业能力较低的学生对自己的学业信心低于能力较高的同伴，学习时间越久，这种差异越来越大。因此，在学校里成绩较差的学生不太可能夸大其词。另外，在一所学校里，高成就的学生可能愿意承担更多风险，即使他们对某一主题的知识不完全确定，他们也可能声称对这一主题有所了解，进而对问题进行猜测。

15.6 小结与展望

在本质上，人类的自我评价具有相对性，强烈地受到个体与他人之间比较过程的影响。我们在以往的文献中发现社会比较对个体自我评价的影响和塑造是复杂和多面的，同化效应或对比效应的产生与其社会比较方向之间并不是简单的一一对应关系。为深入探讨同化效应和对比效应各自产生的条件，国外研究者发现了很多不同调节变量，如自尊、目标可达性和心理亲近性等，穆斯维勒等人从整合的视角提出了SAM，深入探讨了社会比较效应产生的心理机制，并把各种不同的调节变量通过相似性检验和相异性检验两种不同的心理机制关联在一起，开辟了社会比较效应研究的新路径。目前，仍存在一些问题需要我们进一步探讨：

第一，不同研究所采用的社会比较研究范式不同。不同激活方式下被试进行社会比较的方式（如社会比较信息启动、回溯等）是否也会影响同化效应或对比效应的产生？

第二，SAM的相似性检验和相异性检验假说揭示了社会比较影响个体自我评价的心理机制，这一模型是否同样适用于解释社会比较影响人类行为和情绪等其他方面的心理机制，需要实证研究的进一步考察。

第三，上述研究结果基本是在西方文化背景下得到的，在我国文化背景下相关社会比较理论对个体自我评价效应的文化普适性，需得到研究者进一步探索和验证。

第16章
自我意识情绪研究进展

如果把人类情绪划分为基本情绪和复合情绪两类，自我意识情绪（self-conscious emotions）就属于复合情绪的范畴。它是人们在社会交往中根据一定的价值标准认知自我或他人评价时产生的情绪，如内疚、羞耻、尴尬、自豪等。由于其复杂性和丰富内涵，这种情绪通常又被称为自我意识评估情绪、社会情绪或道德情绪等（Tangney et al., 2007）。许多研究者认为，自我意识情绪不仅可以提高个体的社会生存能力，还影响着个体的道德行为发展和道德品格养成，对于社会的稳定与和谐具有重要作用（Tracy & Robins, 2004; Beer & Keltner, 2004）。然而，长期以来，无论在自我领域还是道德领域，自我意识情绪都没有引起研究者足够的重视。在自我研究领域，研究者关注自我意识情绪的产生、发展及其特点和影响因素；在道德研究领域，研究者主要从认知角度探讨道德推理对道德决策和道德行为的影响（Haidt, 2003）。直到20世纪末，研究者才开始关注对自我意识情绪的研究。自我意识情绪和道德关系的研究，以及从道德角度对自我意识情绪的探讨，越来越受到研究者更多的关注。

16.1　自我意识情绪的特征

作为复合情绪的自我意识情绪，是情绪的高级表现形式，有别于其他类型的情绪，具有独特性。

(一)自我意识情绪以自我认知为基础

在个体的发展过程中,婴儿出生半年后就可以表达大多数的基本情绪,如生气、害怕、厌恶和悲伤等。自我意识情绪比基本情绪出现得晚,是个体在具有一定自我认知能力的基础上,在自我意识和稳定的自我表征能力形成之后产生的(Lewis & Sullivan, 2005)。

有研究发现,当15个月的幼儿成为别人注意的目标——如被过分夸奖或当众表演的时候,他们会产生显露性尴尬情绪,即显露性自我意识情绪。这说明幼儿已经具有了自我意识,但还没形成自我评估能力(Lewis et al., 1999)。随着个体认知能力的不断发展,到3岁左右,幼儿开始形成一系列的内化标准、规则和目标,并根据这些标准、规则和目标进行基本的自我评估。如果实际的自我表征和相关标准一致,就会激发出正性自我意识评估情绪(如自豪),反之则可能产生负性自我意识评估情绪(如羞耻、内疚或评估性尴尬)(Mascolo & Fischer, 1995)。有研究者发现,33个月的幼儿在出现自我错误行为的实验情境中(如把娃娃弄坏了),会表现出内情绪反应(Kochanska et al., 2002)。因此,自我意识情绪的产生是个体自我觉察、激活自我表征,并将当前的自我和个体认同的相关标准(如理想的自我表征)进行比较评估的过程。一言以蔽之,自我认知是产生自我意识情绪的基础。

(二)自我意识情绪具有认知的复杂性

和基本情绪相比,自我意识情绪具有认知的复杂性。一般而言,基本情绪只涉及少量的认知加工过程。如面临危险时,个体只需要评估出当前事件威胁其生存目标即会体验到恐惧情绪,不需要复杂的认知能力参与。自我意识情绪则是依靠认知参与的情绪。个体必须有能力形成稳定的自我表征,并且反思自己的行为,对自己是否达到认同的目标、实际自我和理想自我表征是否一致进行评估,从而会体验到羞耻、内疚、自豪等自我意识情绪。

利里(2007)认为,人们体验到自我意识情绪的过程,不仅是把自己的实际行为和理想自我表征或相关标准进行比较评估的简单过程,更是对这种比较评估进行分析推理的复杂认知过程。例如,个体感觉羞耻、内疚、尴尬或自豪,是因为他们从真实他人或假想他人的角度对自己进行了评价。斯蒂佩克（Stipek）（1995）测查了59个幼儿（通常指1—3岁左右）对成功情境的反应，实验者对幼儿演示一个可明确观察到结果的任务，如滚动玩具球去撞倒塑料保龄球，然后要求幼儿自己完成这个任务，并比较幼儿在自己成功和看到实验者成功两种条件下的情绪及行为反应。结果发现，幼儿在整个实验过程中出现最多的反应是微笑或抬头看实验者。在两种成功情况下，所有年龄组的微笑次数都没有显著差异。而对于抬头看实验者的行为反应，幼儿在自己成功条件下的反应次数显著多于实验者成功条件下的次数。研究者指出，微笑次数没有差异表示幼儿因结果而快乐，其不是引发积极自我评估或自豪所特有的反应。在自己成功的情况下，幼儿出现了更频繁抬头看实验者的行为反应，说明幼儿自己成功后会对别人的评价更感兴趣，他们最初的自我评估是建立在他人评估的基础上的。因此，幼儿首先需要能够内化成人的标准，并基于他人的观点进行思考，才能产生自我意识情绪。

米勒（1996）指出，和个体的自我评估相比，这种对他人怎样评价自己的分析推理和自我意识情绪的产生有更大的联系。当个体面临他人不认可、不欢迎的情境时会体验到尴尬情绪，尽管他知道他人对自己的知觉并不准确；或者，他并没有知觉到自己做错了什么，但是面对他人的不良评价时，仍会体验到羞耻或内疚。这些都足以说明，自我意识情绪的产生需要经过复杂的认知过程，不仅包含自我评估过程，还蕴含着对他人怎样评估自己的认知和推理过程。

（三）自我意识情绪是自我内部归因的产物

归因在自我表征和情绪之间起到中介作用。在引发情绪的诸多事件中，个体的自我表征被激活后，会根据一系列认同的标准、规则、目标对自己的行为进行评估，并对评估结果进行自我归因，判断事件发生的原因来自个体内部还是外部。如果个体把情绪事件归因于内部，他本人需要为事件负责的时候，就会产生自我意识情绪；而把情绪事件归因于外部，则会产生基本情绪，如快乐、生气等（Lewis, 2000）。因此，自我归因影响着自我评估过程并受到自我评估过程的影响，在自我意识情绪的形成和发展中发挥重要作用。已有研究证明，稳定性和整体性归因与不同类型的自我意识情绪状态有关

(Tangney, 1990)。很多研究者认为，从稳定性和整体性两个维度进行归因，可以区分不同种类的自我意识情绪。如果个体将成功事件归于稳定的、整体的内部自我原因，就会产生自夸取向的自豪情绪（如"我是个有能力的人"）；如果归于不稳定的、非整体的内部自我原因，就会产生成就取向的自豪（如"我这件事情做得很棒"）。如果个体将失败事件归于稳定的、整体的内部自我原因，则会产生羞耻情绪（如"我是个没有能力的人"）；而归于不稳定的、非整体的内部自我原因，则会产生内疚情绪（如"我这件事情没有做好"）。研究表明，在公众场合，个体将注意力转向"公众自我"时会激活相应的"公我意识"，当评估自己的认同目标和公众的目标不一致，且将不一致归于自我内部原因时，会产生尴尬情绪（Mills, 2005）。

16.2 自我意识情绪的道德属性

自我意识情绪是以认知为基础的情绪，是个体通过认知自我、认知他人对自己的评价，对事件进行评估以及归因于内部自我的过程。在这个过程中，当个体内在的特定目标、行为或期望违背了社会准则，随之产生的自我意识情绪就会帮助个体识别并改正错误，约束个体行为，因此，自我意识情绪又被研究者称为道德情绪，意指违背道德规范时所产生的情绪（如羞耻、内疚），或是用以促进道德行为的情绪（如自豪）（Tangney et al., 2007）。可见，个体的自我意识情绪具有鲜明的道德属性，对个人道德发展和整个社会的和谐幸福具有重要作用。

（一）自我意识情绪和道德自我的关系

诚如前述，自我意识情绪作为道德情绪，通过自我意识将个体和社会联系起来。然而，自我意识由许多不同的自我部分或自我认同组成，其中有些认同在整个自我认同层级中的位置非常显著，引导着个体的行为，个体的道德自我认同就是其中的典型代表（Stryker, 2002）。施特茨（Stets）和卡特（Carter）（2006）指出，个体的道德自我认同处于整体认同层级的较高水平，是自我认同的核心，影响着个体的其他认同，如角色认同和群体认同，并引导着个体的道德行为。如果人们的实际行为或行为期望和道德自我认同存在差异，就会产生消极的自我意识情绪。

从这个意义上看，自我意识情绪是个体根据道德自我认同标准，比较不同情境下的行为倾向时产生的道德情绪（Turner & Stets, 2006）。换言之，人们在社会生活和人际交往中，会对各种自我认同进行道德评价和自我证实，对道德自我的证实和证伪都会产生自我意识情绪。如果个体的行为及其倾向违背了道德自我认同标准，个体不能证实道德自我的时候，会产生内疚、羞耻等情绪，并通过道歉或其他补偿行为修复道德自我。同时，道德自我认同在个体认同层级中的地位越高，这种证伪所唤醒的消极情绪就越强烈。反之，当个体行为及其倾向和个体道德认同标准一致时，个体会产生积极的自我意识情绪和其他道德情绪，如自豪等，并通过继续做出正确行为来保持道德自我。因此，道德自我和自我意识情绪的相互作用，促进了个体的发展，提高了个体的社会适应和人际交往水平，同时也推动了社会的和谐与稳定。

（二）自我意识情绪的类型

1.内疚和羞耻

人们违反某些道德规范和道德准则，对他人或群体造成伤害的结果时，其会出现内疚情绪。内疚作为典型的自我意识情绪，与道德密切相关，并具有高度的亲社会性，会驱使人们去补偿因自己而受到伤害的他人或群体；如果无法补偿受害者，个体也会以各种方式去弥补自己心中的愧疚。在情绪体验方面，有研究指出，感受到内疚的个体不会否定整体自我，其对道德自我的核心认同也不会受到影响，而是会对自己的特殊行为感到懊悔，反省自己的错误，并积极调整自己将来的行为（Breugelmans & Poortinga, 2006）。可以说，内疚是一种具有良好适应性的、建设性的道德情绪，它有力促升了个体的道德行为，大大促进了人际交往。

羞耻是一种痛苦的、强烈持久的情绪体验。当个体评估自己的核心自我有缺陷或错误、不符合社会标准或道德标准时，通常会产生羞耻情绪（Tangney & Miller, 1996）。在情绪体验方面，研究表明，感受到羞耻的个体会否定整体自我，对违反社会标准或道德标准进行整体的消极自我评估，从而产生被贬低感和无价值感（Eisenberg, 2000; Tangney, 1995）。羞耻情绪体验比内疚体验更痛苦、更强烈，它使个体更加关注别人的评价，产生逃避、退缩、仇视或反击行为倾向，恶化了个体的人际关系（Stets & Turner, 2006）。

然而，有些研究者并不认为羞耻是一种令人讨厌的情绪，适当的表达羞耻可以获得旁人的宽恕和同情，缓和人与人之间的关系。研究发现，羞耻体验对学业学习和努力动机的影响和学生的自我效能感有关。对自己的学习能力充满自信的个体，会由于考试失败体验到羞耻情绪，进而调整学习策略、产生努力学习的动机；而学习不良儿童由于具有较低的自我效能感，羞耻情绪不容易给他们带来积极的改变（俞国良 等, 2006）。可见，羞耻情绪虽然易使个体出现偏差行为，但并不总是具有破坏性，在某种条件下也可以促进个体的自我调节，引发积极的行为改变。

2. 尴尬

和羞耻、内疚情绪相比，尴尬和道德之间的联系要相对小些。个体在违背了社会的习俗、规则或某事件、行为超出自己的控制时，会体验到尴尬情绪。有研究者认为，羞耻、内疚来自更严重的失败事件或对道德规范、道德准则的侵犯，而尴尬则是源于对社会常规的轻微侵犯。羞耻和内疚涉及更多的道德暗示，个体会认为自己是不道德的，行为是不可原谅的，对自己有更多的失望；而尴尬的个体感觉他们没有犯严重的道德错误，他们认为这种错误可能会发生在每个人身上，自己只不过是环境的牺牲品，因而显得非常笨拙可笑（Keltner & Buswell, 1997）。一般而言，感觉到尴尬的人倾向于服从和支持他人，有助于个体以更适合的方式待人处世，从而赢得别人的赞许和认可。

3. 自豪

自豪是长期被忽视的正性道德情绪，当把自己评估为对群体、对社会有价值的人时，个体会产生自豪情绪。自豪有两种类型：一种是自大的自豪或α自豪，另一种是真实的自豪或β自豪。这两种自豪恰好和羞耻、内疚两种负性情绪相对应。羞耻和自大的自豪来自个体内部的稳定、不可控的自我归因，个体否定或肯定的是整体自我；而内疚和真实的自豪来自内部、不稳定、可控制的归因，个体否定或肯定的是自我某方面的特殊行为（Tracy & Robins,

2006）。

自大的自豪是适应不良的情绪，个体倾向于不择手段地去提升自己，从而导致人际关系问题。研究者认为，自大的自豪和自恋行为联系密切，会导致系列侵犯、敌对行为和人际关系冲突（Morf & Rhodewalt, 2001）。而真实的自豪使个体有良好的适应功能，体验自豪的个体能够通过向别人传达自己的成就信息提升社会地位，并产生提升自尊、和别人良好沟通交流的行为动机（Tracy & Robins, 2007）。

可见，和自大的自豪相比，真实的自豪是一种道德自豪，有明确促进个体道德发展的意义，个体对道德自我的评估符合自己的道德标准和期望时，就会体验到这种自豪感，这种情绪反过来又促进了个体的自我提升。而自大的自豪和不正常的自恋行为相联系，既不是违背道德规范时所产生的情绪，也没有促进道德行为的动机，从这个意义上说应该不属于道德情绪范畴。自大的自豪和羞耻的归因模式完全相同，是对整体自我的全面肯定和全面否定，我们可以由此推定，自恋倾向者可能是通过表达和体验自大的自豪来压抑自己的羞耻感和内心深处的自卑感的。

16.3 自我意识情绪的道德功能

自我意识情绪中包括两种类型的道德情绪：一种是负性的，来自消极的自我评估，如羞耻、内疚和尴尬；另一种是正性的，产生于积极的自我评估，如真实的自豪情绪。无论是正性还是负性情绪，对于个体的道德行为和道德人格的养成、形成更高层次的道德自我都有积极意义。

（一）道德反馈功能

自我意识情绪是由自我反省或自我评估唤起的情绪，自我是自我意识情绪的主要目标。个体在评价现实的道德自我是否符合内化的道德标准时，会产生自我意识道德情绪，而这种情绪的结果为个体是否被社会道德标准所接受提供了重要的即时反馈，通过反馈，个体对自己的行为进行反省、弥补或强化。例如，当个体侵犯了他人利益或导致了过失和错误时，会立刻产生令人厌恶的内疚、羞耻或尴尬情绪，这些情绪反馈具有净化自我道德的作用，促使个体审视道德上的理想自我，并进一步调整现实自我与理想自我之间的距离。当个体做了有利于他人或社会的事情时，积极的自我肯定及自豪情绪就会产生，推动个体再次做出类似行为。因此，自我意识情绪不仅是对现实自我和理想自我关系的重要情绪反馈，还会激发个体提升现实自我的动机。

（二）道德动机功能

研究者认为，人们的道德决策和道德行为动机取决于道德认知、道德推理和道德情绪（Tangney & Dearing, 2002）。其中，个体道德情绪体验的能力对其行为倾向的影响更大、更直接。在面临道德问题时，个体会根据以往的自我意识情绪经验决定采取何种行为，如有内疚经验的个体会产生利他动机，把移情作为内化的道德取向，抑制侵犯和反社会行为冲动的表达；有适度羞耻经验的个体，会根据社会标准约束自己的道德行为选择和道德价值取向（Hoffman, 1991）。随着时间的推移，这些自我意识情绪体验形成的有意识的积极行为倾向，会使人表现出道德层面的敏感性，从而形成社会责任感和无意识的行为动机，按照社会标准或道德准则引导着人们的行为。

可见，自我意识情绪对道德行为有动机功能，尽管这些行为不一定总是发生，但是自我意识情绪可以让个体产生某种动机和进入认知状态，增强个体从事相关行为的倾向，协调着个体的人际关系行为和亲社会行为。

（三）行为调节功能

自我意识情绪在人际行为的自我调节中有重要作用。良好的人际关系需要个体服从社会价值观和道德标准，有时候甚至需要个体牺牲自己的利益来服从群体或他人的利益。研究发现：体验到内疚的个体会由于后悔、自责而产生承认错误、道歉等补偿行为；体验到适度羞耻的个体，会因维持对别人的义务行为而产生和谐的人际关系；体验到尴尬情绪的个体，会以轻松诙谐的方式消除尴尬，以赢得别人的赞成和认可；体验到自豪的个体，会通过继续努力去追求自我价值，以维护自己在同伴中的地位和良好的人际关系。相反，在可能诱发羞耻、内疚和尴尬情绪的情境中，如果个体不能体验到这些自我意识情绪，则不能处理好他们的人际关系。如此种种，说明自我意识情绪确实具有行为调节功能。

此外，自我意识情绪体验还可以有效激发亲社会行为。如自豪感可以强化利他性和适应性的亲社会行为，内疚可以促使个体做出补偿性的亲社会行为等。唐尼（Tangney）和迪林（Dearing）(2002)对五年级儿童内疚、羞耻倾向和道德行为之间的关系进行了纵向研究。8年后的追踪调查结果发现，可以根据是否具有羞耻倾向预测儿童8年后的药物滥用、被拘留、被关押以及自杀等危险性行为的发生情况，而当初有内疚倾向的儿童更倾向于做出社团服务等亲社会行为。

16.4 小结与展望

随着研究者对自我意识情绪的关注越来越多，自我意识情绪的研究取得了很大进展。然而研究者大多关注的是不同类型自我意识情绪的内部心理结构、现象学差异和行为倾向等方面内容，将自我意识情绪作为一种道德情绪，从道德角度来探察自我意识情绪、道德认知和道德行为之间关系的研究却很少。将来的研究应进一步考察自我意识情绪在道德不同领域中与道德认知、道德行为及道德标准之间的关系，培养有益于社会发展的道德认知与道德行为，为道德教育、司法公正及社会政策的制定提供重要指导意见。

此外，自我意识道德情绪的研究要重视不同文化背景的差异。西方自我意识情绪研究根植于其文化背景和价值体系，以人的发展为中心，注重独立自我；中国文化注重集体自我，强调个体发展与社会发展相协调。文化的差异使个体拥有不同的自我概念，其自我意识情绪具有不同的表达方式（冯晓杭，张向葵，2007）。关于中美大学生的自我意识情绪的研究说明了这一点。他们在某些情境下的自豪情绪的程度以及对自豪情绪的表达都存在差异：美国人更喜欢因个人成就而积极表达自豪情绪，大多数中国人则仅在自己的成就高于他人时，才产生自豪感（俞国良 等，2006）。

在以往自我意识道德情绪的研究中，羞耻情绪也是备受争议的道德情绪。国外很多研究者认为羞耻是破坏性情绪，它使个体过度关注别人的评价，认为自己毫无价值，从而会激发回避和退缩行为倾向（Miller & Tangney, 1994）；个体为了避免羞耻所带来的痛苦体验，会将羞耻转化为对外界的愤怒、厌恶和憎恨，进而引发攻击行为，恶化人际关系（Tangney, 1991）。我国研究者则发现，羞耻感产生时，个体并没有产生无价值感，而是强烈希望能弥补自己的过错（钱铭怡 等，2001）。这些研究结果差异和东西方文化有关。在西方文化中，羞耻体验是一种极端的痛苦和社会耻辱感，说明个体违背了道德规则，其行为和核心自我存在道德缺陷。而东方文化被认为是羞耻取向的文化，"知耻"成为衡量人们道德水平的一个方面，赋予了羞耻感积极的含义。《孟子》中提及的"羞恶之心，义之端也"，以及《荀子》中所说的"人不知羞耻，乃不能成人"，无不寄希望于羞耻能够作为积极的道德情绪在道德教育中发挥作用。

因此，在将来研究中，我们既要吸收国外的研究成果，又要从我国的社会现状和实践需要出发，开展自我意识情绪的本土化研究，提出自己的理论设想，将考证国外理论和吸收我国传统心理学精华结合起来，尝试在中国文化背景下进行本土化创新，使自我意识情绪在人类进步和社会发展中更好地发挥道德上的积极作用。

第17章 自动情绪调节研究进展

情绪调节（emotion regulation）是指个体对具有什么样的情绪、情绪什么时候发生、如何进行情绪体验与表达施加影响的过程（Gross, 2002）。大多数研究都聚焦于有意情绪调节（deliberate emotion regulation），忽视了情绪调节的另一个重要方面，即自动情绪调节（automatic emotion regulation）。纵观行为学研究文献，自动情绪调节在日常生活中很普遍，且对个体的情绪有着深远的影响。超量学习习惯（指学习或熟记到能立即回忆的程度）、儿童期习得的调节策略、社会文化规范等都能自动调节加工情绪，自动情绪调节已经渗入个体生活的方方面面（Adams & Markus, 2004）。例如，儿童在早期社会化过程中，会习得"愤怒是破坏性的""大声讲话是粗鲁的"等情绪反应，从而在社会规范并未进入意识层面时会自动减弱这些情绪反应；当极度愤怒或极度悲伤时，大多数人基于潜在内化的社会文化规范，无需有意自我控制却仍能保持镇静等。由于自动情绪调节普遍存在且强有力地影响着个体的情绪反应，因此，理解自动情绪调节机制显得尤为重要。然而，行为学研究文献尚未阐释自动情绪调节的潜在机制。由于自动情绪调节过程难以直接加以测量，因此，神经科学研究方面的证据对阐释该问题很有帮助。本文首先介绍自动情绪调节的概念及其作用机制，然后阐释不同类型的自动情绪调节存在的神经基础差异，以及社会文化环境对自动情绪调节的影响，以期为自动情绪调节的认知行为过程提供重要依据。

17.1 自动情绪调节的概念

在日常生活中，人们在面临很强的消极情境时，通常无需意识努力便能保持冷静，这种现象被认为反映了普遍的自动情绪调节模式。基于个体是自身情绪的代理者而并非被动发射体，心理学家对于个体如何进行情绪调节越来越感兴趣（Gross, 2007）。格罗斯（Gross）和汤普森（Thompson）（2007）、巴奇和威廉斯（2007）在原有定义的基础上对情绪调节的概念进行修正，认为情绪调节是指个体有意或自动对其具有什么样的情绪、情绪什么时候发生、如何进行情绪体验与表达施加影响的过程，包含对情绪反应各方面有意或自动的改变，如诱发情境、注意、评估、主观体验、行为及生理学指标等，特别补充了情绪调节的自动性。情绪调节可能会影响情绪广度和持久度（Gross et al., 2006），对人的心理和生理健康都很重要。情绪调节困难是导致情绪紊乱和焦虑的主要原因（Goldin et al., 2008）。然而，大多数研究都聚焦于有意情绪调节，即需要主观意识努力及注意分配的调节过程，如诱发产生某种情绪从而研究调节策略，而忽视了自动情绪调节。事实上，自动情绪调节像有意情绪调节一样，在日常情绪调节中相当普遍（Davidson et al., 2000; Bargh & Williams., 2007）。通常，有意情绪调节的研究重视个体有意识地管理和改变自己/他人情绪的过程，通过使用一定的调节策略和机制，使情绪在主观感受、表情行为、生理反应等方面发生变化，自动情绪调节的研究则关注个体无需意识努力而自动产生的情绪调节机制。

二元加工模型包括自动加工和有意加工（Strack & Deutsch, 2004）。有意加工需要调用注意资源和付出意志努力，受外显目标的驱动，而自动加工通常具备四个主要特征：无需主观意识参与、缺少意图、缺乏控制及高效性。对于走路、骑自行车等行为功能，人们从完全习得该技能后便可以自动操作；而对于追求目标或自我调节等高级功能，则很难自动操作。目前为止，自我调节都属于意识研究领域（Bargh, 2004）。因此，初看自动情绪调节好像是一个矛盾体。然而，库斯特斯（Custers）和阿尔特斯（Aarts）（2005）对自动目标追求的研究挑战了高级加工仅能有意识发生的观点，证明追求目标的行为确实可以在没有意识介入的情形下被激活并执行。例如，在与他人合作的目的方面，个体可以在不知原因的情形下追求该目标（Bargh et al., 2001）。巴奇等人认为，目标（包括自我调节目标）与其他认知结构都是心理表征，即目标与那些包含何时及如何达成目标信息的知识结构相当。自动追求目标为自动情绪调节提供了理论和实证的支持。

基于此，毛斯（Mauss）等人（2007）把自动情绪调节定义为无需意识决定、注意加工及有意控制而对情绪各方面的目标驱动变换，即自动情绪调节通过对目标的自动追求来改变情绪轨迹（emotion trajectory），自动加工和有意加工是连续体的两端，而有意和自动情绪调节则与这两种加工类似。

17.2　自动情绪调节的作用及其理论模型

自动情绪调节如何起作用，会产生什么后果？与有意情绪调节类似，自动情绪调节蕴含各层面情绪加工变换，包括注意配置（如无需注意情绪情境）、评估（如改变情绪情境的意义，形成该情境的特定信念）、认知处理或分离情绪体验（如否认）、调节情绪行为等。当然，这些加工包含情绪调节而非简单的情绪反应。

（一）自动情绪调节的负面后果

自动情绪调节可以给个体带来负面后果。防御性抑制（defensive inhibition）的概念代表了自动情绪调节的最早形式。弗洛伊德指出，对消极情绪的防御性抑制是自动情绪调节的形式之一，在个体远离那些难以忍耐的疼痛或与理想自我相矛盾的意识情绪时产生（Mauss et al., 2007）。弗洛伊德对这种情绪调节持消极的观点，认为这种防御工作会损耗"心理能"的支出。类似地，沙弗（Shaver）和米库林瑟（Mikulincer）（2007）描述了依恋回避的个体（习惯回避亲密情感关系者）由于在童年发现对依恋者表达消极情绪是无效的，甚至会适得其反，因此，个体习得如何抑制消极情绪冲动，并逐渐形成了情绪自动加工。有研究证明，回避型个体在进行如情感词汇抉择任务等自动任务时，会显示出相对迟钝的情感体验（Mikulincer et al., 2000）。埃格洛夫（Egloff）等人（2006）通过实验研究了演讲压力和自发行为抑制行为的关联，结果发现，自发行为抑制与消极情绪体验不相关，而与更大的心理反应相关。研究者对"表面功夫"（surface acting）的研究也得出了相似的结论。"表面功夫"是指出于情境需要，个体能够掩饰其真实情绪、改变情绪的行为（Montgomery et al., 2006）。例如，航空乘务员和服务员要始终对顾客保持微笑，尤其是在与顾客产生争执的情境中，而这其实蕴含着更大的消极情绪、更低的真实度及更强的工作压力和倦怠（Hartel et al., 2005）。

抑制和自发抑制表明，自动情绪调节在个体情感反应中扮演着很重要的角色，会对个体产生不良的后果。然而，这却受到了两方面的质疑：一是对自动目标追求的研究表明，自动加工的执行是相对毫不费力且有效的（Moon & Lord, 2006）；二是至少存在一些个体并没有出现以上自动情绪调节的"副作用"而过着平静的生活（Gross, 2002）。

（二）自动情绪调节的正面后果

自动情绪调节可以给个体带来正面后果。基于自动情绪调节是情绪调节的内隐评估，格罗斯（2002）使用IAT来研究自动情绪调节。自动情绪调节通过测量个体对积极（如高兴）、消极（如忧郁）、情绪控制（如约束）、情绪表达（如表述）词汇的反应来评估情绪控制和情绪表达。情绪控制词汇和积极词汇之间较强的相关性暗示了情绪控制的积极作用。

内隐评估，由于目标与积极概念相关，这增强了个体对目标的追求，而这种相关性提高了参与自动情绪控制的可能。在解释个体在逐渐老化过程中能够体验和记起相对更多的积极情绪的积极效应方面，卡斯滕森（Carstensen）和迈克尔斯（Mikels）（2005）认为，既然有意加工会随着年龄增长逐渐退化，则很有可能是自动情绪调节在担负着发挥积极效应的责任。事实上，积极效应的存在已经被大量自动情感任务所证实，如点探测任务。在这些任务里，相对于年轻人，老年人更倾向于自动变换注意力，远离消极情绪而朝向积极情绪刺激，把自动情绪调节作为有利条件（Isaacowitz et al., 2006）。另有研究表明，行动取向的个体能够在潜意识里减少消极情感（Jostmann et al., 2005），这支持了伴随行动取向的情绪调节有自动性的观点。博南诺（Bonanno）（2004）提出，抑制应对能产生韧性，即通过情感体验和交感神经系统反应之间的差异来测量抑制应对，可能会促进个体在遭遇极度压力事件（如配偶丧生）之后的恢复。习惯以抑制应对的个体比不倾向以抑制应对的个体有更少的心理病理学症状和更少的健康问题，亲密朋友评估他们能够更好地适应环境和变化（Coifman et al., 2007）。这表明抑制应对与有意回避的应对策略不相关或存在负相关，支持了抑制应对相对自动的观点。

此外，关于愤怒情绪的自动调节研究为个体在不消耗资源的同时成功调节情绪提供了强有力的证据。愤怒情绪在日常生活中很常见，而且有时必须控制。个体经常能成功调节自己的情绪，尤其是消极情绪。毛斯等人（2006）在实验室激怒个体的情境下评估了情绪控制的积极内隐评估与经验、行为及心血管反应的关系。研究过程中，主试以"很不友好"且"傲慢无礼"的态度要求被试完成紧张且枯燥的认知任务，为了控制涉及意志努力的情绪控制，在任务结束后，被试会被要求报告多大程度上试图控制自己的情绪。绝大多数被试在被激怒时都变得很生气，而那些自动情绪调节方面得分较高的被试却报告出相对较少的愤怒体验，显示出了相对适应良好的心血管激活模式、较多的交感神经激活、较大的心输出量及较低的整体外周血管阻力。显然，愤怒情绪的相对减少发生在没有意识努力的情形下，因为自动情绪调节得分与自我报告努力控制情绪之间并不相关。这表明情绪控制的较强的积极内隐评估与那些和自动的、成功的、有生理适应性的情绪管理相一致的情绪反应相关。毛斯等人（2007）在实验室情境中，通过两项研究证明，个体可以毫不费力地使用自动情绪调节并从中受益。研究一以34名女学生（平均年龄为20.6 ± 5.6岁）为研究对象，检视情绪调节启动是否能影响对愤怒挑衅的情绪反应。为最小化印象管理混淆及记忆偏差的影响，研究选择标准的实验室激怒情境而非愤怒事件的情境描述。由于女性的愤怒表达被认为比男性更不恰当，与愤怒相关的情绪调节目标似乎对女性的影响更强烈，基于此，研究对象仅选取女性被试以消除性别差异。实验要求被试完成修订的句子整理任务，包括通过开放式问卷，让195名大学生完成当看到"情绪控制"或"情绪表达"时所想到的由20个单词整理而得到的19组情绪控制（如限制、平静等）和情绪表达（如冲动、不稳定等）条件的句子整理任务，要求被试用5个打乱的词汇中的4个来造句，从而内隐激活调节目标。被试并不知道启动任务的实质，因此调节目标是内隐激活的。该任务可以操纵目标、动机及价值，是启动情绪调节的理想任务。对"drinking""restrains""she""wine""from"的句子整理任务属于情绪控制条件，对"she""drinks""from""wine""impulsively"的句子整理任务则属于情绪表达条件。完成启动任务之前，被试通过观看情绪中立的视频资料，在10点量表上评定情绪基线，然后被随机指定完成"情绪控制"或"情绪表达"条件下的句子整理任务，之后要迅速计算文本上差别微小的字母数量。同时，主试越来越不耐烦地多次告诉被试要遵照原稿，且责备被试速度太慢，并以很愤怒的语气要求停止，暗示整个过程进展很不顺利，最后要求被试完成另一份愤怒体验问卷，来评估启动影响愤怒体验的程度。结果发现，情绪调节目标能在实验室条件下被内隐激活，情绪控制启动组被试自我报告愤怒挑衅水平显著低于愤怒表达启动组。研究二使用相似的挑衅方法来评估情绪控制启动效应和情绪表达启动效应对情绪体验的表达、其他消极情绪体验（如悲伤、焦虑、内疚、羞耻等）及心血管反应（包括心率、平均动脉压、外周血管阻力、交感和副交感神经激活）的影响。被试为114名女大学生（平均年龄为20.8±3.2岁），与研究一不同的是，被试要戴上生理探测仪。在完成启动任务之前，主试要求被试完成迅速减数任务（如18652逐减7的运算），并不断斥责被试口算声音太大、动作太多，导致探测仪的数据无效等，增加挑衅次数并评估其愤怒值。结果发现，与情绪表达启动相比，情绪控制启动可以导致愤怒情绪及其他一些消极情绪体验（包括悲伤、焦虑、内疚、羞耻等）的显著减少，且没有出现适应不良的心血管反应。

以上这些研究表明，自动情绪调节能够给个体带来相对良性的后果，是一种控制强烈消极情绪的有效方法。

（三）自动情绪调节整合模型

为什么自动情绪调节会产生相互冲突的正面和负面后果？一种解释是，自动情绪调节存在不同的类型，从而会产生不同模式的情感影响。基于此，毛斯等人（2007）提出了自动情绪调节整合模型（如图17.1所示）。一方面，情绪冲动的认知分离和行为调节与负面后果相关，这些自动情绪调节与防御、抑制及自发抑制相关。另一方面，个人习惯、价值观及目标通常产生正面的情感影响。该过程包含情绪情境、注意及评估的变换。将情绪调节按照发生在情绪反应产生之前或之后，分为先行聚焦情绪调节和反应聚焦情绪调节，自动情绪调节也分为先行聚焦自动情绪调节和反应聚焦自动情绪调节。"反应聚焦"调节在情绪反应之后被触发，随后一些方面的情绪反应继续活跃，从而引发情绪冲突或继续的调节努力。"先行聚焦"调节则发生于情绪反应激活之前，预期会产生相对正面的反应。这两方面对个体的心理健康和幸福有重要的作用。自动情绪调节整合模型解释了自动情绪调节产生的不同后果，对理解自动情绪调节的作用机制有重要的意义。

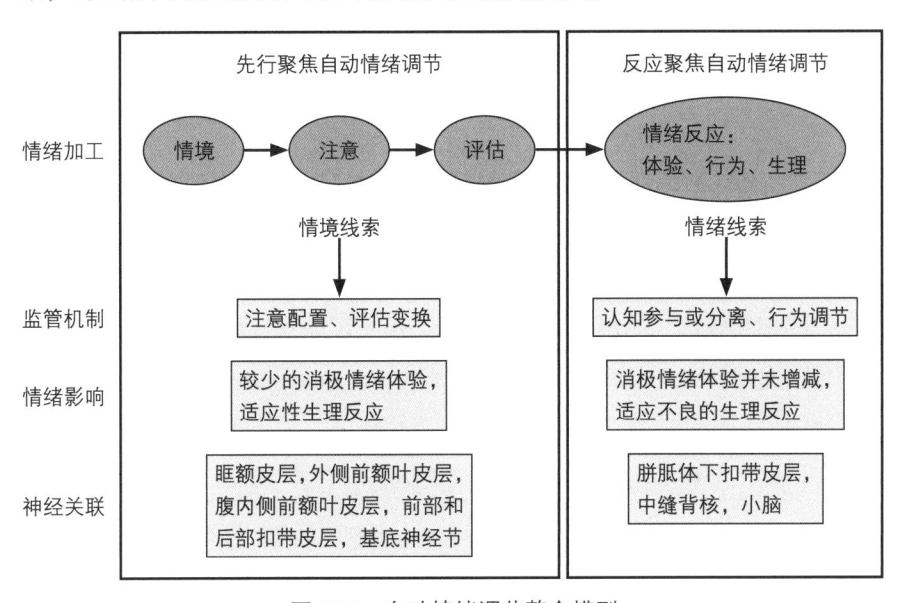

图17.1 自动情绪调节整合模型

17.3 自动情绪调节的神经科学证据

（一）反应聚焦自动情绪调节的神经基础

与反应聚焦自动情绪调节有关的脑区包括胼胝体下扣带皮层（subcallosal cingulate cortex, SCC）、中缝背核及小脑。吉利斯（Gillath）等人（2005）以不同依恋类型的个体为被试探索了情绪调节的神经关联。研究首先让被试仔细想象消极情境，如分手或伴侣死亡，然后要求抑制这些消极情境所引发的情绪。结果发现依恋回避与暗含依赖状态情绪变换的主要脑区之一——SCC的激活存在正相关。SCC包括下丘脑、脑干（包含皮层下灰质）在内的皮层下结构。这些脑区都与自动功能有关，包括心率、呼吸、皮肤电传导及逃跑等自动防御系统。SCC还与脑干的中缝背核有关，能够通过调节整个脑区的血清素的神经传递来影响情绪。在吉利斯等人的研究中，低依恋回避的被试在抑制阶段也显示出了SCC的抑制，而高依恋回避的被试则有相对较高程度的SCC激活。此外，SCC的持久抑制对于抑郁症的完全恢复是必需的（Davidson et al., 2002），健康被试恐惧感的消失与SCC逐渐增强的抑制有关（Phelps et al., 2004）。尽管有关SCC抑制与激活的神经机制尚不够明确，但是这些结果已经表明，SCC的抑制与正面的自动情绪调节形式有关，而SCC的激活则与负面的自动情绪调节形式有关。

（二）先行聚焦自动情绪调节的神经基础

与先行聚焦自动情绪调节有关的脑区主要是OFC，尤其是LPFC和vmPFC及基底神经节（basal ganglia）。这些脑区已经被证明和情绪调节、认知—情绪相互作用、消极情绪刺激的"自上而下"注意以及与条件刺激相关的情感预期编码有关（Beer et al., 2003; Gottfried et al., 2003）。宜人性是与亲社会行为和积极情感有关的一种稳定的人格特质。关于宜人性的研究表明，与有意情绪调节有关的LPFC也与自动情绪调节有关（Haas et al., 2007），可以经由先行聚焦自动情绪调节获取。迈耶（Meier）等人（2006）证明，宜人性与回应消极情感线索的亲社会思维的自动激活有关。

韦斯滕（Westen）等人（2006）证明，眼眶皮层和ACC与自动情绪调节存在内在联系。吉利斯等人的研究发现，低依恋焦虑的被试进行自动情绪调节加工时激活眼眶皮层，无论是否被要求这么做，这些加工都是十分有效的。眼眶皮层与自动情绪调节的相关性还通过对脑损伤病人的研究得到了进一步证实。比尔等人（2006）研究发现，眼眶皮层损伤的病人能够明确阐述他们需要实现的调节目标（如抑制与陌生人分享个人信息的倾向）。然而，当面对要求进行情绪调节的实际情境时，他们又不能调节行为来达成规定目标。该结果进一步支持了眼眶皮层与自动情绪调节相关的观点。卡雷蒂埃（Carretié）等人（2005）采用ERP的方法证实了vmPFC也与先行聚焦自动情绪调节有关。该研究显示，vmPFC在响应无意识恐惧刺激时被激活，因为vmPFC通常是与"自上而下"的注意分配相关的，所以vmPFC与无意识情绪表征有关，且发生在有意识的情绪反应之前。与先行聚焦自动情绪调节有关的另一个脑区是基底神经节，因为基底神经节与内隐学习（Frank et al., 2006）、程序记忆和机动程序的自动完成有关（Poldrack et al., 2005）。

17.4　社会文化对自动情绪调节的影响

个体在无意识情境下，以自动化形式调节自己的情绪需要具备三个条件：一是感觉必须被标注，二是激活图式、概念、目标或脚本（如"不要显露该情感"或"不要在意该情境"），三是变换各方面情绪反应。最初的感觉可能来自情绪自身（如习惯于通过抑制敌意行为来应对愤怒情绪）或情境线索（如习得在特定情境下降低愤怒程度）。基于此，毛斯等人认为，个体的学习经历和社会文化环境在影响自动情绪调节方面起到重要作用，就像技能一样，情绪调节的自动认知加工也是在不断重复的实践中形成的。既然自动情绪调节受到文化环境的塑造，而文化可以给个体提供内隐的规范，使个体进行自动的实践，那么，文化环境能够引发先行聚焦（大多数发生在情绪被完全触发之前）或反应聚焦（大多数发生在情绪启动之后）的自动情绪调节也就顺理成章了。尤其重要的是，先行聚焦自动情绪调节会产生相对适应良好的后果，而反应聚焦自动情绪调节则会产生相对适应不良的后果。自动情绪调节的适应类型观点是与社会文化考量相一致的，培育情绪压抑的文化环境并不必然导致幸福的减少或心理功能的减弱。适应良好的自动情绪调节的存在提出了一种适应的、以社会文化为中介的情绪调节的可能机制，通过该机制能够更好理解社会文化因素影响情绪反应的复杂机制。

大量研究证明了东西方的文化差异对个体自动情绪调节的影响，如西方社会更加看重情绪的积极方面，通常鼓励情绪体验和表达；而东方社会更加重视对情绪的控制，尤其是压制如兴奋等"高活动的"情绪的自我展示（Tsai et al., 2006），而且有着更少的情绪表达。不同的社会文化对于情绪的增减存在广泛的差异。在南非及一些地中海地区，公开冲突和使用暴力是应对可觉知的威胁和捍卫荣誉的重要方面（Mosquera et al., 2000）。因此，对生活在这里的个体来说，攻击性是受到鼓励的，或至少是作为愤怒的一种反应而可接受的。此外，海因（Heine）等人（2001）研究发现，日本学生更倾向于卷入那些可能增加自我批评的情境（这些情境通常会使其体验失败），而美国学生则更倾向于卷入那些可能提升自我积极情绪的情境（这些情境通常会使其体验成功）。因此，不同文化环境下的个体根据自身社会文化环境来自发选择和调适情绪情境。社会文化环境还会影响自动情绪调节的评估。贬抑强烈情绪文化环境下的个体会通过合作规范或观察学习逐渐了解到，在不同情境下评估的自我都是不重要的，因此会自动体验到越来越弱的情绪（Rothbaum et al., 2000）。相反，重视个人控制及增加个人控制的情绪情境的文化环境可能被评估为重要的，如会导致愤怒情绪的增强；而减弱个人控制的情绪情境可能被评估为较不重要的，如会导致满足感的减少（Mesquita et al., 2007）。

17.5 小结与展望

自动情绪调节与个体日常生活的情境息息相关，在个体生存的社会文化环境及不断重复的实践操作中逐渐形成并普遍存在。近十年来，自动情绪调节的研究引起了研究者的广泛关注，拓展了情绪研究领域的理论及应用探索的范围，取得了一定的成果。然而，仍存在一些问题和局限。

第一，自动情绪调节如何产生正负面影响及各种社会文化因素如何共同影响自动情绪调节尚不够明确，尤其是社会文化因素包罗万象，对自动情绪调节的影响机制尚需进一步探讨。此外，对情绪调节的已有研究显示，有意情绪调节存在个体差异（Gross et al., 2006），且影响个体的身心健康，因此，系统地评估具有不同背景（如性别、年龄等）的个体的自动情绪调节机制显得相当重要。

第二，不同情绪的自动调节机制是相同还是存在差异，即究竟是不同的自动情绪调节参与不同情绪的加工，还是不同情绪的加工采用相同的自动调节机制，仍然无法明确，还需对各种具体情绪的自动调节机制进行研究，且对积极情绪和消极情绪的自动调节也可能存在差异。目前的研究主要集中于消极情绪的自动情绪调节方面，如毛斯等人（2006, 2007）对愤怒情绪的自动调节研究证明，自动情绪调节是一种控制强烈消极情绪的有效方法。近年来，积极心理学逐渐兴起并活跃起来，它以人的积极力量和积极品质为研究对象，强调心理学不仅要帮助那些处于逆境下的个体求得生存并得到良好的发展，更要帮助那些处于正常环境条件下的个体学会怎样达成高质量的个人生活与社会生活。由于各种极端情绪都有可能导致异常行为的出现，因此，在关注强烈消极情绪的自动调节的同时，也应重视狂喜等极端积极情绪的自动调节。

第三，当前自动情绪调节的研究大多是针对个体情绪的，而对于某些群体，如终年战争不断的国家中的民族、学习较差的青少年，以及被污名化的群体等如何进行自动或有意情绪调节，都尚未涉及。此外，鉴于有意加工会随着年龄增长逐渐退化（Carstensen & Mikels, 2005），对儿童自动情绪调节的探讨及纵向跟踪研究可能具有较高的价值。

总之，关于自动情绪调节的研究还存在广阔的探索空间，是一个极具潜力且富有挑战性的研究领域，对该领域开展进一步的理论和实证研究对于人们发展及全面了解自动情绪调节的机制和特点具有重要的意义和价值。

参考文献

Abrams, D., & Hogg, M. A. (2004). Metatheory: Lessons from social identity research. *Personality and Social Psychology Review*, *8*(2), 98–106.

Aceves, M.J., & Cookston, J.T. (2007). Violent victimization, aggression, and parent-adolescent relations: Quality parenting as a buffer for violently victimized youth. *Journal of Youth and Adolescence*, *36*, 635–647.

Adams, G., & Markus, H. R. (2004). Toward a conception of culture suitable for a social psychology of culture. In M. Schaller & C. S. Crandall (Eds.). *The psychological foundations of culture* (pp. 335–360). Lawrence Erlbaum Associates Publishers.

Adams, R. B., Gordon, H. L., Baird, A. A., Ambady, N., & Kleck, R. E. (2003). Effects of gaze on amygdala sensitivity to anger and fear faces. *Science*, *300*(5625), 1536.

Addai, I., Opoku-Agyeman, C., & Amanfu, S. K. (2014). Exploring predictors of subjective well-being in Ghana: A micro-level study. *Journal of Happiness Studies*, *15*(4), 869–890.

Adolphs, R., Gosselin, F., Buchanan, T. W., Tranel, D., Schyns, P., & Damasio, A. R. (2005). A mechanism for impaired fear recognition after amygdala damage. *Nature*, *433*(7021), 68–72.

Agnew, C. R., Van Lange, P. A. M., Rusbult, C. E., & Langston, C. A. (1998). Cognitive interdependence: Commitment and the mental representation of close relationships. *Journal of Personality and Social Psychology, 74*(4), 939–954.

Albrecht, A.K., Galambous, N.L., & Jansson, S.M. (2007). Adolescents' internalizing and aggressive behaviors and perceptions of parents' psychological control: A panel study examining direction of effects. *Journal of Youth and Adolescence, 36*(5), 673–684.

Alicke, M. D., Klotz, M. L., Breitenbecher, D. L., Yurak, T. J., & Vredenburg, D. S. (1995). Personal contact, individuation, and the better-than-average effect. *Journal of Personality and Social Psychology, 68*(5), 804–825.

Ames, D. R., & Bianchi, E. C. (2008). The agreeableness asymmetry in first impressions: Perceivers' impulse to (mis)judge agreeableness and how it is moderated by power. *Personality and Social Psychology Bulletin, 34*(12), 1719–1736.

Amiot, C. E., & Bourhis, R. Y. (2005). Ideological beliefs as determinants of discrimination in positive and negative outcome distributions. *European Journal of Social Psychology, 35*(5), 581–598.

Andersen, S. M., & Chen, S. (2002). The relational self: An interpersonal social-cognitive theory. *Psychological Review, 109*(4), 619–645.

Anderson, A. K., Christoff, K., Panitz, D., De Rosa, E., & Gabrieli, J. D. E. (2003). Neural correlates of the automatic processing of threat facial signals. *The Journal of Neuroscience, 23*(13), 5627–5633.

Anderson, C. A., & Dill, K. E. (2000). Video games and aggression thoughts, feelings, and behavior in the laboratory and in life. *Journal of Personality and Social Psychology*, *78*(4), 772–790.

Anderson, C. A., & Huesmann, L. R. (2003). Human aggression: A social-cognitive view. In M. A. Hogg, & J. Cooper (Eds.), *Handbook of social psychology* (pp. 296–323). Sage.

Argyle, M. (2001). *The Psychology of Happiness (2nd ed.)*. London: Routledge.

Aron, A., Fisher, H., Mashek, D. J., Strong, G., Li, H., & Brown, L. L. (2005). Reward, motivation, and emotion systems associated with early-stage intense romantic love. *Journal of Neurophysiology*, *94*(1), 327–337.

Aron, A., McLaughlin-Volpe, T., Mashek, D., Lewandowski, G., Wright, S. C., & Aron, E. N. (2004). Including others in the self. In W. Storebe, & M. Hewstone (Eds.), *European Review of Social Psychology* (Vol.15, pp. 101–132). Psychology Press.

Aronson, E., Wilson, T. D., & Akert, R. M. (2007). 社会心理学(第五版, 中文第二版)(侯玉波等 译). 北京: 中国轻工业出版社.

Aspinwall, L. G., & Taylor, S. E. (1993). Effects of social comparison direction, threat, and self-esteem on affect, self-evaluation, and expected success. *Journal of Personality and Social Psychology*, *64*(5), 708–722.

Atkins, R., Hart, D., & Donnelly, T. M.(2005). The association of childhood personality type with volunteering during adolescence. *Merrill-Palmer Quarterly*, *51*(2), 145–162.

Avolio, B. J., Walumbwa, F. O., & Weber, T. J. (2009). Leadership:

Current theories, research, and future directions. *Annual Review of Psychology*, *60*, 421–499.

Back, M. D., Schmukle, S. C., & Egloff, B. (2008). Becoming friends by chance. *Psychological Science*, *19*(5), 439–440.

Balcetis, E., Dunning, D., & Miller, R. L. (2008). Do collectivists know themselves better than individualists? Cross-cultural studies of the holier than thou phenomenon. *Journal of Personality and Social Psychology*, *95*(6), 1252–1267.

Banting, L. K., Dimmock, J. A., & Lay, B. S. (2009). The role of implicit and explicit components of exerciser self-schema in the prediction of exercise behaviour. *Psychology of Sport and Exercise*, *10*(1), 80–86.

Bargh, J. A, & Chartrand, T. L. (1999). The unbearable automaticity of being. *American Psychologist*, *54*(7), 462–479.

Bargh, J. A. (1994). The four horsemen of automaticity: Awareness, intention, efficiency, and control in social cognition. In R. S. Wyer & T. K. Srull (Eds.), *Handbook of social cognition*. Erlbaum.

Bargh, J. A. (2004). Being here now: Is consciousness necessary for human freedom? In J. Greenberg, S. L, Koole & T. Pyszczynski (Eds.), *Handbook of Experimental Existential Psychology* (pp. 385–397). The Guilford Press.

Bargh, J. A., & Williams, L. E. (2007). The nonconscious regulation of emotion. In J. J. Gross (Ed.). *Handbook of emotion regulation* (pp. 429–445). The Guilford Press.

Bargh, J. A., Gollwitzer, P. M., Lee-Chai, A., Barndollar, K., & Trötschec, R. (2001). The automated will: Nonconscious activation and pursuit of behavioral goals. *Journal of Personality and Social Psychology, 81*(6), 1014–1027.

Baron, R. A., Byrne, D., Branscombe, N. R. (2006). *Social Psychology* (11th ed.). Upper Saddle River: Pearson Education.

Batson, C, D., Turk, C, L., Shaw, L. L., & klein, T. R. (1995). Information function of empathic emotion: Learning that we value the others' welfare. *Journal of Personality and Social Psychology, 68*(2), 300–313.

Batson, C. D. (1991). *The altruism question: Toward a social-psychological answer*. Hillsdale: Lawrence Erlbaum Associates.

Baumeister, R. F. (1990). Suicide as escape from self. *Psychological Review, 97*(1), 90–113.

Baumeister, R. F., & Leary, M. R. (1995). The need to belong: Desire for interpersonal attachments as a fundamental human motivation. *Psychological Bulletin, 117*(3), 497–529.

Baumeister, R. F., Bratslavsky, E., Finkenauer, C., & Vohs, K. D. (2001). Bad is stronger than good. *Review of General Psychology, 5*(4), 323–370.

Baumeister, R. F., Brewer, L. E., Tice, D. M., & Twenge, J. M. (2007). Thwarting the need to belong: Understanding the interpersonal and inner effects of social exclusion. *Social and Personality Psychology Compass, 1*(1), 506–520.

Baumeister, R. F., & Leary, M. R. (1995). The need to belong: Desire for interpersonal attachments as a fundamental human motivation.

Psychological Bulletin, *117*(3), 497–529.

Bazerman, M. H., & Chugh, D. (2006). Bounded awareness: Focusing failures in negotiation. In L. Thompson (Ed.), *Negotiation Theory and Research* (pp.7–26). Psychology Press.

Bazerman, M.H., Curhan, J.R., Moore, D.A., & Valley, K.L. (2000). Negotiation. *Annual Review of Psychology*, *51*, 279–314.

Bech, P. (1994). Measurement by observations of aggression behavior and activities in clinical situations. *Criminal Behavior and Mental Health*, *4*(4), 290–302.

Beer, J. S. (2002). Implicit self-theories of shyness. *Journal of Personality and Social Psychology*, *83*(4), 1009–1024.

Beer, J. S., & Keltner, D. (2004). What is unique about self-conscious emotions? *Psychological Inquiry*, *15*(2), 126–128.

Beer, J. S., Heerey, E. A., Keltner, D., Scabini, D., & Knight, R. T. (2003). The regulatory function of self-conscious emotion: Insights from patients with orbitofrontal damage. *Journal of Personality and Social Psychology*, *85*(4), 594–604.

Beer, J. S., John, O. P., Scabini, D., & Knight, R. T. (2006). Orbitofrontal cortex and social behavior: Integrating self-monitoring and emotion-cognition interactions. *Journal of Cognitive Neuroscience*, *18*(6), 871–879.

Bellavia, G., & Murray, S. (2003). Did I do that? Self esteem-related differences in reactions to romantic partner'moods. *Personal Relationships*, *10*(1), 77–95.

Berlim, M. T., Mattevi, B. S., Pavanello, D. P., Pavanello, P. P., Caldieraro, M. A., Fleck, M. P. A., Wingate, L. R., & Joiner, T. E. (2003). Psychache and suicidality in adult mood disordered outpatients in Brazil. *Suicide and Life-Threatening Behavior*, *33*(3), 242–248.

Berscheid, E., Snyder, M., & Omoto, A. M. (1989). The relationship closeness inventory: Assessing the closeness of interpersonal relationships. *Journal of Personality and Social Psychology*, *57*(5), 792–807.

Bessenoff, G. R., & Sherman, J. W. (2000). Automatic and controlled components of prejudice toward fat people: Evaluation versus stereotype activation. *Social Cognition*, *18*(4), 329–353.

Best, M., Williams, J. M., & Coccaro, E. F. (2002). Evidence for a dysfunctional prefrontal circuit in patients with an impulsive aggressive disorder. *National Academy of Sciences*, *99*(12), 8448–8453.

Beukeboom, C. J., & Semin, G. R. (2005). Mood and representations of behaviour: The how and why. *Cognition and Emotion*, *19*(8), 1242–1251.

Billet, M. I., McCall, H. C., & Schaller, M. (2023). What motives do people most want to know about when meeting another person? An investigation into prioritization of information about seven fundamental motives. *Personality and Social Psychology Bulletin*, *49*(4), 495–509.

Bird, C. M., Castelli, F., Malik, U., & Husain, M. (2004). The impact of extensive medial frontal lobe damage on "Theory of Mind" and cognition. *Brain: A Journal of Neurology*, *127*(4), 914–928.

Bjørnskov, C. (2014). Do economic reforms alleviate subjective well-being losses of economic crises?. *Journal of Happiness Studies, 15,* 163–182.

Blanke, O., Ortigue, S., Landis, T., & Seeck, M. (2002). Stimulating illusory own-body perceptions. *Nature, 419*(6904), 269–270.

Blanton, H. (2001). Evaluating the self in the context of another: The threeselves model of social comparison assimilation and contrast. In G. B. Moskowitz (Ed.). *Cognitive social psychology: The princeton symposium on the legacy and future of social cognition* (pp. 75–87). Lawrence Erlbaum Associates Publishers.

Blascovich, J., Loomis, J., Beall, A.C., Swinth, K.R., Hoyt, C.L., & Bailenson, J. N. (2002). Immersive virtual environment technology as a methodological tool for social psychology. *Psychological Inquiry, 13*(2), 103–125.

Bolger, E. A. (1999). Grounded theory analysis of emotional pain. *Psychotherapy Research*, 9(3), 342–362.

Bond, M. H. (Ed.). (1996). *The handbook of Chinese psychology*. Oxford University Press.

Bongers, K. C. A., Dijksterhuis, A., & Spears, R. (2009). Self-esteem regulation after success and failure to attain unconsciously activated goals. *Journal of Experimental Social Psychology, 45*(3), 468–477.

Bono, G., McCullough, M. E., & Root, L. M. (2008). Forgiveness, feeling connected to others, and well-being: Two longitudinal studies. *Personality and Social Psychology Bulletin, 34*(2), 182–195.

Bonanno, G. A. (2004). Loss, trauma, and human resilience: Have we underestimated the human capacity to thrive after extremely aversive events? American Psychologist, 59(1), 20-28.

Bosson, J. K., Johnson, A. B., Niederhoffer, K., & Swann, W. B. (2006). Interpersonal chemistry through negativity: Bonding by sharing negative attitudes about others. *Personal Relationships*, *13*(2), 135–150.

Botvinick, M. M., Braver, T. S., & Barch, D. M. (2001). Conflict monitoring and cognitive control. *Psychological Review*, *108*(3), 624–652.

Botvinick, M. M., Cohen, J. D., & Carter, C. S. (2004). Conflict monitoring and anterior cingulate cortex: An update. *Trends in Cognitive Sciences*, *8*(12), 539–546.

Bowling, N. A., & Beehr, T. A. (2006). Workplace harassment from the victim's perspective: A theoretical model and meta-analysis. *Journal of Applied Psychology*, *91*(5), 998–1012.

Branscombe, N. R., Doosje, B., & McGarty, C. (2002). Antecedents and consequences of collective guilt. In D. M. Mackie, & E. R. Smith. (Eds.), *Prejudice to Intergroup Emotions* (pp. 18). Psychology Press.

Branscombe, N. R., Schmitt, M. T., & Harvey, R, D. (1999). Perceiving pervasive discrimination among african americans: Implications for group identification and well-being. *Journal of Personality and Social Psychology*, *77*(1), 135–149.

Brett, J.M., & Okumura, T. (1998). Inter-and intracultural negotiations: U.S. and japanese negotiators. *The Academy of Management Jour-*

nal, *41*(5), 495–510.

Breugelmans, S. M., & Poortinga, Y. H. (2006). Emotion without a word: Shame and guilt among rarámuri indians and rural Javanese. *Journal of Personality and Social Psychology*, *91*(6), 1111–1122.

Brewer, M. B. (1991). The social self: On being the same and different at the same time. *Personality and Social Psychology Bulletin*, *17*(5), 475–482.

Brewer, M. B., & Weber, J. G. (1994). Self-evaluation effects of interpersonal versus intergroup social comparison. *Journal of Personality and Social Psychology*, *66*(2), 268–275.

Brinich, P., & Shelley, C. (2008). 自我与人格结构 (李波 译). 北京 : 北京大学医学出版社 ; 北京大学出版社 .

Bronfenbrenner, U. (1992). Ecological systems theory. In R. Vasrta (Ed.). *Six theories of child development: Revised formulations and current issues* (pp. 187–249). Jessica Kingsley Publishers.

Brown, J. D., Novick, N. J., Lord, K. A., & Richards, J. M. (1992). When Gulliver travels: Social context, psychological closeness, and self-appraisals. *Journal of Personality and Social Psychology*, *62*(4), 717–727.

Buhlmann, U., Teachman, B. A., Naumann, E., Fehinger, T., & Rief, W. (2009). The meaning of beauty: Implicit and explicit self-esteem and attractiveness beliefs in body dysmorphic disorder. *Journal of Anxiety Disorders*, *23*(5), 694–702.

Burns, R. (1982). *Self-concept development and education.* New York: Holt, Rinehart and Winston.

Burris, C. T., & Rempel, J. K. (2008). Me, myself, and us: Salient self-threats and relational connections. *Journal of Personality and Social Psychology, 95*(4), 944–961.

Bushman, B. J., & Huesmann, L. R. (2006). Short-term and long-term effects of violent media on aggression in children and adults. *Archives of Pediatrics and Adolescent Medicine, 160*(4), 348–352.

Bushman, B. J., Baumeister, R. F., & Stack, A. D.(1999). Catharisis, aggression, and persuative influence: Self-fulfilling or self-defeating prophecies?. *Journal of Personality and Social Psychology, 76*(3), 367–376.

Bushman, B. J., Baumeister, R. F., Thomaes, S., Ryu, E., Begeer, S., & West, S. G. (2009). Looking again, and harder, for a link between low self-esteem and aggression. *Journal of Personality, 77*(2), 427–446.

Buunk, B. P., Oldersma, F. L., & de Dreu, C. K. W. (2001). Enhancing satisfaction through downward comparison: The role of relational discontent and individual differences in social comparison orientation. *Journal of Experimental Social Psychology, 37*(6), 452–467.

Cacioppo, J. T. (1994). Social neuroscience: Antonomic, neuroendocrine, and immune responses to stress. *Psychophysiology, 31*(2), 113–128.

Cacioppo, J. T., Priester, J. R., & Bernston, G. G. (1993). Rudimentary determinants of attitudes: II. Arm flexion and extension have differential effects on attitudes. *Journal of Personality and Social Psychology, 65*(1), 5–17.

Cai, H., Yuan, J., Su, Z., Wang, X., Huang, Z., Jing, Y., & Yang, Z. (2022). Does economic growth raise happiness in china? A comprehensive reexamination. *Social Psychological and Personality Science*, *14*(3), 238–248.

Cameron, J. J., & Granger, S. (2019). Does self-esteem have an interpersonal imprint beyond self-reports? A meta-analysis of self-esteem and objective interpersonal indicators. *Personality and Social Psychology Review*, *23*(1), 73–102.

Carretié, L., Hinojosa, J. A., Mercado, F., & Tapia, M. (2005). Cortical response to subjectively unconscious danger. *Neuroimage*, *24*(3), 615–623.

Carstensen, L.L., & Mikels, J. A. (2005). At the intersection of emotion and cognition: Aging and the positivity effect. *Current Directions in Psychological Science*, *14*(3), 117–121.

Cartwright, D., & Zander, A. (1968). *Group dynamics: Research and theory* (3rd ed.). New York: Harper & Row.

Chambers, J. R., Windschitl, P. D., & Suls, J. (2003). Egocentrism, event frequency, and comparative optimism: When what happens frequently is "more likely to happen to me". *Personality and Social Psychology Bulletin*, *29*(11), 1343–1356.

Chamorro-Premuzic, T., & Furnham, A. (2003). Personality predicts academic performance: Evidence from two longitudinal university samples. *Journal of Research in Personality*, *37*(4), 319–338.

Chen, S., & Bargh, J. A. (1999). Consequences of automatic evaluation: Immediate behavioral predispositions to approach or avoid the stimulus. *Personality and Social Psychology Bulletin*, *25*(2), 215–224.

Chen, S., & Chaiken, S. (1999). The heuristic systematic model in its broader context. In S. Chaiken & Y. Trope (Eds.), *Dual-process theories in social psychology* (pp. 73–96). The Guilford Press.

Chen, S., Chen, K. Y., & Shaw, L. (2004). Self-verification motives at the collective level of self-definition. *Journal of Personality and Social Psychology*, *86*(1), 77–94.

Cheung, F. M. (1996). Development of the chinese personality assessment inventory. *Journal of Cross-cultural Psychology*, *27*(2), 181–199.

Chiu, C. Y., & Hong, Y. Y. (2006). *The social psychology of culture*. Hove: Psychology Press.

Cialdini, R. B., Brown, S. L., Lewis, B. P., Luce, C., & Neuberg, S. L. (1997). Reinterpreting the empathy-altruism relationship: When one into one equals oneness. *Journal of Personality and Social Psycholgy*, *73*(3), 481–494.

Clark, M. S., & Finkel, E. J. (2005). Willingness to express emotion: The impact of relationship type, communal orientation, and their interaction. *Journal Personality Relationships*, *12*(2), 169–180.

Clark, M. S., Mills, J., & Powell, M. C. (1986). Keeping track of needs in communal and exchange relationships. *Journal of Personality and Social Psychology*, *51*(2), 333–338.

Coccaro, E. F. (1989). Central serotonin and impulsive aggression. *British Journal of Psychiatry*, *155*(8), 52–62.

Coccaro, E. F., Kavoussi, R. J., & Lesser J. C. (1992). Selfand other-directed human aggression: The role of the central serotonergic system. *International Clinical Psychopharmacology*, *6*(6), 70–83.

Coccaro, E.F., McCloskey, M.S., Fitzgerald, D.A., & Phan, K. L. (2007). Amygdala and orbitofrontal reactivity to social threat in individuals with impulsive aggression. *Biological Psychiatry*, *62*(2), 168–178.

Cohen, D., & Nisbett, R. E. (1994). Self-protection and the culture of honor: Explaining southern violence. *Personality and Social Psychology Bulletin*, *20*(5), 551–567.

Cohen, S. (2004). Social relationships and health. *American Psychologist*, *59*(8), 676–684.

Cohen, S., & Lemay, E. P. (2007). Why would social networks be linked to affect and health practices? *Health Psychology*, *26*(4), 410–417.

Cohn, E. G., & Rotton, J. (1997). Assault as a function of time and temperature: A moderator-variable time-series analysis. *Journal of Personality and Social Psychology*, *72*(6), 1322–1334.

Coifman, K. G., Bonanno, G. A., Ray, R. D., & Gross, J. J. (2007). Does repressive coping promote resilience? Affective autonomic response discrepancy during bereavement. *Journal of Personality and Social Psychology*, *92*(4), 745–758.

Collins, R. L. (1996). For better or worse: The impact of upward social comparison on self-evaluations. *Psychological Bulletin*, *119*(1), 51–69.

Columbus, S., & Molho, C. (2022). Subjective interdependence and prosocial behaviour. *Current Opinion in Psychology*, *43*, 226–231.

Coxon, K. (2003).Empathy, intersubjectivity, and virtus. Halifax: Dalhousie University.

Cramer, D. (2002). Satisfaction with romantic relationships and a four-component model of conflict resolution. In S. P. Shohov (Ed.), *Advances in psychology research* (Vol. 16, pp. 129–137). NOVA Science Publishers.

Crano, W. D., & Alvaro, E. M. (1998). The context/comparison model of social influence: Mechanisms, structure, and linkages that underlie indirect attitude change. In M. Hewstone & W. Strobe (Eds.), *European review of social psychology, 8*(1), 175–202.

Crocker, J., & Major, B. (1989). Social stigma and self-esteem: The self-protective properties of stigma. *Psychological Review, 96*(4), 608–630.

Crocker. J., Major, B., & Steele, C. (1998). Social stigma. In D. T. Gilbert, S. T. Fiske & G. Lindzey (Eds.), *The Handbook of Social Psychology* (pp.504–553). McGraw-Hill.

Cross, S. E., & Madson, L. (1997). Models of the self: Self-construal and gender. *Psychological Bulletin, 122*(1), 5–37.

Csikszentmihalyi, M., & Larson, R. (1987). Validity and reliability of the experience-sampling method. *The Journal of Nervous and Mental Disease, 175*(9), 526–536.

Cuddy, A. J. C., Fiske, S. T., & Glick, P. (2004). When professionals become mothers, warmth doesn't cut the ice. *Journal of Social Issues, 60*(4), 701–718.

Cuddy, A. J. C., Fiske, S. T., & Glick, P. (2007). The bias map: Behaviors from intergroup affect and stereotypes. *Journal of Personality and Social Personality*, *92*(4), 631–648.

Cuddy, A. J. C., Fiske, S. T., & Glick, P. (2008). Warmth and competence as universal dimensions of social prception: The stereotypes content model and the bias map. In M. P. Zanna (Ed.), *Advances in Experimental Social Psychology* (Vol. 40, pp. 61–149). Elsevier Academic Press.

Cuddy, A. J. C., Fiske, S. T., Kawn, V. S. Y., Glick, P., Demoulin, S., Leyens, J. P., ... Ziegler, R. (2009). Stereotype content model across cultures: Towards universal similarities and some differences. *British Journal of Social Psychology*, *48*(1), 1–33.

Cunningham, W. A., Johnson, M. K., Gatenby, J. C., Gore, J. C., & Banaji, M. R. (2003). Neural components of social evaluation. *Journal of Personality and Social Psychology*, *85*(4), 639–649.

Cunningham, W. A., Johnson, M. K., Raye, C. L., Gatenby, J. C., Gore, J. C., & Banaji, M. R. (2004). Separable neural components in the processing of black and white faces. *Psychology Science*, *15*(12), 806–813.

Curhan, J. R., Elfenbein, H. A., & Xu, H. (2006). What do people value when they negotiate? Mapping the domain of subjective value in negotiation. *Journal of Personality and Social Psychology*, *91*(3), 493–512.

Custers, R., & Aarts, H. (2005). Positive affect as implicit motivator: On the nonconscious operation of behavioral goals. *Journal of Personality and Social Psychology*, *89*(2), 129–142.

Czopp, A. M., Monteith, M. J., & Mark, A. Y. (2006). Standing up for a change: Reducing bias through interpersonal confrontation. *Journal of Personality and Social Psychology, 90*(5), 784–803.

Damon, W., & Hart, D. (1982). The development of self-understanding from infancy through adolescence, *Child Development, 53*(4), 841–869.

Dang, J., & Liu, L. (2023). Does connectedness need satisfaction diminish or promote social goal striving? *Personality and Social Psychology Bulletin, 49*(6), 891–909.

David, B., & Turner, J. (1996). Studies in self-categorization and minority conversion: Is being a member of the out-group an advantage? *British Journal of Social Psychology, 35*(1), 179–199.

Davidson, K., MacGregor, M. W., Stuhr, J., Dixon, K., & MacLean, D. (2000). Constructive anger verbal behavior predicts blood pressure in a population-based sample. *Health Psychology, 19*(1), 55–64.

Davidson, R. J. (2002). Anxiety and affective style: Role of prefrontal cortex and amygdala. *Biological Psychiatry, 51*(1), 68–80.

Davidson, R. J., Ekman, P., Saron, C. D., Senulis, J. A., & Friesen, W. V. (1990). Approach-withdrawal and cerebral asymmetry: Emotional expression and brain physiology. *Journal of Personality and Social Psychology, 58*(2), 330–341.

Davies, P. G., Spencer, S. J., Quinn, D. M., & Gerhardstein, R.(2002). Consuming images: How television commercials that elicit stereotype threat can restrain women academically and professionally. *Personality and Social Psychology Bulletin, 28*(12), 1615–1628.

Davis, M. L.(1996). *Empathy: A social psychological approach*. London: Rout ledge Press.

Davis, M. H. (1996). *Empathy: A social psychological approach*. Boulder: Westview Press.

Day, D. V., Gronn, P., & Salas, E. (2004). Leadership capacity in teams. *The Leadership Quarterly, 15*(6), 857–880.

De Dreu, C. K. W., & Carnevale, P. J. D. (2003). Motivational bases for information processing and strategic in conflict and negotiation. In M.P. Zanna (Ed.), *Advances in Experimental Social Psychology* (Vol. 35, pp. 235-291). Elsevier Academic Press.

De Moura, G. R., Leader, T., Pelletier, J., & Abrams, D. (2008). Prospects for group processes and intergroup relations research: A review of 70 years' progress. *Group Processes and Intergroup Relations*, *11*(4), 575–596.

De Raedt, R., Franck, E., Fannes, K., & Verstraeten, E. (2008). Is the relationship between frontal eeg alpha asymmetry and depression mediated by implicit or explicit self-esteem? *Biological Psychology, 77*(1), 89–92.

de Vignemont, F., & Singer, T. (2006). The empathic brain: How, when and why? *Trends in Cognitive Science, 10*(10), 435–441.

Decety, J. (2021). Why empathy is not a reliable source of information in moral decision making. *Current Directions in Psychological Science, 30*(5), 425–430.

Decety, J., & Jackson, P. L. (2004). The functional architecture of human empathy. *Behavior and Cognitive Neuroscience Reviews, 3*(2),

71–100.

Decety, J., & Lamm, C. (2006). Human empathy through the lens of social neuroscience. *The Scientific World Journal, 6,* 1146–1163.

Decety, J., & Sommerville, J. A. (2003). Shared representations between self and other: A social cognitive neuroscience view. *Trends in Cognitive Science, 7*(12), 527–533.

Decety, J., Philip, L., & Jackson, P. L. (2006). A social-neuroscience perspective on empathy. *Current Directions in Psychological Science, 15*(2), 54–58.

Delgado, M. R., Gillis, M. M., & Phelps, E. A. (2008). Regulating the expectation of reward via cognitive strategies. *Nature Neuroscience, 11*(8), 880–881.

DeMarree, K. G., Petty, R. E., & Brinol, P. (2007). Self and attitude strength parallels: Focus on accessibility. *Social and Personality Psychology Compass, 1*(1), 441–468.

Denrell, J. (2005). Why most people disapprove of me: Experience sampling in impression formation. *Psychological Review, 112* (4), 951–978.

Devine, P. G. (1989). Stereotypes and prejudice: Their automatic and controlled components. *Journal of Personality and Social Psychology, 56*(1), 5–18.

Devito, J. A. (2003). *The Interpersonal Communication Book* (10th ed.). Neeaham Height: Allyn and Bacon.

DeWall, C. N., Twenge, J. M., Gitter, S. A., & Baumeister, R. F. (2009). It's the thought that counts: The role of hostile cognition in shaping aggressive responses to social exclusion. *Journal of Personality and Social Psychology, 96*(1), 45–59.

Dewitte, M., De Houwer, J. D., & Buysse, A. (2008). On the role of the implicit self-concept in adult attachment. *European Journal of Psychological Assessment, 24*(4), 282–289.

di Pellegrino, G., Fadiga, L., Fogassi, L., Gallese, V., & Rizzolatti, G. (1992). Understanding motor events: A neurophysiological study. *Experimental Brain Research, 91*(1), 176–180.

Diener, E., & Ryan, K. (2009). Subjective well-being: A general overview. *South African Journal of Psychology, 39*(4), 391–406.

Diener, E., & Tay, L.(2014). Review of the day reconstruction method (DRM). *Social Indicators Research, 116*(1), 255–267.

Dionne, S. D., Yammarino, F. J., Atwater, L. E., & James, L. R. (2002). Neutralizing substitutes for leadership theory: Leadership effects and common-source bias. *Journal of Applied Psychology, 87*(3), 454–464.

Domes, G., Heinrichs, M., Gläscher, J., Büchel, C., Braus, D. F., & Herpertz, S. C. (2007). Oxytocin attenuates amygdala responses to emotional faces regardless of valence. *Biological Psychiatry, 62*(10), 1187–1190.

Dovidio, J. F., Gaertner, S. L., Validzic, A., Matoka, A., Johnson, B., & Frazier, S. (1997). Extending the benefits of recategorization: Evaluations, self-disclosure, and helping. *Journal of Experimental Social Psychology, 33*(4), 401–420.

Dovidio, J. F., Piliavin, J.A., Schroeder, D.A., & Penner, L.A. (2006).

The social psychology of prosocial behavior. London: Lawrence Erlbaum Associates.

Dovidio, J.F., Gaertner, S.L., & Kawakami, K. (2003). Intergroup contact the past, present, and the future. *Group Process & Intergroup Relations*, *6*(1), 5–21.

Downing, P. E., Jiang, Y. H., Shuman, M., & Kanwisher, N. (2001). A cortical area selective for visual processing of the human body. *Science*, *293*(5539), 2470–2473.

Dugan, K. A., Khan, F., & Fraley, R. C. (2023). Dismissing attachment and global and daily indicators of subjective well-being: An experience sampling approach. *Personality and Social Psychology Bulletin*, *49*(8), 1197–1212.

Dunn, E. W., Aknin, L. B., & Norton, M. I. (2008). Spending money on others promotes happiness. *Science*, *319*(5870), 1687–1688.

Dvir, T., Eden, D., Avolio, B.J., & Shamir, B. (2002). Impact of transformational leadership on follower development and performance: A field experiment. *Academy of Management Journal*, *45*(4), 735–744.

Dweck, C. S., Chiu, C. Y., & Hong, Y. Y. (1995). Implicit theories and their role in judgments and reactions: A word from two perspectives. *Psychological Inquiry*, *6*(4), 267–285.

Eagly, A. H., & Chaiken, S. (1998). Attitude structure and functions. In D. T. Gilbert, S. T. Fiske & G. Lindzey (Eds.), *The handbook of social psychology* (4th ed) (pp.296–322). McGraw Hill.

Eagly, A. H., & Koenig, A. M. (2021). The vicious cycle linking stereotypes and social roles. *Current Directions in Psychological Science*, *30*(4), 343–350.

Egloff, B., Schmukle, .S C., Burns, L. R., & Schwerdtfeger, A. (2006). Spontaneous emotion regulation during evaluated speech tasks: Associations with negative affect, anxiety expression, memory, and physiological responding. *Emotion*, *6*(3) 356–366.

Eidelson, R. J., & Epstein, N. (1982). Cognition and relationship maladjustment: Development of a measure of dysfunctional relationship beliefs. *Journal of Consulting and Clinical Psychology*, *50*(5), 715–720.

Eisenberg, N. (2000). Emotion, regulation, and moral development. *Annual Review of Psychology*, *51*, 665–697.

Eisenberg, N. (2007). Empathy-related responding and prosocial behaviour. *Novartis Foundation Symposium*, *278*, 71–80.

Eisenberg, N., & Fabes, R. A. (1991). Prosocial behavior and empathy: A multimethod developmental perspective. In M. S. Clark (Ed.), *Prosocial behavior* (Vol. 12, pp. 34–61). Sage Pubications.

Eisenberg, N., & Strayer, J. (1987). Critical issues in the study of empathy. In N. Eisenberg & J. Strayer (Eds.), *Empathy and its development* (pp.3–13). Cambridge University Press.

Eisenberger, N. I. (2004). Identifying the neural correlates underlying social pain: Implications for developmental processes. *Human Development*, *49*, 273–293.

Eisenberger, N. I., & Lieberman, M. D. (2004). Why rejection hurts: A common neural alarm system for physical and social pain. *Trends in Cognitive Sciences, 8*(7), 294–300.

Eisenberger, N. I., & Lieberman, M. D. (2005). Why it hurts to be left out: The neurocognitive overlap between physical and social pain. In K. D. Williams, J. P. Forgas & W von Hippel (Eds.), *The social outcast: Ostracism, social exclusion, rejection, and bullying (*pp.109–127). Psychology Press.

Eisenberger, N. I., Jarcho, J. M., Lieberman, M. D., & Naliboff, B. D. (2006). An experimental study of shared sensitivity to physical pain and social rejection. *Pain, 126*(1–3), 132–138.

Eisenberger, N. I., Lieberman, M. D., & Williams, K. D. (2003). Does rejection hurt? An fMRI study of social exclusion. *Science, 302*(5643), 290–292.

Elder, J., Cheung, B., Davis, T., & Hughes, B. (2020). Mapping the self: A network approach for understanding psychological and neural representations of self-concept structure. *Journal of Personality and Social Psychology, 124*(2), 237–263.

Ellemers, N., Spears, R., & Doosje, B. (2002). Self and social identity. *Annual Review of Psychology, 53*, 161–186.

Elliot, A. J., & Niesta, D. (2008). Romantic red: Red enhances men's attraction to women. *Journal of Personality and Social Psychology, 95*(5), 1150–1164.

Elliot, A. J., & Covington, M. V. (2001). Approach and avoidance motivation. *Educational Psychology Review, 13*(2), 73–92.

Emery, L. F., & Finkel, E. J. (2022). Connect or protect? Social class and self-protection in romantic relationships. *Journal of Personali-*

ty and Social Psychology, 122(4), 683–699.

Epley, N. (2008). Solving the (real) other minds problem. *Social and PersonalityPsychology Compass, 2*(3), 1455–1474.

Epley, N., & Caruso, E. M. (2009). Perspective taking: Misstepping into others' shoes. In K. D. Markman, W. M. P. Klein & J. A. Suhr (Eds.), *Handbook of imagination and mental simulation* (pp. 295–309). Psychology Press.

Epley, N., & Gilovich, T. (2006). The anchoring-and-adjustment heuristic. *Psychological Science, 17*(4), 311–318.

Epley, N., Caruso, E. M., & Bazerman, M. H. (2006). When perspective taking increases taking: Reactive egoism in social interaction. *Journal of Personality and Social Psychology, 91*(5), 872–889.

Epley, N., Morewedge, C. K., & Keysar, B. (2004). Perspective taking in children and adults: Equivalent egocentrism but differential correction. *Journal of Experimental Social Psychology, 40*(6), 760–768.

Erikson, E. H. (1968). *Identity: Youth and crisis*. New York: Norton.

Esse, V.M., Dovidio, J.F., Jackson, L.M., & Armstrong, T.L. (2001). The immigration dilemma: The role of perceived group competition, ethnic prejudice, and national identity. *Journal of Social Issues, 57*(3), 389–412.

Estroff, S. E., Penn, L. D., & Toporek, R. J. (2004). From stigma to discrimination: An analysis of community efforts to reduce the negative consequences of having a psychiatric disorder and label. *Schizophrenia Bulletin, 30*(3), 493–509.

Falk, C. F., Heine, S. J., Yuki, M., & Takemura, K. (2009). Why do westerner self-enhance more than east asians? *European Journal of Personality*, *23*(3), 183–203.

Fals-Stewart, W., Leonard, K. E., & Birchler, G. R. (2005). The occurrence of male-to-female intimate partner violence on days of men's drinking: The moderating effects of antisocial personality disorder. *Journal of Consulting and Clinical Psychology, 73*(2), 239–248.

Fan, Y., & Han, S. (2008).Temporal dynamic of neural mechanisms involved in empathy for pain: An event-related brain potential study. *NeuroPsychologia, 46*(1), 160–173.

Fazion, R. H., & Olson, M. A. (2003). Implicit measures in social cognition research: Their meaning and uses. *Annual Review Psychology*, *54*, 297–327.

Feeney, B. C. (2007). The dependency paradox in close relationships: Accepting dependence promotes independence. *Journal of Personality and Social Psychology*, *92*(2), 268–285.

Feshbach, N. D. (1987). Parental empathy and child adjustment/maladjustment. In N. Eisenberg & J. Strayer (Eds), *Empathy and Its Development* (pp. 271–291), Cambridge University Press.

Finkel, E. J., Cheung, E. O., Emery, L. F., Carswell, K. L., & Larson, G. M. (2015). The suffocation model: Why marriage in america is becoming an all-or-nothing institution. *Current Directions in Psychological Science, 24*(3), 238–244.

Fischer, R., & Van de Vliert, E. (2011). Does climate undermine subjective well-being? A 58-nation study. *Personality and Social Psychol-*

ogy Bulletin*, *37*(8), 1031–1041.

Fisher, T. D., & McNulty, J. K. (2008). Neuroticism and marital satisfaction: The mediating role played by the sexual relationship. *Journal of Family Psychology*, *22*(1), 112–122.

Fiske, S. T., & Taylor, S. E. (1991). *Social cognition*. New York: McGraw-Hill.

Fiske, S. T., & Taylor, S. E. (2007). *Social cognition: From brains to culture* (2nd ed.). New York: McGraw-Hill.

Fiske, S. T., Cuddy, A. J. C., Glick, P., & Xu, J. (2002). A Model of (often mixed) stereotype content: Competence and warmth respectively follow from perceived status and competition. *Journal of Personality and Social Psychology*, *82*(6), 878–902.

Fite, J. E., Bates, J. E., Holtzworth-Munroe, A., Dodge, K. A., Nay, S. Y., & Pettit, G. S. (2008). Social information processing mediates the intergenerational transmission of aggressiveness in romantic relationships. *Journal of Family Psychology*, *22*(3), 367–376.

Forero, R. M. (2005). Why do they return? Psychological determinants of the battered woman's decision to return to the batterer. *Dissertation Abstracts International: Section A. Humanities and Social Sciences, 65*(12A), 4720.

Forgas, J. P. (1995). Mood and judgment: The affect infusion model (AIM). *Psychological Bulletin*, *117*(1), 39–66.

Forgas, J. P. (Eds). (2001). *Handbook of affect and social cognition*. Lawrence Erlbaum Associates.

Förster, J., & Strack, F. (1998). Motor actions in retrieval of valenced information. II: Boundary conditions for motor congruence effects. *Perceptual and Motor Skills, 86*(3, pt 2), 1423–1426.

Frable, D. E., Platt, L., & Hoey, S. (1998). Concealable stigmas and positive self-perceptions: Feeling better around similar others. *Journal of Personality and Social Psychology, 74*(4), 909–922.

Fredrickson, B. L., Cohn, M. A., Coffey, K. A., Pek, J., & Finkel, S. M. (2008). Open hearts build lives: Positive emotions, induced through loving-kindness meditation, build consequential personal resources. *Journal of Personality and Social Psychology, 95*(5), 1045–1062.

Frith, C. D. (2006). Empathic neural responses are modulated by the perceived fairness of others. *Nature, 439*(7075), 466–469.

Frith, C. D., & Frith, U. (1999). Interacting minds—a biological basis. *Science, 286*(5445), 1692–1695.

Frith, U., & Frith, C. D. (2003). Development and neurophysiology of mentalizing. *Philosophical Transactions of the Royal Society of London. Series B: Biological Sciences, 358*(1431), 459–473.

Fritz, H. L., & Helgeson, V. S. (1998). Distinctions of unmitigated communion from communion: Self-neglect and overinvolvement with others. *Journal of Personality and Social Psychology, 75*(1), 121–140.

Funder, D. C. (1995). On the accuracy of personality judgment: A realistic approach. *Psychological Review, 102*(4), 652–670.

Gable, S. L., & Haidt, J. (2005). What (and why) is positive psychology?. *Review of General Psychology, 9*(2), 103–110.

Gable, S. L., Reis, H. T., & Elliot, A. J. (2000). Behavioral activation and inhibition in everyday life. *Journal of Personality and Social Psychology, 78*(6), 1135–1149.

Gaertner, S. L., & Dovidio, J. F. (1986). The aversive form of racism. In J. F. Dovidio, & S. L. Gaertner. (Eds.), *Prejudice, discrimination, and racism* (pp. 61–89). Academic Press.

Gaertner, S. L., Dovidio, J. F., Anastasio, P. A., Bachman, B. A., & Rust, M. C. (1993). Reduction of intergroup bias: The common ingroup identity model. *European Review of Social Psychology, 4*, 1–26.

Galinha, I. C., Oishi, S., Pereira, C., Wirtz, D., & Esteves, F. (2013). The role of personality traits, attachment style, and satisfaction with relationships in the subjective well-being of americans, portuguese, and mozambicans. *Journal of Cross-Cultural Psychology, 44*(3), 416–437.

Galinsky, A. D., & Kray, L. J. (2004). From thinking about what might have been to sharing what we know: The effects of counterfactual mind-sets on information sharing in groups. *Journal of Experimental Social Psychology, 40*, 606–618.

Gallop, G. G. (1970). Chimpanzees: Self-recognition. *Science, 167*(3914), 86–87.

Garcia, S.M., Weaver, K., Moskowitz, G.B., & Darley, J.M. (2002). Crowded minds: The implicit bystander effect. *Journal of Personality and Social Psychology, 83*(4), 843–853.

Gardner, W. L., Pickett, C. L., Jefferis, V., & Knowles, M. (2005). On the outside looking in: Loneliness and social monitoring. *Personality and Social Psychology Bulletin, 31*(11), 1549–1560.

Gauthier, I., Tarr, M. J., Anderson, A. W., Skudlarski, P., & Gore, J. C. (1999). Activation of the middle fusiform "face area" increase with expertise in recognizing novel objects. *Nature Neuroscience, 2*(6), 568–573.

Gawronski, B. (2004). Theory-based bias correction in dispositional inference: The fundamental attribution error is dead, long live the correspondence bias. *European Review of Social Psychology, 15*, 183–217.

Gawronski, B., & Bodenhausen, G. V. (2006). Associative and propositional processes in evaluation: An integrative review of implicit and explicit attitude change. *Psychological Bulletin, 132*(5), 692–731.

Gelfand, M. J., Erez, M., & Aycan, Z. (2007). Cross-cultural organizational behavior. *Annual Review of Psychology, 58*, 479–514.

Geschwind, N., Peeters, F., Drukker, M., Van OS, J., & Wichers, M. (2011). Mindfulness training increases momentary positive emotions and reward experience in adults vulnerable to depression: A randomized controlled trial. *Journal of Consuling Clinical Psychology, 79*(5), 618–628.

Gillath, O., Bunge, S. A., Shaver, P. R., Wendelken, C., & Mikulincer, M. (2005). Attachment style differences and ability to suppress negative thoughts: Exploring the neural correlates.*NeuroImage, 28*(4), 835–847.

Gilovich, T., Medvec, V. H., & Savitsky, K. (2000). The spotlight effect in social judgment: An egocentric bias in estimates of the salience of one's own actions and appearance. *Journal of Personality and*

Social Psychology, 78(2), 211–222.

Glick, P., & Fiske, S. T. (2001). An ambivalent alliance: Hostile and benevolent sexism as complementary justifications for gender inequality. *The American Psychologist, 56*(2), 109–118.

Goffman, E. (1963). *Stigma: Notes on the management of spoiled identity.* New York: Prentice-Hall.

Goldin, P. R., McRae, K., Rame, l. W., & Gross, J. J. (2008). The neural bases of emotion regulation: Reappraisal and suppression of negative emotion. *Biological Psychiatry, 63*(6), 577–586.

Goldner, V. (2004). When love hurts: Treating violent relationships. *Psychoanalytic Inquiry, 24*(3), 346–372.

Gonzaga, G. C., Turner, R. A., Keltner, D., Campos, B., & Altemus, M. (2006). Romantic love and sexual desire in close relationships. *Emotion, 6*(2), 163–179.

Gotlib, I. H., Sivers, H., Gabrieli, J. D., Whitfiold-Gabrieli, S., Golddin, P., Minor, K. L., & Canli, T. (2005). Subgenual anterior cingulate activation to valenced emotional stimuli in major depression. *Neuroreport, 16*(16), 1731–1734.

Gottfried, J. A., O'Doherty, J., & Dolan, R. J. (2003). Encoding predictive reward value in human amygdala and orbitofrontal cortex. *Science, 301*(5636), 1104–1107.

Gouveia, V., & Clemente, M. (2003). The horizontal and vertical attributes of individualism and collectivism in a spanish population. *The Journal of Social Psychology, 143*(1), 43–63.

Greenberg, J., Solomon, S., & Psyzczynski, T. (1997). Terror management theory of self esteem and cultural worldviews: Empirical assessments and conceptual refinements. *Advances in Experimental Social Psychology*, *29*, 61–139.

Greenwald, A. G., & Banaji, M. R. (1995). Implicit social cognition: Attitudes, self esteem, and stereotypes. *Psychological Review*, *102*(1), 4–27.

Greenwald, A. G., & Farnham, S. D. (2000). Using the implicit association test to measure self-esteem and self-concept. *Journal of Personal and Social Psychology*, *79*(6), 1022–1038.

Greenwald, A. G., Cohen, J. D., & Schwartz, J. L. K. (1998). Measuring individual differences in implicit cognition: The implicit association test. *Journal of Personality and Social Psychology*, *74*(6), 1464–1480.

Greenwald, A, G., & Pratkanis, A. R, (1984). The self. In R.S.Wyer & T. K. Srull (Eds), *Handbook of social cognition* (Vol. 3, pp. 129–178). Lawrence Erlbaum Associates Publishers.

Grèzes, J., & Decety, J. (2004). Functional anatomy of execution, mental simulation, observation, and verb generation of actions: A meta-analysis. *Human Brain Mapping*, *12*(1), 1–19.

Grosbras, M. H., & Paus, T. (2006). Brain networks involved in viewing angry hands or faces. *Cerebral Cortex*, *16*(8), 1087–1096.

Gross, J. J. (2002). Emotion regulation: Affective, cognitive, and social consequences. *Psychophysiology*, *39*(3), 281–291.

Gross, J. J. (2007). *Handbook of Emotion Regulation*. New York: Guilford Press.

Gross, J. J., & Thompson, R. A. (2007). Emotion regulation: Conceptual foundations. In J. J. Gross (Ed.). *Handbook of Emotion Regulation* (pp. 3–24). Guilford Press.

Gross, J. J., Richards, J. M., & John, O. P. (2006). Emotion regulation in everyday life. In D. K. Snyder, J. Simpson & J. N. Hughes (Eds.), *Emotion regulation in couples and families: Pathways to dysfunction and health* (pp. 13–35). American Psychological Association.

Grumm, M., & von Collani, G. (2007). Measuring big-five personality dimensions with the implicit association test-Implicit personality traits or self-esteem? *Personality and Individual Differences*, *43*(8), 2205–2217.

Guimond, S., Branscombe, N. R., Brunot, S., Buunk, A., Chatard, A., Désert, M., Garcia, D. M., Haque, S., Martinot, D., & Yzerbyt, V. (2007). Culture, gender, and the self: Variations and impact of social comparison processes. *Journal of Personality and Social Psychology*, *92*(6), 1118–1134.

Gündel, H., O'Connor, M. F., Littrell, L., Fort, C., & Lane, R. D. (2003). Functional neuroanatomy of grief: An fMRI study. *The American Journal of Psychiatry*, *160*(11), 1946–1953.

Gundersen, L. (2002). Intimate partner violence: The need for primary prevention in the community. *Annals of Internal Mediciine*, *136*(8), 637.

Haas, B. W., Omura, K., Constable, R. T., & Canli, T. (2007). Isautomatic emotion regulation associated with agreeableness? A perspective using a social neuroscience approach. *Psychological Science*,

18(2), 130–132.

Haidt, J. (2003). The moral emotions. In R. J. Davidson, K. R. Scherer & H. H. Goldsmith (Eds.), *Handbook of affective sciences* (pp. 852–870). Oxford University Press.

Hall, J. A., Coats, E. J., & LeBeau, L. S. (2005). Nonverbal behavior and the vertical dimension of social relations: A meta-analysis. *Psychological Bulletin, 131*(6), 898–924.

Hamachek, D. (2000). Dynamics of self-understanding and self-knowledge: Acquisition, advantages and relation to emotional intelligence. *Journal of Humanistic Counseling, Education, and Development, 38*(4), 230–242.

Harmon-Jones, E., & Allen, J. J. B. (1997). Behavioral activation sensitivity and resting frontal EEG asymmetry: Covariation of putative indicators related to risk for mood disorders. *Journal of Abnormal Psychology, 106*(1), 159–163.

Harrell, S. P. (2000). A multidimensional conceptualization of racism-related stress: Implications for the well-being of people of color. *American Journal of Orthopsychiatry, 70*(1), 42–57.

Harris, M. A., & Orth, U. (2020). The link between self-esteem and social relationships: A meta-analysis of longitudinal studies. *Journal of Personality and Social Psychology, 119*(6), 1459–1477.

Hart, A. J., Whalen, P. J., Shin, L. M., McInerney, S. C., Fischer, H., & Rauch., S. L. (2000). Differential response in the human amygdala to racial outgroup vs ingroup face stimuli. *Neuroreport, 11*(11), 2351–2355.

Hartel, C. J., Ashkanasy, N. M., & Zerbe W. (Eds). (2004). What an emotions perspective of organizational behavior offers. *Emotions in Organizational Behavior*. Erlbaum.

Harter, S. (2012). *The construction of the self: Developmental and sociocultural foundations*. New York: The Guilford Press.

Haxby, J. V., Hoffman, E. A., & Gobbini, M. I. (2000). The distributed human neural system for face perception. *Trends in Cognitive Science*, *4*(6), 223–233.

Hebl, M. R., & Kleck, R. E. (2000).The social consequences of physical disability. In T. F. Heatherton, R. E. Kleck, M. R. Hebl & J. G. Hull (Eds.), *The social psychology of stigma* (pp. 419–439). The Guilford Press.

Hein, G., & Singer, T. (2008). I feel how you feel but not always: The empathic brain and its modulation. *Current Opinion in Neurobiology*, *18*(2), 153–158.

Heine, S. J., & Hamamura, T. (2007). In search of east asian self-enhancement. *Personality and Social Psychology Review*, *11*(1), 4–27.

Heine, S. J., Kitayama, S., Lehman, D. R., Leung, E. L., Kitayama, S., Takata, T., & Matsumoto, H. (2001). Divergent consequences of success and failure in japan and north america: An investigation of self-improving motivations and malleable selves. *Journal of Personality and Social Psychology*, *81*, 599–615.

Heinrichs, M., & Domes, G. (2008). Neuropeptides and social behavior: Effects of oxytocin and vasopressin in humans. *Progress in Brain Research*, *170*, 337–350.

Henry, R. A., Kmet, J., Desrosiers, E., & Landa, A. (2002). Examining the impact of interpersonal cohesiveness on group accuracy interventions: The importance of matching versus buffering. *Organizational Behavior and Human Decision Processes, 87*(1), 25–43.

Hertel, G., Kerr, N. L., & Messé, L. A. (2000). Motivation gains in performance groups: Paradigmatic and theoretical developments on the Köehler effect. *Journal of Personality and Social Psychology, 79*(4), 580–601.

Hewstone, M., Rubin, M., & Willis, H. (2002). Intergroup bias. *Annual Review of Psychology, 53*, 575–604.

Higgins, E. T. (1997). Beyond pleasure and pain. *American Psychologist, 52*(12), 1280–1300.

Higgins, E. T. (1998). Promotion and prevention: Regulatory focus as a motivational principle. In M. P. Zanna (Ed.), *Advances in experimental social psychology* (Vol. 30, pp. 1–46). Academic Press.

Higgins, E. T. (1999). When do self-discrepancies have specific relations to emotions? The second-generation question of Tangney, Niedenthal, Covert, and Barlow (1998). *Journal of Personality and Social Psychology, 77*(6), 1313–1317.

Hinsz, V. B., Tindale, R. S., & Vollrath, D. A. (1997). The emerging conceptualization of groups as information processors. *Psychological Bulletin, 121*(1), 43–64.

Hirschberger, G., Tsachi Ein-Dor & Almakias, S.(2008).The self-protective altruist: Terror management and the ambivalent nature of prosocial behavior. *Personality and Social Psychology Bulletin, 34*(5),

666–678.

Ho, D. Y. F. (1998). Interpersonal relationships and relationship dominance: An analysis based on methodological relationalism. *Asian Journal of Social Psychology*, *1*(1), 1–16.

Hodges, B. H., & Geyer, A. L. (2006). A nonconformist account of the Asch experiments: Values, pragmatics, and moral dilemmas. *Personality and Social Psychology Review*, *10*(1), 2–19.

Hoffman, M. L.(2000). *Empathy and moral development: Implications for caring and justice*. London: Cambridge University Press.

Hoffman, M. L. (1991). Empathy, social cognition and moral action. In W. M. Kurtines & J. L. Gewirtz (Eds.), *Handbook of moral behavior and development*. Lawrence Erlbaum Associates.

Hoffman, M. L.(2001). *Empathy and moral development Implications for caring and justice*. New York: Cambridge University Press.

Hogan, D.(1969). Development of an empathy scale. *Journal of Consulting and Clinical Psychology*, *33*(3), 307–316.

Hogg, M. A. (2000). Subjective uncertainty reduction through self-categorisation: A motivational theory of social identity process. *European Review of Social Psychology*, *11*(1), 223–255.

Hogg, M. A. (2001). A social identity theory of leadership. *Personality and Social Psychology Review*, *5*(3), 184–200.

Hogg, M. A., & Abrams, D. (1988). *Social identifications: Asocial psychology of intergroup relations and group processes*. London: Routledge.

Holden, R. R., & Kroner, D. G. (2003). Differentiating suicidal motivations and manifestations in a forensic sample. *Canadian Journal of Behavioural Science, 35*(1), 35–44.

Holden, R. R., Mehta, K., Cunningham, E. J., & McLeod, L. D. (2001). Development and preliminary validation of a scale of psychache. *Canadian Journal of Behavioural Science, 33*(4), 224–232.

Holden, R. R., Mehta, K., Cunningham, E. J., & McLeod, L. D. (2001). Development and preliminary validation of a scale of psychache. *Canadian Journal of Behavioural Science, 33*(4), 224–232.

Hong, Y., Yang, Y., & Chiu, C. (2010). What is chinese about chinese psychology? Who are the chinese in chinese psychology? In M. H. Bond (Ed.), *The Oxford handbook of Chinese psychology* (pp.19–29). Oxford University Press.

Hopkins, N., Reicher, S., Harrison, K., Cassidy, C., Bull, R., & Levine, M. (2007). Helping to improve the group stereotype: On the strategic dimension of prosocial behavior. *Personality and Social Psychology Bulletin, 33*(6), 776–788

Ickes, W.(1993). Empathic accuracy. *Journal of Personality, 61*(4), 587–610.

Impett, E. A., Gable, S. L., & Peplau, L. A. (2005). Giving up and giving in: The costs and benefits of daily sacrifice in intimate relationships. *Journal of Personality and Social Psychology, 89*(3), 327–344.

Impett, E. A., Strachman, A., Finkel, E. J., & Gable, S. L. (2008). Maintaining sexual desire in intimate relationships: The importance of approach goals. *Journal of Personality and Social Psychology,*

94(5), 808–823.

Isaacowitz, D. M., Wadlinger, H. A., Goren, D., & Wilson, H. R. (2006). Is there an age related positivity effect in visual attention? A comparison of two methodologies. *Emotion*, *6*(3), 511–516.

Iyer, A., & Jetten, J. (2023). Disadvantaged-group members' experiences of life transitions: The positive impact of social connectedness and group memberships. *Current Directions in Psychological Science*, *32* (2), 91–97.

Jack, D. C., & Dill, D.(1992). The silencing the self scale: Schemas of intimacy associated with depression in women. *Psychology of Women Quarterly*, *16*(1), 97–106.

Jackson, P. L., Brunet, E., Meltzoff, A. N., & Decety, J.(2006). Empathy examined through the neural mechanisms involved in imagining how I feel versus how you feel pain. *Neuropsychologia, 44*(5), 752–761.

Jackson, P. L., Meltzoff, A. N., & Decety, J. (2005).How do we perceive the pain of others? A window into the neural processes involved in empathy. *Neuroimage*, *24*(3), 771–779.

James, W. (1890). *The Principles of Psychology*. New York: Dover Publications.

Jeannerod, M.(1999). To act or not to act: Perspectives on the representation of actions. *The Quarterly Journal of Experimental Psychology*, *52A*(1), 1–29.

Jerrim, J., Parker, P. D., & Shure, N. (2023). The big-fish-little-pond effect and overclaiming. *International Journal of Educational Re-*

search, *121*, 1–15.

Ji, L. J., Peng, K. P., & Nisbett, R. E. (2000). Culture, control, and perception of relationships in the environment. *Journal of Personality and Social Psychology*, *78*(5), 943–955.

Jie, S., Ying, Z., & Chiu, C. Y. (2007). Bicultural mind, self-construal, and self-and mother-reference effects: Consequences of cultural priming on recognition memory. *Journal of Experimental Social Psychology*, *43*(5), 818–824.

Johnson, S. C., Baxter, L. C., Wilder, L. S., Pipe, J. G., Heiserman, J. E., & Prigatano, G. P. (2002). Neural correlates of self-reflection. *Brain: A Journal of Neurology*, *125*(8), 1808–1814.

Johnson, S. C., Schmitz, T. W., Kawahara-Baccus, T. N., Rowley, H. A., Alexander, A. L., Lee, J., & Davidson, R. J. (2005). The cerebral response during subjective choice with and without self-reference. *Journal of Cognitive Neuroscience*, *17*(12), 1897–1906.

Jones, E. E., & Nisbett, R. E. (1971). The actor and the observer: Divergent perceptions of the causes of behavior. In E. E. Jones, D. E. Kanouse, H. H. Kelley, R. E. Nisbett, S. Vallins & B. Weiner (Eds.), *Attribution: Perceiving the causes of behavior* (pp. 79–94). Lawrance Erlbaum Associates.

Jost, J. T., & Kramer, R. M. (2002). The system justification motive in intergroup relations. In D. M. Mackie & E. R. Smith (Eds.), *From prejudice to intergroup emotions: Differentiated reactions to social groups* (pp. 227–245). Psychology Press.

Jostmann, N. B., Koole, S. L., van der Wulp, N. Y., & Fockenberg, D. A.

(2005). Subliminal affect regulation: The moderating role of action vs. state orientation. *European Psychologist*, *10*(3), 209–217.

Kahneman, D., & Tversky, A. (1982). The simulation heuristic. In D. Kahneman, P. Slovic & A. Tversky (Eds.), *Judgment under uncertainty: Heuristics and biases* (pp. 201–208). Cambridge University Press.

Kahneman, D., Krueger, A. B., Schkade, D. A., Schwarz, N., & Stone, A. (2004). A survey method for characterizing daily life experience: The day reconstruction method. *American Association for the Advancement science.* *36*(5702), 1776–1780.

Kaiser, C. R., & Miller, C. T. (2001). Stop complaining! The social costs of making attributions to discrimination. *Personality and Social Psychology Bulletin*, *27*(2), 254–263.

Kalichman, S. C., & Nachimson, D. (1999). Self-efficacy and disclosure of HIV-positive serostatus to sex partners. *Health Psychology*, *18*(3), 281–287.

Kalisch, R., Wiech, K., Critchley, H. D., Seymour, B., O'Doherty, J. P., Oakley, D. A., Allen, P., & Dolan, R. J. (2005). Anxiety reduction through detachment: Subjective, physiological, and neural effects. *Journal of Cognitive Neuroscience*, *17*(6), 874–883.

Karantzas, G. C., Simpson, J. A., & Haslam, N. (2023). Dehumanization: Beyond the intergroup to the interpersonal. *Current Directions in Psychological Science*, *32*(6), 501–507.

Karau, S. J., & Kelly, J. R. (1992). The effects of time scarcity and time abundance on group performance quality and interaction process.

Journal of Experimental Social Psychology, 28(6), 542–571.

Karau, S. J., & Williams, K. D. (1993). Social loafing: A meta-analytic review and theoretical integration. *Journal of Personality and Social Psychology, 65*(4), 681–706.

Karremans, J.C., & Aart, H. (2007). The role of automaticity in determining the inclination to forgive close other. *Journal of Experimental Social Psychology, 43*(6), 902–917.

Kasser, T., & Ryan, R. M. (1993). A dark side of the American dream: Correlates of financial success as a central life aspiration. *Journal of Personality and Social Psychology, 65*(2), 410–422.

Katz, I., Wackenhut, J., & Hass, R. G. (1986). Racial ambivalence, value duality, and behavior. In J. F. Dovidio & S. L. Gaertner (Eds.), *Prejudice, discrimination, and racism* (pp. 35–60). Academic Press.

Kavetsos, G., & Koutroumpis, P. (2011). Technological affluence and subjective well-being. *Journal of Economic Psychology, 32*(5), 742–753.

Kawada, C. L. K., Oettingen, G., Gollwitzer, P. M., & Bargh, J. A. (2004). The projection of implicit and explicit goals. *Journal of Personality and Social Psychology, 86*(4), 545–559.

Keenan, J. P., Nelson, A., O' Connor, M., & Pasual-Leone, A. (2001). Self-recognition and the right hemisphere. *Nature, 409*, 305.

Kelley, H. H. (1973). The processes of causal attribution. *American Psychologist, 28*(2), 107–128.

Kelley, H. H., & Thibaut, J. W. (1978).*Interpersonal relations: A theory of interdependence*. John Wiley & Sons.

Keltikangas-Järvinen, L. (2006). Aggressive behavior and social problem-solving strategies: A review of the findings of a seven-year follow-up from childhood to late adolescence. *Criminal Behaviour and Mental Health, 11*(4), 236–250.

Keltner, D., & Buswell, B. N. (1997). Embarrassment: Its distinct form and appeasement functions. *Psychological Bulletin, 122*(3), 250–270.

Kenny, D. A., & Acitelli, L. K. (1994). Measuring similarity in couples. *Journal of Family Psychology, 8*(4), 417–431.

Kenworth, J.B., Turner, R.N., Hewstone, M., & Voci, A. (2005). Intergroup contact: When does it work, and why? In J.F. Dovidio, P. Glick & L. A. Rudman (Eds.), *On the nature of prejudice: Fifty years after allport* (pp.278–292). Blackwell Publishing.

Kerr, N. L., & Tindale, R. S. (2004). Group performance and decision making. *Annual Review of Psychology, 55*, 623–625.

Keysar, B. (2007). Communication and miscommunication: The role of egocentric processes. *Intercultural Pragmatics, 4*(1), 71–84.

Kihlstrom, J. F. (2004). Is there a "people are stupid" school in social psychology?. *Behavioral and Brain Sciences, 27*(3), 348.

Kim, J. W., Kim, S. E., Kim, J. J., Jeong, B., Park, C. H., Son, A. R., Song, J. E., & Ki, S. W. (2009). Compassionate attitude towards others' suffering activates the mesolimbic neural system. *Neuropsychologia, 47*(10), 2073–2081.

Kim-Prieto, C., Diener, Ed., Tamir, M., Scollon, C. N., &Diener, M.

(2005). Integrating the diverse definitions of happiness: A time-sequential framework of subjective well-being. *Journal of Happiness Studies*, *6*(3), 261–300.

Klein, S. B., Consmides, L., Costabile, K. A., & Mei, L. (2002). Is there something special about the self? A neuropsychological case study. *Journal of Research in Personality*, *36*(5), 490–506.

Klein, S. B., Rozendal, K., & Cosmides, L. (2002). A social-cognitive neuroscience analysis of the self. *Social Cognition*, *20*(2), 105–135.

Knee, C. R. (1998). Implicit theories of relationships: Assessment and prediction of romantic relationship initiation, coping, and longevity. *Journal of Personality and Social Psychology*, *74*(2), 360–370.

Knutson, K. M., Wood, J. N., Spampinato, M. V., & Grafman, J. (2006). Politics on the brain: An fMRI investigation. *Social Neuroscience*, *1*(1), 25–40.

Kochanska, G., Gross, J. N., Lin, M., & Nichols, K. E. (2002). Guilt in young children: Development, determinants, and relations with a broader system of standards. *Child Development*, *73*(2), 461–482.

Kosslyn, S. M., & Koenig, O. (1992). *Wet mind: The new cognitive neuroscience.* New York: Free Press.

Kozlowski, S.W.J., & llgen, D.R.(2006). Enhancing the effectiveness of work groups and teams. *Psychological Science in the Public Interest. 7*(3). 77–124.

Krizan, Z., & Suls, J. (2009). Implicit self-esteem in the context of trait models of personality. *Personality and Individual Differences*, *46*(5–6), 659–663.

Krueger, J. I., & Funder, D. C. (2004). Towards a balanced social psychology: Causes, consequences and cures for the problem-seeking approach to social behavior and cognition. *Behavioral and Brain Sciences*, *27*(3), 313–327.

Kurzban, R., & Leary, M. R. (2001).Evolutionary origins of stigmatization: The functions of social exclusion. *Psychological Bulletin*, *127*(2), 187– 208.

Lam, P. Y. (2002). As the flocks gather: How religion affects voluntary association participation. *Journal for the Scientific Study of Religion. 41*, 405– 422.

Lamm, C., Batson, C. D., & Decety, J. (2007). The neural substrate of human empathy: Effects of perspective-taking and cognitive appraisal. *Journal of Cognitive Neuroscience*, *19*(1), 42–58.

Lane, J. D., & Wegner, D. M. (1995). The cognitive consequences of secrecy. *Journal of Personality and Social Psychology*, *69*(2), 237– 253.

Larry, J., & Siever, M.D. (2008). Neurobiology of aggression and violence. *The American Journal of Psychiatry*, *165*(4), 429–442.

Larsen, R. J., & Buss, D. M. (2002). *Personality psychology: Domains of knowledge about human nature.* New York: McGraw-Hill.

Larson, J. R., Christensen, C., Abbott, A. S., & Franz, T. M. (1996). Diagnosing groups: Charting the flow of information in medical decision making teams. *Journal of Personality and Social Psychology*, *71*(2), 315–330.

Latané, B., & Darley, J. M. (1970). *The unresponsive bystander: Why doesnt't he help?*. New York: Appleton-CenturyCrofts.

Laughlin, P. R., Bonner, B. L., & Miner, A. G. (2002). Groups perform better than the best individuals on letters-to-numbers problems. *Organizational Behavior and Human Decision Processes, 88*, 605–620.

Leary, M. R. (2007). Motivational and emotional aspects of the self. *Annual Review of Psychology, 58*, 317–344.

Leary, M. R., & Baumeister, R. F. (2000). The nature and function of self-esteem: Sociometer theory. In M. P. Zanna (Ed.), *Advances in experimental social psychology* (Vol. 32, pp. 1–62). Academic Press.

Lee, A. Y., & Semin, G. R. (2009). Culture through the lens of self-regulatory orientations. In R. S. Wyer, C. Chiu & Y. Hong (Eds.), *Understanding culture: Theory, research and application* (pp. 271–288). Psychology Press.

Leenaars, A. (2004). *Psychotherapy with suicidal people: A person-centred approach*. Hoboken: John Wiley & Sons.

Legrand, D. (2007). Pre-reflective self-as-subject from experiential and empirical perspectives. *Consciousness and Cognition, 16*(3), 583–599.

Lehman, D. R., Chiu, C. Y., & Schaller, M. (2004). Psychology and culture. *Annual Review of Psychology, 55*(1), 689–714.

Leibenluft, E., Gobbini, M. I., Harrison, T., & Haxby, J. V. (2004). Mothers' neural activation in response to pictures of their children and other children. *Biological Psychiatry, 56*(4), 225–232.

Lemay, E. P., Clark, M. S., & Feeney, B. C. (2007). Projection of responsiveness to needs and the construction of satisfying communal relationships. *Journal of Personality and Social Psychology, 92*(5), 834–853.

Lemay, E. P., & Clark, M. S. (2008). How the head liberates the heart: Projection of communal responsiveness guides relationship promotion. *Journal of Personality and Social Psychology, 94*(4), 647–671.

Leung, K. (2007). Asian social psychology: Achievements, threats, and opportunities. *Asian Journal of Social Psychology, 10*(1), 8–15.

Leung, K., & Bond, M. H. (2004). Social axioms: A model for social beliefs in multicultural perspective. In M. P. Zanna (Ed.), *Advances in experimental social psychology* (Vol. 36, pp.119–197). Elsevier Academic ress.

Levine, J. M., & Moreland, R. L. (1990). Progress in small group research. *Annual Review of Psychology, 41*, 585–634.

Levine, M., Cassidy, C., Brazier, G., & Reicher, S. (2002). Self-categorization and bystander non-intervention: Two experimental studies. *Journal of Applied Social Psychology, 32*(7), 1452–1463.

Levine, M., Prosser, A., Evans, D., & Reicher, S. (2005). Identity and emergency intervention: How social group membership and inclusiveness of group boundaries shape helping behavior. *Personality and Social Psychology Bulletin, 31*(4), 443–453.

Lévy, A., Laska, F., Abelhauser, A., Delfraissy, J. F., Goujard, C., Boué, F., & Dormont, J. (1999). Disclosure of HIV seropositivity. *Journal of Clinical Psychology, 55*, 1041–1049.

Lewis, M. (2000). Self-conscious emotions: Embarrassment, pride, shame, and guilt. In M. Lewis & J. M. Haviland (Eds.), *Handbook of emotions* (2nd ed.) (pp. 623–636). Guilford press.

Lewis, M., & Wolan Sullivan, M. (2005). The development of self-conscious emotions. In A. J. Elliot & C. S. Dweck (Eds.), *Handbook of competence and motivation* (pp. 185–201). Guilford Publications.

Lewis, M., Sullivan, M. W., Stanger, C., & Weiss, M. (1999). Self development and self-conscious emotions In A. Slater & D. Muir (Eds.), *The blackwell reader in developmental psychology* (pp. 343–359). Blackwell Publishers.

Liang, Y.-S., Yang, H.-X., Ma, Y.-T., Lui, S.S.Y., Cheung, E.F.C., Wang, Y., & Chan, R.C.K. (2019), Validation and extension of the questionnaire of cognitive and affective empathy in the chinese setting. *Psychology Journal, 8*(4), 439–448.

Lieberman, M. D. (2007). Social cognitive neuroscience: A review of core of processes. *Annual Review of Psychology, 58*(1), 259–289.

Lieberman, M. D., & Eisenberger, N. I. (2009). Pains and pleasures of social life. *Science, 323*(5916), 890–891.

Lieberman, M. D., Jarcho, J. M., Berman, S., Naliboff, B. D., Suyenobu, B. Y., Mandelkern, M., & Mayer, E. A. (2004). The neural correlates of placebo effects: A disruption account. *Neuroimage, 22*(1), 447–455.

Lin, M. H., Kwan, V. S. Y., Cheung, A., & Fiske, S. T. (2005). Stereotype content model explains prejudice for an envied outgroup:

Scale of anti-Asian American stereotype. *Personality and Social Psychology Bulletin, 31*(1), 34–47.

Lindfors, P., Hultell, D., Rudman, A., & Gustavsson, J.P. (2014). Change and stability in subjective well-being over the transition from higher education to employment. *Personality and Individual Differences, 70*, 188–193.

Lindsay, J.J., &Anderon, C.A. (2000). From antecendent conditions to violent actions: A general affective aggression model. *Personality and Social Psychology Bulletin, 26*(5), 533–547.

Link, B. G., & Phelan, J. C. (2001). Conceptualizing stigma. *Annual Review of Sociology, 27*, 363–385.

Link, B. G., Mirotznik, J., & Cullen, F. T. (1991). The effectiveness of stigma coping orientations: Can negative consequences of mental illness labeling be avoided? *Journal of Health and Social Behavior, 32*(3), 302–320.

Links, P. S. (1992). Family environment and family psychopathology in the etiology of borderline personality disorder. In J. F. Clarkin, E. Marziali & H. Munroe-Blum (Eds.), *Borderline personality disorder: Clinical and empirical perspectives* (pp. 45–65). The Guilford Press.

Lockwood, P. (2002). Could it happen to you? Predicting the impact of downward comparisons on the self. *Journal of Personalityand Social Psychology, 82*(2), 343–358.

Lockwood, P., & Kunda, Z. (1997). Superstars and me: Predicting the impact of role models on the self. *Journal of Personality and So-*

cial Psychology, 73(1), 91–103.

Lockwood, P., & Kunda, Z. (1999). Increasing the salience of one's best selves can undermine inspiration by outstanding role models. *Journal of Personality and Social Psychology*, 76(2), 214–228.

Lockwood, P., Dolderman, D., Sadler, P., & Gerchak, E. (2004). Feeling better about doing worse: Social comparisons within romantic relationships. *Journal of Personality and Social Psychology*, 87(1), 80–95.

Lopes, P. N., Salovey, P., Côté, S., Beers, M., & Petty, R. E. (2005). Emotion regulation abilities and the quality of social interaction. *Emotion*, 5(1), 113–118.

Lord, R. G., & Emrich, C. G. (2000). Thinking outside the box by looking inside the box: Extending the cognitive revolution in leadership research, *The Leadership Quarterly* 11(4), 551–579.

Lu, J. G., Liu, X. L., Liao, H., & Wang, L. (2020). Disentangling stereotypes from social reality: Astrological stereotypes and discrimination in China. *Journal of Personality and Social Psychology*, 119(6), 1359–1379.

Lyubomirsky, S., & Ross, L. (1997). Hedonic consequences of social comparison: A contrast of happy and unhappy people. *Journal of Personality and Social Psychology*, 73(6), 1141–1157.

MacDonald III, A. W., Cohen, J. D., Stenger, V. A., & Carter, C. S. (2000). Dissociating the role of the dorsolateral prefrontal and anterior cingulate cortex in cognitive control. *Science*, 288(5472), 1835–1838.

Madden, D. (2011). The impact of an economic boom on the level and distribution of subjective well-being: Ireland, 1994–2001. *Journal of Happiness Studies, 12*(4), 667–679.

Maguire, E. A., Gadian, D. G., Johnsrude, I. S., Good, C. D., Ashburner, J., Frackowiak, R. S., & Frith, C. D. (2000). Navigation-related structural change in the hippocampi of taxi drivers. *Proceedings of the National Academy of Sciences of the United States of America, 97*(8), 4398–4403.

Maio, G. R., & Haddock, G. (2007). Attitude change. In A. W. Kruglanski & E. T. Higgins (Eds.), *Social psychology: Handbook of pasic principles* (2nd ed.) (pp. 565–586). The Guilford Press.

Major, B., & O'Brien, L. T. (2005). The social psychology of stigma. *Annual Review of Psychology, 56*, 393–421.

Major, B., Spencer, S., Schmadet, T., Wolfe, C., & Crocker, J.(1998). Coping with negative stereotypes about intellectual performance: The role of psychological disengagement. *Personality and Social Psychology Bulletin, 24*(1), 34–50.

Malle, B. F. (2006). The actor-observer asymmetry in attribution: A (surprising) meta-analysis. *Psychological Bulletin, 132*(6), 895–919.

Maltas, C. P., & Shay, J. (1995). Trauma contagion in partners of survivors of childhood sexual abuse. *American Journal of Orthopsychiatry, 65*(4), 529–539.

Malti, T. (2006). Aggression, self-understanding, and social competence in Swiss elementary-school children. *Swiss Journal of Psychology, 65*(2), 81–91.

Maner, J. K., DeWall, C. N., Baumeister, R. F., & Schaller, M. (2007). Does social exclusion motivate interpersonal reconnection? Resolving the "porcupine problem". *Journal of Personality and Social Psychology, 92*(1), 42–55.

Markus, H. R., & Kitayama, S. (1991). Culture and the self: Implication for cognition, emotion and motivation. *Psychological Review, 98*(2), 224– 253.

Marsh, H. W., & Hau, K. T. (2003). Big-fish-little-pond effect on academic self-concept: A cross-cultural (26-country) test of the negative effects of academically selective schools. *American Psychologist, 58*(5), 364–372.

Martin, R., & Hewstone, M. (2003). Majority versus minority influence: When, not whether, source status instigates heuristic or systematic processing. *European Journal of Social Psychology, 33*(3), 313–330.

Mascolo, M. F., & Fischer, K. W. (1995). Developmental transformations in appraisals for pride, shame, and guilt. In J. P. Tangney & K. W. Fischer (Eds.), *Self-conscious emotions: The psychology of shame, guilt, embarrassment, and pride* (pp. 64–113). Guilford Press.

Mauss, I. B, Bunge, S. A., & Gross, J. J. (2008). Culture and automatic emotion regulation. In S. Ismer, S. Jung & S. Kronast, (Eds.), *Regulating emotions: Culture, social necessity and biological inheritance*（pp. 39–60). Blackwell Publishing.

Mauss, I. B., Bunge, S. A., & Gross, J. J. (2007). Automatic emotion regulation. *Social and Personality Psychology Compass*, *1*(1), 146–167.

Mauss, I. B., Cook, C. L., & Gross, J. J. (2007). Automatic emotion regulation during anger provocation. *Journal of Experimental Social Psychology*, *43*(5), 698–711.

Mauss, I. B., Evers, C., Wilhelm, F. H., & Gross, J. J. (2006). How to bite your tongue without blowing your top: Implicit evaluation of emotion regulation predicts affective responding to anger provocation. *Personality and Social Psychology Bulletin*, *32*(5), 589–602.

Mayo, E. (1945). *The social problems of an industrial civilisation*. Boston: Harvard University's Division of Research.

McClure, S. M., Li, J., Tomlin, D., Cypert, K. S., Montague, L. M., & Montague, P. R. (2004). Neural correlates of behavioral preference for culturally familiar drinks. *Neuron*, *44*(2), 379–387.

McCullough, M. E., Root, L. M., Tabak, B., & Witvliet, C. V. O. (2009). Forgiveness. In S. J. Lopez & C. R. Snyder (Eds.), *Handbook of positive psychology* (2nd ed) (pp. 427–435). Oxford University Press.

McGrath, J. E., Arrow, H., & Berdahl, J. L. (2000). The study of groups: Past, present, and future. *Personality and Social Psychology Review*, *4*(1), 95–105.

McGregor, D. (1960). *The human side of enterprise*. New York: McGraw-Hill.

Meier, B. P., Robinson, M. D., & Wilkowski, B. M. (2006). Turning the other cheek: Agreeableness and the regulation of aggression-related primes. *Psychological Science, 17*(2), 136–142.

Mesquita, B., Albert, D., & Leersnyder, J. D. (2007). The cultural regulation of emotions. In J. J. Gross (Ed.), *Handbook of Emotion Regulation* (pp. 486–503). The Guilfard Press.

Midgley, C., Thai, S., Lockwood, P., Kovacheff, C., & Elizabeth, P. G. (2021). When every day is a high school reunion: Social media comparisons and self-esteem. *Journal of Personality and Social Psychology, 121*(2), 285–307.

Mikulincer, M., Birnbaum, G., Woddis, D., & Nachmias, O. (2000). Stress and accessibility of proximity-related thoughts: Exploring the normative and intraindividual components of attachment theory. *Journal of Personality and Social Psychology, 78*(3), 509–523.

Miller, G. (2005). Reflecting on anothers' mind. *Science, 308*(5724), 945–947.

Miller, R. S., & Tangney, J. P. (1994). Differentiating embarrassment and shame. *Journal of Social and Clinical Psychology, 13*, 273–287.

Miller, R. S. (1996). *Embarrassment: Poise and peril in everyday life.* New York: Guilford Publications.

Mills, R. S. L. (2005). Taking stock of the developmental literature on shame. *Developmental Review, 25* (1), 26–63.

Mills, J. F., Green, K., & Reddon, J. R. (2005). An Evaluation of the Psychache Scale on an Offender Population. *Suicide and Life-Threatening Behavior, 35*(5), 570–580.

Minagawa-Kawai, Y., Matsuoka, S., Dan, I., Naoi, N., Nakamura, K.,

& Kojima, S. (2009). Prefrontal activation associated with social attachment: Facial-emotion recognition in mothers and infants. *Cerebral Cortex*, *19*(2), 284–292.

Mischel, W., & Shoda, Y. (1995). A cognitive affective system theory of personality: Reconceptualizing situations, dispositions, dynamics, and invariance in personality structure. *Psychological Review*, *102*(2), 246–268.

Mitchell, J. P., Banaji, M. R., & Macrae, C. N. (2005). The link between social cognition and self-referential thought in the medial prefrontal cortex. *Journal of Cognitive Neuroscience*, *17*(8), 1306–1315.

Mitchell, J. P., Heatherton, T. F., & Macrae, C. N. (2002). Distinct neural systems subserve person and object knowledge. *Proceedings of the National Academy of Sciences of the United States of America*, *99*(23), 15238–15243.

Mitchell, J. P., Macrae, C. N., & Banaji, M. R. (2004). Encoding-specific effects of social cognition on the neural correlates of subsequent memory. *The Journal of Neuroscience*, *24*(21), 4912–4917.

Montgomery, A. J., & Panagopolou, E, Wildt, M., & Meenks, E. (2006). Work-family interference, emotional labor and burnout. *Journal of Managerial Psychology*, *21*(1), 36–51.

Moon, S. M., & Lord, R. G. (2006). Individual differences in automatic and controlled regulation of emotion and task performance. *Human Performance*, *19*(4), 327–356.

Moore, T. M., Stuart, G. L., McNulty, J. K., Addis, M. E., Cordova, J. V., & Temple, J. R. (2008). Domains of masculine gender role stress and intimate partner violence in a clinical sample of violent men. *Psychology of Men and Masculinity, 9*(2), 82–89.

Moreland, R. L., Hogg, M. A., & Hains, S. C. (1994). Back to the future: Social psychological research on groups. *Journal of Experimental Social Psychology, 30*, 527–555.

Moreland, R. L., Levine, J. M., & Wingert, M. L. (1996). Creating the ideal group: Composition effects at work. In E. H. Witte & J. H. Davis. (Eds.), *Understanding Group Behavior, Small group processes and interpersonal relations*. (Vol. 2, pp. 11–35). Lawrence Erlbaum.

Morf, C. C., & Rhodewalt, F. (2001). Unraveling the paradoxes of narcissism: A dynamic self-regulatory processing model. *Psychological Inquiry, 12*(4), 177–196.

Morris, M. W., & Peng, K. (1994). Culture and cause: American and chinese attributions for social and physical events. *Journal of Personality and Social Psychology, 67*(6), 949–971.

Morrison, I., Lloyd, D., di Pellegrino, G., & Roberts, N. (2004). Vicarious responses to pain in anterior cingulated cortex: Is empathy a multisensory issue? *Cognitive Affective & Behavioral and Neuroscience, 4*(2), 270–278.

Moscovici, S. (1980) Towards a theory of conversion behaviour. In L. Berkowitz (ed.), *Advances in Experimental Social Psychology* (Vol. 13, pp. 209–239). Elsevier Academic Press.

Moscovici, S., Lage, E., & Naffrechoux, M. (1969). Influence of a consistent minority on the responses of a majority in a color perception task. *Sociometry, 32*(4), 365–380.

Mosquera, P. M.R., Manstead, A. S. R., & Fischer, A. H. (2000). The role of honor-related values in the elicitation, experience, and communication of pride, shame, and anger: Spain and the netherlands compared. *Personality and Social Psychology Bulletin, 26*(7), 833–844.

Mugny, G., Butera, F., Sanchez-Mazas, M., & Pérez, J. A. (1995). Judgments in conflict: The conflict elaboration theory of social influence. In B. Boothe, R. Hirsig, A. Helminger, B. Meier & R. Volkart (Eds.), *Perception evaluation interpretation* (Vol.3, pp. 160–168). Huber.

Mullen, B., & Copper, C. (1994). The relation between group cohesiveness and performance: An integration. *Psychological Bulletin, 115*(2), 210–227.

Murray, S. L., Bellavia, G., Rose, P., & Griffin, D. W. (2003). Once hurt, twice hurtful: How perceived regard regulates daily marital interaction. *Journal of Personality and Social Psychology, 84*(1), 126–147.

Murray, S. L., Derrick, J. L., Leder, S., & Holmes, J. G. (2008). Balancing connectedness and self-protection goals in close relationships: A levels-of-processing perspective on risk regulation. *Journal of Personality and Social Psychology, 94*(3), 429–459.

Murray, S. L., Holmes, J. G., & Collins, N. L. (2006). Optimizing assurance: The risk regulation system in relationships. *Psychological Bulletin, 132*(5), 641–666.

Mussweiler, T. (2003). Comparison processes in social judgment: mechanisms and consequences. *Psychological Review, 110*(3), 472–489.

Mussweiler, T., & Strack, F. (2000). The "relative self": Informational and judgmental consequences of comparative self-evaluation. *Journal of Personality and Social Psychology, 79*(1), 23–38.

Mussweiler, T., Rüter, K., & Epstude, K. (2004). The ups and downs of social comparison: Mechanisms of assimilation and contrast. *Journal of Personality and Social Psychology, 87*(6), 832–844.

Myers, D. G. (2008). *Social Psychology* (9th ed.). New York: McGraw-Hill.

Nadler, A. (2002). Inter-group helping relations as power relations: Maintaining or challenging social dominance between groups through helping. *Journal of Social Issues, 58*(3), 487–502.

Nadler, A., & Fisher, J. D. (1986). The role of threat to self-esteem and perceived control in recipient reaction to help: Theory development and empirical validation. In L. Berkowitz (Ed.), *Advances in Experimental Social Psychology* (Vol. 19, pp. 81–122). Academic Press.

Nakahara, K., & Miyashita, Y.(2005). Understanding intentions: Through the looking glass. *Science, 308*(5722), 644–645.

Naquin, C. E., & Paulson, G. D. (2003). Online bargaining and interpersonal trust. *Journal of Applied Psychology, 88*(1), 113–120.

Neff, K. D., & Harter, S. (2002). The authenticity of conflict resolutions among adult couples: Does women's other-oriented behavior reflect their true selves? *Sex Roles: A Journal of Research, 47*(9–10),

403–412.

Nemeth, C. J. (1986). The differential contributions of majority and minority influence. *Psychological Review*, *93*(1), 23–32.

Nemeth, C., Rogers, J., & Brown, K. (2001). Devil's advocate versus. authentic dissent: Stimulating quantity and quality. *European Journal of Social Psychology*, *31*(6), 707–720.

Ng, W. J. R., Bu, C., & See, Y. H. M. (2023). Defensive confidence and certainty in unchanged attitudes: The role of affect-cognition matching. *Personality and Social Psychology Bulletin*, *49*(5), 773–790.

Niedenthal, P. M., Barsalou, L. W., Winkielman, P., Krauth-Gruber, S., & Ric, F. (2005). Embodiment in attitudes, social perception, and emotion. *Personality and Social Psychology Review*, *9*(3), 184–211.

Nisbett, R. E. (2003). *The geography of thought: How Asians and westerners think differently and why*. New York: Free Press.

Norton, M. I., Frost, J. H., & Ariely, D. (2007). Less is more: The lure of ambiguity, or why familiarity breeds contempt. *Journal of Personality and Social Psychology*, *92*(1), 97–105.

Nowak, M. A. (2006). Five rules for the evolution of cooperation. *Science*, *314*(5805), 1560–1563.

Nowak, M. A. (2008). Generosity: A winner's advice. *Nature*, *456*(7222), 579.

O'Connor, M. F., Wellisch, D. K., Stanton, A. L., Eisenberger, N. I., Irwin, M. R., & Lieberman, M. D. (2008). Craving love? Enduring grief activates brain's reward center. *NeuroImage, 42*(2), 969–972.

O'Chsner, K. N. (2007). Social cognitive neuroscience: Historical development, core principles, and future promise. In A. W. Kruglanksi & E. T. Higgins (Eds.), *Social psychology: Handbook of basic principles* (2nd ed) (pp. 39–66). The Guilford Press.

O'chsner, K. N., & Lieberman, M. D. (2001). The emergence of social cognitive neuroscience. *American Psychologist, 56*(9), 717–734.

Oishi, S., Kesebir, S., & Snyder, B. H. (2009). Sociology: A lost connection in social psychology. *Personality and Social Psychology Review, 13*(4), 334–353.

Oman, D., Thoresen, E., & McMahon, K. (1999). Volunteerism and mortality among the community-dwelling elderly. *Journal of Health Psychology, 4*(3), 301–316.

Omoto, A. M., & Snyder, M. (1995). Sustained helping without obligation: Motivation, longevity of service, and perceived attitude change among aids volunteers. *Journal of Personality and Social Psychology. 68*(4), 671–686.

Omoto, A.M., & Snyder, M. (2002). Considerations of community: The context and process of volunteerism. *American Behavioral Scientist, 45*(5), 846–867.

Orbach, I., Mikulincer, M., Sirota, P., & Gilboa-Schechtman, E. (2003). Mental pain: A multidimensional operationalization and definition. *Suicide and Life-Threatening Behavior, 33*(3), 219–230.

Orbach, L. (2003). Mental pain and suicide. *Israel Journal of Psychiatry and Related Sciences, 40*(3), 191–201.

Orth, U., & Robins, R. W. (2014). The development of self-esteem. *Current Directions in Psychological Science, 23*(5), 381–387.

Orth, U., Dapp, L. C., Erol, R. Y., Krauss, S., & Luciano, E. C. (2021). Development of domain-specific self-evaluations: A meta-analysis of longitudinal studies. *Journal of Personality and Social Psychology, 120*(1), 145–172.

Orth, U., Erol, R. Y., & Luciano, E. C. (2018). Development of self-esteem from age 4 to 94 years: A meta-analysis of longitudinal studies. *Psychological Bulletin, 144*(10), 1045–1080.

Ortigue, S., Bianchi-Demicheli, F., Hamilton, A. F., & Grafton, S. T. (2007). The neural basis of love as a subliminal prime: An event-related functional magnetic resonance imaging study. *Journal of Cognitive Neuroscience, 19*(7), 1218–1230.

Overall, N. C., Fletcher, G. J. O., Simpson, J. A., & Sibley, C. G. (2009). Regulating partners in intimate relationships: The costs and benefits of different communication strategies. *Journal of Personality and Social Psychology, 96*(3), 620–639.

Pachankis, J. E. (2007). The psychological implications of concealing a stigma: A cognitive–affective–behavioral model. *Psychological Bulletin, 133*(2), 328–345.

Pachankis, J. E., & Goldfried, M. R. (2006). Social anxiety in young gay men. *Journal of Anxiety Disorders, 20*(8), 996–1015.

Pager, D., & Shepherd, H. (2008). The sociology of discrimination: Racial discrimination in employment, housing, credit, and consumer markets. *Annual Review Sociology, 34*(1), 181–209.

Pelham, B. W., & Wachsmuth, J. O. (1995). The waxing and waning of the social self: Assimilation and contrast in social comparison. *Journal of Personality and Social Psychology, 69* (5), 825–838.

Peng, K. P., & Nisbett, R. E. (1999). Culture, dialectics, and reasoning about contradiction. *American Psychologist, 54*(9), 741–754.

Peng, K., & Nisbett, R. E. (1999). Culture, dialecticism, and reasoning about contradiction. *American Psychologist, 54*, 741–754.

Penner, L. A., Dovidio, J. F., Piliavin, J. A., & Schroeder, D. A. (2005). Prosocial behavior: Multilevel perspectives. *Annual Review of Psychology, 56*, 365–392.

Penner, L.A. (2002). Dispositional and organizational influences on sustained volunteerism: An interactionist perspective. *Journal of Social Issues, 58*(3), 447–467.

Pennington, D. C. (2000). *Social cognition.* New York: Psychology Press.

Perugini, M., & Leone, L. (2009). Implicit self-concept and moral action. *Journal of Research in Personality, 43*(5), 747–754.

Pervin, L. A., & John, O. P. (Eds). (2003). 人格手册：理论与研究（第二版）(黄希庭译). 上海：华东师范大学出版社.

Petrovic, P., Kalso, E., Petersson, K. M., & Ingvar, M. (2002). Placebo and opioid analgesia-imaging a shared neuronal network. *Science, 295*(5560), 1737–1740.

Pettigrew, T. F. (1998). Intergroup contact theory. *Annual Review of Psychology, 49*, 65–85.

Petty, R. E., & Cacioppo, J. T. (1986). The elaboration likelihood model of persuasion. *Advances in Consumer Research, 11*(1), 123–205.

Petty, R. E., Tormala, Z. L., & Rucker, D. D. (2004). Resisting persuasion by counterarguing: An attitude strength perspective. In J. T. Jost, M. R. Banaji & D. A. Prentice (Eds.), *Perspectivism in social psychology: The yin and yang of scientific progress* (pp. 37–51). American Psychological Association.

Phelps, E. A., Delgado, M. R., Nearing, K. I., & LeDoux, J. E. (2004). Extinction learning in humans: Role of the amygdale and vmPFC. *Neuron, 43*(6), 897–905.

Phelps, E. A., O'Connor, K. J., Cunningham, W. A., Funayama, E. S., Gatenby, J. C., Core, J. C., & Banaji, M. R. (2000). Performance on indirect measures of race evaluation predicts amygdala activation. *Journal of Cognitive Neuroscience, 12*(5), 729–738.

Piliavin, J. A. (2005). Feeling good by doing good. *Processes of community change and social action*, In A.M. Omoto (Ed.). Lawrence Erlbaum Associates Publishers.

Piliavin, J. A. (2009). Volunteering across the life span: Doing well by doing good. In S. Stürmer & M. Snyder (Eds.), *The psychology of prosocial behavior: Group process, intergroup relations, and helping* (pp. 157–172). Wiley-Blackwell.

Piliavin, J. A., Grube, J.A., & Callero, P. L. (2002). Role as a resource for action in public service. *Journal of Social Issues, 58*(3), 469–485.

Pilliavin, J. A., Dovidio, J. F., Gaertner, S. L., & Clark, R. D. (1981). *Emergency Intervention.* New York: Academic Press.

Pilliavin, J. A., Dovidio, J. F., Gaertner, S. L., & Clark, R. D. (1981). *Emergency Intervention*. New York: Academic Press.

Platek, S. M., Loughead, J. W., Gur, R. C., Busch, S., Rupard, K., Phend, N., Panyavin, I. S., & Langleben, D. D. (2006). Neural substrates for functionally discriminating self-face from personally familiar faces. *Human Brain Mapping, 27*(2), 91–98.

Ploghaus, A., Narain, C., Christian, F., Beckmann, C. F., Clare, S., Bantick, S., Wise, R., Matthews, P. M., ... Tracey, I. (2001). Exacerbation of pain by anxiety is associated with activity in a hippocampal network. *The Journal of Neuroscience, 21*(4), 9896–9903.

Poldrack, R. A., Sabb, F. W., Foerde, K., Tom, S. M., Asarnow, R. F., Bookheimer, S. Y., & Knowlton, B. J. (2005). The neural correlates of motor skill automaticity. *Journal of Neuroscience, 25*(22), 5356–5364.

Pompili, M., Lester, D., Leenaars, A. A., Tatarelli, R., & Girardi, P. (2008). Psychache and suicide: A preliminary investigation. *Suicide and Life-Threatening Behavier, 38*(1), 116–121.

Pompili, M., Mancinelli, I., Ruberto, A., Kotzal, G. D., Girardi, P., & Tatarelli, R. (2005). Where schizophrenic patients commit suicide: A review of suicide among inpatients and former inpatients. *International Journal of Psychiatry in Medicine, 35*, 171–190.

Postmes, T., Spears, R., & Cihangir, S. (2001). Quality of decision making and group norms. *Journal of Personality and Social Psychology, 80*(16), 918–930.

Powell, P.A. (2018). Individual differences in emotion regulation moderate the associations between empathy and affective distress. *Motivation and Emotion*, *42*, 602–613.

Power, S. A., Zittoun, T., Akkerman, S., Wagoner, B., Cabra, M., Cornish, F., Hawlina, H., Heasman, B., Mahendran, K., ... & Gillespie, A. (2023). Social psychology of and for world-making. *Personality and Social Psychology Review*, *27*(4), 378–392.

Preston, S. D., & de Waal, F. B. M.(2002). Empathy: Its ultimate and proximate bases. *Behavioral and Brain Science*, *25*(1), 1–72.

Price, D. D. (2000). Psychological and neural mechanisms of the affective dimension of pain. *Science*, *288*, 1769–1772.

Pronin, E. (2007). Perception and misperception of bias in human judgment. *Trends in Cognitive Sciences*, *11*(1), 37–43.

Pronin, E., Kruger, J., Savitsky, K., & Ross, L. (2001). You don't know me, but I know you: The illusion of asymmetric insight. *Journal of Personality and Social Psychology*, *81*(4), 639–656.

Pronin, E., Lin, D. Y., & Ross, L. (2002). The bias blind spot: Perceptions of bias in self versus others. *Personality and Social Psychology Bulletin*, *28*(3), 369–381.

Pryor, J. B., Reeder, G. D., Yeadon, C., & Hesson-McLnnis, M. (2004). A dual-process model of reactions to perceived stigma. *Journal of Personality and Social Psychology*, *87*(4), 436–452.

Quillian, L., Cook, K. S., & Massey, D. S. (2006). New approaches to understanding racial prejudice and discrimination. *Annual Review Sociology*, *32*(1), 299–328.

Quinn, K. A., & Macrae, C. N. (2005). Categorizing others: The dynamics of person construal. *Journal of Personality and Social Psychology, 88*(3), 467–479.

Raine, A., & Scerbo, A. (1991). Biological theories of violence. In J. S. Milner(Ed.), *NeuroPsychology of aggression* (pp. 1–25). Kluwer Academic Press.

Rainville, P., Bao, Q. V., & Chrétien, P. (2005). Pain-related emotions modulate experimental pain perception and autonomic response. *Pain, 118*(3), 306–318.

Rameson, L. T., & Lieberman, M. D. (2009).Empathy: A social cognitive neuroscience approach. *Social and Personality Psychology Compass, 3*(1), 94–110.

Ramirez, J. M., Fujihara, T., & Goozen, S. V (2001). Cultural and gender differences in anger and aggression: A comparison between japanese, dutch, and spanish students. *The Journal of Social Psychology, 141*(1), 119–121.

Randhawa, G. (2008). Aggression written in the shape of a man's face. *The New Scientist, 199*(2670), 17.

Raposo, A., Han, S., & Dobbins, I. G. (2009). Ventrolateral prefrontal cortex and self-initiated semantic elaboration during memory retrieval. *Neuropsychologia, 47*, 2261–2271.

Reicher, S. D., Cassidy, C., Wolpert, I., Hopkins, N., & Levine, M.(2006). Saving bulgaria's jews: An analysis of social identity and the mobilisation of solidarity. *European Journal of Social Psychology, 36*(1), 49–72.

Resnick, L. B., Levine, J. M., & Teasley, S. D. (Eds.). (1991). *Perspec-*

tives on Socially Shared Cognition. American Psychological Association.

Richeson, J. A., Baird, A. A., Gordon, H. L., Heatherton, T. F., Wyland, C. L., Trawalter, S., & Shelton, J. N. (2003). An fMRI investigation of the impact of interracial contact on executive function. *Nature Neuroscience*, *6*(12), 1323–1328.

Rizzolatti, G., Fadiga, L., Gallese, V., & Fogassi, L.(1996). Premotor cortex and the recognition of motor actions. *Cognitive Brain Research*, *3*(2), 131–141.

Roberts, B. W., & Wood, D. (2006). Personality development in the context of the neo-socioanalytic model of personality. In D. K. Mroczek & T. D. Little (Eds.), *Handbook of personality development* (pp. 11–39). Erlbaum.

Robins, R. W., Trzesniewski, K. H., Tracy, J. L., Gosling, S. D., & Potter, J. (2002). Global self-esteem across the life span. *Psychology and Aging*, *17*(3), 423–434.

Rodriguez Mosquera, P. M., Manstead, A. S. R., & Fischer, A. H. (2000). The role of honor-related values in the elicitation, experience, and communication of pride, shame, and anger: Spain and the netherlands compared. *Personality and Social Psychology Bulletin*, *26*(7), 833–844.

Rogeness, G. A., Henandez, J.M., Macedo, C.A., & Mitchell, E.L. (1982). Biochemical differences in children with conduct disorder socialized and undersocialized. *The Ameriean Journal of Psychiatry*, *139*(3), 307–311.

Ross, L., Lepper, M., & Ward, A. (2010). History of social psychology: Insights, challenges, and contributions to theory and application. In S. T. Fiske, D. T. Gilbert & G. Lindzey (Eds.), *Handbook of social psychology* (vol. 1, pp. 3–50). John Wiley & Sons.

Rothbaum, F., Pott, M., Azuma, H., Miyake, K., & Weisz, J. (2000). The development of close relationships in Japan and the United States: Paths of symbiotic harmony and generative tension. *Child Development*, *71*(5), 1121–1142.

Rotton, J., & Cohn, E. G. (2000). Violence is a curvilinear function of temperature in dallas: A replication. *Journal of Personality and Social Psychology*, *78*(6), 1074–1081.

Rowley, S. J., Sellers, R. M., Chavous, T. M., & Smith, M. A. (1998). The relationship between racial identity and self-esteem in african american college and high school students. *Journal of Personality and Social Psychology*, *74*(3), 715–724.

Ruby, P., & Decety, J. (2004).How would you feel versus how do you think she would feel? Aneuroimaging study of perspective-taking with social emotions. *Journal of Cognitive Neuroscience*, *16*(6), 988–999.

Rudman, L. A., Greenwald, A. G., & McGhee, D. E. (2001). Implicit self-concept and evaluative implicit gender stereotypes: Self and ingroup share desirable traits. *Personality and Social Psychology Bulletin*, *27*(9), 1164–1178.

Ruggiero, K. M., & Taylor, D. M. (1997).Why minority group members perceive or do not perceive the discrimination that confronts them:

The role of self-esteen and perceived control. *Journal of Personality and Social Psychology, 72*(2), 373–389.

Rusbult, C. E., & Martz, J. M. (1995). Remaining in an abusive relationship: An investment model analysis of nonvoluntary dependence. *Personality and Social Psychology Bulletin, 21*(6), 558–571.

Rusbult, C. E., & Van Lange, P. A. M. (1996). Interdependence processes. In E. T. Higgins & A. W. Kruglanski (Eds.), *Social psychology: Handbook of basic principles* (pp. 564–596). The Guilford Press.

Rusbult, C. E., Van Lange, P. A. M. (2003). Interdependence, interaction, and relationships. *Annual Review of Psychology, 54*(1), 351–375.

Saeki, M., Oishi, S., Maeno, T., & Gilbert, E. (2014). Self-informant agreement for subjective well-being among Japanese. *Personality and Individual Difference, 69*, 124–128.

Samuelson, S. L., & Campbell, C. D. (2005). Screening for domestic violence: Recommendations based on a practice survey. *Professional Psychology: Research and Practice, 36*(3), 276–282.

Sanfey, A. G., Rilling, J. K., Aronson, J. A., Nystrom, L. E., & Cohen, J. D. (2003). The neural basis of economic decision-making in the Ultimatum Game. *Science, 300*(5626), 1755–1758.

Sanna, L. J., & Parks, C. D. (1997). Group research trends in social and organizational psychology: Whatever happened to intragroup research? *Psychological Science, 8*(4), 261–267.

Santuzzi, A. M., & Ruscher, J. B. (2002). Stigma salience and paranoid social cognition: Understanding variability in metaperceptions among individuals with recently–acquired stigma. *Social Cogni-*

tion, 20(3), 171–197.

Sawyer, J. E., & Gampa, A. (2023). Social movements as parsimonious explanations for implicit and explicit attitude change. *Personality and Social Psychology Review, 27*(1), 28–51.

Saygin, A. P. (2007). Superior temporal and premotor brain areas necessary for biological motion perception. *Brain: A Journal of Neurology, 130*(9), 2452–2461.

Schimmack, U., Oishi, S., Furr, R. M., & Funder, D. C. (2004). Personality and life satisfaction: A facet-level analysis. *Personality and Social Psychology Bulletin, 30*(8), 1062–1075.

Schindler, S., & Friese, M. (2022). The relation of mindfulness and prosocial behavior: What do we (not) know? *Current Opinion in Psychology, 44*, 151–156.

Schmukle, S. C., Back, M. D., & Egloff, B. (2008). Validity of the five-factor model for the implicit self-concept of personality. *European Journal of Psychological Assessment, 24*(4), 263–272.

Schneider, L., & Schimmack, U. (2010). Examining sources of self-informant agreement in life-satisfaction judgments. *Journal of Research in Personality, 44*(2), 207–212.

Schroeder, D. A. (Ed.). (1995). *Social dilemmas: Perspectives on individuals and groups*. Praeger.

Schroeder, D.A., Steel, J. E., Woodell, A. J., & Bembenek, A. F. (2003). Justice within social dilemmas. *Personality and Social Psychology Review, 7*(4), 374–387.

Schul, Y., Mayo, R., & Burnstein, E. (2004) Encoding under trust and distrust: The spontaneous activation of incongruent cognitions. *Journal of Personality and Social Psychology, 86*(5), 668–679.

Schulte-Rüther, M., Markowitsch, H., Shah, N. J., & Fink, G. R.(2008). Gender differences in brain networks supporting empathy. *Neuroimage, 42*(1), 393–403.

Schwartz, J. P., Magee, M. M., Griffin, L. D., & Dupuis, C. W. (2004). Effects of a group preventive intervention on risk and protective factors related to dating violence. *Group Dynamics: Theory, Research, and Practice, 8* (3), 221–231.

Sechrist, G. B., Swim, J. K., & Stangor, C. (2004). When do the stigmatized make attributions to discrimination occurring to the self and others? The roles of self-presentation and need for control. *Journal of Personality and Social Psychology, 87*(1), 111–122.

Seifritz, E., Esposito, F., Neuhoff, J. G., Lüthi, A., Mustovic, H., Dammann. G., Von Bardeleben, U., Radue, E. W., Cirillo, S., Tedeschi, G., & Di Salle, F. (2003). Differential sex-independent amygdala response to infant crying and laughing in parents versus nonparents. *Biological Psychiatry, 54*(12), 1367–1375.

Seligman, M. E. P., & Csikszentmihalyi, M. (2000). Positive psychology: An introduction. *American Psychologist, 55*(1), 5–14.

Semin, G. R. (2007). Grounding communication: Synchrony. In A. W. Kruglanski & E. T. Higgins (Eds.), *Social psychology: Handbook of basic principles* (2nd ed) (pp. 630–649). The Guilford Press.

Shariff, A. F., & Ara, Norenzayan.(2007). God is watching you: Priming god concepts increases prosocial behavior in an anonymous economic game. *Psychological Science, 18*(9), 803–809.

Sharpsteen, D. J., & Kirkpatrick, L. A. (1997). Romantic jealousy and adult romantic attachment. *Journal of Personality and Social Psychology, 72*(3), 627–640.

Shaver, P. R., & Mikulincer, M. (2007). Adult attachment strategies and the regulation of emotion. In J. J. Gross (Ed.). *Handbook of Emotion Regulation* (pp. 446–465). Guilford Press.

Shelton, J. N., & Richeson, J. A. (2006). Interracial interactions: A relational approach. In M. P. Zanna (Ed.), *Advances in Experimental Social Psychology* (Vol. 38, pp. 121–181). Elsevier Academic Press.

Sherif, M. (1966). *In common predicament: Social psychology of intergroup conflict and cooperation.* Boston: Houghton-Mifflin.

Shimada, S., Hiraki, K., & Oda, I. (2005).The parietal role in the sense of self-ownership with temporal discrepancy between visual and proprioceptive feedbacks. *NeuroImage, 24*(4), 1225–1232.

Shin, L. M., Doughherty, D. D., Orr, S. P., Pitman, R. K., Lasko, M., Macklin, M. L., Alpert, N. M., Fischman, A. J., & Rauch, S. L. (2000). Activation of anterior paralimbic structures during guilt-related script-driven imagery. *Biological Psychiatry, 48*(1), 43–50.

Shneidman, E. S. (1993). Commentary: Suicide as psychache. *Journal of Nervous and Mental Disease, 181*(3), 145–147.

Shneidman, E. S. (1999). The psychological pain assessment scale. *Suicide and Life-Threatening Behavior, 29*(4), 287–294.

Sidanius, J., & Pratto, F. (1999). *Social dominance: An intergroup theo-*

ry of social hierarchy and oppression. New York: Cambridge University Press.

Siegel, J., & Spellman, M. E. (2002). The Dyadic Splitting Scale. *American Journal of Family Therapy, 30*(2), 117–124.

Siegel, J. P. (1998). Defensive splitting in couples. *Journal of Clinical Psychoanalysis, 7*(3), 305–327.

Siegel, J. P. (2006). Dyadic splitting in partner relational disorders. *Journal of Family Psychology, 20*(3), 418–422.

Simpson, J. A. (1990). Influence of attachment styles on romantic relationships. *Journal of Personality and Social Psychology, 59*(5), 971–980.

Simpson, J. A. (2007). Foundations of interpersonal trust. In A. W. Kruglanski, & E. T. Higgins (Eds.), *Social psychology: Handbook of basic principles* (2nd ed) (pp. 587–607). The Guilford Press.

Sinclair, S., Lowery, B. S., Hardin, C. D., & Colangelo, A. (2005). Social tuning of automatic racial attitudes: The role of affiliative motivation. *Journal of Personality and Social Psychology, 89*(4), 583–592.

Singer, T, Seymour, B., O'Doherty, J. P., Stephan, K. E., Dolan, R.J., & Frith, C. D.(2006). Empathic neural responses are modulated by the perceived fairness of others. *Nature, 439,* 466–469.

Singer, T. (2006). The neuronal basis and ontogeny of empathy and mind reading: Review of literature and implications for future research. *Neuroscience & Biobehavioral Reviews, 30*(6), 855–863.

Singer, T., & Frith, C. (2005). The painful side of empathy. *Nature Neu-*

roscience, 8(7), 845–846.

Singer, T., Seymour, B., O D'oherty, J., Kaube, H., Dolan, R.J., & Frith, C. D. (2004). Empathy for pain involves the affective but not sensory components of pain. *Science, 303*(5661), 1157–1162.

Singer, T., Seymour, B., O'Doherty, J. P., Stephan, K. E., Dolan, R.J., & Frith, C.D. (2006). Empathic neural responses are modulated by the perceived fairness of others. *Nature, 439*(7075), 466–469.

Singer, T., Seymour, B., O'Doherty, J., Kaube, H., Dolan, R. J., & Frith, C. D. (2004). Empathy for pain involves the affective but not sensory components of pain. *Science, 303*(5661), 1157–1162.

Singer, T., Snozzi, R., Bird, B., Petrovic, P., Silani, G., Heinrichs, M., & Dolan R.J.(2008). Effects of oxytocin and prosocial behavior on brain responses to direct and vicariously experienced pain. *Emotion, 8*(6), 781–791.

Smart, L., & Wegner, D. M. (1999). Covering up what can't be seen: Concealable stigma and mental control. *Journal of Personality and Social Psychology, 77*(3), 474–486.

Smith, J. R., & Louis, W. R. (2009). Group norms and the attitude-behaviour relationship. *Social and Personality Psychology Compass, 3*(1), 19–35.

Smith, N. K., Larsen, J. T., Chartrand, T. L., Cacioppo, J. T., Katafiasz, H. A., & Moran, K. E. (2006). Being bad isn't always good: Affective context moderates the attention bias toward negative information. *Journal of Personality and Social Psychology, 90*(2), 210–220.

Smith, P. B., & Bond, M. H. (1999). *Social psychology: Across cultures*

(2nd ed.). Needham Heights: Allyn and Bacon.

Snyder, M., & Simpson, J. A. (1984). Self-monitoring and dating relationships. *Journal of Personality and Social Psychology*, *47*(6), 1281–1291.

Solano, C. H., Batten, P. G., & Parish, E. A. (1982). Loneliness and patterns of self-disclosure. *Journal of Personality and Social Psychology*, *43*(3), 524–531.

Solomon, M. F. (1985).Treatment of narcissistic and borderline disorders in marital therapy: Suggestions toward an enhanced therapeutic approach. *Clinical Social Work Journal*, *13*(2), 141–156.

Solomon, S., Greenberg, J., & Pyszczynski, T. (1991). A terror management theory of social behavior: The psychological functions of self-esteem and cultural worldviews. In M. P. Zanna (Ed.), *Advances in Experimental Social Psychology* (vol. 24, pp. 93–159). Academic.

Sommet, N., & Elliot, A. J. (2023). A competitiveness-based theoretical framework on the psychology of income inequality. *Current Directions in Psychological Science*, *32*(4), 1–10.

South, S. C. (2023). A romantic-partner model of mental health. *Current Directions in Psychological Science*, *32*(3), 258–263.

Frank, M. J., O'Reilly, R. C., & Curran, T. (2006). When memory fails, intuition reigns: Midazolam enhances implicit inferencein humans. *Psychological Science*, *17*(8), 700–707.

Sprecher, S. (1999). "I love you more today than yesterday": Romantic partners' perceptions of changes in love and related affect over time. *Journal of Personality and Social Psychology*, *76*(1), 46–53.

Srivastava, S., McGonigal, K. M., Richards, J. M., Butler, E. A., & Gross, J. J. (2006). Optimism in close relationships: How seeing things in a positive light makes them so. *Journal of Personality and Social Psychology, 91*(1), 143–153.

Stapel, D. A., & Koomen, W. (2005). Competition, cooperation, and the effects of others on me. *Journal of Personality and Social Psychology, 88*(6), 1029–1032.

Stapel, D. A., & Koomen, W. (2000). Distinctness of others, mutability of selves: Their impact on self-evaluations. *Journal of Personality and Social Psychology, 79*(6), 1068–1087.

Stapel, D. A., & Koomen, W. (2001). I, we, and the effects of others on me: How self-construal level moderates social comparison effects. *Journal of Personality and Social Psychology, 80*(5), 766–781.

Stapel, D. A., & Suls, J. (2004). Method matters: Effects of explicit versus implicit social comparisons on activation, behavior, and self-views. *Journal of Personality and Social Psychology, 87*(6), 860–875.

Stasser, G., & Titus, W. (1985). Pooling of unshared information in group decision making: Biased information sampling during discussion. *Journal of Personality and Social Psychology, 48*, 1467–1478.

Staub, E. (2003). *The psychology of good and evil: Why children, adults, and groups help and harm others*. London: Cambridge University Press.

Staub, E., & Vollhardt, J. (2008). Altruism born of suffering: The roots of caring and helping after victimization and other trauma. *American Journal of Orthopsychiatry*, *78*(3), 267–280.

Steiner, I. D. (1986). Paradigms and groups. In L. Berkowitz (Ed.), *Advances in Experimental Social Psychology* (Vol. 19, pp. 251–289). Academic Press.

Stephan, W. G., & Stephan, C. W. (1985). Intergroup anxiety. *Journal of Social Issues*, *41*(3), 157–175.

Stets, J. E., & Carter, M. J. (2006). The moral identity: A principle level identity. In K. McClelland & T. J. Fararo (Eds.), *Purpose, meaning, and action: Control systems theories in sociology* (pp. 293–316). Palgrave Macmillan.

Stets, J. E., & Turner, (Eds.). (2006). *Handbook of the sociology of emotions*. New York: Springer.

Stipek, D. (1995). The development of pride and shame in toddlers. In J. P. Tangney & K. W. Fischer (Eds.). *Self-conscious emotions: The psychology of shame, guilt, embarrassment, and pride* (pp. 237–252). Guilford press.

Strack, F., & Deutsch, R. (2004). Reflective and impulsive determinants of social behavior. *Personality and Social Psychology Review*, *8*(3), 220–247.

Strathearn, L., Li, J., Fonagy, P., & Montague, P. R. (2008). What's in a smile? Maternal brain responses to infant facial cues. *Pediatrics*, *122*(1), 40–51.

Stryker, S. (2002). *Symbolic interactionism: A social structural version*. Caldwell: Blackburn press.

Stürmer, S., Snyder, M., & Omoto, A. M. (2005). Prosocial emotions and helping: The moderating role of group membership. *Journal of Personality and Social Psychology, 88*(3), 532–546.

Stürmer, S., Snyder, M., Kropp, A., & Siem, B. (2006). Empathy-motivated helping: The moderating role of group membership. *Personality and Social Psychology Bulletin, 32*(7), 943–956.

Suh, E. M., Diener, E., & Updegraff, J. A. (2008). From culture to priming conditions self-construal influences on life satisfaction judgments. *Journal of Cross-Cultural Psychology, 39*(1), 3–15.

Suls, J. M., & Wheeler, L. (Eds.). (2000). *Handbook of social comparison: Theory and research*. KlawerAcadimic Publisher.

Swann, A. C. (2003). Neuroreceptor mechanisms of aggression and its treatment. *The Journal of Clinical Psychiatry, 64*(4), 26–35.

Swann, W. B., De La Ronde, C., & Hixon, J. G. (1994). Authenticity and positivity strivings in marriage and courtship. *Journal of Personality and Social Psychology, 66*(5), 857–869.

Tajfel, H., &Turner, J. C. (1986). The social identity theory of intergroup behavior. In S. Worchel & W. G. Austin (eds), *The Psychology of intergroup relations* (pp.7–24). Nelson-Hall.

Takahashi, H., Kato, M., Matsuura, M., Mobbs, D., Suhara, T., & Okubo, Y. (2009). When your gain is my pain and your pain is my gain: Neural correlates of envy and schadenfreude. *Science, 323*(5916), 937–939.

Takahashi, H., Matsuura, M., Koeda, M., Yahata, N., Suhara, T., Kato, M., & Okubo, Y. (2008). Brain activations during judgments of positive self-conscious emotion and positive basic emotion: Pride and joy. *Cerebral Cortex, 18*(4), 898–903.

Takahashi, H., Yahata, N., koeda, M., Matsuda, T., Asai, K., & Okubo, Y. (2004). Brian activation associated with evaluative processes of guilt and embarrassment: An fMRI study. *NeuroImage, 23*(3), 967–974.

Tam, K. P., Lau, B. H. P., & Jiang, D. (2012). Culture and subjective well-being: A dynamic constructivist view. *Journal of Cross-Cultural Psycholo gy, 43*(1), 23–31.

Tang, Z. (2014).They are richer but are they happier? Subjective well-being of chinese citizens across the reform Era. *Social Indicators Research, 117*(1), 145–164.

Tangney, J. P. (1990). Assessing individual differences in proneness to shame and guilt: Development of the self-conscious affect and attribution inventory. *Journal of Personality and Social Psychology, 59*(1), 102–111.

Tangney, J. P. (1991). Moral affect: The good, the bad, and the ugly. *Journal of Personality and Social Psychology, 61*(4), 598–607.

Tangney, J. P. (1995). Shame and guilt in interpersonal relationships. In J. P. Tangney & K. W. Fischer (Eds.), *Self-conscious emotions*: *The psychology of shame, guilt, embarrassment, and pride* (pp. 114–139). Guilford press.

Tangney, J. P., & Dearing, R. L. (2002). *Shame and guilt*. New York: Guilford press.

zTangney, J. P., & Miller, R. S. (1996). Are shame, guilt, and embarrassment distinct emotions? *Journal of Personality and Social Psychology, 70*(6), 1256–1269.

Tangney, J. P., Stuewig, J., & Mashek, D. J. (2007). Moral emotions and moral behavior. *Annual Review of Psychology, 58*, 345–372.

Tangney, J. P., Stuewig, J., & Mashek, D. J. (2007). What's moral about the self-conscious emotions? In J. L. Tracy, R. W. Robins & J. P. Tangney (Eds.). *The self-conscious emotions: Theory and research.* Guilford press.

Taylor, D. M., Wright, S. C., Moghaddam, F. M., & Lalonde, R. N. (1990). The personal/group discrimination discrepancy: Perceiving my group, but not myself, to be a target for discrimination. *Personality and Social Psychology Bulletin, 16*(2), 254–262.

Teachman, B. A., & Woody, S. R. (2003). Automatic processing in spider phobia: Implicit fear associations over the course of treatment. *Journal of Abnormal Psychology, 112*(1), 100–109.

Teachman, B. A., Wilson, J. G., & Komarovskaya, I.(2006). Implicit and explicit stigma of mental illness in diagnosed and healthy samples. *Journal of Social and Clinical Psychology, 25*(1), 75–95.

Terao, T., & Siever, L.J. (2008). Aggression, suicide, and lithium treatment/dr. siever replies. *The American Journal of Psychiatry, 10,* 1356–1357.

Tesser, A., Millar, M., & Moore, J. (1988). Some affective consequences of social comparison and reflection processes: The pain and pleasure of being close. *Journal of Personality and Social Psychology, 54* (1), 49–61.

Thibaut, J. W., & Kelley, H. H. (1959). *The Social Psychology of Groups*. New York: John Wiley & Sons.

Tindale, R. S., & Kameda, T. (2000). "Social sharedness" as a unifying theme for information processing in groups. *Group Processes & Intergroup Relations*, *3*(2), 123–140.

Todorov, A., & Uleman, J. S. (2003). The efficiency of binding spontaneous trait inferences to actors' faces. *Journal of Experimental Social Psychology*, *39*(6), 549–562.

Todorov, A., & Uleman, J. S. (2004). The person reference process in spontaneous trait inferences. *Journal of Personality and Social Psychology*, *87*(4), 482–493.

Tolstedt, B. E., & Stokes, J. P. (1984). Self-disclosure, intimacy, and the depenetration process. *Journal of Personality and Social Psychology*, *46*(1), 84–90.

Tracy, J. L., & Robins, R. W. (2004). Putting the self into self-conscious emotions: A theoretical model. *Psychological Inquiry* (pp. 21–37), *15*(2), 103–125.

Tracy, J. L., & Robins, R. W. (2006). Appraisal antecedents of shame and guilt: Support for a theoretical model. *Personality and Social Psychology Bulletin*, *32*(10), 1339–1351.

Tracy, J. L., & Robins, R. W. (2007). The psychological structure of pride: A tale of two facets. *Journal of Personality and Social Psychology*, *92*(3), 506–525.

Trawalter, S., Higginbotham, G. D., & Henderson, K. (2022). Social psychological research on racism and the importance of historical context: Implications for policy. *Current Directions in Psychological Science, 31*(6), 493–499.

Trawalter, S., Higginbotham, G. D., & Henderson, K. (2022). Social psychological research on racism and the importance of historical context: Implications for policy. *Current Directions in Psychological Science, 31*(6), 493–499.

Triandis, H. C. (1989). The self and social behavior in differing cultural contexts. *Psychological Review, 96*(3), 506–520.

Tsai, J. L., Knutson, B., & Fung, H. H. (2006). Cultural variation in affect valuation. *Journal of Personality and Social Psychology, 90*(2), 288–307.

Tu, W. M. (1991). Cultural China: The periphery as the center. *Daedalus, 120*(2), 1–32.

Turk, D. J., Heatherton, T. F., Kelley, W. M., Funnell, M. G., Gazzaniga, M. S., & Macrae, C. N. (2002). Mike or me? Self-recognition in a split-brain patient. *Nature Neuroscience, 5*(9), 841–842.

Turner, J. H., & Stets, J. E. (2006). Moral emotions, In J. E. Stets & J. H. Turner (Eds.), *Handbook of the sociology of emotions* (pp. 545–566). Springer.

Turner, J. C. (1982).Towards a cognitive redefinition of the social group. In H. Tajfel (Ed.), *Social identity and intergroup relations* (pp. 15–40). Cambridge University Press.

Turner, J. C. (1985). Social categorization and the self-concept: A social cognitive theory of group behavior. In E. J. Lawer (Ed.), *Advances in group processes* (vol. 2, pp. 77–121). JAI Press.

Tversky, A., & Kahneman, D. (1974). Judgment under uncertainty: Heuristics and biases. *Science, 185*(4157), 1124–1131.

Tversky, A., & Kahneman, D. (2004). Extensional versus intuitive reasoning: The conjunction fallacy in probability judgement. In A. Tversky(Ed.), *Preference, belief, similarity: Selected writings* (pp. 221–256). MIT Press.

Twenge, J. M., Baumeister, R. F., DeWall, C. N., Ciarocco, N. J., & Michael, B. J. (2007). Social exclusion decreases prosocial behavior. *Journal of Personality and Social Psychology, 92*(1), 56–66.

Uddin, L. Q., Rayman, J., & Zaidel, E. (2005). Split-brain reveals separate but equal self-recognition in the two cerebral hemispheres. *Consciousness and Cognition, 14*(3), 633–640.

Ulijn, J. M., & Lincke, A. (2004). The effect of CMC and FTF on negotiation outcomes between R&D and manufacturing partners in the Supply Chain: An Anglo/Nordic/Latin comparison. *International Negotiation, 9*(1), 111–140.

Ullrich, P. M., Lutgendorf, S. K., & Stapleton, J. T. (2003). Concealment of homosexual identity, social support and CD4 cell count among HIV-seropositive gay men. *Journal of Psychosomatic Research, 54*(3), 205–212.

Vaish, A., Grossmann, T., & Woodward, A. (2008). Not all emotions are created equal: The negativity bias in social-emotional development. *Psychological Bulletin, 134*(3), 383–403.

Van baaren, R. B., Holland, R.W., Kawakami, K., & van Knippenberg, A. (2004). Mimicry and prosocial behavior. *Psychological Science*.

15(1), 71–74.

Vander zee, K., Oldersma, F., Buunk, B. P., & Bos, D. (1998). Social comparison preferences among cancer patients as related to neuroticism and social comparison orientation. *Journal of Personality and Social Psychology, 75*(3), 801–810.

Van Knippenberg, D., Dreu, C. D., Carsten, K. W., & Homan, A. C. (2004).Work group diversity and group performance: An integrative model and research agenda. *Journal of Applied Psychology, 89*, 1008–1022.

Van Lange, P. A. M., De Cremer, D., & Van Dijk, E., & Van Vugt, M. (2007). Self-interest and beyond: Basic principles of social interaction. In A. W. Kruglanski & E. T. Higgins (Eds.), *Social psychology: Handbook of basic principles* (2nd ed) (pp. 540–561). The Guilford Press.

Van Lange, P. A. M., Rusbult, C. E., Drigotas, S. M., Arriaga, X. B., Witcher, B. S., & Cox, C. L. (1997). Willingness to sacrifice in close relationships. *Journal of Personality and Social Psychology, 72*(6), 1373–1395.

Van Vugt, M., & Snyder, M. (2002). Introduction: Cooperation in society: Fostering community action and civic participation. *American Behavioral Scientist, 45*(5), 765.

Volkow, N. D., & Tancredi, L. (1987). Neural substrates of violent behavior: A preliminary study with positron emission tomography. *Journal of Psychiatry, 151*, 668–673.

Vollhardt, J. R. (2009). Altruism born of suffering and prosocial behavior following adverse life events: A review and conceptualization. *Social Justice Research*, *22*(1), 53–97.

Vossen, H. G., van Os, J. J., Hermens, H., & Lousberg, R. (2006). Evidence that trait-anxiety and trait-depression differentially moderate cortical processing of pain. *The Clinical Journal of Pain*, *22*, 725–729.

Voulgaridou, I., & Kokkinos, C. M. (2015). Relational aggression in adolescents: A review of theoretical and empirical research. *Aggression and Violent Behavior*, *23*, 87–97.

Vreeke, G. J., & Vander mark. L. (2003). Empathy, an integrative model. *New Ideas in Psychology*, *21*(3), 177–207.

Vrtička, P., Andersson, F., Grandjean, D., Sander, D., & Vuilleumier, P. (2008). Individual attachment style modulates human amygdala and striatum activation during social appraisal. *PLoS ONE*, *3*(8), 1–11.

Vuilleumier, P., Armony, J. L., Driver, J., & Dolan, R. J. (2001). Effects of attention and emotion on face processing in the human brain: An event-related fMRI study. *Neuron*, *30*(3), 829–841.

Waugh, C. E., & Fredrickson, B. L. (2006). Nice to know you: Positive emotions, self-other overlap, and complex understanding in the formation of a new relationship. *The Journal of Positive Psychology*, *1*(2), 93–106.

Weber, M., Kopelman, S., & Messick, D. (2004). A conceptual review of decision making in social dilemmas: Applying the logic of appropriateness. *Personality and Social Psychology Review*, *8*(3),

281–307.

Wegner, D. M. (1994). Ironic processes of mental control. *Psychological Review*, *101*(1), 34–52.

Weissman, D. H., Giesbrecht, B., Song, A. W., Mangun, G. R., & Woldorff, M. G. (2003). Conflict monitoring in the human anterior cingulate cortex during selective attention to global and local object features. *Neuroimage*, *19*(4), 1361–1368.

Wells, G. L., & Petty, R. E. (1980). The effects of overt head movements on persuasion: Compatibility and incompatibility of responses. *Basic and Applied Social Psychology*, *1*(3), 219–230.

Westen, D., Kilts, C., Blagov, P. S., Harenski, K., & Hamann, S. (2006). Neural bases of motivated reasoning: An fMRI study ofemotional constraints on partisan political judgment in the 2004 U.S. presidential election. *Journal of Cognitive Neuroscience*, *18*(11), 1947–1958.

Wheeler, M. E., & Fiske, S. T, (2005). "Controlling racial prejudice: Social-cognitive goals affect amygdale and stereotype activation. *Psychology Science*, *16*(1), 56–63.

Wicker, B., Keysers, C., Plailly, J., Royet, J. P., Gallese, V., & Rizzolatti, G. (2003). Both of us disgusted in my insula: The common neural basis of seeing and feeling disgust. *Neuron*, *40*(3), 655–664.

Wills, T. A. (1981). Downward comparison principles in social psychology. *Psychological Bulletin*, *90*(2), 245–271.

Wieselquist, J., Rusbult, C. E., Foster, C. A., & Agnew, C. R. (1999). Commitment, pro-relationship behavior, and trust in close relationships. *Journal of Personality and Social Psychology*, *77*(5), 942–966.

Williams, K. D., & Karau, S. J. (1991). Social loafing and social compensation: The effects of expectations of co-worker performance. *Journal of Personality and Social Psychology*, *61*(4), 570–581.

Williams, K. Y., & O'Reilly, C. A. (1998). Demography and diversity in organizations: A review of 40 years of research. *Research in Organizational Behavior*, *20*, 77–140.

Wilson, D. S., Van Vugt, M., & O'Gorman, R. (2008). Multilevel selection theory and major evolutionary transitions: Implications for psychological science. *Current Directions in Psychological Science*, *17*(1), 6–9.

Wilson, T. D., Lindsey, S., & Schooler, T. Y. (2000). A model of dual attitudes. *Psychological Review*, *107*(1), 101–126.

Wiltermuth, S. S., & Heath, C. (2009). Synchrony and cooperation. *Psychological Science*, *20*(1), 1–5.

Wingrove, J., & Bond, A. J. (2005). Correlation between trait hostility and faster reading times for sentences describing angry reactions to ambiguous situations. *Cognition and Emotion*, *19*(3), 463–472.

Wispé, L. (1987). History of the concept of empathy. In N. Eisenberg & J. Strayer (Eds.), *Empathy and its development* (pp.17–37). Cambridge University Press.

Wittenbaum, G. M., & Moreland, R. L. (2008). Small-group research in social psychology: Topics and trends over time. *Social and Personality Psychology Compass*, *2*(1), 187–203.

Wittenbaum, G. M., & Moreland, R. L. (2008). Small-group research in social psychology: Topics and trends over time. *Social and Personality Psychology Compass*, *2*(1), 187–203.

Wood, W., Lundgren, S.R., Ouellette, J.A., Busceme, S., & Blackstone, T. (1994). Minority influence: A meta-analytic review of social influence processes. *Psychological Bulletin*, *115*(3), 323–345.

Wright, R. A., & Kirby, L. D. (2003). Cardiovascular correlates of challenge and threat appraisals: A critical examination of the biopsychosocial analysis. *Personality and Social Psychology Review*, *7*(3), 216–223.

Wu, S., & Keysar, B. (2007). The effect of culture on perspective taking. *Psychological Science*, *18*(17), 600–606.

Yang, Y. J., & Chiu, C. Y. (2009). Mapping the structure and dynamics of psychological knowledge: Forty years of apa journal citations (1970–2009). *Review of General Psychology*, *13*(4), 349–356.

Yilmaz, C., Selcuk, E., Gunaydin, G., Cingöz-Ulu, B., Filiztekin, A., & Kent, O. (2022). You mean the world to me: The role of residential mobility in centrality of romantic relationships. *Social Psychological and Personality Science*, *13*(7), 1151–1162.

Yu, G., Zhao, F., Wang, H., Li, S. (2020). Subjective social class and distrust among Chinese college students: The mediating roles of relative deprivation and belief in a just world. *Current Psychology*, *39*(6), 2221–2230.

Zaki, J., Ochsner, K. N., Hanelin, H., Wager, T. D., & Mackey, S. C. (2007). Different circuits for different pain: Patterns of functional connectivity reveal distinct networks for processing pain in self and others. *Social Neuroscience, 2*(3–4), 276–291.

Zhang, B., Zhao, J. Y., & Yu, G. (2010). Brief report: How do they manage social interaction? The influence of concealing academic achievement information on self-monitoring by adolescents with low achievement. *Journal of Adolescence, 33*(1), 233–236.

Zhou, X. Y., He, L. N., Yang, Q., Lao, J. P., & Baumeister, R. F. (2012). Control deprivation and styles of thinking. *Journal of Personality and Social Psychology, 102*(3), 460–478.

Zhu, Y., Zhang, L., Fan, J., & Han, S. (2007). Abstract Neural basis of cultural influence on self-representation. *NeuroImage, 34*(3), 1310–1316.

Zhu, Y., Zhang, L., Fan, J., & Han, S. (2007). Neural basis of cultural influence on self-representation. *NeuroImage, 34*(3), 1310–1316.

Zivin, G., Hassan, N.R., DePaula, G.F., Monti, D.A., Harlan, C., Hossain, K. D., & Patterson, K. (2001). An effective approach to violence prevention: Traditional martial arts in middle school. *Adolescence, 36*(143), 443–459.

白新文, 王二平. (2004). 共享心智模型研究现状. *心理科学进展, 12*(5), 791–799.

陈勇杰, 姚梅林. (2012). 物质主义与幸福感：基于自我决定理论的关系探析. *北京师范大学学报(社会科学版), 3*, 23–29.

崔芳, 南云, 罗跃嘉. (2008). 共情的认知神经研究回顾. *心理科学进展, 16*(2), 250–254.

丹尼尔·珍尔曼, 罗兰·米勒, 苏珊·坎贝尔. (2005). *亲密关系*(郭辉, 肖斌, 刘煜译). 北京：人民邮电出版社.

邓赐平. (2008). *儿童心理理论的发展*. 杭州：浙江教育出版社.

董妍, 俞国良. (2005). 自我提升的研究现状与展望. *心理科学进展*, *13*(2), 178–185.

方文. (2002). 欧洲社会心理学的成长历程. *心理学报*, *6*, 651–655.

方文. (2008). 学科制度和社会认同. *中国农业大学学报(社会科学版)*, *25*(2), 185–188.

方文. (2008). 转型心理学：以群体资格为中心. *中国社会科学*, *4*, 137–147.

冯晓杭, 张向葵. (2007). 自我意识情绪：人类高级情绪. *心理科学进展*, *15*(6), 878–884.

付宗国, 张承芬. (2004). 群际情境下向上社会比较信息对自我评价的影响. *心理科学*, *1*, 84–87.

侯玉波. (2013). *社会心理学(第3版)*. 北京：北京大学出版社.

胡俏, 邵日新. (2009). 汶川地震灾民中的社会支持和消极沉思对焦虑抑郁情绪的影响研究. *中国神经精神疾病杂志*, *1*, 4–46.

黄希庭. (2004). 再谈人格研究的中国化. *西南师范大学学报(人文社会科学版)*, *30*(6), 5–9.

黄希庭. (2007). 构建和谐社会呼唤中国化人格与社会心理学研究. *心理科学进展*, *15*(2), 193–195.

贾蕾, 李幼穗. (2005). 儿童社会观点采择与分享行为关系的研究. *心理与行为研究*, *3*(4), 305–309.

蒋索, 邹泓, 胡茜. (2008). 国外自我表露研究述评. *心理科学进展*, *16*(1), 114–123.

康园园. (2008). 内隐攻击性的研究综述. *江苏教育学院学报(社会科学版)*, *24*(1), 46–50.

乐国安.(主编).(2004).中国社会心理学研究进展.天津：天津人民出版社.

方文.(2001).社会心理学的演化：一种学科制度视角.中国社会科学, 6, 126–136.

雷蒙·威廉斯 (2013).乡村与城市.(韩子满, 刘戈, 徐珊珊 译) 北京：商务印书馆.

李宏利, 宋耀武.(2004).青少年攻击行为干预研究的新进展.心理科学, 4, 1005–1009.

李其维.(2008)."认知革命"与"第二代认知科学"刍议.心理学报, 40(12), 1305–1327.

李晓东.(1998).自我理解发展理论述评.东北师大学报, 4, 86–91.

李晓文.(2001).学生自我发展之心理学探究.北京：教育科学出版社.

梁宁建, 吴明证, 高旭成.(2003).基于反应时范式的内隐社会认知研究方法.心理科学, 26(2), 208–211.

林崇德, 俞国良.(1996).心理学研究的中国化：过程和道路.心理科学, 19(4), 193–198.

刘雪峰, 张志学.(2009).认知闭合需要研究述评.心理科学进展, 1, 51–55.

刘长江, 李岩梅, 李纾.(2007).实验社会心理学中的社会困境.心理科学进展, 2, 379–384.

卢家楣, 孙俊才, 刘伟.(2008).诱发负性情绪时人际情绪调节与个体情绪调节对前瞻记忆的影响.心理学报, 40(12), 1258–1265.

孟庆东, 王争艳.(2009).网络亲密关系的性质与成因.心理科学进展, 17(2), 396–402.

庞爱莲.(2003).自我理解的发展情况研究（硕士学位论文）.东北师

范大学, 长春.

彭秀芳. (2006). 大学生移情结构及其与积极人格、亲社会行为的关系研究 (硕士学位论文). 首都师范大学, 北京.

钱铭怡, 刘兴华, 朱荣春. (2001). 大学生羞耻感的现象学研究. 中国心理卫生杂志, 2, 73–75.

邱林, 郑雪. (2013). 人格特质影响主观幸福感的研究述评. 自然辩证法通讯, 35(5), 109–114.

任孝鹏, 王辉. (2005). 领导部属交换 (LMX) 的回顾与展望. 心理科学进展, 6, 788–797.

沈杰. (2023). 吉登斯的社会心理思想——高度现代性境况下的自我认同问题. 云南大学学报 (社会科学版), 22(1), 81–92.

石华, 刘伟立, 孙岩松, 姜维浩, 马新华, 李雪, 杨振洲. (2009). 汶川地震中耿达乡抗震救灾官兵焦虑和抑郁状态的调查分析. 中国健康教育, 25(1), 50–51.

史清敏, 赵海. (2002). 自我表现理论概述. 心理科学进展, 10(4), 425–432.

史占彪, 张建新, 陈晶. (2007). 共情概念的演变. 中国临床心理学杂志, 15(6), 664–667.

苏梽芳, 王海成, 郭敏. (2013). 食品价格上涨对中国居民主观幸福感的影响. 中国人口科学, 6, 59–70.

王兵. (2010). "中国社会心理学二十年回顾学术研讨会暨敬贺杨国枢先生八十华诞师生联谊会"在北京成功举行. 心理学探新, 30(5), 95–96.

王浩, 俞国良. (2017). 亲密关系中的权力认知. 心理科学进展, 25(4), 639–651.

王浩, 俞国良. (2019). 浪漫关系中的关系攻击. 心理科学进展, 1, 106–116.

王蕾, 黄希庭. (2005). 温度与攻击的研究回顾与展望. 心理科学进展, 5, 686–693.

王沛, 刘峰. (2007). 社会认同理论视野下的社会认同威胁. 心理科学进展, 15(5), 822–827.

王琦, 俞国良, 董妍, 周浩. (2014). 无聊倾向与主观幸福感：情绪调节效能感的作用. 心理与行为研究, 1, 102–106.

威尔逊 E.O.(1987). 论人的天性. 贵阳：贵州人民出版社.

吴明证. (2004). 内隐态度的理论与实验研究 (博士学位论文). 华东师范大学, 上海.

谢舜, 魏万青, 周少君. (2012). 宏观税负, 公共支出结构与个人主观幸福感——兼论"政府转型". 社会, 32(6), 86–107.

邢淑芬, 俞国良. (2005). 社会比较研究的现状与发展趋势. 心理科学进展, 13(1), 78–84.

亚伯拉罕·马斯洛. (2007). 动机与人格(第三版). (许金声等译). 北京：中国人民大学出版社.

杨福义, 梁宁建. (2008). 早期经验对青少年内隐自尊的影响. 心理科学, 31(3), 556–561.

杨国枢, 黄光国, 杨中芳. (主编). (2005). 华人本土心理学. 台北：远流出版公司.

杨丽娴, 张锦坤. (2008). 态度改变理论的新进展：联想和命题过程评价模型. 宁波大学学报(教育科学版), 30(6), 54–59.

杨林, 杨德兰. (2006). 攻击行为相关因素的研究现状与干预. 重庆医学, 22, 2088–2091.

杨宜音. (2008). 关系化还是类别化：中国人"我们"概念形成的社会心理机制探讨. *中国社会科学*, *4*, 148–159.

杨治良, 刘素珍. (1996). "攻击性行为"社会认知的实验研究. *心理科学*, *2*, 75–78.

杨中芳. (2010). 中庸实践思维体系探研的初步进展. *本土心理学研究*, *34*, 3–96.

叶娜, 佐斌. (2007). 联想—命题评价模型——态度改变的新解释. *心理科学进展*, *15*(5), 834–839.

俞国良, 刘聪慧. (2009). 独立或整合：社会认知神经科学对社会心理学的影响与挑战. *中国人民大学学报*, *23*(3), 70–79.

俞国良, 侯瑞鹤, 罗晓路. (2006). 学习不良儿童对情绪表达规则的认知特点. *心理学报*, *38*(1), 85–91.

俞国良. (2006). *社会心理学*. 北京：北京师范大学出版社.

俞国良. (2021). *社会心理学（第4版）*. 北京：北京师范大学出版社.

詹延遵, 凌文铨, 方俐洛. (2006). 领导学研究的新发展：诚信领导理论. *心理科学进展*, *14*(5), 710–715.

张朝洪, 凌文铨, 方俐洛. (2004). 态度改变的睡眠者效应研究概述. *心理科学进展*, *12*(1), 79–86.

张登浩. (2008). 基层党政干部的人格特质、成就动机与幸福感（博士学位论文）. 北京大学心理学系, 北京.

张钢, 熊立. (2007). 交互记忆系统研究回顾与展望. *心理科学进展*, *15*(5), 840–845.

张国华, 戴必兵, 雷雳. (2013). 初中生病理性互联网使用的发展及其与自尊的关系：同学关系的调节效应. *心理学报*, *45*(12), 1345–1354.

张兢兢, 徐芬. (2005). 心理理论脑机制研究的新进展. *心理发展与*

教育, *21*(4), 110–115.

张侃. (2002). 心理学研究机构的人员组成和专业分布——对美国排名前五位的心理学研究机构的人员组成和专业分布的初步分析. *心理科学*, *4*, 461–462.

张莹瑞, 佐斌. (2006). 社会认同理论及其发展. *心理科学进展*, *14*(3), 475–480.

张镇. (2003). 国外有关内隐自尊的研究. *心理科学进展*, *11*(5), 551–554.

张智勇, 刘江娜. (2006). 基于职业的内隐年龄偏见. *应用心理学*, *12*(3), 214–218.

赵志裕, 温静, 谭俭邦. (2005). 社会认同的基本心理历程——香港回归中国的研究范例. *社会学研究*, *5*, 202–227.

郑全全. (2008). *社会认知心理学*. 杭州：浙江教育出版社.

郑日昌, 李占宏. (2006). 共情研究的历史与现状. *中国心理卫生杂志*, *20*(4), 277–279.

郑信军. (2007). 处境不利学生的内隐、外显自我概念及其与社会支持的关系. *心理科学*, *30*(1), 108–112.

周洁, 冯江平, 王二平. (2009). 态度结构一致性及其对态度和行为的影响. *心理科学进展*, *17*(5), 1088–1093.

朱滢. (2007). *文化与自我*. 北京：北京师范大学出版社.

朱滢, 戚健俐, 张剑. (2004). 中国学生的自我面孔识别（英文）. *心理学报*, *36*(4), 442–447.

佐斌, 张陆, 叶娜. (2009). 内隐态度之"内隐"的涵义. *心理学探新*, *29*(2), 57–61.

佐斌, 张阳阳, 赵菊, 王娟. (2006). 刻板印象内容模型：理论假设及研究. *心理科学进展*, *14*(1), 138–145.